U0143159

名家通识讲座书系

中国传统文化
十五讲（第二版）

龚鹏程 著

北京大学出版社
PEKING UNIVERSITY PRESS

图书在版编目（CIP）数据

中国传统文化十五讲/龚鹏程著. —2版.—北京：北京大学出版
社，2021.9
（名家通识讲座书系）
ISBN 978 - 7 - 301 - 32497 - 4

Ⅰ.①中⋯　Ⅱ.①龚⋯　Ⅲ.①中华文化—高等学校—教材　Ⅳ.①K203

中国版本图书馆 CIP 数据核字（2021）第 183757 号

书　　　名	中国传统文化十五讲（第二版）	
	ZHONGGUO CHUANTONG WENHUA SHIWU JIANG（DI-ER BAN）	
著作责任者	龚鹏程　著	
责 任 编 辑	艾　英	
标 准 书 号	ISBN 978 - 7 - 301 - 32497 - 4	
出 版 发 行	北京大学出版社	
地　　　址	北京市海淀区成府路 205 号　100871	
网　　　址	http://www.pup.cn　　新浪微博：@北京大学出版社	
电 子 邮 箱	编辑部 wsz@pup.cn　　总编室 zpup@pup.cn	
电　　　话	邮购部 010 - 62752015　发行部 010 - 62750672	
	编辑部 010 - 62756467	
印 刷 者	天津中印联印务有限公司	
经 销 者	新华书店	
	965 毫米 × 1300 毫米　16 开本　21 印张　328 千字	
	2006 年 9 月第 1 版	
	2021 年 9 月第 2 版　2024 年 8 月第 3 次印刷	
定　　　价	59.00 元	

"名家通识讲座书系"
编审委员会

"名家通识讲座书系"总序

本书系编审委员会

"名家通识讲座书系"是由北京大学发起,全国十多所重点大学和一些科研单位协作编写的一套大型多学科普及读物。全套书系计划出版100种,涵盖文、史、哲、艺术、社会科学、自然科学等各个主要学科领域,第一、二批近50种将在2004年内出齐。北京大学校长许智宏院士出任这套书系的编审委员会主任,北大中文系系主任温儒敏教授任执行主编,来自全国一大批各学科领域的权威专家主持各书的撰写。到目前为止,这是同类普及性读物和教材中学科覆盖面最广、规模最大、编撰阵容最强的丛书之一。

本书系的定位是"通识",是高品位的学科普及读物,能够满足社会上各类读者获取知识与提高素养的要求,同时也是配合高校推进素质教育而设计的讲座类书系,可以作为大学本科生通识课(通选课)的教材和课外读物。

素质教育正在成为当今大学教育和社会公民教育的趋势。为培养学生健全的人格,拓展与完善学生的知识结构,造就更多有创新潜能的复合型人才,目前全国许多大学都在调整课程,推行学分制改革,改变本科教学以往比较单纯的专业培养模式。多数大学的本科教学计划中,都已经规定和设计了通识课(通选课)的内容和学分比例,要求学生在完成本专业课程之外,选修一定比例的外专业课程,包括供全校选修的通识课(通选课)。但是,从调查的情况看,许多学校虽然在努力建设通识课,也还存在一些困难和问题:主要是缺少统一的规划,到底应当有哪些基本的通识课,可能通盘考虑不够;课程不正规,往往因人设课;课量不足,学生缺少选择的空间;更普遍的问题是,很少有真正适合通识课教学的教材,有时只好用专业课教材替代,影响了教学效果。一般来说,综合性大学这方面情况稍好,其他普通的大学,特别是理、工、医、农类学校因为相对缺少这方面的教学资源,加上很少有可供选择的教材,开设通识课的困难就更大。

这些年来,各地也陆续出版过一些面向素质教育的丛书或教材,但无论数量还是质量,都还远远不能满足需要。到底应当如何建设好通识课,使之能真正纳入正常的教学系统,并达到较好的教学效果? 这是许多学校师生普遍关心的问题。从 2000 年开始,由北大中文系系主任温儒敏教授发起,联合了本校和一些兄弟院校的老师,经过广泛的调查,并征求许多院校通识课主讲教师的意见,提出要策划一套大型的多学科的青年普及读物,同时又是大学素质教育通识课系列教材。这项建议得到北京大学校长许智宏院士的支持,并由他牵头,组成了一个在学术界和教育界都有相当影响力的编审委员会,实际上也就是有效地联合了许多重点大学,协力同心来做成这套大型的书系。北京大学出版社历来以出版高质量的大学教科书闻名,由北大出版社承担这样一套多学科的大型书系的出版任务,也顺理成章。

编写出版这套书的目标是明确的,那就是:充分整合和利用全国各相关学科的教学资源,通过本书系的编写、出版和推广,将素质教育的理念贯彻到通识课知识体系和教学方式中,使这一类课程的学科搭配结构更合理,更正规,更具有系统性和开放性,从而也更方便全国各大学设计和安排这一类课程。

2001 年年底,本书系的第一批课题确定。选题的确定,主要是考虑大学生素质教育和知识结构的需要,也参考了一些重点大学的相关课程安排。课题的酝酿和作者的聘请反复征求过各学科专家以及教育部各学科教学指导委员会的意见,并直接得到许多大学和科研机构的支持。第一批选题的作者当中,有一部分就是由各大学推荐的,他们已经在所属学校成功地开设过相关的通识课程。令人感动的是,虽然受聘的作者大都是各学科领域的顶尖学者,不少还是学科带头人,科研与教学工作本来就很忙,但多数作者还是非常乐于接受聘请,宁可先放下其他工作,也要挤时间保证这套书的完成。学者们如此关心和积极参与素质教育之大业,应当对他们表示崇高的敬意。

本书系的内容设计充分照顾到社会上一般青年读者的阅读选择,适合自学;同时又能满足大学通识课教学的需要。每一种书都有一定的知识系统,有相对独立的学科范围和专业性,但又不同于专业教科书,不是专业课的压缩或简化。重要的是能适合本专业之外的一般大学生和读者,深入浅出地传授相关学科的知识,扩展学术的胸襟和眼光,进而增进学生的人格素养。本书系每一种选题都在努力做到入乎其内,出乎其外,把学问真正做活了,并能加以普及,因此对这套书的作者要求很高。我们所邀请的大都是那些真正有学术建树,有良好的教学经验,又能将学问深入浅出地传达出来的重量级学者,是请"大家"来讲"通识",所以命名为"名家通识讲座书系"。其意图就是精选名校名牌课程,实现大学教学资源共享,让更多的学子能够通过这套书,亲炙名家名师课堂。

本书系由不同的作者撰写,这些作者有不同的治学风格,但又都有共同的追求,既注意知识的相对稳定性,重点突出,通俗易懂,又能适当接触学科前沿,引发跨学科的思考和学习的兴趣。

本书系大都采用学术讲座的风格,有意保留讲课的口气和生动的文风,有"讲"的现场感,比较亲切、有趣。

本书系的拟想读者主要是青年,适合社会上一般读者作为提高文化素养的普及性读物;如果用作大学通识课教材,教员上课时可以参照其框架和基本内容,再加补充发挥;或者预先指定学生阅读某些章节,上课时组织学生讨论;也可以把本书系作为参考教材。

本书系每一本都是"十五讲",主要是要求在较少的篇幅内讲清楚某一学科领域的通识,而选为教材,十五讲又正好讲一个学期,符合一般通识课的课时要求。同时这也有意形成一种系列出版物的鲜明特色,一个图书品牌。

我们希望这套书的出版既能满足社会上读者的需要,又能有效地促进全国各大学的素质教育和通识课的建设,从而联合更多学界同仁,一起来努力营造一项宏大的文化教育工程。

2002 年 9 月

目　录

序 论

坊间谈传统文化的书汗牛充栋,但本书与众不同,别有立场与方法。

一 立场

我是个生在台湾的江西人。传统文化,本来在我幼时的生活中,就是街坊邻里的揖让进退、闲话桑麻,是生活里具体存在着的体验。人人悲喜愉戚,俯仰于斯,谁也很难说什么是传统什么是"我",传统并不是"我"之外的一个东西。

可是据说社会进步了,传统(其实也就是我们自己和我们的生活)也就要拿来检讨检了。我们,于是就站在传统之外,对它品头论足了起来,觉得它好,觉得它坏,觉得它有精华也有糟粕。

那时,台湾当局正在推动现代化,而反对当局的自由派学者则更为激进地主张现代化,扬"五四"之余焰,为时代之鼓吹。不赞成如此激进现代化者,便渐渐形成了一个名为"文化保守主义"的阵营,与之交哄。但其实,无论是讲心性论的当代新儒家,如唐君毅、牟宗三、徐复观等人,或言超越前进的胡秋原,大抵也只是说传统文化亦有优点,不可径弃而已。由时代的大趋势上看,政经社会体制的改造,已重新创造了一种新的生活,那原先与我们生活生命相联结相融贯的传统文化,早就浑沌凿破。新时代的哪吒,正在剔骨还父、割肉还母,期望新的莲花化身。故仅余的那几声文化保存之呼喊,听来宛若骊歌。虽然情意绸缪,矢言弗忘,可是行人远去,竟是头也不回的了。

然而历史如长川大河,从来不会一泻入海,总有曲折萦回。台湾的论战烽火未熄,大陆的"文化大革命"倒已是遍地硝烟了。此时,台湾成立孔孟学会、发起文化复兴运动、中学生都要读《中华文化基本教材》(也就是"四书",以《论语》《孟子》为主)等等,乃蔚为新的人文景观,与政经体制之现代化"并行不悖"起来了。

五六十年代"从传统到现代"的命题,遂渐次转变为七八十年代的"传统与现代"。前者是要扬弃传统,后者则想融合并行之。但其融合之道,乃是以新时代之现代化要求为取舍。故金耀基曰"我赞成文化复兴。但只有在它不妨害现代化发展的前提下赞成,只有在它可以丰富与端正现代化内涵的前提下赞成"(《中国现代化的动向》),文崇一曰"把传统和现代划为对立的两极,这正是早期现代化讨论所犯的重大毛病。其实,两者是相互为用的,好的传统可以帮助现代化,坏的传统可以阻滞现代化"(《现代化的模式在哪里?》)。其意也就是说:传统文化是为现代化大业服务的。凡不符时代之需求者,皆宜弃去,如同啃不动的鸡骨头就应该吐掉那样。

我成长于以上这个社会脉络中,亲身经历了五十年来"传统/现代"这些论题的争论与发展,感慨万端。我们真正要面对现代化理论,是要问:现代性真是种好东西吗？现代社会真是人所需要、符合人性的吗？我们牺牲文化传统以追求现代化,值得吗？

自有现代化,即有批判它的思潮。20世纪初,西方文学艺术上的现代主义,便不是教人去追求现代,而是要揭露现代人奇特的精神处境,例如丧失了信仰、离开了家庭,活在科层体制和都市水泥丛林中,人与人的关系疏离而陌生,孤立的个我遂成为失落了意义的无根浮萍,等等。厥后各派理论奇峰迭起、赓续发挥,不胜枚举。如生态论者大力批判现代社会的机械宇宙论、竭泽而渔的发展观、宰制自然之科技工业等,形成了自然生态主义。哈贝马斯认为现代社会的理性观只是工具理性之扩张,价值理性、道德实践理性明显不足,故提倡沟通理性以济现代化之穷。丹尼尔·贝尔讲后工业社会,则是说资本主义工业社会存在着内在的文化矛盾:它由韦伯所说的新教伦理所促动,可是发展下来,却成为刺激欲望、鼓励消费、消耗资源的形态,与新教伦理的入世禁欲精神恰好相反。故后工业社会所应强调的,不再是现代性,反而是宗教精神。德里达的解构主义,则全力去瓦解理性所倚赖的逻各斯中心主义、二元对立的形而上学。其他批判现代社会中科层宰制、科技灾难等,林林总总,实已蔚为大观。至于马克斯·韦伯一路思想,包括后来的世界体系依赖理论、全球化理论,更都指明了东亚国家之现代化并非其文化内部产生了变迁的需要,而是复杂的国际因素使然。

对于这些学说,我们也均予以介绍过,或批发、或代理、或零售,各有名家,但依样画葫芦,学舌一番而已,殊少抓住其总体精神。总体精神是什么?就是对现代文明的不满,而筹思改善之道。

我们的情形恰好相反,我们对现代文明是艳羡的,希望自己能早日拥有这一(西方人大力抨击唾弃的)现代文明。所以包括那些批判现代性的学说,我们都把它当成西方现代文明来拥抱,以促进现代化。

这种总体精神方向上的差异、文化处境上的不同,也让我们根本无法体会到:传统文化之不同于、扞格于现代文明之处,或者才正是它有价值的所在。相对于二元对立、人天破裂、宰制自然的形而上学,中国本来所讲的天人合一、阴阳相济,不就是当代西方批判现代的生态自然主义者所想要发展的思想吗?相对于现代社会张扬工具理性,而道德理性、价值理性不足,中国原本所强调的伦理精神,不是恰可药此顽疾吗?过去被认为是封建、宗法、保守、落伍的那些东西,通过西方后现代情境中一些思想的反思,不是已让我们惊觉到中国传统文化其实含有丰富的"先后现代性"(pre-post-modernity)吗?

如此说,当然不是挟洋以自重,而是要告诉仍在讲现代化的先生们:现代社会是有缺陷的居所,现代文明是要批判超越的。批判并超越之,其资源就在中华传统文化中。

二 方法

但由于现代化运动推动已及百年，政经社会总体已遭改造，我们事实上都在过着一种新的生活，器用层面、制度层面、精神价值层面均已发生了具体的文化变迁。

时至今日，老实说，中国在感情上诚然仍是中国人的家园；但在理解上甚或精神旨趣上，当代中国人，尤其是知识分子，其心灵的故乡，却大有可能不在中国而在欧洲、在美国。除了技术器用层次、制度层次之外，在精神、信仰、知识层面，也早已离开了中国。

以哲学为例。目前整个中国哲学研究，因对传统已极隔阂，对文献又不熟悉，对其美感品味亦不亲切，对古人之天人相应态度也甚为陌生，故研究已导向一套新的典范，研讨的问题和接受答案的判准也改变了。几乎所有人都只能采用西方哲学或科学的思考方式、观念系统、术语、概念来讨论中国的东西。碰到这个新"范式"所无法丈量的地方，便诟病中国哲学定义不精确、系统不明晰、结构不严谨、思想不深刻等等。

这样的研究，看起来颇有"新意"，论者亦多沾沾自喜。但实质上是甚隔阂、甚不相应的，令我这种读者读来颇有听洋牧师讲说佛经之感。

可是学界仍不以此为警惕，仍不满意，仍在覃思中国哲学应如何现代化。但依我观察，无论是就哲学这门学科的内涵与外延之认定，还是由我们讨论哲学的方法等各方面看，中国哲学研究之现代化，可说早已完成了。目前已不会再有人用传统的表述语言、思维工具来讨论"哲学"了。谈哲学的人，对于中西方哲学，并不视为不同的两种东西，而觉得它们都是"哲学"，也都可以用同样的表述、思维方式、关心方向去要求。

许多人把西学东渐，中国人开始接触并学习西洋哲学思想的情形，模拟为魏晋南北朝佛教之传入中国，并认为目前的主要课题，即在于"译经"、在于有系统地介绍西学、在于消化之。但实际上，现在的情况与佛教传入中国之际是不同的。佛教进入中国时，中国人对佛教无知，故以其所知、已知之儒道思想去知之,此称为"格义"。现在却往往是对中国哲学一无所知,故用已知之西方哲学来说明未知的中国哲学。这种情形,与"格义"虽完全一样,但却掉转了一个方向。

如此反向格义,确实也能令研究中国传统学术者眼界大开,使得中国传统思想,在西洋哲学观念、术语、理论之参照与对比之下,让现代人更为了解。而且原先中国所无之各色理论译述介绍进来,丰富我们的文化、开拓我们的视野,也是颇有功劳的。正如中国菜固然佳妙,但外国烹调亦自有其传统、有其特色。异馔者不同味,自应介绍来令国人也都能尝尝。国人之所以负笈西方,习其烹饪之技者,亦以此也。海通以还,西餐东来,西班牙、意大利、法兰西、俄罗斯、印度、缅甸、泰国,殊方绝域之异味佳肴,毕陈于我中华,正赖于此。吾辈亦因此乃得大饱口福、大快朵颐。因此,除非口味格外古怪、别有胃肠,相信没有人会对西餐东来抱持反感,坚决不吃洋餐,且批评西餐东来遂令我华人口味堕落,不再能欣赏中餐之美了等等。

这些道理是不待辩说的。但是,假如现在做中餐的师傅只能用制洋餐之方法去烹调,不会中菜的刀法,不能用中式厨房,不擅锅铲炒炙之技,而皆仅能以煮意大利面之法煮面,然后说此即中华古面式也,您以为如何?

西学东渐以来,中餐是少数尚能维持其风味与传统的领域,尚未遽遭异化。哲学研究若不想继续被异化,实不妨参考中餐馆的存续发展之道。

中餐各系菜色,如淮扬菜、川菜、广菜、鲁菜,在西学东渐,西餐洋食来挑战时,采取什么方法呢?是用西方观点与方法来炒中国菜吗?是通过理解西方烹调,以求"中西会通"吗?是以西方菜式为"普遍菜式",而要求中国菜据此为标准吗?是据西方菜式以评价中国菜吗?又或是以西方做菜的历史为发展阶段来解说中国烹饪史吗?

显然都不是!在讨论烹调时,若有人如此主张,一定会令人笑破肚皮。可是,在谈到中国哲学时,却恰好相反。人人似乎都觉得非用西方观点与方法来解析中国哲学不可;非通过理解西方哲学以求中西会通不可;非说哲学就是哲学,无中西形态之不同不可;非说中国哲学以西方哲学衡之,有逻辑性不足、体系性不完备、概念不清楚等毛病不可;非用西方上古中古近代或奴隶封建资本主义等发展阶段来解说中国哲学史不可……不如此,学界就觉得你保守、无新意、不预流。因为整个潮流正是如此的,因此谁也不觉得如此甚为荒谬。

中餐则完全不曾采取这种方式,而只是平实地由其本色菜法中推陈出新。参酌西餐之处,亦非没有。例如进餐时的情调气氛、餐点的布置陈设、餐厅的花饰搭配等,尽可采酌西式。某些西餐之用料或是烹调技法,也不妨择用。如乳酪起司的运用、做酥皮汤、用奶油煎菇之类。但这些都是在中餐的基本法式中参用的。此外皆以本门刀法、火候、工夫、用料等等为主,研练而推出新款。

西方哲学之发展,何尝不是如此呢?当代诸哲学新流派,谁不是通过重读其哲学传统,以发展出新理来?为什么西方哲学不以用东方观点与方法解释西方哲学为时髦,不强调理解东方哲学以求中西会通等为职事,我们却必须以此为乐?

面对这样的窘境,岂不也应像中餐或西方哲学那样,由其古代及中古哲学中不断发展出新的哲学理论与学派,不断对其传统做反刍与反省;然后,再以传统的或新发展出来的理论、思致、方向、形态为"已知",去观看对方,发展我们对世界的解释,一如西方哲学家以其传统的或新发展出来的观念及方法来解释世界那样。唯有如此,东西两方才能共同结构成一个对话的情境。否则,即只不过是一方发声,一方听受之、学习之而已。

所以,中国哲学在现代的道路,就在于应切实反省过去不恰当的"现代化"作为,老老实实"归而自求",好好清理中国的学术传统,勿徒以他人之眼光视己。亦不当自惭形秽,认定老干已无法在现代开花,非得"接枝"或"变种"不可。如此方能使中国哲学在现代社会重新出发,重新被认识。

换言之,真正懂得吃中餐的人,大抵也才能懂得或欣赏西餐,既不会用制葡国鸡、烤马加休鱼的方法及口味来要求厨子依其法做武昌鱼,也知道武昌鱼须如何处理才能真正让湖北佬认为地道。至于专治西庖者,当然也同样会有此态度。诸君皆知味者,必不以吾言为河汉!

三　体例

由于认定了批判并超越现代化之资源就在中华传统文化中,在研究传统文化时,又不采用以西餐方法来烹调中国菜之模式,所以本书之论次有纵有横。

纵,是指章节次序的安排。全书由中国人对"人"的基本认定讲起,故第一讲为体气。有此体气,就有生命存养的问题,故第二讲说饮食。有人,人要生存下去,就又有男女婚媾之事,故第三讲谈男女。有男女夫妇,便会有家庭、成社会、建邦国,而中国在这方面最著名的即是封建,所以接着第四讲论封建。封建既关联于家又关联于国,封建之礼教,既用以修身又用以治国,内圣外王通为一体,《庄子》所谓古道术,或《大学》所述修齐治平之道,都是这样的格局,故第五讲明道术。道术不仅要通内外,还希望能究天人,于是第六讲论天人,说明中国人与古希腊古希伯来人不同的天人关系。究天人之际以后,当然仍得通古今之变,是以第七、八讲谈王官之学的内涵与流变。此一变,亦是先秦学术发展之关键,而且"旧法世传之史"所关联的史官与历史意识,乃是中国社会与中国人意识上迥异于古希腊古印度之处。讲完历史意识,接着第九、十、十一讲就阐明中国人思维与心理之特点,论思维模式、抒情感性与忧患意识。孔子曾赞叹"作易者,其有忧患乎",有忧患意识才有德业之担当,有此担当,才能有文化实践的愿力,故第十二讲便以周公为例,说这样的圣王如何开中国的礼乐文德之教。

以上十二讲,选的材料、引述的史事,都在孔子以前,也就是春秋前的中国传统文化状况。描述中国这个文明,如何在饮食、男女、用思、抒情等各方面建立其面貌、发展其文化方向。依我看,中国传统文化之大纲大维,大抵在那时就确定了,后来老子、孔子以述为作,只是踵事增华。因此把源头说清楚了,嗣后的发展也就弄明白了。

今人对传统文化当然颇不明白,故批评东批评西、说三道四,自以为居高临下,可以拣择区判其到底是糟粕还是精华。可是今人常不知自己所用以批评传统文化的那些观点和语词，往往只是拾人牙慧，学着洋人在说话。因此第十三、十四讲着重说明这种中国观是怎么形成的。第十三讲以孟德斯鸠为中心，介绍欧洲从崇仰中国文化到鄙夷的过程，论析中国国情特殊论、亚洲社会停滞论、中国礼教不如欧洲法制论等论调之内涵及其讹谬。第十四讲再以法律为例，说明西方对中国法制体系之误解。两讲互相印诠，一从某个人的主张说，一从某个领域的认识说，其余即可以隅反。

前十二讲是"显正"，这两讲是"破妄"，最终一讲则是结语，伤华夏文明之异化而冀其再生也。

本书纵的条理，大约如此。横的条理，则是指本书每一讲主要都采取一种横向比较之论析方法，具有比较哲学或比较文化史的意味。

第一讲，由比较中国人的身体观如何不同于古希腊古印度，又不同于佛教希伯来宗教开始。第二讲，论中外饮食思维之不同如何构建了不同的文明。第三讲，论在性别思维方面中西方有什么差异。第四讲，论中西封建之殊，及因封建伦理形成的中西文化之分。第五讲，论关怀型文化和西方惊异型知识系统的差别。第六讲，论中西方不同的神人关系、天人关系。第七讲，辨明周代文官制度为何已是理性的法制型社会。在欧洲，此等社会之出现，乃是工业革命以后的事。第八讲，论中国人历史意识与希腊印度之不同。第九讲，论中国人思维方法之特点。第十讲，论中国人如何兴于诗、成于乐，与柏拉图、亚里士多德以降"言辩证成"的教育体系有何不同。第十一讲，比较中西方群体组织之历史与观念，说明其政治经济思维上的差异。第十二讲，反对"轴心时代"（Axial Period）的说法，辨明中国观与一般民族自认为居住在世界中心的态度有何不同。每一讲都对比中西，旁及印度、苏美、希伯来，以见优劣。

我从来不假撇清，骗人说我的研究是客观中立的云云。人文研究，哪有中立客观这回事？由于人文研究本质上乃是在研究价值，价值必然涉及判断，必然会有取舍，大部分更关联着兴趣、爱好、习惯、美感等等。我的比较，旨在说明中国文化为什么好。而方法便是借由比较来看清中国究竟与其他文明有何不同，此种不同为何又不只是不同，更可能具有价值上的胜义。

这是我的目的，当然也就是我的偏见所在。读本书者，敬祈留意，勿被我的偏见所惑。

第一讲

体气:感诸万物

一　不以形体为崇拜对象

谈中国人的文化,先从中国人对人的理解说起。

在所谓的"青铜时代",约略就是我国夏商周时期,其实青铜之制作,亦遍及近东、巴尔干、爱琴海等处。但同样是被称为青铜时代,中国却最具特色。特色之一,是中国的青铜制作技术最好;其次是几乎绝不见人像雕塑或造型。

怎么理解这种差异呢? 中国人的身体思维跟其他文明不同吗?

人生天地之间,渐成万物之灵,越来越觉得自己特殊,与其他动物不一样,因此各民族都不由自主地发展出"人的自尊"思想。我国上古即讲天地人"三才",老子后来也有"天大地大人亦大"之说,"天地之间,人为最尊"一类讲法,不可胜数。其他民族其实也相仿佛。希伯来民族说上帝以他的形象造人,即为其中之一例。

但由这样的例子,我们却不难看出:我国讲人的尊贵,主要是从才德能力上说,希伯来则首先由形体上说。这就是针对人的思维有所不同。因这个思维不同,两大文明的身体思维遂也不同。

古印度文明亦极看重人的体相。因此婆罗门之智者,就很强调相人之术。如《佛本行集经》卷三中云:"(珍宝婆罗门)能教一切毗陀之论,四种毗陀皆悉收尽。又阐陀论、字论、声论,及可笑论、咒术之论、受记之论、世间相论、世间祭祀咒愿之论。"所谓"世间相论",与婆罗门五法中的"善于大人相法",都是相术。可见相法是婆罗门极为重要的才能。

不仅如此,婆罗门还注重相貌容色,认为好的相貌必定由修行善法而来。如优婆耆婆这位婆罗门,在路途中看见佛陀"姿容挺特,诸根寂定,圆光一寻,犹若金山",便问佛陀:"本事何师?行何道法?以致斯尊。"(《弥沙塞部和醯五分律》卷十五)佛典中叙及婆罗门时,也常说该婆罗门"颜貌端正,人所乐观"(《根本说一切有部毗奈耶破僧事》卷十一)。婆罗门法中,对诞生的小孩,如果"仪容端正,人所乐观",就取名为"孙陀罗难陀";如果形貌不扬,"具十八种丑陋之相,父母见已,极生不乐,名曰恶相"(《根本说一切有部毗奈耶杂事》卷二十八)。小孩恶相,则不教授他婆罗门之学,不让他成为婆罗门。

但一般所说的相貌端正,还不是婆罗门相法中最为人所看重的"大人之相"。什么是大人相呢?《四分律》卷三十一云:"我曾闻有作如是说:古昔有王,最初出世,名大人,众所举。"《中阿含·三十二相经》也说,诸比丘在讲堂集坐,共同讨论三十二相时,一致认为"甚奇!甚特!大人成就三十二相,必有二处真谛不虚"。此所谓大人,即圣贤。其相于世甚为难遇,所以甚奇甚特。由此看来,婆罗门五法中所谓的"善于大人相法",不同于"世间相论"。大人相应该是婆罗门在芸芸众生中为了找寻理想的圣贤而标举的理想相貌。

婆罗门大人相法的内容,现在已无法知道全貌。但是根据汉译佛典的记载,仍可以略窥一二,即三十二相说。

汉译的阿含部、律部、本缘部等佛典中,多处记载婆罗门的三十二相说。其中凡涉及佛陀诞生时的相貌,也都记录了被召来看相的婆罗门相师,如《增一阿含经》云"召诸师婆罗门道士"(卷十三)、"彼城中有婆罗门名曰摩醯提利,善明外道经术"(卷四),《太子瑞应本起经》卷上云"有道人名曰阿夷,年百余岁,耆旧多识,明晓相法",《方广大庄严经》卷三云"时有五通神仙名阿斯陀,与外族那罗童子,居雪山中,见菩萨生时有无量希奇之瑞"。

同时,对于此说的来源,也一致指出是源于古婆罗门的经典,如《增一阿含经》云"梵志书""婆罗门经籍""我等经籍",《南传大藏·长部》云"我等神典",《四分律》云"诸婆罗门书谶记所载",《普曜经》云"如我相法",等等。是知三十二相说确实源于古婆罗门吠陀之学。

三十二相者,足安平立、足下生轮、足指纤长、足周正直、足跟踝后两边平满、足两踝腨、身毛上向、手足网缦似鹰、手足柔软、肌皮软细不着尘水、毛色绀青右旋、鹿腨肠、阴马藏、上下圆相称、手摩膝、身金色、两手两足两肩及颈七处隆满、上身大如狮子、额如狮、脊背平直、两肩间满、四十齿、牙平、齿间无隙、齿白、齿通味、声悦耳、广长舌、眼睫如牛、眼色绀青、顶有肉髻、眉间生白毛。这是《中阿含·三十二相经》所述之相。于今视之,固觉其怪异无伦,然却是古印度佛教徒理想之形相,盖亦为当时之婆罗门所能欣赏崇仰之形相也。

古希腊亦甚重视人相问题。亚里士多德《体相学》说:"过去的体相学家分别依据三种方式来观察体相。有些人从动物的类出发进行体相观察,假定各种动物所具有的某种外形和心性。他们先认定动物有某种类型的身体,然后假设,凡具有与此相似的身体者,也会具有相似的灵魂。另外某些人虽也采用这种方法,但不是从整个动物,而是只从人自身的类出发,依照某种族来区分,认为凡在外观和禀赋方面不同的人(如埃及人、色雷斯人和斯库塞人),在心性表征上也同样相异。再一些人却从显明的性格特征中归纳出各种不同的心性,如易怒者、胆怯者、好色者,以及各种其他表征者。"可见体相学在希腊也是源远流长的。

亚里士多德对以上各项观察体相之法均不以为然,因此他参考相士们的说法再予改造,云:"体相学,就正如它的名字所说明的,涉及的是心性中的自然禀赋,以及作为相士研究的那些表征的变化产物的后天习性……相士不外是通过被相者的运动、外形、肤色、面部的习惯表情、毛发、皮肤的光滑度、声音、肌肉,以及身体的各个部位和总体特征来作体相观察的。"

依他的观察,软毛发者胆小、硬毛发者勇猛。若肚腹周围毛发浓密,则是多嘴多舌之征。而动作缓慢,表明性情温驯;动作快速,则表明性情热烈。

至于声音方面,低沉浑厚标示着勇猛,尖细乏力意味着怯懦。雄性较雌性更加高大强壮,四肢更加健壮光滑,各种德性也更加优良。感觉迟钝者的表征,是脖颈与腿脚一带肥胖、僵硬、密实,髋部滚圆,肩胛上方厚实,额头宽大圆胖,眼神黯淡呆滞,小腿及踝骨周围厚实、肥胖、滚圆,腭骨阔大肥厚,腰身肥胖,腿长、脖厚,脸部肥胖且长。赌徒与舞者双臂皆短。心胸狭窄之人,四肢短小滚圆、干燥,小眼睛,小脸盘,像科林斯人或琉卡底人。由肚脐至胸脯比由胸脯到脖颈更长者能吃,胃口很好。皮肤太黑者胆小,埃及人、埃塞俄比亚人就是这样;皮肤太白者也胆小,譬如妇人;肤色居中者趋于勇猛。黄褐色毛发者有胆量,譬如狮子;火红色毛发者狡猾,譬如狐狸。身体不匀称者是邪恶的,雌性就带有这种特性……

亚里士多德的相人术,明显带有性别、种族之歧见。但无论如何,由其叙述可知希腊相术之大凡。相法殆亦为时所重,故亚里士多德专门写了《体相学》一书以为斯学张目。该书开宗明义说道:"……身体与灵魂之间存在着这种相互作用……在同一种类的动物之中,身体与灵魂的关系总是有如是的外形,便必然有如是的心性。"故其体相学重在由形体观察心性状态,与婆罗门相人术有类似之处。

相对于古印度古希腊,中国古代相人术却是不发达的。目前所知最早的相术书是《汉书·艺文志》形法类所记载的《相人书》二十四卷,但已亡佚。据班固说,形法这一门学问是观察形象度数的,"大举九州之势以立城郭室舍,形人及六畜骨法之度数、器物之形容,以求其声气贵贱吉凶。犹律有长短,而各征其声,非有鬼神,数自然也",也就是跟相地、相宫室、相六畜、相器用等属于同一类事。如此看待相人术,其地位便与婆罗门和古希腊殊不能比。当时班固所记有《宫宅地形》二十卷、《相宝剑刀》二十卷、《相六畜》三十八卷。相畜物者,其重要性似乎亦在相人之上。今出土文物中相狗相马之简帛甚多,独不见相人者(马王堆有相马经、银雀山有相狗方、双古堆有汉简相狗经、居延汉简有相宝剑刀经),亦可见秦汉间所重者在相物而不在相人。

由汉至隋,相书仅存三种。《旧唐书·经籍志》则不载相书。因此,相人术及书渐盛,时代甚晚,是宋朝以后的事,非古人所重,且或许还与受佛教影响有关呢!

相术存在,当然比相书要早,但最早的相术记录,也只到《左传》文公元年(前 626)。以此术闻名者,最早为孔子同时代人、郑国的姑布子卿。但荀子《非相》篇说:"相人,古之人无有也,学者不道也。古者有姑布子卿,今之世,梁有唐举,相人之形状颜色而知其吉凶妖祥,世俗称之。古之人无有也,学者不道也。"足证此术最早也仅能上推至姑布子卿,再往上找,就无渊源了。此法渐渐兴起,与相宫宅一般,为流俗所称,则是战国的风气。

这种风气惹来荀子的批评并不足怪。因为依中国思想的一般特征或重点而言,中国人是重内不重外的。荀子说"相形不如论心,论心不如择术。形不胜心,心不胜术",其实非他一家之私议,即使后世论相面相手相形体者,也仍要说"相由心转"。庄子《德充符》载各种德充于内而形貌丑陋畸特的人,更可以显示思想家对体貌体相不甚重视。

如庄子这类说法,在婆罗门或亚里士多德那儿,就都是不可想象的。因为依他们的看法,外形与心性是相合的,外貌丑陋者,心性也必不美不善。庄子、荀子则相反。荀子说:"仲尼之状,面如蒙供。周公之状,身如断菑。皋陶之状,色如削瓜。闳夭之状,面无见肤。傅说之状,身如植鳍。伊尹之状,面无须麋。禹跳,汤偏,尧、舜参牟子。"圣贤都长得难看,坏人却不然:"古者,桀纣长巨姣美,天下之杰也;筋力越劲,百人之敌也。……今世俗之乱君,乡曲之儇子,莫不美丽姚冶。"因此他们主张不必论形相之美恶。

二　不以人体为审美对象

比较东西方的体相观是非常有趣的事。苏美文化、古希腊、古印度都有造相的文化,或以铜铸人面人首人身,或以石雕,或以陶塑,用以崇拜,十分普遍。但在中国,出土千万件青铜器,除了三星堆有人形及面饰之外,绝不见铸人体像者(三星堆文化也因此显然与中原地区不同),且即使是三星堆,人相也未必是用来祭祀的。据瞿兑之《养和室随笔》考证,

《魏书·崔挺传》言"光州故夷莫不悲感,共铸八尺铜像于城东广因寺",是铸铜像以资纪念之始,时代甚晚,且是夷人所为,与希腊以铜像纪念人的风气恰可说南辕北辙。上古石刻也不见人相雕石,祭祀则用木主,不立图相、不塑人形。故古希腊古印度是造相的文化,我国是不造相的文化。古希腊等文化又常刻塑人体,以为美善之欣赏崇拜对象,这个观念或行为在中国亦绝不存在。

这些古文化的差异,即本于彼此不同之体相观。中国不但不像古希腊古印度那么重视体相之美,认为应重心而不重形;甚且我们认为形体非审美之对象,衣裳才是。赤身露体,那种原始形体,相对于衣裳冠冕黼黻,乃是可羞的。因为衣裳等等才是文化,赤身露体则是非文化、无文化的样态。故赤身跣足肉袒以见人,若非羞辱自己便是羞辱他人。如廉颇向蔺相如左袒负荆请罪,就是自居罪人;祢衡肉袒击鼓骂曹操,即是用以羞辱别人。我们不曾有过人体艺术;自古崇拜天神、人王、父祖,也都不塑相。制俑者更被孔子批评,谓其"相人而用之",甚为缺德。是人不必相、不可相,相亦无意义也。后世塑相造相之风,乃受佛教影响,始渐昌盛。

换言之,中国体相观的第一个特点是不重形相之美,亦无人身形相崇拜(为了强调这一点,往往会故意说丑形者德充、形美者不善)。第二个特点是形德分离,"美人"未必指形貌好,通常是说德性好。第三个特点是不以形体为审美对象,而重视衣裳之文化意义及审美价值。

古来传说,黄帝轩辕氏之后为嫘祖,即能制蚕丝为衣。相较于其他民族之以兽皮为衣,则此自为华族之特色。其后"尧舜垂衣裳而天下治",更说明了中华文明之特点正在服饰。故以往中国往往以"上国衣冠"自居,自认为文化高于周边民族,唐王维诗所谓"万国衣冠拜冕旒"者,即指此而言。历来帝王建立新政权亦无不以"易服色"为首务、重务。这即是以衣饰为一时代文化之代表的思想的具体表现。在思想文化上,亦不妨说嫘祖之重要性胜似黄帝。且以蚕丝制衣之发明,也令其他文明视蚕衣为中国之代表。

推而广之,遂亦有以衣裳喻说思想者,如颜元《存性编·棉桃喻性》云:

"天道浑沦,譬之棉桃:壳包棉,阴阳也;四瓣,元、亨、利、贞也;轧、弹、纺、织,二气四德流行以化生万物也;成布而裁之为衣,生人也;领、袖、襟裾,四肢、五官、百骸也,性之气质也。领可护项,袖可藏手,襟裾可蔽前后,即目能视、耳能听、子能孝、臣能忠之属也,其情其才,皆此物此事,岂有他哉! 不得谓棉桃中四瓣是棉,轧、弹、纺、织是棉,而至制成衣衫即非棉也,又不得谓正幅、直缝是棉,斜幅、旁杀即非棉也。如是,则气质与性,是一是二? 而可谓性本善,气质偏有恶乎?"

古人论美,更常就"黼黻文绣之美"(《礼记·郊特牲》)说。说容,也不只指容貌,而是就衣饰说,如荀子《非十二子》篇云:"士君子之容:其冠进,其衣逢,其容良,俨然、壮然、祺然、蕼然、恢恢然、广广然、昭昭然、荡荡然,是父兄之容也……"这衣冠黼黻文章,就是古代"文"的意思,一民族、一时代乃至一个人的文章、文化即显示于此。像希腊那样以裸身人体为美者,古人将以之为不知羞,谓其野蛮、原始、无文化也。像印度那样造相论相者,古人亦将以为无聊。因此在我国绝无《造像量度经》《三十二相经》那样的经典;论佛相塑法画法,也只说"吴带当风""曹衣出水",仍是就衣服讲。在我国,论相也一直只是旁支末流之学,与婆罗门之重视论相、佛教之有"佛身信仰"迥异。后虽受佛教影响,造相之风渐盛,但思想上终究以此为流俗信仰。中国佛教哲学更是强调"不着相","若以色见我,以音声求我,是人行邪道,不能见如来"(《金刚经》)。中国人的价值判断,亦是以"着相"为劣,强调凡做人做事都不可太着相。

即或要观相、见相,大抵也非"观相"而是"观象"。《尚书·益稷》载舜向禹说道:"予欲观古人之象:日月星辰,山龙华虫,作会宗彝;藻火粉米,黼黻绤绣,以五采彰施于五色作服。"把日、月、星辰、山、龙、华虫绘在衣上,把宗彝、藻、火、白米、黼黻绣在裳上;或加以参差变化,如以日月星三辰为旗旌,以龙为衮,以华虫为冕,以虎为毳;或以之为上下级秩之分,如公用龙以下诸图案,侯用华虫以下诸图案,子用藻火以下诸图案,卿大夫用粉米以下诸图案,等等。此即为象也。象非人体形相,乃是秩宗之职、章服之制、尊卑之别,整体表现于衣饰上。观此图象,即见文明。故舜问禹曰：汝明之乎？

这就是"以五采彰施于五色作服"以为文明的想法。象不以形见，文明不由体相上看，故《易》论"文"，以虎豹之纹为说。人身体上的衣服，则如虎豹之纹。其论文明文化，也从不指人体。坤卦六五云"君子黄中通理，正位居体，美在其中，而畅于四支，发于事业，美之至也"，即为一证。此不仅可见文明文化是由衣裳上说，更可见中国人论美，不重形美而重视内在美，是要由内美再宣畅于形貌四肢的。

三　不以心体为二元对立

当然也不是说中国人即不谈形体。例如作《易》者仰观俯察，"近取诸身，远取诸物，于是始作八卦，以通神明之德，以类万物之情"，其近取诸身者，固亦不乏由耳目四肢处取象观象之例。

《说卦传》即曾说"乾为首，坤为腹，震为足，巽为股，坎为耳，离为目，艮为手，兑为口"，又说"巽为木。……其于人也，为寡发，为广颡，为多白眼，为近利市三倍，其究为躁卦"，"坎为水。……其于人也，为加忧，为心病，为耳痛，为血卦"，"离为火。……其于人也，为大腹，为乾卦"。这类说解，可具体看出所谓"近取诸身"是怎么回事。但这两段的性质或许并不相同。前者是对"近取诸身"的说明。后者则近乎占法，且某卦象某的解释，常把"其于人也"和"其于马也"相提并说，因此我怀疑这是相人、相马法兴起后，以易象为占之例。所得之象也非吉相，或躁或血或乾。以广颡为躁为臭，更与古印度相法迥异。

当然，《说卦传》为后起文献，上古之身体思维，还应从卦爻辞里去找。整个卦取象于人体者，有颐卦、噬嗑卦。颐是腮帮子，噬嗑是咀嚼。显然口舌是最受重视的部分。但《咸卦》上六云"咸其辅颊舌"，《象》曰"咸其辅颊舌，滕口说也"，似乎口舌之受重视，除了重视饮食之外，还有慎言语之义。而咸这个卦是指感通的，感通不只发生在两个个体之间，也强调一身之内的感通。故其卦以二气相感、男女应和为说，取象乃多就一己身体立论，云：

"初六,咸其拇","六二,咸其腓,凶,居吉","九三,咸其股,执其随,往吝",
"九五,咸其脢,无悔","上六,咸其辅颊舌"。取象由脚拇指而小腿肚而大
腿股而背上肉而脸上,从人脚上微微有感觉讲到腾其口说,感人以言。意谓
自己有感有动,才能感动别人,物与物之感知要由自己身体中的感知来
体会。

这个卦,取象由脚讲起,也显示了古人对足之重视。同样态度者尚有
履卦、大壮卦。履卦即是以脚履物之象。大壮卦也讲履,《象》曰"君子以
非礼弗履",故初九为"壮于趾,征凶,有孚"。大概古人以足代表行动,因
此"心之所之"为"志",之就是趾;"武"字从戈从止,即象人持戈去打仗。
但止又是静止,止戈为武,止字正反合义。卦象所示则为艮卦。艮,止也,
"初六,艮其趾,无咎,利永贞",《象》曰"艮其趾,未失正也",在时机不妥
时,行动就要谨慎,要止于其所。这个卦,也是由趾讲到"艮其腓""艮其
限(腰胯),列其夤(脊),厉,熏心""艮其身""艮其辅,言有序"的,与咸卦
正好相对。

相对于《易经》这种由下而上的讲法,《尚书》却又不同,它把君臣关系
喻为头与股肱耳目,所以帝王是"元""首"。舜曾告禹说"臣作朕股肱耳目,
余欲左右有民,汝翼",希望臣子居辅翼地位。故其歌曰:"股肱喜哉!元首
起哉!百工熙哉!"皋陶则歌曰:"元首明哉!股肱良哉!庶事康哉!""元首
丛脞哉!股肱惰哉!万事堕哉!"玩其歌意,皋陶乃认为君臣关系是呼应配
合而非领导指令的。故君谓臣若喜则元首起,百工咸熙;臣则说元首明达大
家才好做事,君若过于琐碎,谁也懒得做,政事自然就荒堕了。元首与股肱,
看来并无高下后先之别。其取象,以君为元首,殆与论动止而以脚为主相
似,君为政事动止之关键也。故《易经》与《尚书》虽若有首足之异,身体思
维并无二致。

《诗经》则较特殊,无由形体起兴或以形体为喻者,对形体的描述与重
点,也和《易经》《尚书》颇不相同。它甚少直接讲形体。少数讲形体的例子
是《硕人》,谓"硕人其颀",个子高,"手如柔荑,肤如凝脂,领如蝤蛴,齿如瓠
犀,螓首蛾眉,巧笑倩兮,美目盼兮"。因为讲得太美了,令人印象深刻,故

可能会让人误以为《诗经》论形体者甚多,其实不然。我国要到魏晋才比较强调人体美,且只是以物喻形体,非以形体喻事物,故与《易经》《尚书》不同。又,它所形容的美,特别重视发,如《卢令》:"卢令令,其人美且仁","卢重环,其人美且鬈","卢重鋂,其人美且偲"。美在此专指形貌,亦与《易经》《尚书》不同,且强调鬓须发好、胡子多。《君子偕老》云"玼兮玼兮,其之翟也,鬒发如云,不屑髢也",亦是如此。黑发如云,见者惊为神人。讲得固然好,但只是对形貌的形容,非思维身体,亦未由形体起思,故在这方面《诗经》实不及《易经》与《尚书》。

但无论如何,这些早期文献仍有共通之处,那就是格外重视心。如《盘庚下》云"今予其敷心腹肾肠,历告尔百姓于朕志",心腹肾肠虽也是身体的一部分,可是相对于四肢发肤形相,乃是内在的部分。这些器官也可总括为"心"一词。如我们说"把心底话掏出来讲",就也可以说是"披肝沥胆""敢布腹心""剖心挖肺"等等。心,代表人的内在,包括思维、情感、道德各类。故《素问·灵兰秘典论》云"心者,君主之官也,神明出焉",《灵枢·邪客》云"心者,五脏六腑之大主也,精神之所舍也"。这类具体说明心之作用的言论,也许出现较晚,但这样的观念应该在夏商周早已通行,因为《易经》《尚书》《诗经》中凡讲到心之处无不如此。《洪范》曰"汝则有大疑,谋及乃心",《盘庚中》曰"汝不忧朕心之攸困,乃咸大不宣乃心,钦念以忧,动予一人""今予命汝一,无起秽以自臭,恐人倚乃身,迂乃心",《盘庚上》曰"汝猷黜乃心,无傲从康",均为其例。

这样的例子太多,不具引。但是,我要提醒大家注意:心固然重要,固然也可视为内在部分,与其他的形体部分相对起来,形成"心/形""内/外"的关系;然而,我国并不像希伯来宗教或佛教那样,发展成重内轻外、二者对立的态度。我们对身体的崇拜,不如古希腊、古印度;对身体的否弃,也不如希伯来宗教和佛教。

依希伯来宗教之见,人虽然是上帝依其形象所造,但却为欲望所牵引而堕落了,故灵魂是深陷在肉体欲望中的。它讲人的感受和思想,也讲心(leb/lebab)而不说脑。另外还有一个灵(neshemah)字,指由神赐予生命的能力,接近中国人所讲的天性。然此非生而有之,乃出于神之恩赐。受恩赐者才能不受肉身之驱使,过着圣洁的生活。故肉体是要舍弃的,"将身体献上当作活祭,是圣洁的,是神所喜悦的"(《罗马书》12:1)。后世天主教修道士发展出各类修炼方法及各种忏悔文学,无非发挥此旨,欲克制肉情以求灵魂之净化。在其思想中,灵魂与肉体恰是对立的:灵属于上帝,肉则为魔鬼所摄。

佛教虽从婆罗门处沿袭不少形体崇拜之观念,但因其有着反婆罗门之态度,故逐渐形成了"以身为幻"的讲法。由佛身信仰进而言法身,由形体崇拜进而言舍离。要脱却臭皮囊,证到无生无灭,离开这个生灭烦恼不断的尘世。故所重者为佛性、为法性,所欲破斥者为对肉体生命的执着。

它们都是二元对立式的,认为"腐朽的肉体重重压着灵魂",拖着把人往下拉,才使人不能与上帝的神性契合。一人即使"衷心喜悦天主的律法,可是他肢体之中另有一种律法,和他内心的律法相抗,把他囚禁于肢体的罪恶律法中"(奥古斯丁《忏悔录》卷七)。

中国则非"肉体/精神""神性/欲望"之类二元截然对立之格局,而是主从关系。心,一为五脏六腑之主,二亦为体之一部分,非能与体相对之物。故虽如孟子之强调心性,亦不至于要黜体去欲,只说"大体""小体"。谓人能从其大体者为君子,从其小体者便为嗜欲之人。可见心与肉体都是体,人被视为精神与形体整全的存在。没有人会像笛卡尔那样,区判身心,视其为两个能以自身形式存在的不同实体,谓心灵不必依附肉体,反之亦然。

我国当然也有不甚重身之思想。如老子云:"吾之所以有大患者,为吾有身。"(《老子》第十三章)身体或为局限,不如心意精神之能超越形躯时空;或有依赖,依赖衣食水谷等,不如心神志意可以自为主宰、"无待"。故有身即有患。老庄讲逍遥无为,须把身形这一面忘掉或无掉,儒家讲身形终将灭没,精神力量(如德、功、言)却足以寿世"不朽",都表现了重心而轻身形的想法。

纵然如此,在大方向上,整个中国哲学仍是形神相合、身心合一的。孔子善于摄生，可见于《论语·乡党》。孟子讲"践形"，老子也说要"长生久视"。且心为形之主，养心固即所以养形也。整个形态与佛教或基督教极为不同。后世如嵇康《养生论》云"形恃神以立，神须形以存"、陶弘景云"凡质象所结，不过形神。形神合时，则是人是物；形神若离，则是灵是鬼"（《华阳隐居集·答朝士访仙佛两法体相书》）、葛洪云"苟能令正气不衰，形神相卫，莫能伤也"（《抱朴子·内篇·极言》）、《老子西升经》云"形不得神，不能自生；神不得形，不能自成。形神合同，更相生，更相成"等等，均可证明形神相合是中国哲学身体观之基本方向。唐宋以后人喜欢说"性命双修"，亦仍是如此。

正因形体非罪恶、虚幻、臭秽或须否弃之物，故取象于身体，如《易经》《尚书》那样，在中国是非常普遍的。儒家如董仲舒《春秋繁露》说："人之形体，化天数而成；人之血气，化天志而仁……""人之身，首妛而员，象天容也。发，象星辰也。耳目戾戾，象日月也。鼻口呼吸，象风气也。胸中达知，象神明也。腹胞实虚，象百物也。……身犹天也，数与之相参……故小节三百六十六，副日数也。大节十二分，副月数也。内有五藏，副五行也。外有四肢，副四时数也。"道教如《太平经》卷三十五说"头圆，天也。足方，地也。四肢，四时也。五脏，五行也。耳目口鼻，七政三光也"，《黄庭经》更是把身体形容成天地，要人观此内景，梁丘子注序云："内者，心也；景者，象也。外象喻即日月星辰云霞之象也，内象喻即血肉筋骨脏腑之象也。"这些拟象或象喻，就是顺着上古像《易经》《尚书》那样的身体观而发展来的。

流类所及，中国人不但会把身体想象成一个小天地小宇宙，也会把物事视为身体。像文学，就以文体论为主，如《文心雕龙》说："夫才童学文，宜正体制：必以情志为神明，事义为骨髓，辞采为肌肤，宫商为声气"（《附会》），"夫百节成体，共资荣卫"（《镕裁》）等等。论书法也说书体。体，兼有体制和风格之义。正像人体，除非是个死人，否则一站出来，其形体便应可同时令人看见体格形貌和精神气志的综合状态。此等论文谈艺之法，据钱锺书考察，也是西方所无的。

四 知觉体验与气类感通

亦由于上述所论,故中国人讲体时,常就心的活动讲,如体察、体验、体认、体证、体悟、体贴、体会等词均是如此。这些词,在中国哲学或中国人的理解活动中又都极重要。不重视这些语词或不懂,就不可能懂得中国哲学,不可能理解中国人。

首先,体会、体验、体贴、体察等等,都是以体验之而又验之于体的行为。得之于整个身心,故与仅赖知识性的认知活动并不相同。认知性的理解及依此方法建立的认识论,只依据理性与知识。但人类百分之五十以上的沟通,是靠肢体语言、面部表情、声调语态等传递的,非单凭"认识"即能了解。

其次,西方哲学认识论所说的认识或认知,也非视觉问题。我们常把认识性质的东西称为"耳目闻见之知",但事实上,视觉、听觉,重点正在"觉"。这个觉,乃是与味觉、触觉以及心里的各种悲喜愉戚诸感觉相联相贯的。耳目之见之知,其实是这一种。而认识论层次所涉及者则不然,它实只是理性的构作,以命题或字词之定义与编组来认识世界,再以此为知识,令人记诵、熟悉罢了。故彼是认知而非知觉。

再次,体察体会,乃是用心进入对象之内的理解,非客观认识,而是在主客交融状态中达成理解。因此张载《正蒙·大心》篇云"物有未体,则心为有外",《朱子语类》卷九十八载:"问:'"物有未体,则心为有外。"此"体"字是体察之"体"否?'曰:'须认得如何唤做体察。今官司文书行移,所谓体量体究是这样"体"字。'或曰:'是将自家这身入那事物里面去体认否?'曰:'然。'""问:'"物有未体,则心为有外。""体"之义如何?'曰:'此是置心在物中,究见其理。'"

又次,以认识、知识为主的哲学,不但会贬抑知觉、漠视知觉,更须有一种特别的身体观:一方面把人体看成客观时间和外在世界中一个物事,因此可以客观研究,讨论其体骸以及心理机能、知觉现象;另一方面把人与其他物事分开来,认为人体与其他物体之不同,在于人有意识有理性,因此可以从意识来理解人的存在。换言之,身体有两个,一是在时空中具体存在之物,一是以思维认知世界之我。

在西方哲学中,直到莫里斯·梅洛-庞蒂(Maurice Merleau-Ponty)《知觉现象学》才对此提出批评,反对笛卡尔主义"我思故我在"式的身体观与西方传统偏见,强调体验之重要:

> 我们因笛卡尔主义的传统而习惯于依赖客体。……"存在"一词有两种意义,也只有两种意义:人作为物体存在,或者作为意识存在。相反,身体本身的体验向我们显现了一种模棱两可的存在方式。……身体不是一个物体。……我对身体的意识也不是一种思想……身体的统一性始终是不明确的和含糊的。(第一部分第六章)
>
> ……实际心理现象及其"特性",不再是客观时间中和外部世界中的一个事件,而是我们从内部谈论的,我们是其持续的实现和涌现,不断地把它的过去、它的身体和它的世界集中于自己的一个事件。……成为一个意识,更确切地说,成为一个体验,就是内在地与世界、身体和他人建立联系,和它们在一起,而不是在它们的旁边。……当心理学家意识到自己是物体中的一个物体,他必定能重新发现自己是体验,即对过去、世界、身体和他人无间隔的呈现。(第一部分第二章)
>
> 不管是他人的身体,还是我的身体,除了体验它,即接受贯穿身体的生活事件以及与身体融合在一起,我没有别的手段认识人体。……相应地,我的身体作为一个自然主体、作为我的整个存在的一个暂时形态的情况下,我是我的身体。因此,身体本身的体验和反省运动完全相反,反省运动从主体中得出客体,从客体中得出主体,仅给予我们身体的观念和观念的身体,而不是身体的体验或实在的身体。(第一部分第六章)

他的语言,因为要与他的传统争辩,故显得夹缠;其观念,因仍无法彻底摆脱西方传统之羁绊,故亦不够清晰。但上引第一段文句已明显可以看出他是反对主客、身心分离分立的,主张心与体合一。这种合一,是互相蕴含、互相穿透，所以他说两者统一于含糊不明确之中，不可能析分何者为物体、何者为意识。这是针对笛卡尔主义的批评。

第二段，讲"我"与他人、与世界的关系。这个关系就是体验。用《诗经》中的话说，叫作"他人有心，予忖度之"。内在地与他人、世界建立联系，而非客观认知分析，通过这样去体验一切物事，其体验即为人之心理内容。我之所以为我，也就是我所体验者，即以体验之，验之于体。在通于人我的同时，体证于己，而又成就于己。

第三段，则分辨反省与体验之不同。反省，是西方哲学的主要方法，体验则为我国哲学所需要及强调者。梅洛-庞蒂说："在理智主义看来，反省就是远离和客观化感觉，使一个能看到这种分离和这个分离为之存在的空洞主体出现在感觉面前。"（第二部分第一章）因此他一方面批判反省，一方面提出新的思路，认为今后如云反省就是"重新发现关于世界的非反省体验"，且只有体验之法才能真正令人重获知觉。

梅洛-庞蒂又说：只有用体验的方法，意识与世界才没有距离。在知觉中，我们不思考物体，也不认为自己是有思维能力的人，我们属于物体，我们与身体融合在一起。这时，人就是一个"共通的感觉体"，由体验可体验到主体的统一性和客体的感觉间统一性。（第二部分第一章）这个讲法更接近中国哲学。前面谈过《易经》的咸卦，咸即感通之意。而这个卦就是由身体间的感通、主体的统一性，讲到男女、阴阳、万物之感通。后世论"仁"、论"万物与我为一"，亦皆是如此。故咸之《象》曰："圣人感人心而天下和平。观其所感，而天地万物之情可见矣。"咸卦以脚趾、小腿肚、大腿股、背上肉、脸上肉、口舌来象喻天地万物，则又是梅洛-庞蒂所说"把自己的各部分当作世界的一般象征来使用"。

我之所以借梅洛-庞蒂来解释我国身心合一的身体观、近取诸身的方法、强调体验感通的哲学，是因梅洛-庞蒂之说正是针对西方传统的反思。中西方身体观如此之不同，当梅洛-庞蒂反思西方传统、欲求改革时，自然会与中国思想颇有合辙之处。

但其思想与中国仍有根本之不同。首先，他所说的身体，无论如何说身心合一,仍是偏于身体一边的;讲知觉,也只是感官的知觉。中国人讲心,却不只是感官的作用;讲体会、体验,亦不只是知觉。

其次,他从"知觉场"论知觉,故其身体是在这个"场"中的,在时间、空间、上下、深度、运动、自然世界、人的世界以及主观空间之中。这样的场,仍是具体的、有时空坐标的。中国人讲体验体会体贴或感通,则不类此,而是由气类说,如每个人"气场"都不相同,两个人之间则如咸之《象》曰:"咸,感也。柔上而刚下,二气感应以相与。"有时同声相应、同类相求,虽时地暌隔,犹能千古遥契、莫逆于心,此时这个场就会"其大无外";有时验之于心,说某某义理"是自家体贴来的",自得通感,此时所谓场,便又"其小无内"。故实亦无场可说,乃是气之流转、类之感通。

气,既在体与体之间,又在身体之内。身体内部,除了血肉骨骸脏腑等西方人也讲的器官之外,中国人特别讲气,又由气血之运行而讲经脉。号称黄帝所传之医书《黄帝内经》,即言经络。此书虽晚出,但应保留了若干上古遗说。近年出土简帛也证明了战国时期已有经络之书与授受传承。我们若再考虑到古人用针、用砭石的时代之早,就更可知道这些经络血气之说绝对是渊源有自的。后世,血脉气脉又常被转用为道的传授、父祖以来的血缘、事物的关键甚至于文脉的意思。从"臣此一札正与前札血脉贯通"(彭龟年《止堂集》卷二《乞复祖宗旧制重经筵亲儒士置夜直之员疏》)的用例可以看出,"血脉"又用来指复数事物之间内容的一贯性。中国人讲读书、讲理解也都非常强调它,如:"经书正须要读。如史书要见事变之血脉,不可不熟"(《朱子语类》卷一百一十九);"大抵某之解经,只是顺圣贤语意,看其血脉通贯处为之解释,不敢自以己意说道理也"(《朱子语类》卷五十二);"凡传文,杂引经传,若无统纪,然文理接续,血脉贯通,深浅始终,至为精密。熟读详味,久当见之"(《大学或问》)。血脉即是气脉,故朱子又云"子孙这身在此,祖宗之气便在此,他是有个血脉贯通"(《朱子语类》卷三),就气说脉,甚为明显。

也就是说,以气言体恐怕是非常古老的传统,后世不只医学言人体,在其他领域讲体,大抵也保留了这样的传统。例如文学史上第一篇文学专论

《典论·论文》就说文学创作"引气不齐，巧拙有素，虽在父兄，不能以移子弟"，又说"文以气为主，气之清浊有体"。创作是气的作用，而文体则为清浊之气的显现。这就是以气言体的。现在汉语中指称化学意义的气，仍习惯将气与体联结成"气体"一词。适可证明中国人观念中气与体是复合互训之词，气即是体，体即是气，气结为体，气散则亡，归体太虚矣。

第二讲

饮食:礼文肇兴

一　上古文明的性质

论文明,就不能不提这个"文"字,但一般由仓颉造字讲,其实只讲了"文"的文字义。中国人的"文"的观念,绝不只是文字。例如《易经》说"天文""地文""人文""文明",或"'大人虎变',其文炳也"的"文",就都不是字。

"'大人虎变',其文炳也""'君子豹变',其文蔚也"的"文",是花纹的意思;凡物有纹理纹路纹饰者,也均可以"文"形容之。这是"文"的基本含义。

日人白川静认为"文"之所以由花纹得义,主要是因文身来的,并不是从虎豹的斑纹而来。世界上许多民族早期都有文身的习俗,他判断中国古代也有(只是后来不继,到春秋战国时期,仅吴越尚有"断发文身"之俗)。而人之所以要文面涅肤,则多用于礼仪的目的,以文身代表成年、已婚、权威、勇力、美观等,提高自己在部族间的地位。即使过世了,也常要在尸身上施以彩绘,将尸体圣化。故"文"这个字,就有修饰以神圣化的意涵。已逝之父称文父、已逝之母谓文母、先祖曰文祖,均是对亡者推崇之语,"文"谓优越之德也。殷商后期,已开始用文武来形容王者的德性,如盘庚的侄子名武丁,武丁曾孙名武乙,武乙子名文丁。周则以文为王者之庙号,如周文王。

《周书·谥法》更说"经天纬地曰文""道德博厚曰文""勤学好问曰文""慈惠爱民曰文""愍民惠礼曰文""锡民爵位曰文"，显然周朝是把"文"的意义扩大并加以强调了。孔子称周朝"郁郁乎文哉"者，正以此故。

"文"最早即由文身得义？恐怕不见得。许多民族固然有文身为饰之风俗，中国古代或许也曾有过这么一个时期，但极早就强调用以显示成年、已婚、权威、勇力、美观的办法，是衣裳冠冕，而非文身。文不文身，也并非就是中国与其他民族差异之所在。因此白川静想建立一个"文身文化圈"的想法未必符合史实。

但他论中国古代文化，第一章就谈"文"这个观念，可谓探骊得珠；谓"文"为修饰以神圣化，基本上也是对的。"文"，代表着人由原始状态逐渐修饰以增进其神圣性及优越价值的一切活动，包括文身或衣裳冠冕。这个字后来也以"文章""文明""文化"来代称，意义却并无不同。文章者，谓文明彰焕也；文明者，谓人以文明脱离暗昧也；文化者，谓文明可以变化朴鄙也。大人君子，由于有了文化才显得炳蔚彰焕。

"文"，在此便摄一切文化而说。文至周而郁郁彬彬，则显示古人认为夏商周三代中周之文化最为美备。但如此美备之文化又是从何发展而来呢？

路易斯·亨利·摩尔根（Lewis Henry Morgan）在《古代社会》一书中，把文化分成（一）生活资料，（二）政治，（三）语言，（四）家族，（五）宗教，（六）居住方式和建筑，（七）财产等方面，来观察人类如何由蒙昧社会进化至野蛮社会，再进而至文明社会。文化是否即指这七个方面，当然大可争议，不过即使暂依其所述，他所讲的文化进程仍与我国大相径庭。

依其说，"蒙昧社会"已知用火、用弓，"低级野蛮社会"自知制陶始，"中级野蛮社会"自知用土石建筑及畜养动物（东半球）、种植物（西半球）始，"高级野蛮社会"自知制铁器始，"文明社会"自知用语文始。此论甚谬：制陶术未必晚于畜牧术；农业之起殆亦与牧畜同时；埃及、苏美、印度、墨西哥、秘鲁、中国更均在铁器时代以前，甚至青铜时代以前即已创制语文进入文明社会了。

但某些马克思主义者深受摩尔根影响。他们把摩尔根所说蒙昧时期兄弟与姐妹间互相集体通婚的血婚制家族形态，视为人类第一种社会组织形式，且为最早的原始公社。在这种原始公社之后，则是一种亚细亚的生产方式，但仍保持着血缘亲属关系的残余。由此再向奴隶社会过渡。

这种学说被应用到中国史上，引起过无穷争辩。1976 年郭沫若主编的《中国史稿》是以黄帝前为原始公社期，黄帝经尧舜至禹为原始社会到奴隶社会的过渡，夏商周是奴隶社会，春秋才开始了封建社会。可是相关争论并未停止，至今也还在争辩中。

黄彰健《中国远古史研究》认为不应用这种框架去硬套，若以《左传》《国语》所述来推测，炎帝氏以火纪、黄帝氏以云纪，其时应已有国家组织，已由氏族部落发展为国家，而且拥有含赐姓、胙土、命氏三要素的封建制度。因此当时早已非原始民族，不唯不能以"原始公社"来形容，也不宜用人类学家对原始部落的调查资料来比附。

本书非社会史，故不拟在此详论中国古代社会的性质。相较于其他文明，中国自有其独立的特征。

例如，在石器时代与铜器时代之间，我们可能就有一个其他文明所无的玉器时代。玉本是石之美者，但古人对玉的看法及玉在社会上的作用，绝非石所能比拟。《汲冢周书·世俘解》云"商王纣取天智玉琰五，环身，厚以自焚……焚玉四千……凡武王俘商旧玉亿有百万"，玉为世所重，岂石能比哉？中国人重视玉，早在新石器时代晚期、铜器时代之前。

而这就有几个问题：第一，所谓"石器时代""铜器时代"，是以生产工具为标准的划分，但玉并非生产工具。对玉的重视，起于一种观念，或认为玉美，或认为玉有德义可说，或认为玉可通神灵。总之玉非实用性生产工具，然其所获之重视，绝非石、铜所能及，乃是中国人思想的一种表现。

第二，石器之后代之以铜，铜器之后用之以铁。生产工具进步之后，旧的器械便不会再受重视了。铜器、铁器时代玉已非生产工具，但以玉作为饰物（以彰其美善之义）、礼器（以彰其通神灵之义）却依然极盛。

第三，玉器硬度在 6—6.5 度之间，即使在青铜时代也无任何金属工具可以雕凿，非用解玉砂不可。既用解玉砂就非有轮盘旋车不可。《越绝书》说黄帝时已用玉兵，则以轮轴冶玉、作陶，为时似均甚早。能够拥有如此技术之团体，也绝非原始部落。

第四，玉除雍州、蓝田、南阳豫山等处有小宗出产外，以昆仑最著名。昆山之玉，在那么早就能东至中原，且被广泛使用，更可证明彼时之势力范围、取得远方异物的本领、商旅贸易来往，均已非氏族部落或原始公社时代了。

第五，玉器在石器时代晚期开始被重视之后，整个青铜时代（夏、商、周）瑞玉、祭玉、葬玉之用，其实越来越普遍。故所谓"青铜时代"这样的称呼也未必妥帖。在那样的时代中，是玉还是青铜才更具代表性，实在难说。

又，所谓青铜时代，本来指的是以青铜作为主要生产工具之时代。但据已发掘之资料观之，万余件青铜器中，礼乐器最重，兵车器最多，农工器反而最少。所以有些研究者认为那个时代根本不用青铜农具，有些人则认为可能还有其他原因。但无论如何，这个现象岂不说明了古史学界现今普遍运用的一些框架概念，放在中国古史的解释上，确实会出现许多问题吗？我们不见得要坚持中国文化特殊论，可是，谈中国史，毕竟还是由中国的实际状况出发，比较好些。

二　特重饮食的文明

仍由青铜说起。古人虽有黄帝"鼎湖龙驭"的故事，似乎黄帝已知铸鼎，但《墨子·耕柱》有云"昔者夏后开使蜚廉采金于山川，而陶铸之于昆吾"，铸铜蔚为风气，咸信是夏朝才有的，夏禹铸九鼎之传说尤为世人所重。

但如此即应注意：墨子说铸铜时用的语词是采"金"。中国古代说金就是指铜，而非金银之金。这便与其他文明迥然不同。古埃及、古希腊、苏美文化均有大量金银器，唯中国用金较少也较晚。金的雕饰制作要到春秋战国才较发达,在殷周,称为吉金的,都是铜。

采金铸器,先是用纯铜,称为红铜。再而用铜锡合金,是为青铜。青铜器可概分为礼乐器(如鼎彝)、乐器(如钟铙)、兵器(如戈矛)、车器(如銮轴)、农工器(如刀铲)、杂器等之类。但有趣的是,所谓礼器,大抵就是食器。而这也与其他文明不同。

禹铸九鼎的"鼎"就是主要的食器。直到现在,闽南语仍称锅子为鼎。而鼎却又是政权的象征,争政权就叫作"问鼎"。入朝做官跟宁愿退隐江湖的人相比,则称为"钟鼎山林,人各有志"。有钱的大户可以用旁的形容词去描述,"鼎食人家"却只能指有政治势力的世家。鼎这种食器为何竟有如此重大的政治及权力意涵呢?礼器为何又多是食器呢?须知兵器、车器、农器、工器都不可能用为礼器,只有食器可以。何以食器有此地位?

答案不难索解。《礼记·礼运》早已讲过"礼之初,始诸饮食",又说"礼必本于天,动而之地,列而之事,变而从时,协于分艺。其居人也曰养,其行之以货力辞让、饮食、冠、昏、丧、祭、射、御、朝聘"。古人的观念认为人要生存就需脱离竞争抢夺资源的状况,以"货力辞让"来安排分配之,此即礼之所由起也。觅食求生是古时最基本的问题,故礼亦起于会餐分食之顷。由饮食乃有生命;有生命乃能长大成人,而遂有冠有婚有丧;有个人而后才有群体,群体间才需有祭、射、御、朝聘等礼以"协于分艺",才能形成一个彬彬有礼的社会。这是后世儒者对礼的发展及其内涵之解释。亦唯有如此解释,才能说明礼器与食器混同的现象,也才能表征出中国政治学以"养"为内涵的特点。

礼器中鼎、彝、爵、尊、盘、瓠均为主要饮食器。"礼"这个字,原本也就是酒醴之丰以敬神或敬人。此可称为"礼食一如"。而一个民族也须如此重视饮食,才会从饮食的角度看待礼的问题,此可称为"特重饮食"。

正因特重饮食,故铜器之中食器之繁,令人叹为观止。以酒器来说,酿酒的罍、贮酒的壶、贮酒而备斟的尊、装满以备移送的卣、温酒的斝、斟酒的升、饮酒的觯、可温酒而饮的爵、可烫酒的瓬,以至盂、卮、杯、觞等,简直不胜枚举。其中爵又用为爵位之爵、尊用为尊长之尊、孔子以"觚不觚,觚哉"喻说政治抱负、庄子以"卮言日出"形容自己说话的方式，则明显是饮食事物在思维活动中的延伸。

过去曾有人主张中国人种外来说，青铜文化过去也有外来说，目前考古学界虽较倾向本土发展说，但争议犹未定。可是由以上所述即可知：虽苏美等其他古文明也有青铜文化，某些现象甚或早于我国，但我国青铜文化自有特色，饮食即为其中之一。

我国饮食之起，当然不自青铜时代始。距今约九千年前长江流域已有稻作农业，比国外发现的最早的稻作遗存要早三千年以上。距今七千年以前黄河流域已有栽培粟作。小麦与高粱则在五千年前已有，跟非洲高粱、西亚小麦也根本无关。家畜驯养部分，马、牛、羊、鸡、犬、豕在新石器时代亦都已畜育成功，成为主要畜养及食用物。饮食文明发达之早，举世无匹。

食用之法，中国以火食为特点。《礼记·王制》曾谈及南方有不火食的"雕题交趾"之民。雕题就是文身之意。文身和生食冷食，都是中国人认为的异族野蛮原始人特征，中国人则是火食的。《礼记·礼运》"昔者先王……未有火化，食草木之实、鸟兽之肉，饮其血，茹其毛"，《淮南子·修务训》"古者，民茹草饮水，采树木之实，食蠃蚌之肉，时多疾病毒伤之害"，《白虎通》卷一"古之时未有三纲六纪……饥即求食，饱即弃余，茹毛饮血，而衣皮苇"，都表达了文明是以火食为征象的意思。孔子曾说"君赐腥，必熟而荐之"，也是这个意思。至今民间童谣仍在唱："小气鬼，喝凉水，喝了凉水变魔鬼。"中国人肠胃仍忌生冷，不像外邦人喜食生鱼、冷肉、凉水。

中国火食之早，是在周口店北京人洞穴中就已发现的了，跟日本、韩国等及今尚喜生食冷食之民族相较，足见其早。但更重要的，还不只是早，而是善于用火。

一般民族逮到鱼兽或采集了黍稷，只能直接用火烧之烤之；次则烧热石块以烫熟食物，或用竹筒盛水米煨烘；再不然就用泥裹食物隔火烤之。现在各式烧烤、石板烧、竹筒饭、叫花鸡等，即属此类初级用火之道。故《礼运》说："中古未有釜甑，释米捋肉，加于烧石之上而食之耳。"许多民族至今也仍停留在这个阶段。

用釜甑就是较高层的用火之道了。先用火烧土成陶器,再用它盛物烹煮,就是釜;鼎则是釜的变形或发展;至于甑,是利用火烧水产生蒸气来蒸熟食物。世上各民族用煮的办法多,懂得蒸的少。中国则在河姆渡文化时期已有甑,蒸在距今六千年前便已成为中式烹饪法之特色,欧洲人迄今尚不娴熟于此。蒸不是直接用火烧煮,而是火水相与式的,有"水火既济"之趣。它和宋代以后发明的炒菜法,都是中国烹饪术对世界的重要贡献。至今世界上懂得蒸菜和炒菜的民族,也仅只我们一家。

火食之外,还有许多特点,例如刀工之繁复细致、酒曲之发明等等都是。

进食之法也不一样。古以抓食为主。现今非洲、中东、印度尼西亚及印度次大陆的许多地区也仍维持此种进食法。欧洲、北美洲现在以刀叉及汤匙进食,但历史不久。刀叉起先只作为厨具,10世纪以后拜占庭帝国时期才开始作为餐具,但为传教士和上流社会所鄙弃。英格兰伊丽莎白一世女皇、法兰西路易十四都喜用手抓,后者还禁止勃艮第公爵等人当他面用叉子。英国则迟至1877年仍禁止水兵用刀叉进食。要到18世纪以后,中产阶级用刀叉才较普遍。中国人却在四千年前已用餐叉了,以黄河中游为多。用匙,更早在七千年以前。至迟在商朝时便已开始用箸。以箸夹物,故又称梜,《礼记·曲礼上》说:"羹之有菜者用梜,其无菜者不用梜。"釜鼎煮菜羹煮肉汤,用箸去夹也最方便。正如吃涮羊肉时绝对无法用手、刀、叉、匙,只能用箸。箸梜之用,当是伴随釜鼎羹汤来的。现今实物发掘固然只见到商箸,然其起源理应更早,而此后亦成为中国人主要的餐具,且影响及于东亚大部地区。箸,明朝以后称为筷子,在餐具中最平实、简便而技巧性最高,特色甚为明显,长挑近夹,无不如意,故亦可发展合桌会食的形态。使刀叉,就只能各自分食,不可能像中餐一样会食了。

三　饮食思维的传统

饮食是本能,如何吃却是文化;把吃视为文化中一大事、要事,更是文化。这在我们的社会中固已习焉不察,视为理所当然,跟别的文明比起来却极为不同。林语堂《中国人的饮食》说：中国许多优秀文学家写过烹饪之书，但"没有一个英国诗人或作家肯屈尊俯就，去写一本有关烹调的书，他们认为这种书不属于文学之列，只配让苏珊姨妈去尝试一下"。《隋书·经籍志》所载食经已达七十一卷，《新唐书·艺文志》达一百七十一卷，郑樵《通志》则记了三百六十卷，可见其多，亦可见中国人对吃的重视。司马贞补《三皇本纪》说"太昊伏羲养牺牲以庖厨，故曰庖牺"，则竟把伏羲看成厨师了。

　　一般说来，对吃再怎么重视，吃毕竟只是吃而已。可在中国就偏偏不只如此。吃不只是吃，更是几乎可以延伸到一切事物上去的活动。许多事都可以用饮食去拟况说明。所以钱锺书《吃饭》说："伊尹是中国第一个哲学家厨师，在他眼里，整个人世间好比是做菜的厨房。《吕氏春秋·本味篇》记伊尹以至味说汤那一大段，把最伟大的统治哲学讲成惹人垂涎的食谱。这个观念渗透了中国古代的政治意识，所以自从《尚书·顾命》起，做宰相总比为'和羹调鼎'，老子也说'治国如烹小鲜'。"

　　这叫作饮食思维。此种思维并不起于伊尹，乃是中国古代极普遍的思维模式。让我以《易经》为例，来作些说明。

　　作《易》者是观象而立卦，但天地之间，物象甚多，可以取象者也甚多，作《易》者为何取此而不取彼、所取又以何种物事为多，在在涉及了作《易》时的观念，故举其事类即可观《易》义。饮食事类，就是其中极重要的部分。

　　《易经》中专论饮食之卦甚多，颐卦即为其中之一。卦象艮上震下，是雷出山中、春暖气和、万物长养之时，故曰："颐，贞吉。观颐，自求口实。"《彖》曰："颐，贞吉，养正则吉也。"《象》曰："山下有雷，颐；君子以慎言语、节饮食。……由颐，厉吉，大有庆也。"颐，是指人的腮帮子，咀嚼食物时腮帮子就会动。颐卦全从饮食处立论，后世有成语云"大快朵颐"，出典即在于此。但孔颖达疏曰："朵颐，谓朵动之颐以嚼物，喻贪婪以求食也"，"朵是动义，如手之捉物，谓之朵也"。可见《易经》并不强调大快朵颐，而是主张自求口实、养之以正，不能为了好吃便不择手段。

此乃借饮食事而说义理,故取象于颐。类似者尚有鼎卦。鼎,离上巽下,巽是木,木焚后火焰上腾,即炊煮之象。炊煮用鼎,所以《象》曰:"鼎,象也。以木巽火,亨饪也。圣人亨以享上帝,而大亨以养圣贤。"卦象中,九三指"鼎耳革",谓鼎耳脱落了,象征"雉膏不食"。九四指鼎折足,象征打翻了菜肴,弄得汤汁满地。俗语"大亨""革故鼎新",都出自这个卦。其义理均由用鼎煮饭吃之中悟出。"大亨以养圣贤"更是后来儒家政治哲学上一个非常重要的观念。

与"鼎""颐"有关者为噬嗑卦。此卦震下离上,象征刚硬的牙齿嚼破食物、柔软的舌头去含咀滋味,两相配合,故噬嗑即是咀嚼。《象》曰:"颐中有物,曰噬嗑。噬嗑而亨,刚柔分,动而明,雷电合而章,柔得中而上行……"这个卦刚柔相济,所以大体是吉利的。固然吃东西不免也会有些状况,可是基本上仍能无咎。例如六三"噬腊肉,遇毒,小吝,无咎"是食物中毒;九四"噬干胏,得金矢,利艰贞,吉"是吃肉咬着铜片,表示虽然有些艰困,终无大碍;六五"噬干肉,得黄金,贞厉,无咎",六二"噬肤灭鼻,无咎",与此同义,肤,据《经典释文》引马融注曰"柔脆肥美曰肤",碰到鲜美的食物时,就是拼命吃,吃得把自己鼻子都吃掉了,也不会有什么问题的。

另外有不少卦,非取象于饮食,而是取义于饮食者,例如豫卦。豫,震上坤下,应是象雷声震动,万物破土而出,但《象》曰:"雷出地奋,豫。先王以作乐崇德,殷荐之上帝,以配祖考。"言圣王见此象,即应法象天地,飨荐祖先及上帝。由饮食论政,甚为明显。

也论饮食,但与鼎、颐、噬嗑略异者,则有观卦、中孚卦、损卦等。

观,巽上坤下,这个卦是讲观天文以察时变、观人文以化成天下的。其卦辞说"盥而不荐,有孚颙若",《象》曰"观天之神道,而四时不忒。圣人以神道设教,而天下服矣"。为什么《象传》要从神道设教来解释观卦的卦辞呢?原来,观的本义即是观宗庙祭祀。盥,就是"灌",祭祀时用酒灌地以迎神。荐,指献牲。孔颖达疏云"可观之事,莫过宗庙之祭盥,其礼盛也。荐者,谓既灌之后,陈荐笾豆之事,故云'观盥而不荐'也",以荐为陈荐笾豆之事。我认为是讲错了,但终究也仍属于饮食。

中孚，巽上兑下，泽上有风之象，卦辞说："豚鱼吉，利涉大川，利贞。"王引之《经义述闻》云："豚鱼者，士庶人之礼也。《士昏礼》：'特豚合升去蹄，鱼十有四。'《士丧礼》：'豚合升，鳝鲋九，朔月奠用特豚鱼腊。'《楚语》：'士有豚犬之奠，庶人有鱼炙之荐。'《王制》：'庶人夏荐麦，秋荐黍。麦以鱼，黍以豚。'豚鱼乃礼之薄者，然苟有中信之德，则人感其诚，而神降之福。故曰'豚鱼吉'，言虽豚鱼之荐亦吉也。"

损，艮上兑下，卦辞说："有孚，元吉，无咎，可贞，利有攸往。曷之用，二簋可用享。"卦为大泽浸灭山土之象，故称为损。卦辞以祭祀用两盒饭为喻，孔颖达疏云："'曷之用，二簋可用享'者，明行损之礼，贵夫诚信，不在于丰。既行损以信，何用丰为？二簋至约，可用亨祭矣。"

以上这几个卦，卦本身虽非饮食之事，亦非取象于饮食，但卦辞皆直接用祭礼等各种礼所涉及的饮食问题来说明卦义。

需卦也值得注意。需卦，需，坎上乾下，是需要的意思。这个卦虽不像颐、鼎两卦全从饮食上立论，但许多部分与饮食有关，至少《象传》认为它主要仍是在讲饮食，故《象》曰："云上于天，需。君子以饮食宴乐。"这是有道理的，因为人的需要固然不只是饮食，然而饮食毕竟是人的基本需求。卦辞九五"需于酒食，贞吉"，《象》曰"酒食贞吉，以中正也"，即指此而言。人若能中正而行，自然能获得酒食；而有酒有肉吃，当然是大吉大利的。

这个卦还有一个有趣的地方：上六说"有不速之客三人来，敬之，终吉"，《象》曰"虽不当位，未大失也"。正饮食宴乐时，客人不请自来，即请他们一道吃。虽不尽合于礼，却也没什么大错。此亦需义，可见人不能不考虑到别人或许也有不时之需，在自己有的吃时，应随机供给别人吃，而且要"敬之"，不能是施舍式的"嗟！来食"。

以上这些都是整个卦跟饮食有关的，以下则为局部与饮食相关者。整个卦与饮食有关，可见于卦辞、见于卦象；局部相关，则可见于爻辞：

泰卦九三爻辞："无平不陂，无往不复，艰贞，无咎。勿恤其孚，于食有福。"

大有卦九三爻辞:"公用亨于天子,小人弗克。"

剥卦上九爻辞:"硕果不食,君子得舆,小人剥庐。"

坎卦六四爻辞:"樽酒簋贰,用缶,纳约自牖,终无咎",《象》曰:"樽酒簋贰,刚柔际也。"

明夷卦初九爻辞:"明夷于飞,垂其翼。君子于行,三日不食。有攸往,主人有言",《象》曰:"君子于行,义不食也。"

姤卦九二爻辞:"庖有鱼,无咎,不利宾",《象》曰:"庖有鱼,义不及宾也";九四爻辞:"庖无鱼,起凶",《象》曰:"无鱼之凶,远民也。"

困卦九二爻辞:"困于酒食,朱绂方来,利用享祀。征凶,无咎",《象》曰:"困于酒食,中有庆也。"

渐卦六二爻辞:"鸿渐于磐,饮食衎衎,吉",《象》曰:"饮食衎衎,不素饱也。"

未济卦上九爻辞:"有孚于饮酒,无咎。濡其首,有孚失是",《象》曰:"饮酒濡首,亦不知节也。"

通观这些爻辞,可见作《易》者在人生诸经验中,格外重视饮食。有吃有喝,代表有福气;若庖无鱼,则为凶。但饮食不宜过度,若饮酒濡首,喝到脑袋都淹到酒缸里去便不好了。而且不义之食也不该吃。

此外,大畜卦卦辞说"利贞,不家食,吉,利涉大川",闻一多《璞堂杂识》认为"'不家食',盖谓耕而食于田野,《诗》所谓'馌彼南亩'也",孔颖达疏云:"已有大畜之资,当须养赡贤人,不使贤人在家自食,如此乃吉也。"推溯易象,仍以孔疏为是。因为《彖传》已说"不家食,吉,养贤也",《象传》也说"天在山中,大畜",足见所畜者广,非农耕于野所能涵盖。

《易经》论饮食事,其实尚不止此,但排比事类,其义自显,故亦不烦一一缕述。要从这个方向来观察,我们才能理解伊尹、老子、《尚书》以及孔子、孟子那种以饮食来说义理乃至论政事王道的方式,其实是渊源有自的。《易经》论说饮食的风格与取象方法,早已成为儒道诸家思维的传统与习惯了。

四　饮食文明中的人生与宗教

在这种饮食思维浸润弥漫的社会中，其思想文化状况又会是怎么样的一番光景呢？

对食色之欲的看法及处理方式，是一个民族文化的发展中非常重要的部分，甚至可能是主要的部分。由于对这个问题的处理方式不同，才形成了各地不同之民族与文化。在这些文化中，对人生、对宗教，可能会有些理论去诠说、去铺陈其理念，但它的底子，像冰山潜隐在深水中的那个底子，却可能是立基于有关饮食男女的一些态度。这个态度，影响着它的整体思维方向与内涵，却未必明言，或未必形成一套理论，未必以论理的方式来表达。因此，考绎宗教、讨论哲学、研究美学的人，也未必注意及此，以致空谈概念、拟测理境，而于古人之生活世界殊少契会，亦未能洞达诸人生观宗教观之底蕴。

以宗教来说，中国本身发展出来的道教或其他各种民间宗教，无不"贵生"，珍重爱惜生命。为什么？这当然可以有其他思想上的解释，但中国人以生为乐的态度观念，难道不是个关键吗？

中国人的宗教，与佛教、基督教、伊斯兰教最大的不同，在于以生为乐，不认为人生有罪、人生是苦；而且缺乏彼岸之向往，没有一个死掉以后可以去享受快乐生活的天堂、极乐世界。中国人的极乐世界就在这个我们所生活的人间，所以中国人不是劝人"往生极乐"，而是召唤死者"魂兮归来"。换言之，一种贵生的、此岸的、现世的宗教性格，即本于一种特殊的人生态度。此种宗教性格，唯有透过我这般文化宗教学的阐析，才能豁然昭显。

那么，人生之所以可乐，甚且至于"极乐"者为何？人又用什么召唤魂魄归来呢？《楚辞》里的《招魂》《大招》都一样，先说魂魄四处游荡不好，到处都充满了危险，还是赶快回家吧。接着就说家中准备了好酒好菜可供你享用，所以"魂兮归来，反故居些"。死后世界阴冷恐怖，活人的生活则充满了酒的香气、肉的味道、女人的笑语，两相对比，死人能不动心吗？

这种生活的第一个特点，就是有吃喝之乐。据《招魂》说，这叫作"食多方些"，什么都有得吃：稻米、粢稷、穱麦，杂糅着黄粱煮成的饭。豆豉、咸盐、酸醋、椒姜、饴蜜等众味并呈。肥牛的筋肉，煮得熟烂而且芳香；调酸醋和苦汁，陈列出吴国道地的羹汤。煮的鳖、炙的羊，又有甘蔗的汁浆。酸的鹄、沾了点汁的凫，还有煎的鸿雁和鹤鸧。露栖的土鸡、炖煮的海龟，味道芳烈而且不败。粔籹、蜜饵，又有干饴。瑶白色的酒浆、蜜制的甜酒，斟满了羽觞。压去酒滓的清酒掺入冰喝，醇酒的滋味是既清凉又舒爽。华彩的酒器都已陈列，还斟上了琼玉色的酒浆。所以说：回来吧！重回到故乡！《大招》描写吃的场面也不含糊，大约有四大段，一说吃五谷杂粮，二说吃猪狗龟鸡及蔬菜，三说吃飞禽，四说饮美酒。

由这样的描写，可知饮食之乐是人活着时最主要的快乐，甚或可以认为是人活着的主要目的。因为有那么多东西好吃，所以人才舍不得去死，所以死掉以后的魂魄才会为着贪恋这种快感而还魂归阳。这个观念，对于理解中国人的生活世界来说，真是太重要了。

可不是吗？试看《诗经·小雅·鹿鸣之什·天保》说上天保护我们、神明佑庇我们，让我们过着好日子："神之吊矣，诒尔多福。民之质矣，日用饮食。群黎百姓，遍为尔德。"老百姓没什么别的想法，既不求上天堂，也不想获得拯救，更不认为有什么罪孽应该清赎，只希望能好好吃吃饭、喝喝酒。质朴之愿既了，就感谢老天爷的恩德了。

换言之，这就是中国人的宗教观。因此，饮食一事，既为生活世界之主要内容，也通之于鬼神。凡祭祀，皆须献牲敬酒。为什么？因为大家都相信饮食的沟通功能。我们用饮食祭献鬼神，代表我们对他示好；鬼神吃了我们的东西，表示它们愿意"福我"（莫忘了吃喝跟福报的关系）。而且，因我们都爱吃，故想象神也是爱吃的。祭物要丰盛，如供养人要四簋、八簋那样，对神的祭物也是越多越能表示诚意。若减少了，人会嗟咨，神也会发怒报复的。这个道理《小雅·楚茨》讲得最详细明了：

> 楚楚者茨，言抽其棘。自昔何为？我艺黍稷。我黍与与，我稷翼翼。我仓既盈，我庾维亿。以为酒食，以享以祀。以妥以侑，以介景福。

> 济济跄跄，絜尔牛羊，以往烝尝。或剥或亨，或肆或将。祝祭于祊，祀事孔明。先祖是皇，神保是飨。孝孙有庆，报以介福，万寿无疆！

> 执爨踖踖，为俎孔硕，或燔或炙，君妇莫莫。为豆孔庶，为宾为客。献酬交错，礼仪卒度。笑语卒获，神保是格，报以介福，万寿攸酢！

> 我孔熯矣，式礼莫愆。工祝致告，徂赉孝孙。苾芬孝祀，神嗜饮食。卜尔百福，如畿如式。既齐既稷，既匡既敕。永锡尔极，时万时亿！

> 礼仪既备，钟鼓既戒，孝孙徂位，工祝致告。神具醉止，皇尸载起。鼓钟送尸，神保聿归。诸宰君妇，废彻不迟。诸父兄弟，备言燕私。

> 乐具入奏，以绥后禄。尔肴既将，莫怨具庆。既醉既饱，小大稽首。神嗜饮食，使君寿考。孔惠孔时，维其尽之。子子孙孙，勿替引之！

收成好了，便制酒食以祭祀，剥牛烹羊，或陈列或进献，让神及祖先来品尝，以使子孙获得福报。"神嗜饮食，使君寿考"，说得多么明白呀！凡祭祀，都服膺这个道理，如《周颂·执竞》云"既醉既饱，福禄来反"，《周颂·丰年》云"为酒为醴，烝畀祖妣，以洽百礼，降福孔皆"，《小雅·信南山》云"祭以清酒，从以骍牡，享于祖考。执其鸾刀，以启其毛，取其血膋。是烝是享，苾苾芬芬。祀事孔明，先祖是皇。报以介福，万寿无疆"，《大雅·凫鹥》云"尔酒既湑，尔肴伊脯，公尸燕饮，福禄来下"，《大雅·旱麓》云"清酒既载，骍牡既备，以享以祀，以介景福"，《大雅·行苇》云"曾孙维主，酒醴维醹，酌以大斗，以祈黄耇"，与《楚茨》都是完全相同的。

相反地，假如祭礼太简慢了，神吃得不痛快，可是要发怒的。《墨子·明鬼》记载：祝观辜替宋文君祷祀，因牲礼不合度，鬼怒，依附在祝史身上，用杖把他活活打死在祭坛上。故《尚同中》云："圣王……其事鬼神也，酒醴粢盛不敢不蠲洁，牺牲不敢不腯肥……"

这种宗教观，显示了中国人具有此岸的、现世的宗教态度。而一种此岸的、现世的宗教，必以饮食男女为主要内容。杀牲祭拜，供神饮食，是其中一个特征。这个特征表现在:第一,"神嗜饮食",只有供奉他吃得满意了,他才会福报你,这是种特殊的福报观及供养观。

第二,神的饮食,其实也就是人的饮食。人喜欢吃的东西,即神所嗜食者,并不用另外准备更"圣洁"的神的食物。祭完神之后,人即分食神所食之物,人神同食,故亦同乐。

第三,道教兴起后,推本于"贵生"之观念,反对杀生祭神,也反对吃五谷杂食及肥甘醴脂。这种新的饮食观,导致它同时对神要求不再血食,对人要求不再食谷米喝酒,而应努力食气咽津。这当然是一种改革,但同样显示了以饮食男女为主要内容的宗教特点。因为这些专讲呼吸吐纳、食气咽津的修道者,跟养生学实无不同。其宗教性,只显示在他们特殊的饮食方法上。后世汉传佛教比世上任何一处的佛教都更重视"吃素",视此为最重要的修行方法,亦是此一"中国特色"之表现。

讨论日常生活之美的,西方哲学文献中亦非绝无所见,如柏拉图《大希庇阿斯篇》即曾借苏格拉底与希庇阿斯之口,论辩过身体、动物、器皿、技艺、制度、习俗美的问题。但是,文中说道:

> 苏 ……我的论敌或旁人也许要追问我们:"为什么把美限于你们所说的那种快感?为什么否认其他感觉——例如饮食色欲之类快感——之中有美?这些感觉不也是很愉快吗?你们以为视觉和听觉以外就不能有快感吗?"希庇阿斯,你看怎样回答?
>
> 希 我们毫不迟疑地回答,这一切感觉都可以有很大的快感。
>
> 苏 他就会问:"这些感觉既然和其他感觉一样产生快感,为什么否认它们美?为什么不让它们有这一个品质呢?"我们回答:"因为我们如果说味和香不仅愉快,而且美,人人都会拿我们做笑柄。至于色欲,人人虽然承认它发生很大的快感,但是都以为它是丑的,所以满足它的人们都瞒着人去做,不肯公开。"

在这里,苏格拉底自嘲:"他就问我知不知道羞耻,去讲各种生活方式的美,连这美的本质是什么都还茫然无知。"因此,首先,他讨论的其实并非日常生活之美,而是去追究:何谓美? 美之本质为何? 与中国人在生活中欣赏、体验美,进而创造生活之美的态度,迥然异趣。其次,他论美而以视觉、听觉为主,说"美既然是从听觉和视觉来的快感,凡是不属于这类快感的显然就不能算美了",所以饮食的味觉与嗅觉、男女的性欲也都不能算是美的。这岂不也与中国人的看法南辕北辙?

"美",这个字的意思本来就是由"羊""大"会意的,羊大为美,正如鱼羊为鲜,均是以饮食快感为一切美善事物之感觉的基型。而《后汉书·襄楷传》云桓帝"淫女艳妇,极天下之丽;甘肥饮美,单天下之味",《管子·戒》云"滋味动静,生之养也",《左传》昭公元年云"天有六气,降生五味",这些随手拈来的文献,也无不告诉我们:美色与美味在人的审美活动中居非常重要的地位。

甘,《说文》云:"美也,从口含一。"肥亦是甘,孟子问齐宣王:"肥甘不足于口欤?"甘亦是乐,《玉篇》云"甘,乐也",《淮南子·缪称训》云"人之甘甘",高注"犹乐乐而为之",《左传》庄公九年云"请受而甘心焉",杜预注"甘心,言欲快意戮杀之"。从甘味、甘甜到甘心,其美感与快感之结构,正如旨,本指美味(《诗》云"我有旨酒",《礼记·学记》云"弗食不知其旨也",又据说禹时仪狄发明一种旨酒),但旨趣、宗旨之旨,亦由美味中得来。

甚至于"滋味"一词,在字书里一向被用来描述宇宙自然的整体状况,如《说文》云"未,味,六月滋味也",《史记·律书》云"未者,言万物皆成,有滋味也"。也就是说,依据汉人的宇宙论,在午时阳气冒地而出之后,未时万物成就,犹如食物已经成熟而有滋味了。后来对个别事物之美,也用"有滋味"来形容,如钟嵘《诗品》说五言诗为众作之有滋味者,司空图论诗说要得味外味。欣赏诗文称为味之、品味、含咀、咀嚼。品味什么呢? 品味审美对象的"气味"。这些都是以味觉去经验其他的事物。至于那些不直接使用甘、旨、味等的字词,也未必不是如此,像《风俗通义》卷一就说五帝中帝喾之所以名为喾,就是因为"喾者,考也,成也,言其考明法度,醇美喾然,若酒之芬香也"。

这便可见苏格拉底说"我们如果说味和香不仅愉快,而且美,人人都会拿我们做笑柄"，在中国是大大不然的了。

五　饮食文明中的政治与礼教

饮食思维发达的中国社会，所形成的政治态度、群己关系，亦与西方截然异趣。

《周礼》中即设有膳夫、庖人、肉饔、亨人、腊人、酒正、酒人、浆人、醢人、醯人、盐人等，属于天官。在春官中也有司尊彝、司几筵的官。设官如此之多，足见对其事甚为重视。且天官乃总摄各部门之官，与司徒掌教化、司寇掌法律、司马掌兵备那种专司某一方面之官不同。膳夫、庖人等列位其中，地位实在非常重要，与现今各级政府机关的厨师仆役大不相同。

不但如此，郑玄注"膳之言善也，今时美物曰珍膳"，可见膳即是美，饮馔宜美。膳夫与庖人在天官中所占分量极大，人数比例也高（宫正与宫伯总共才91人，膳夫却有132人，加上庖人70人、内饔外饔各128人、亨人27人等等，比例相当可观。若把全书所列食官合计起来更多达2294人），以至于整个天官冢宰都可以用烹饪来比拟。盖宰相自古即被视为"调和鼎鼐"的人物，《周礼》贾公彦疏也说："宰者，调和膳羞之名。"

《周礼》乃王者体国经野、设官分职以治邦国之书，它对烹夫膳人如此重视，且将治国理政类拟于烹饪饮馔，充分体现了"礼之初，始诸饮食"的思考特点。这种特点，我们在掌守周礼的老子身上也可看到，他说"治大国，若烹小鲜"。饮食，显然被看成是人类的基本经验，由这个生活经验推拓出去，便可以了解其他事务该怎么处理。膳食要怎么样才能调制得美，其他事均可依此以类推。

但《周礼》毕竟是王者施政设官之书，所论皆王者之事，其饮馔生活是非常特殊的。在此只能见礼家对饮食之重视，尚无法了解一般人如何进行饮食生活。这便须再参考《仪礼》和《礼记》的记载了。

今存《仪礼》其实大抵只是士礼，士冠、士婚、士相见、士丧、士虞等，均属于士大夫阶层的礼仪。其中谈及饮食者，包括燕礼、乡饮酒礼、公食大夫礼等。燕礼之燕，就是饮戏燕乐之燕，所谓"诸侯无事，若卿大夫有勤劳之功，与群臣燕饮以乐之"。乡饮酒礼，则是聚集乡党贤人长老，行饮酒致敬之礼。至于公食大夫礼，乃是大夫间宴聘之礼。《仪礼》对于这些礼制仪节的描述非常详细，宾客如何进门、如何肃客入座、席上如何摆设、佣仆如何侍候、饮馔之程序如何、该说什么吉语、如何应对、如何上菜、如何撤席、如何送客……可谓历历如绘。对于饮食的内容和做法，也有一些记载。

把这些记载和《礼记》等文献合起来看，就可发现儒家所描绘的周朝礼文，其"郁郁乎文哉"者，一从体制上确立了膳夫庖人的地位，一论饮膳之仪节，一谈饮食本身：邦国王者之饮食，士大夫之饮食，居家生活之饮食。三者相互配合，共同体现出古人对饮食这种生活必须有的活动是极为重视的。这种重视，有几点值得注意的地方：

第一，对饮食的重视，特别是它在政治学、伦理学上的重要性，中国人实在要超越西方的政治学传统甚多。以《周礼》论膳夫庖人亨人鳖人腊人酒正酒人浆人等的情形，来对照亚里士多德《政治学》，我们便不难发现其间的差异。亚里士多德论及政府内部之行政机构与职司者，主要在其第四卷第十五章及第六卷第八章。尤其在后面这个部分，谈各政体内"行政诸职司的安排、数目、性质以及在各种政体中诸职司各自应有的作用"，性质恰好与《周官》类似。可是，在亚里士多德的观念中，必不可缺的职司，只是市场监理、城市监护、林区监护、司库、诚信注册司、典狱、城防与军事司、财务纠察审计司、祭司、妇女监护、儿童监护、体育训导、议事司等。其设官分职之原理固然与《周礼》大相径庭，细部职司分列中也没有任何一位涉及饮膳事务的官员。

这种不同，并不来自彼此所论政体不同，因为亚里士多德所设想的，乃是各种政体中必不可少的职官。可是若依编《周礼》的人来看，饮食，不正是任何社会中人都不可少的吗？民以食为天，设官分职时怎能不予考虑，或不适当地予以反映呢？以亚里士多德所设的"祭司"来说，他只谈到"专管奉事神明的业务，这些业务需要'祭司'和'庙董'。这类的执事，庙董负有维护和修葺坛庙并管理有关祭祀事项的一切公产。……除了祭司之外，还有'典祀''坛庙守护'和'祠产经纪'"云云。若编《周礼》者见此,一定会问:"那么,先生用什么来典祀呢?祭祀活动中最重要的,不是献奉饮食以致敬于鬼神吗?既然如此,为何典祀之官中无职司饮食以奉祭者?"《周礼》内饔负责宗庙祭祠的割烹煎和、外饔负责外祭祀,即为此而设。

又,不仅鬼神要吃,需要定期献奉饮食以致敬之,人也同样需要。所以邦国定期要举行养老、恤孤、飨众之礼。外饔之官,就是负责办理此事者。亚里士多德只想到一堆管理、督察、监护、惩罚的官,而完全不考虑"邦飨耆老孤子"之类事务。依儒家看来,或许要认为这样的政治学太刻薄寡恩了吧。

第二,儒家注重饮食这种日常生活,并由此发展出礼及各种典章制度,正好显示了儒家所谓的礼,与"法"的性质甚为不同。礼与法同样是要为人生社会提供一套秩序、规范,让人遵守。但礼不是法。法不论来自习惯还是契约,都是对人与人之间权利与义务的规定,但礼的核心不是权利与义务问题,而是情。礼乃因人情而为之文。人有饮食之情,故有饮食之礼;有男女之欲,故有婚嫁之礼。法律能规范人该怎么吃吗?能叫我们席不正不坐、割不正不食吗?

因此,法是政治性的概念,礼却是生活性的概念。对于像家居生活之类,不与他人或公众发生权利、义务关联者,后世编了《文公家礼》《司马温公家仪》等书刊,来发挥《礼记·内则》的说法。由《礼记·月令》逐渐扩大,而影响民众整体生活的皇历、农民历,更几乎是家家有之。法律是不能如此的。此即所谓礼教,中国人看一个人是否有教养,就从此等生活仪节、饮食进退中见出。

第三,礼,因乎人情而为之节文。这个文,乃是文采、修饰。就像人穿衣裳,除了遮羞避寒之外,尚有美观的作用。羞耻之意与避寒之需即为人情,美观则是文采修饰的效果。故礼其实就显示为美。《礼记》中有这样几句话:

> 酒醴之美,玄酒明水之尚,贵五味之本也。黼黻文绣之美,疏布之

尚，反女功之始也。……大羹不和，贵其质也。大圭不琢，美其质也。丹漆雕几之美，素车之乘，尊其朴也，贵其质而已矣。……醢醢之美，而煎盐之尚，贵天产也。（《郊特牲》）

言语之美，穆穆皇皇；朝廷之美，济济翔翔；祭祀之美，齐齐皇皇；车马之美，匪匪翼翼；鸾和之美，肃肃雍雍。（《少仪》）

礼制所要达成的，当然是人文世界整体的美感，但在这人文美的范畴中，一种美感生活的追求，便也由此中诞生出来了。就像孔子那种视听言动无不中节，处处表现出雍容宽舒、尊重他人、敬事自己的生活态度，不也同时显示了语言之美、行动容止之美吗？上古之所谓礼学，其实正是一套生活美学。

当然，人们也许会质疑此处所说只是战国时期儒家的一种理想，并非上古文明之实况。确实如此，但我们当知：儒家的礼论，基本上是继承来的，经典上的饮食养民说，并非儒家的发明。因此我们看《易经》那样强调饮食，看《诗经》也到处都是"我有旨酒，嘉宾式燕以敖""我有旨酒，以燕乐嘉宾之心"（《小雅·鹿鸣》）、"君子有酒，旨且多"（《小雅·鱼丽》）、"君子有酒，嘉宾式燕绥之"（《小雅·南有嘉鱼》）、"厌厌夜饮，不醉无归"（《小雅·湛露》）、"无非无仪，唯酒食是议"（《小雅·斯干》）、"彼有旨酒，又有嘉肴"（《小雅·正月》）、"或湛乐饮酒"（《小雅·北山》）、"为宾为客，献酬交错""既醉既饱，小大稽首"（《小雅·楚茨》）等等这样的描述。人民吃饱喝足了，君王与官员也都能饮酒作乐，代表政治清明，否则便是衰世。这样的想法，儒家承袭于上古经典，其他人读经典，自然也学得到。因此，老子论政治，便说"治大国，若烹小鲜"，又说：

是以圣人之治也，虚其心，实其腹……（第三章）

是以圣人之治也，为腹不为目……（第十二章）

众人熙熙，如享太牢，如春登台……我独异于人，而贵食母。（第二十章）

乐与饵，过客止。道之出口，淡乎其无味……（第三十五章）

甘其食，美其服，安其居，乐其俗……（第八十章）

显然典守周朝之礼的老子也同样采用了以饮食论政的方法。其中"乐与饵"数语,杜光庭《道德真经广圣义》卷二十八解曰:"乐,音乐也。饵,饮食也。言人家有音乐饮食,则行过之客皆为之留止。如帝王执道以致太平,亦为万物归往矣","此举喻也。言人君执大象,而天下之人归往,亦如人家有音乐饮食,则行过之客皆为留止尔"。此解对老子义谛颇能掌握,且透显了饮食政论中所蕴含的"徕民观"。

所谓"徕民观",即是孔子所说"远人不服,则修文德以来之"的意思,与《易经》"大亨以养圣贤"同义。一个国家如果政治清明,天下人都会归往该处。孔子所表达的,就是这么个想法。孟子反复说王者若推行仁政则民众将"如水之就下"般地归往之,也是此意。而人民之所以愿意归往,最重要的判断指标,是孟子所说的"使民养生丧死无憾",亦即老子此处所云"乐与饵,过客止"。

西方政治学中较少见此种"徕民观",较常见的乃是"属民观",致力于界定何种人属于国家或政权,何种人有在此政权内享受权利之权,人民与其归属政权之权利义务关系,等等。中国的政治学,则基本上不这样谈问题,故《诗经·大雅·公刘》赞美公刘始迁于豳,因为能让大家饮食饱美,所以大家就都归附他:"笃公刘,于京斯依。跄跄济济,俾筵俾几。既登乃依,乃造其曹。执豕于牢,酌之用匏。食之饮之,君之宗之。"歌颂饮食徕民,而不强调其体制法度及权利义务之分配与行使问题。中西政治观之差异,极为明显。

由这里看,儒道两家是相同的。但它们也可能不同。因为就在杜光庭所引的文献中,即有人主张"乐以声聚,饵以味聚,过客少留,非长久也。是以蘧庐不可以久处,仁义觏之而多责,故人君体道清静,淡然无味,始除察察之政,终化淳淳之人","饵以美口,食毕而众离。虽留止于一时,故难期于久永。唯无为理国,则众归而不可离",并不认为以饮食徕民是最好的办法。这个观点,在《庄子》外篇中的《胠箧》亦已有之。它援用《老子》第十章之说而发挥之:

　　昔者容成氏、大庭氏、伯皇氏、中央氏、栗陆氏、骊畜氏、轩辕氏、赫
胥氏、尊卢氏、祝融氏、伏牺氏、神农氏,当是时也,民结绳而用之。甘其
食,美其服,乐其俗,安其居,邻国相望,鸡狗之音相闻,民至老死而不相
往来。若此之时,则至治已。今遂至使民延颈举踵,曰"某所有贤者",
赢粮而趣之,则内弃其亲而外去其主之事,足迹接乎诸侯之境,车轨结
乎千里之外。则是上好知之过也。

庄子或其后学之所以如此说,是因为他们另有一套饮食观,对反于儒家之说
(或者说是对周代"郁郁乎文哉"的反动)。故儒者强调知味、重视饮食甘
美,庄子便发挥老子"道之出口,淡乎其无味"之义,说:"古之真人……其食
不甘……"(《大宗师》)孟子推崇易牙善于烹调,庄子则举了齐国另一位善
于庖膳的俞儿说:"属其性于五味,虽通如俞儿,非吾所谓臧也……"(《骈
拇》)孔子食不厌精,脍不厌细,割不正不食,庄子则说列子悟道之后,"归,
三年不出,为其妻爨,食豕如食人"(《应帝王》),不但跟儒家远庖厨的态度
相反,亲自下厨替老婆煮饭,且根本不讲究美食,吃的跟猪吃的一样。足证
儒家是美食者,庄子则不然,所以《齐物论》先是质疑美食之美并无普遍性:
"民食刍豢,麋鹿食荐,蝍蛆甘带,鸱鸦耆鼠,四者孰知正味?"然后又在《胠
箧》篇主张不必追求美味,只要自甘其食、自安其俗即可。

　　这样的态度,亦可通贯于庄子其他的主张。例如不讲究美食,与其推崇
隐士是相符的。隐者如许由,说"庖人虽不治庖,尸祝不越樽俎而代之矣"
(《逍遥游》),则是自安其味之外,尚要自安其位,如此则不可能"以割烹要
汤"。再者,儒者也说饮食须有节制,不可纵欲,所以孔子对哀公问,谓君王
须"食不贰味"(《礼记・曲礼上》,又见《礼记・哀公问》),又在许多典礼的
设计中凸显"太羹玄酒"的地位,太羹玄酒皆淡乎无味,以此为至美之味,正
显示儒者也有"味尚质质"的想法。但是,老庄毕竟对味更有戒心,故老子
云五味令人口爽,秉国者不应提倡,庄子也说"五味浊口,使口厉爽",为生
之害。循此而发展来的政治观,自然也就会主张不养之养,与儒家主张养民
不同。

换言之,儒家或道家论治,均有浓厚的饮食思维。而这样的倾向,实由上古渊源发展而至。论思想史者,观澜而索源,则必深察乎礼之始与夫人文之初起,饮食之义大矣哉!

第三讲

男女：人伦渐备

一 两性关系的想象

以上讲"礼始诸饮食"，此处则要谈"人伦造端于夫妇"的问题。

人有两种，一种是女人，一种是男人。而这两种人，又必须交配，才生得出人来，人类也才能依此繁衍下去。

怎么交配呢？交配乃是生物自然的本能，当然依生物自然的状态来进行。例如某些动物一年发情一次，某些多次；某些发情期长，某些短；某些只接纳一位异性交配一次，某些须多次或与多位异性交配。其间的差异，千奇百怪，形成的两性关系亦各不相同。有一雌一雄的，有一雄多雌的，也有一雌多雄或多雄多雌的。但无论如何，此均为天生自然，是由其生物性所决定之事。

人的生理状况，颇与其他动物不同。因为人自青春期以后，几乎终身都是可交配期，也无明显的生理特征使其只能与一人交配。交配期之长与可交配对象之广，均是动物界罕见的。

在这么大的可能性上，两性交媾关系便可以发展出许多变项。而最终会变成什么样，就非生物自然状态所能解释，而是各个地方、各个时代，依不同的考量，形塑出不同的样貌来。因此，人的交媾关系，不是自然的，而是人文的。老虎，无论东北虎还是孟加拉虎，交媾状况都是一个样儿，人则各民族各地区不同,同一地区同一民族古今也不同。两性交媾,遂因此而非自然生物之事,亦非仅两性之事,而是一种"人文制度"。

古书上说"昔太古尝无君矣,其民聚生群处,知母不知父,无亲戚兄弟夫妻男女之别,无上下长幼之道"(《吕氏春秋·恃君览》)、"男女杂游,不媒不聘"(《列子·汤问》)、"上古男女无别,伏羲始制嫁娶,以俪皮为礼……以重万民之别,而民始不渎"(《竹书纪年》)、"古之时,未有三纲六纪,民人但知其母,不知其父"(《白虎通·号》)、"民知其母,不知其父,与麋鹿共处"(《庄子·盗跖》)等,都是在描述人类交媾由原始自然如麋鹿一般的生物状态,发展到婚姻制度之过程。

据它们形容,上古无婚姻制度,伏羲始定嫁娶之礼。有了这种礼,人才有父母、兄弟、夫妇、亲戚、上下等各种人伦关系。故婚姻制度亦可说是整个人伦礼制的起源或基础。《易》云"人伦肇端于夫妇",即是此意。

把这种制度推源于伏羲,乃是认为婚姻制度形成于渔猎时期,故此时男子求欢于女,以俪皮为礼。动物求欢,多以力胜,如雄强暴雌,或两雄角斗,胜者才有交配权。人懂得奉物以求合欢,这就是以礼相待之道。后世婚礼,以聘以媒,均由此发展而来。故婚嫁之礼是人类极其重要的人文成就。

但古书对于上古婚嫁之礼的描述毕竟过于简略。以俪皮为礼的,是谁向谁求欢呢?男求女或女求男?伏羲与女娲若是同母的血亲,则是后世所谓兄妹关系;兄妹关系在后世是不可婚的,伏羲时若可婚,则其制度必与后世不同。再者,嫁娶之制虽定,谁嫁谁娶呢?怎知古代一定是男娶女嫁而非女娶男嫁?又怎知古代即是一人嫁一人娶?换言之,婚嫁之制,本身就有许多可能性,中国古代究竟采何种制度,目前尚待稽考。

摩尔根《古代社会》一书曾将人类婚制分成五种形态:(一)血婚制:嫡系和旁系兄弟姐妹集体相互婚配。(二)伙婚制:一群男子伙同与另一群女子婚配,同伙者不一定是亲属。(三)偶婚制:一对配偶结婚,但不专限与固定配偶同居,婚姻关系只在双方愿意期间才有效。(四)父权制:一男子与若干妻子婚配。(五)专偶制:一对配偶共居制。

这五种形态并非分列的,摩尔根认为它们有发展的顺序关系。第一种最古老,但至今已无遗存。第二种则是因氏族组织兴起,遏止血亲通婚之后才出现的。第三种乃是氏族组织稳定的结果。第四种是进一步的发展,男人把妻子视为禁脔,女人在家族中处于与外界隔绝的地位,无平等之权利。第五种是财产观念制度化使然,与财产继承权有关,男女地位已大体平等;此种制度约在三千年前即已出现。

恩格斯《家庭、私有制和国家的起源》一书基本采用了摩尔根这个讲法,认为(一)(三)(五)最为重要,(二)(四)则为介乎中间的形态。大陆学界因受恩格斯之影响,有很长一段时期均以这个讲法来描述中国古代的婚制与权力状况。

但如此讨论,缺点甚多:(一)仅涉及"以性为基础的社会组织",而未能注意婚制与人伦关系、道德意识诸问题。(二)这几种婚制中夹杂着由母系到父系氏族的转变。伙婚、偶婚、父权制都发生在氏族社会。可是伙婚、偶婚时期可能仍是母系,父权家长制家庭却是父系父权的。何以有此转变,摩尔根之理论无法解释。他以生产关系与财产继承问题解释母系到父系的办法,只适用于说明第五种婚制之兴起。(三)相同的婚制并不必然形成相同的社会或文化内涵。同样是氏族组织,中西之氏族便大不相同;同样是专偶制,中国家庭内部的夫妻关系、父子关系也不同于欧美。摩尔根式的讨论,完全忽略了这个问题。套用其说以论中国古代文明,当然也就全然搔不着痒处了。(四)各类婚制,只是"不同"还是"开化程度高下之差异"?过去不少人持"进化"的观点来看婚制,认为某些较文明,某些又较原始;也用此类观点看家庭形态,以为人类是由大家庭、复合式家庭向核心家庭演变。其实彼等所谓最文明最进步的制度,往往只是他自己活着的那个时代或社会采用的制度罢了。揆诸历史,西汉以核心家庭为多,东汉以聚族共居为盛,何尝是先大家庭而后再进化至核心小家庭?现代虽以专偶共居为法定婚制,又何尝无希望采行他法者?故以婚制论文明开化之程度,如摩尔根之所云云,实多可商榷之处。

但论古代社会,也不能无一假说以供讨论。目前参稽史料,佐以考古及人类学所见,略为勾勒,则古代的情况大抵如下。

二 姓氏与祖先崇拜

论上古史者大抵皆认为我国早期是母系社会,至尧舜时,正当母系社会末期,夏代则已由母系转为父系了。我则以为,母系父系并不是一线连接演变的,可能早期曾并存着父系与母系两种社会形态(更古远、无社会的"杂交""不知有父"不算在内)。所以父系社会里有母系社会的遗存,所谓母系社会的记载中也可以看到有关父系的事项(这点,在底下论"姓""氏"时也可看到,其演变状况并非一线直下那么简单)。

但因上古茫昧不可知,而夏为父系社会,已有考古出土资料可以证明,所以我们推测:尧舜以前或许确有一部分母系社会存在的事实,其具体遗迹之一即是"姓"字。某一具有共同血缘关系(此时的血缘来源多为一图腾)的族群,皆以母生为姓。原因是图腾的血缘传递只经由母系,故《国语·晋语》曰:"凡黄帝之子二十五宗,其得姓者十四人,为十二姓:姬、酉、祁、己、滕、箴、任、荀、僖、姞、儇、依是也。惟青阳与苍林氏同于黄帝,故皆为姬姓。"黄帝生二十五子,只二人与他同姓。可见姓是因母得姓,同姓者谓之同族,更可说明母系血缘族群的特色。

《晋语》又云:"少典娶于有蟜氏,生黄帝、炎帝。黄帝以姬水成,炎帝以姜水成,成而异德,故黄帝为姬,炎帝为姜。"所谓德,就是图腾标记,以聚居地域或降生有关的事物为图腾符号,名之为姓,而姓又是由母系传递的。在这种情形下,族群的祖先并不是女人,而是图腾。图腾崇拜即是祖先崇拜,同姓族人皆自视为某一图腾之后裔,具有生命的共同性(solidarity of life)。

据社会学家斯宾塞(Spencer)和纪伦(Gillen)1899年研究澳大利亚中部土著阿伦塔民族(Arunta nation)时发现:图腾社会中人并不采外婚制,妇女怀孕,只认为是接受了图腾的精灵所致,对父亲在生殖过程中所扮演的角色完全漠视。同时,孩子出生后,母亲即推测他们可能是在哪个地方投生的,然后以那个地方的图腾来定为婴儿的标记。

这三点,可能有助于我们对黄帝炎帝、姜嫄履大人迹、简狄吞玄鸟卵一类史事的了解。因此一般也假说上古为图腾制之时代。

但图腾制并非男女两性的婚制，因为生殖并不被认为是由男女交媾而来，中国古代是否曾有此一制度，亦颇有争论。且无论如何，图腾信仰纵或有之，很快也被祖先崇拜取代了。

生命的共同性与一体性，由图腾信仰(totemistic creeds)转移到祖先身上，祖先崇拜与宗庙制度便产生了，而这必须是父系氏族才有可能。

姓氏的"氏"字，用为姓氏之氏，由来甚为久远，甲文有"烙氏"(后、下、二一、六)。而商代的氏族就甲骨资料看来，也超过两百个。所谓氏，与"示"本为一字。某些人以为示是祭天杆，氏族是以图腾祭的神示为中心的社会组织，氏族以图腾为宗神，作为他们的保护神。殊不知氏、示、宗、主、祊、祐、祖，皆与神主有关，故唐兰说卜辞示、宗、主实为一字："而示之与主，宗之与宝，皆一声之转也。《左传》昭十八年云'主祐'，自即《说文》之'宝祐'，而庄十四年谓之'宗祐'，金文作册卤谓之'石宗'，襄二十四年又谓之'宗祊'，明'主''宝'即'宗'，而'祐''石'即'祊'也。"(《释示宗及主》)示就是神主，是祖宗牌位。它的出现，应视为图腾社会一次大转变。

图腾组织的结构，以母系为重。经由母亲将图腾传诸其子，于是，不但同族人皆属同一图腾裔子，生命的延续也只是图腾精灵之再生。如《诗经·商颂》所谓"天命玄鸟，降而生商"，图腾遂成为祖先的象征。父系氏族中也表现了族群生命共同性与同一性的特征，但却以祖先取代了图腾，而且是父以传子、子以传孙。至此，图腾崇拜乃改为祖先崇拜，原先在图腾社会中画上图腾图像、建立图腾物以供崇拜的行为，亦改为立神主、立祖庙。"庙，貌也，先祖形貌所在也"(《释名·释宫室》)，宗庙于是乎起焉。

由母系图腾到父系氏族，其转变可能是因为权力势力的转移，《左传》隐公八年众仲曰"天子建国，因生以赐姓，胙之土而命之氏"，说明姓是母系血缘符号，氏则由赐土而来，故与权力有关。无土则无氏，无氏即无宗庙，故荀子《礼论》篇云："有天下者事七世，有一国者事五世，有五乘之地者事三世，有三乘之地者事二世，持手而食者不得立宗庙！"

顺着以上的说明，这里我们讨论两点：

（一）氏由赐土而来，但黄帝、炎帝据姬水、姜水而成部落，却姓姬、姜，显与胙土命氏之说不合。唯一的理由是：据土地之权力已由姓（母）转移到氏（父）了。从此以后，唯有能掌握权力者，才能以他本身具有的血统关系得到尊重，被奉为祖宗。《国语·周语》谓禹及四岳"克厌帝心。皇天嘉之，祚以天下，赐姓曰姒，氏曰有夏……祚四岳国，命以侯伯，赐姓曰姜，氏曰有吕……唯有嘉功，以命姓受祀（按：祀或为氏）"可证。有嘉功者方能立氏受祀，故许慎说祖为始庙，后代立庙也以始封者为祖，原因在此。

（二）与祖庙相关联的是社。祖社当为一物，墨子《明鬼》篇曰"燕之有祖，当齐之社稷"，是最明显的证据。《尚书·甘誓》曰"用命赏于祖，弗用命戮于社"，《周礼·春官·大祝》曰"出师宜于社，造于祖"，祖社对举成文，其实只是一物。郭沫若谓其皆象牡器之形，是也；谓其皆出于性器崇拜则未必。（郭说见《甲骨文字研究·释祖妣》）大抵内祭曰祖，外祭曰社。卜辞外祭有祭社二事：贞"寮于土，三小宰，卯一牛，沈十牛"（前一、廿四、三），"贞，勿奉牛于邦土"（前四、十七、三），土即社字。祖与社皆与土地有关，有土斯有社，有土也才能奉祖。《考工记》匠人曰"左祖右社"，社与宗庙，都是藏神主之地。《说文》"社"字作"社"，立木主立石主，尊而识之，使人望之即敬，《墨子》《论语》《淮南子》《白虎通》《说苑》皆有此说。后人误会木主石主系代表土地神，遂以社为祭地祇之处，大谬。前引卜辞云"寮于土"者，即是在社举行寮祭以祭天神。《说文》谓"社，地主也"，是说地上立神主则为社。卜辞曰"辛□御□水干土宰"（铁十四、二）。御是设乐以迎祭先祖，如《诗·小雅·甫田》曰"以御田祖，以祈甘雨"；田主就是社，又称田祖。可见祖社一物，皆藏立神主之处。后来宗庙与社稷虽各有偏重，但古来一向视为一紧密联结的复合体，王者据土地，立宗庙，以百谷奉宗庙、共粢盛、食以生活之，二者仍不可分。《尔雅·释天》说"起大事动大众，必先有事乎社而后出，谓之宜"，《左传》闵公二年说"帅师者受命于庙，受脤于社"等，皆其例。祭庙亦常与祭天地社稷共同举行，属同一级的礼仪活动。社有公社家社，更和庙有公庙家庙相同，其来源皆在于胙土命氏，故《逸周书》尝谓天子封建，取社壝土一撮，即代表封予邑郡。

如是，因血缘而称姓，因阼土而名氏，氏族祖宗之祀固然已经确立，但姓与氏分，则祖宗与后代的联系毕竟多了一层转折，无法合一。于是，再进一层，运用族外婚制，将母系排离在宗族传续系统之外，血缘与权力一元化，成为完全的氏族社会。历朝庙制，除周代始妣姜嫄外，女皆配食于其夫，商代则母妣可单独受祭，原因即在于此。如：

> 庚申卜，贞：王宾示壬奭妣庚，壹，亡尤？（后上一、六）
>
> 甲子卜，贞：王宾示癸奭妣甲，鲁，亡尤？（后上一、六）
>
> 辛丑卜，行贞：王宾大甲奭妣辛，妣亡尤？在八月。（后上二、七）
>
> 壬戌卜，贞：王宾大庚奭妣任□亡尤？（明四二四）
>
> 甲申卜，贞：王宾且辛奭妣甲，羽日亡尤？（遗珠六二）

帝王之妣之母亦均以日名，与先王同。可见这虽距夏禹那种"赐姓曰姒，氏曰有夏"时代甚远，母系势力与其在族中之地位尚未完全削除，她们已未必以血统的传递者为贵，但至少仍是族人，理应受祭。周则为族外婚，母妣皆系外族别姓来归，合配于夫家，既无血缘的地位，只得配食于其夫，不单独受祭。王国维《观堂集林》卷十颇诧周代以姓著称之女子太多，春秋几乎无不以姓称的女子，而殷商女子却不以姓称，乃不知殷女子皆同姓族人，周则大姜大任大姒皆异姓族女也。

殷商及其以前的宗庙和宗法，不同于周代，这应是个极根本的原因。不但如此，依我的看法，后世宗庙虽以父系传承为主体，但用以区别世代的昭穆和庙号，依然是因母系关系而产生的。族的血统非父子相传，而是祖的血统，经一女子而传给孙，为双系继嗣制的遗留。

昭穆之说，不见于传世之殷商卜辞及两周铭文，但经传中屡屡言及。所谓昭穆，是指父子世系的一种分类制度。自始祖之后，父曰昭、子曰穆。大祭祀序昭穆之俎簋时，是昭与昭齿、穆与穆齿，《中庸》甚至说"宗庙之礼，所以序昭穆也"，此为宗庙主要功能之一。

但关于昭穆的实际状况，历来争议不定，有关文献至多，此处亦不能尽为介绍，我只提出我的阐释：

（一）昭穆之成为一种制度，不见于卜辞及西周文献，《论语》《孟子》书中亦未论及；最早见于《左传》《国语》，可能是战国中叶才形成的讲法。因此所谓昭与穆，可能即是取诸昭王和穆王的庙号而来。昭王、穆王恰为父子，遂用以区别父子排行。古来就昭穆二字名义上论其来源及意义，如陆佃《昭穆议》云"昭以明下为义，穆以恭上为义"之类，均不合理实。

（二）昭穆制既是由庙号而来，应讨论的就是庙号庙制何以分组、如何分组，仅知昭穆制的得名和年代是不够的。

（三）昭穆制之产生由于庙制，故经传凡论及昭穆者，均指祭祀宗庙事而说。李宗侗和凌纯声诸氏以为昭穆代表母系半族制的婚级，每一族团中人皆分成两级，昭穆互递。其实并不是这样的。昭穆均就宗庙祭祀而说，显然是用来指示血缘传递关系的。故《祭统》说"昭为一，穆为一，昭与昭齿，穆与穆齿"，《仪礼·聘礼》郑注也说"筮尸若昭若穆，容父在，父在则祭祖，父卒则祭祢"。血统继承法才是昭穆制产生的根本原因，婚制并无决定性影响力。

（四）昭穆制虽形成于战国中叶，但在此之前，宗庙里绝不可能没有一套辨别血统承递的办法（因为指出血统传承关系是宗庙主要功能之一，故《礼记·仲尼燕居》云："尝禘之礼，所以仁昭穆也。"庙之制度与祭礼也都是根据血统传承关系而设计的，如《五礼通考》卷五十九引刘歆云"孙居王父之处，正昭穆，则孙常与祖相代，此迁庙之杀也"，凡禘尝、迁毁、祧藏、尸祭等等，无不根据这一关系而来）。唐虞远古不可知，至少殷商的庙号就能显示这一性质。

（五）我认为这种血统传递法的关键，在于一人的姓氏含有父母双系，而血缘例由姓（母）表示，故血缘传递法是隔代相传。如下：

表 3-1　昭穆传递表

若如表3-1中A所示，根本不会发生昭穆异位的现象。如表3-1中B所示，则祖孙隔一世代相传，血统一致，故《曲礼》云："礼曰：君子抱孙不抱子。此言孙可以为王父尸，子不可以为父尸。"尸即神象，象祖先神灵之意，异昭穆的不同血统自然不能为尸。祖与孙中隔一母之世代，在殷代庙号中也可看到。

张光直《商王庙号新考》和丁骕《再论商王妣庙号的两组说》都指出殷王世系表显见甲乙和丁相隔世代出现的趋势，一如昭与穆，故殷人与周人一样有严格分别世代的制度。丁文更直截了当认为："庙号来自母方，王位继承自父方，乃是父权母系。"陶希圣《婚姻与家族》中亦有此论。大抵说来，殷王以十天干划分世代已无疑义，但诸王妣亦全以十天干为庙号。两者合并，其关系是：王位继承于父系，姓则传承自母系。例如天乙妣丙，继位者则为太丁，刚好间隔一世代。且即使是王位继承也常传予母弟。"母弟"之真正含义不明，只知它与母方有关。因此殷代可能正处于从父母双系承嗣制到父系逐步加强的转型期。

至周以后，因婚制变更，父权母系的情形不复存在，除昭穆制仍形式地遗留了早期制度遗迹之外，氏族已成为宗庙的内容，用以确定氏族血统及权力关系的宗法制也随之兴起，此时姓氏遂不再代表两种意义了。故实质上所谓昭穆虽沿自母系遗习，此时却已成为泛称后代裔胤的名词。《左传》僖公二十四年富辰曰"管、蔡、郕、霍、鲁、卫、毛、聃、郜、雍、曹、滕、毕、原、酆、郇，文之昭也。邘、晋、应、韩，武之穆也。凡、蒋、邢、茅、胙、祭，周公之胤也"，即其一例。

三　始祖高禖与上帝

古代由母系转入父系的情形，大抵如此。母系与父系，都要拜始祖与始妣。在转为父系之后，祖先虽只祀父亲这一系，但拜母亲这一系的始祖，亦如昭穆制一样，遗存于后世。此即高禖一类祭祀也。

《礼记·月令》仲春云"是月也，玄鸟至。至之日，以太牢祠于高禖。天子亲往，后妃帅九嫔御"，这是求生育的祭。为什么祠高禖以求生育呢？高禖就是高母,是民族的女始祖。殷人以简狄为高母、夏以涂山女为禖神、周以姜嫄为始妣,都是这个道理。

后世因已转变为父系社会,祖先都是父亲这一系,母系的祖先崇拜状况遂不知其详,仅知至周仍有高禖始妣之祭而已。后世则连这种祭都没有了,始妣由生育族人之意,转而成为具有普遍意义的媒人神、送子神,出现"送子观音""注生娘娘"之类女神,不再只对自己这一族具有意义了。

以上所说皆是"男女"变成"夫妇"的情况。夫妇乃人伦之始。因有夫妇,乃有父子、兄弟、亲戚、上下。但在男女变成夫妇之际,却有两种可能,一是父系,一是母系。而上古就有上述这么一个逐渐确定为父系的过程。

母系祭其始妣,以为高母;父系同样也拜其始祖。这就是祖先崇拜。许多民族均有此种崇拜。毕竟,人敬其生命之源头,这是人类最基本的感情之一,由此而形成祖先崇拜,也丝毫不奇怪。

《旧约·创世记》)中提道,耶和华不但是以色列人"祖先的神",更是其"祖先神"。因为由以色列人的祖先往上推,其始生创生者就是耶和华,故称神为天上的父。希伯来文化中的"上帝",事实上就是由始祖神衍化来的。

中国的"上帝",情况也类似。《礼记·丧服小记》说:"王者禘其祖之所自出,以其祖配之,而立四庙。"王者以他的"祖"所自出的古帝王(如商人之舜、周人之喾)为禘祭的对象,而以其祖(始祖,如商人的契、周人的稷)为配享。禘祭的对象就是上帝、天帝。

帝与祖的分别,在于祖是直接承继的祖先,帝是遥远追溯的始祖。犹如今人祭始祖之外,另祭迁至某地之本系开基祖。始祖为帝,开基祖为祖。故《国语·鲁语上》云:"有虞氏禘黄帝而祖颛顼,郊尧而宗舜;夏后氏禘黄帝而祖颛顼,郊鲧而宗禹;殷人禘舜而祖契,郊冥而宗汤;周人禘喾而郊稷,祖文王而宗武王。"有虞氏有夏氏为黄帝后裔、殷周人为帝喾后裔,俱见《史记·五帝本纪》,因此他们以禘礼祭黄帝、帝喾。

对于一个民族来说,禘祭之对象即其上帝。因此《礼记·杂记下》说:"正月日至,可以有事于上帝。七月日至,可以有事于祖。七月而禘。"《礼记·祭法》"有虞氏禘黄帝而郊喾"，郑玄注"此禘谓祀昊天于圜丘也"。昊天就是天帝、上帝。

各民族以其始祖为上帝，原因很容易理解，因为那就是他们的保护神。古人所谓鬼神，本来就以人鬼为主。人死为鬼，其观念在卜辞中至为常见。这些鬼，都是本族逝去的祖先。向他们祭拜，求福祛祸，则是祭祀的主要内容。

向不向其他族的鬼神祭拜呢？当然不，因那乃是别人的祖先。故《左传》僖公十年曰"神不歆非类，民不祀非族"，僖公三十一年曰"鬼神非其族类，不歆其祀"，可见氏族社会是以本族人为祭祀对象的。母亲这一方，尚且因可能采族外婚制而成为外族人，不被纳入祭祀范围，何况是其他族类呢？在这种情形下，本族的远祖始祖，当然就有可能被视为至上神。

但希伯来的民族神，终于变成超绝的上帝。该民族只拜上帝而不拜其他诸祖，与我国绵延不绝的祖先崇拜迥然不同，又是怎么回事？

其原因在于：首先，我国是帝祖并祀的架构，既祀帝，也拜祖。祖可配天、配帝。希伯来之上帝则与其子民悬隔，诸祖均不能上跻于帝的位置，嫔于帝或与帝配。我国后世祭祀时，以始祖为太祖，然后并祭历代祖先，一仍上古之遗意。这才形成整套的祖先崇拜，不只是拜始祖至上神而已。

其次，上帝虽然本来是氏族神，但天、帝之意义至殷周均已普遍化。如《易》论及帝或上帝者，均不专指民族神，如益之爻辞"六二，或益之十朋之龟，弗克违，永贞吉。王用享于帝，吉"，豫之象辞"雷出地奋，豫。先王以作乐崇德，殷荐之上帝，以配祖考"。周人卜占，亦以殷之先帝为祭祀对象。商之始祖帝喾，周人即作为禘祭对象；商之创业主成汤、太宗太甲、帝乙，亦均为周人所奉祀；商人先公相土，也成为社稷。故周虽代商，天帝犹是旧的同一天、帝。天不再是氏族神，只保佑他自己那一族，而是具普遍意义的，佑庇所有有德或受其降德之人。这时，天帝便与祖先神分离了。中国人后世就是在天帝不再是祖先神之后，于拜天公之外，同时拜祖先，以安顿这种对自己祖先慎终追远的情感。西方则以宗教分裂的方式来处理此一问题。犹太教维持其传统，耶和华仍为其民族神；基督教则认为上帝是全人类的。于是一不讲普遍义的天帝、二不谈祖先崇拜,情况遂均与中国异趣。

再次,中国虽经历母系至父系的转变,祖先神基本上都是男性,但男性意识并未弥漫延伸于整体生活领域,人们在思维中仍维持着两性架构及性别意识。西方则由男性上帝下贯至整个思维,排除了另一性。

四 性别思维的特色

张祥龙《“性别”在中西哲学中的地位及其思想后果》一文曾对此分析道:性(sex,gender)是我们理解某个哲学传统时必须考虑的一个维度,即在哲学思维中有没有性别的意识,会深刻影响其特点与走向。西方传统哲学的核心部分(存在论与认识论)无性别意识,只有在当代西方哲学中,这种意识才正在觉醒;中国传统的主流哲理思想则有鲜明的性别意识。这种区别,造成了中西传统哲学的重大不同。比如有性别意识的中国哲理传统会看重相对相济的动态生成关系,并重视这关系所生成的世代结构,也就是家庭、家族、民族与文化的长久延续;也善于领会活的生存境域中的时机,认为人的互动互感是获得真知的最有效手段,而非逻辑与科学。西方传统哲学却反其道而行之。

古希腊哲学一开始就寻求万物的本源(arche)。但他们所提出的“水”“无定”“气”“火”,都是单一者。赫拉克利特的“火”虽包含“对立而又同一”的原则,讲对立面通过斗争达成和谐,但这并不就是性别的关系。因为对立面之间虽相互过渡,但没有活生生的相互交媾而发生之意,且杀伐之意过重。

毕达哥拉斯学派则明确提出“对立是本源”,而且在他们列举的十对本源中有“雄性/雌性”这个对子,很有思想启发力。然这种对立以“数是本源”为前提,也就是以“一/多”“奇数/偶数”“直线/曲线”为前提。而且,这些对子之间不是“相交而发生”的关系,而是一侧(左侧)从根本上就压倒和高于另一侧(右侧)。比如“一”就从根本上高于“多”,因为“一”被视为众数(多)之源,一个奇数加上一就成一个偶数,再加一又变成奇数,等等。所以在这十个对子中,才会出现"善/恶""光明/黑暗"这些在当时人的价值判断中明显偏于一边的对子。这就使其中的"雄性/雌性"关系成为对立压迫式,或源与流式,而不是相济相生式。

甚且,西方古代形而上学连这样的"对立本源"也不能容忍。继毕达哥拉斯之后,巴门尼德斯(Parmenides)认为只有"一"代表的"存在(是)"才是真实的,因为"存在是存在的,而非存在乃是不存在的"。以这种独一的、"思想与存在同一"的方式提出的存在问题,以及由此而建立的"存在论(本体论)",成了后来两千多年里西方传统哲学的核心。

柏拉图与亚里士多德试图松动这种"存在只是一"和"运动不可能"的僵硬状态,以某种方式再引入"多"。柏拉图认为作为每一类事物范型或本质的"理型"(eidos, idea, 理念、相)是实在的,亚里士多德则说作为个体的"实体"(ousia, substance)是实在的。但由于他们都处于巴门尼德斯的存在论思路影响下,所以理型和实体尽管有多个,相互之间有区别,但就其本身而言,或就其"作为存在〔者〕之存在"而言,仍然是"不变的一"。就是亚里士多德讲的"个体",其真实性也是来自"形式",而最高的、最实在的形式是不变的唯一者或神。因此,理型或实体本身没有相对而言的内在差异和相交相生的可能。理型与事物,是原本与残缺副本的关系;实体与属性,则是不变者与寄居者、本质的规定者与偶然获得者的关系。这种不成双配对的关系,不可能是性别的关系。

到了近代,笛卡尔提出"主体(我思)"原则,"人"在最根本处出现了。但这是一个抽象的、纯思维或纯认知的人。在唯理论那里只有思维着的大脑,在经验论那里则加上了感官,以线性方式与大脑相接。

康德之后的德国古典哲学中,对立统一的辩证法出现了。但这种"对立"的根基仍是主体与客体、一与多的对立,主体与一仍控制全局。客体是被主体设立的、由主体异化出来的对立面,以便让主体在克服或扬弃客体的外在性时深化和丰富自身,最后达到"绝对"的认识与存在。因此,辩证的对立面之间的关系,就如同毕达哥拉斯的"一"与"多"、"正方"与"长方"、"光明"与"黑暗"一样,并无真实性别和性生命可言,只有概念的辩证发展。

因此综括来说,整个西方传统哲学,从巴门尼德斯到黑格尔,都是无性(sexless)或无性生命(sex-life,性生活)可言的。

从尼采开始,西方当代哲学才逐渐有了某种身体感与性感。其几经周折反复,最后才在法国现象学与结构主义者那里初露端倪。梅洛-庞蒂提出了"身体场"的观念,以哲理的方式关注到性感的源头、表现方式。而福柯则关注性与权力问题。弗洛伊德以性压抑为基础的精神分析理论也因此而具有哲学意义。生态伦理学中也有性别的隐喻(比如"自然母亲")。至于女性主义哲学(feminist philosophy),更是以谈性别(gender difference)的含义、批判传统西方哲学歧视女性的历史与现状为职志。

中国的情况,甚为不同。《易经》中之卦象,都由相互对比的两个爻象,即阳爻和阴爻构成。六根纯阳爻组成的第一个卦,名为乾;六根纯阴爻组成的第二个卦,名为坤。其余则为阳爻、阴爻交杂配合而成。卦象,不同于包含杂多因子的一般图像,也不同于几何图形,乃是有二进(binary)含义或两性含义的象结构。它们由最简易的直观区别造成,没有实体化的中心、内核和基础(两爻内在互需,自身无表现意义),只靠连、断、位置、次序、反正、变换循环等区别来构成。而且,至少从殷商之际开始,纯阳爻卦和纯阴爻卦就被称为乾与坤,并相应地有一系列对应的性质,比如"天/地""龙/牝马"等等。这组爻象的任何一方都是绝对必要的,在构成意义上是"彼此"的,谁也不比谁在本性上更优越、更真实。任何"实体/属性""存在/非存在""本质/现象""形式/质料""主体/客体"之分,在这里都是无意义的。因为在易象的结构中,任何意义都要靠爻象双方的相对相生、交错往来而构成。两种爻象的相互区别和相互需要是内在的,先于任何"存在"逻辑而为意义(sense, meaning)所需。就此而言,两爻象之间的关系不同于任何一种后于意义构成(post-meaning-constitution)的关系,比如观念与观念之间、概念与概念之间的逻辑关系,物与物之间的因果关系,主体与主体、主体与客体的关系等等,因而更近于两性之间的关系。

由于易象有性别含义的这些特性,历代解《易》时基本就是看阴阳爻有无交感呼应,有则吉通,无则悔吝。吴汝纶《易说》总结云:《易》中凡阳爻之行,遇阴爻则通,遇阳爻则受阻。尚秉和也指出这是"全《易》之精髓"。也就是说,后世解《易》者们都认为:从易象上讲,阴阳爻相交的卦爻辞偏于吉亨,反之则多为悔吝。"阳遇阴则通,阳遇阳则阻",意味着异性相交相和而感生变化,可生出新的可能,故而可通达吉亨;反之,只阴阳爻不交,同性相遇,即无新的可能出现,则将处于危殆的境况。

此所以《庄子·天下》篇曰"《易》以道阴阳"。"阴阳"在《易经》或整个古代汉文语境中的变体极其丰富,日月、明暗、天地、上下、左右、冷热、进退、往来、春秋、山水、动静、生死、兴衰等等,无处不有阴阳,亦几乎无物不有阴阳。

虽然阴阳在儒、道、兵、法、医等思想传统中的表现各有不同,有的比较明确地提及阴阳,比如《周礼》《礼记》《老子》《庄子》《黄帝内经》,有的只以边缘的方式涉及,比如《孙子》,有的则似乎未明言之,比如《论语》《孟子》《韩非子》,但这均不足以说明最后这一类著作可脱离《易经》之类乾坤阴阳的大思路的影响。如孔子虽未道阴阳,但不仅曾在《论语·述而》中说要"五十以学《易》",《论语》中表现出来的思想方式也与易象的"阴阳相分不相离,相对以相生"的含义相符。且孔子极重《诗》教,称"《关雎》乐而不淫",主张"《诗》可以兴"等等,都表现出他不离阴阳男女之生动情境而言礼求仁。

由此,我们可以说:与西方传统哲学的主流形态不同,中国古代哲理思想之主流是有性别可言的。《易·系辞下》一段话就直接表达出这个特性:"天地絪缊,万物化醇;男女媾精,万物化生。"

此即所谓"人伦肇端于夫妇",是要推夫妇之理以及于宇宙人生、国家社会。最明显的例证,仍然是《周易》。

"《易》以道阴阳",男女雌雄交感变化为其内容,故其中之性意象至为丰富。例如《系辞上》说:"夫乾,其静也专,其动也直,是以大生焉。夫坤,其静也翕,其动也辟,是以广生焉。"又说:"乾坤,其易之门耶!乾,阳物也;坤,阴物也。阴阳合德,而刚柔有礼。"《说卦》云:"乾,天也,故称乎父。坤,地也,故称乎母。震,一索而得男,故谓之长男。巽,一索而得女,故谓之长女。坎，再索而得男，故谓之中男。离，再索而得女，故谓之中女。艮，三索而得男，故谓之少男。兑，三索而得女，故谓之少女。"《序卦》说："有男女然后有夫妇，有夫妇然后有父子，有父子然后有君臣，有君臣然后有上下，有上下然后礼义有所错。夫妇之道，不可以不久也……"

整部《周易》，被儒家理解为依男女媾精之原理而建构的体系。乾，取象于男根，故静垂而动直。所谓其静也专，专即团，《后汉书·张衡传》注"团，圆垂貌"，《文选·思玄赋》注"抟抟，垂貌"，均可证。坤则取象于牝户，故静翕而动辟。八卦，就是依男女媾精而生男育女之情况，设想为父母与子女们。一索再索，八卦遂为八索。索，即古"九丘八索"之索，马融注云"索，数也"，这是以数蓍草为说，不确。《说文》曰"索，草有茎叶可作绳索"，有延续的意思。男女交合，生化后代，一索再索三索，乃成家庭，有父子矣。诸家庭再合而为社会，乃有君臣上下，所以说"人伦肇端于夫妇"。

易卦，又以龙象乾，飞龙在天，"云行雨施，天下平也"。此亦性意象，后世谓男女交合为云雨、谓男子施精为洒雨露，均本于此。卦象又以牝马象坤；以婚媾说屯卦，因男女始交，女子难产，故可以形容迍邅之状。泰卦六五云"帝乙归妹，以祉，元吉"，阴阳交泰交感，所以用嫁娶来比喻。剥卦六五更以帝王临幸为说，云："贯鱼以宫人宠，无不利。"反之，大过卦九五讥老妻少夫"枯杨生华，老妇得其士夫，无咎无誉"，本无贬义，但《象》曰："枯杨生华，何可久也？老妇士夫，亦可丑也。"咸卦却是男女感悦之卦，以男女交感，说"天地感而万物化生"。大壮卦，以阳盛为壮。睽卦，说"二女同居，其志不同行"，必须男与女，才能"男女睽而其志通"。姤卦，上乾下巽，亦阴阳交媾之象。革卦，又说"二女同居，其志不相得"。渐卦，亦云"女归，吉"，若"夫征不复、妇孕不育，凶"，丈夫出去不回来，妇女怀孕不育，都是未能化生，故不吉。归妹之《象》又曰："归妹，天地之大义也。天地不交，而万物不兴。归妹，人之终始也。"

这些卦爻辞及象象传，莫不鼓励并赞美婚媾，且以男女交媾的原理推类及于天地万物。也许这是上古生殖崇拜遗留或转换的遗迹，被保留在这些古老的典籍里，或许根本就是儒家有意选择并保存了这类文献。而且在

"十翼"的说解中,处处坐实了男女之事的解释,可以证明它是有意如此解说,而其说义方式亦正与《中庸》《大学》相符。

《大学》说"《诗》云:'桃之夭夭,其叶蓁蓁,之子于归,宜其家人。'宜其家人,而后可以教国人",《中庸》说"君子之道,辟如行远必自迩,辟如登高必自卑。《诗》曰:'妻子好合,如鼓瑟琴。兄弟既翕,和乐且耽。宜尔室家,乐而妻帑'",都是说男女好合,家室之乐,推而广之,即可和乐天下。男女之道不但不是罪恶、不须忏悔,更应发扬,予以推广。

这种不以好色之心为罪恶,不以为人能无好色之心,谓好色之心亦为天理,又主张扩充之观点,在社会理论方面,使人人能遂其食色之需,无旷男怨女,以成王道;在存有论及伦理学方面,以男女交感、夫妇和合为一切秩序之基础,由此以讲礼义、讲治国平天下。无一不与佛教、基督教相反,自成一独特的义理形态。

说它独特,是说儒家学说立基于男女性事上,由此展开它整套存有学、伦理观及政治理论。男女媾精、阴阳施化、一索得男、天地交泰,这些语词与观念,明著于圣典,举以为教、传习讽诵之。这在世界其他几大文明中是没有的。在我们亚洲儒家文化圈中,或以此为相沿已久之传统,不免习以为常。但与佛教、基督教相比,即可见此事甚不寻常。

或许我们会说"易以道阴阳",其性质本来如此,不能以之概括整个儒学或中国哲学。但若如此,则不妨来看看《诗经》。

《诗经》之本来面目,或许是本之风谣,或许是朝庙乐章;但是,在儒家的解释系统中,它非常清楚地,是以男女情欲问题为基点,推拓以言王道教化的。犹如《易》本为卜辞,而儒家解释系统却以男女交媾、万物绵缊论人文化成。

何以见得?《诗经》以国风《周南》《召南》开端,是所谓"《诗》始二《南》",其重要性可知。但《周南》十一篇,据汉儒之说,其中倒有八篇在谈后妃之事。剩下三篇,《麟之趾》言《关雎》之化,仍是讲后妃;《汉广》《汝坟》亦说文王教化令男女夫妇相得。而《周南》始于《关雎》,《召南》始于《鹊巢》,也是说后妃的,其余则略如《周南》。依《仪礼·乡饮酒礼》郑玄注,此又均为房中乐。为何夫子返鲁,雅颂各得其所,而《诗经》编次乃以房中乐冠首,且以《关雎》《鹊巢》为始？其义正可深思。

在哲学思想的本源之处有性别还是无性别,会造成什么样的思想效应呢？

第一,认为终极实在者是有性别的,这意味着"关系"在最根本处是无法避免的,因为性或性别势必造成一个非单一的交往局面,所谓"一阴一阳之谓道"(《系辞上》)。故任何意义上的实体主义、任何认为可以脱离关系来把握"存在之所以为存在者"或"存在(是)本身"的做法,均不能成立。终极实在,绝无可以定义的自性可言。而西方传统哲学最鲜明的特点,却正是寻求终极实在者。

第二,哲理上的性关系,不会是完全可确定的或可对象化的,如逻辑和希腊数学中的那些关系,而一定是一种动态的、相互影响的(interplaying)关系,且这种关系中总有些不可完全预测的、具有危险性的东西,或者是可造成背叛、缺陷、失恋、失败,总之就是"阴阳不测"(《系辞上》)的东西。因而有性别的思想总有忧患意识,"夕惕若厉"(《易·乾》九三)、"亢龙有悔"(《易·乾》上九)、"西南得朋,东北丧朋"(《易·坤》卦辞)、"作《易》者,其有忧患乎？"(《系辞下》),所以总要"观变于阴阳而立卦"(《说卦》)。西方的传统哲学与宗教的主流则认为虚假、危险和罪恶都只属于现象界,终极关怀所要求、规定和信仰的是不可能感染、生病和出错的最高级者,因而也感受不到任何忧患,至极处只有充实、狂喜与感恩。

第三,两性关系也不尽同于赫拉克利特式的或佛教缘起性空式的动态关系。因为它们势必生成新的可能,既不只是永远的相对者,也不会只是"空"的。所以《易传》讲"生生之谓易"(《系辞上》),又讲"男女媾精,万物化生"(《系辞下》)。

第四,由于两性关系的生成势态,使得世代延续与交迭互构状的更替不可避免。于是,对两性交生关系的重视,也就自然会延伸为对其所生成的世代形态与结构的尊重。这在《易传》中就被解释为八卦之间的家庭关系:"乾,天也,故称乎父;坤,地也,故称乎母。震……长男,巽……长女,坎……中男，离……中女，艮……少男，兑……少女。"(《说卦》)所以在儒家传统中，亲子关系、家庭、家族、祖先崇拜均占有崇高的地位，也深刻地影响到中国文明的社会结构、人际关系、政治形态和一系列思想。孔子讲的仁爱，就是以夫妇、亲子之爱为基源的，故此爱与柏拉图的"精神恋爱"、基督教的"对神的爱"或"对仇敌之爱"的原则大有区别。也正是由于这一性别、性爱与家庭、家族的"生存论"上的联系，才可以理解此后广义的儒家在中国两三千年的文化中的主导地位其来有自。佛家缘起说和禅宗之理境不可谓不灵妙，道家有无相生、阴阳相冲、因应变化的道论不可谓不玄妙，但都未从根本道理上充分舒展性别的思想含义，未能使家庭与家族获得尊重(佛道教后世更以出家为主)，因而只能作为中国传统思想与人生境界的补充。

相对来看，西方传统哲学中，家庭并无实质性地位。在某些后黑格尔和后现代思想家(比如马克思、弗洛伊德、福柯)那里，对本质主义和实体主义的批判，甚至还表现为对教会意识形态、资本主义生产伦理和财产继承制所鼓励的家庭关系的批判，与中国的情况不可同日而语。

第五，两性的交媾化生，总有时间性或时机性，男女旷怨则诗人"讥失教""伤失时"。《韩诗外传》卷一曰"精气阗溢，而后伤时不可过也。不见道端，乃陈情欲，以歌道义，《诗》曰：'静女其姝，俟我乎城隅。爱而不见，搔首踟蹰'"，《说苑·辨物》篇也有同样的讲法，谓男子长大以后，即应注意让他匹配及时，否则就会"失时"，令男子怨望。如上诗就是人在看不见王道之端时自陈情欲的怨诗。

王者之政，则必须要能消除旷男怨女。办得到，诗家美之；办不到，诗家刺之。美诗，如《毛诗序》云："《桃夭》……男女以正，婚姻以时，国无鳏民也"，"《摽有梅》，男女及时也，召南之国，被文王之化，男女得以及时也"。蔡邕《协和婚赋》："《葛覃》恐其失时，《摽梅》求其庶士。惟休和之盛代，男女得乎年齿。"这是赞美及时的。

反之，《毛诗序》云："《有狐》，刺时也。卫之男女失时，丧其妃耦焉。古者国有凶荒，则杀礼而多昏"，"《野有蔓草》，思遇时也。君之泽不下流，民穷于兵革，男女失时"，"《绸缪》，刺晋乱也，国乱则婚姻不得其时焉"，"《东

门之杨》,刺时也。昏姻失时,男女多违","《雄雉》,刺卫宣公也。淫乱不恤
国事,军旅数起,大夫久役,男女怨旷,国人患之"。这些都是刺,批评因荒
凶、兵革、乱政等种种原因造成的男女失时怨旷现象。

此外,时,一方面表现为宏观的自然四时,另一方面又指时机。《易·
象传》赞叹十几个卦象"时义大矣哉"。时机,在《易·系辞》中称为几:
"《易》,圣人之所以极深而研几也"(《系辞上》),"几者,动之微,吉之先见
者也。君子见几而作,不俟终日"(《系辞下》)。在诗,则"关关雎鸠,在河
之洲",就是君子好逑之时。因万物皆有阴阳,所以皆有时机,要想成功,非
知几不可。其实,阴、阳的字源都与时有关:云掩日为阴,日朗照为阳。所以
阴阳爻本身在《易》中就充满了时义。故《系辞下》讲"六爻相杂,唯其时物
也"。此后讲时义者遂指不胜屈矣。

与此相对,西方传统哲学存有论或形而上学中几乎不讲"时",特别是
"时机"。因为一个无性的或单性的理式—实体世界,或一个人格神,是无
始无终、无生无灭的,当然也就无活生生的时间可言。即便它们要体现于现
象世界或干预人事,也只是通过逻辑、数学、因果律或"救赎计划",因而只
能有物理时间与直线时间的框架,而不会要求、也不会理解那在生命的过去
与未来的交织中生成的"当下""时机"。

第六,在对女性的态度方面,有性别的与无性别的哲理也很不同。有性
别的哲理思想,对女性的态度是多重的、可变可塑的;而无性别者,则从思想
方式上就不利于女性。

从卦爻象的基本结构,以及"阴/阳""乾/坤"这些对称词的基本话语方
式和含义上讲,阴阳、乾坤在最终极的意义上是相互需要、相互促成的。孤
阳孤阴或阳遇阳、阴遇阴,无交无生,均被中国古人视为凶悖悔吝。相比于
"扶阳抑阴"的说法,中国古代文献中有更多的阴阳互补、相交对生而吉祥
顺和的言论与主张。"子曰:乾坤,其《易》之门耶? 乾,阳物也;坤,阴物也。
阴阳合德而刚柔有体,以体天地之撰,以通神明之德""上下无常,刚柔相
易,不可为典要,唯变所适"(《系辞下》)之类,可谓俯拾皆是。

在有天然性别和交感的思想氛围之中,"阴"与"女子"的地位,也绝不

会从道理上就注定了是低级的。故《易传》云"昔者圣人之作《易》也,将以顺性命之理。是以立天之道曰阴与阳,立地之道曰柔与刚,立人之道曰仁与义"(《说卦》),将阴阳、刚柔与仁义相对应,仁对应的是阴柔,义对应的是阳刚。孔颖达的《周易正义》解释说:仁为"爱惠之仁",即慈厚泛爱之德,主于柔;义为"断割之义",即正大坚毅之德,主于刚。在孔子和儒家学说中,仁的地位即使不高于义,也不会低,所以如果依此语,阴的地位与价值就显然不低于阳。可见,就是在儒家学说中,也是"分阴分阳,迭用柔刚"(《说卦》)的,阴阳尊卑并无不可变之常位。后来王船山说易,强调"乾坤并建",即由于此。

至于道家,就更是主张"专气致柔……能为雌"和"柔弱胜刚强"。因此不少人甚至因此认为"中国文化的发展染上了强烈的女性性别(gender)特征的色彩或提倡一种女性伦理"(安乐哲)。不过道家也同样是以阴阳相济相生为主的,所谓"万物负阴而抱阳,冲气以为和"(《老子》第四十二章)。

西方的无性的或单性的哲学与宗教,其局面就很不一样。巴门尼德斯从毕达哥拉斯的对立表中择一(雄)弃二(雌),因而主张"只有存在是存在的,而非存在乃是不存在的"。这表示"存在"的思想基因是雄性的,而其表达方式则是无性的。传统西方哲学的二分法都带有强烈的男性至上主义或父权主义的特征。这种二分往往表现为:才智/感性、理性/情绪、精神/肉体、强壮/软弱、客观/主义、独立的/依赖的、自主的/依关系而定的、支配的/受支配的、抽象的/具体的、坚持普遍原则的/附随具体情况的等等。这些对语中的前一项在西方传统哲学和理性文化中均备受推崇,而后者则皆受到基本方法论视野的压抑。很明显,前项是男性化或偏向男性的,而后项则以不利的话语策略指向女性。因此当代女权主义者卡罗尔·吉利根(Carol Gilligan)、珍·格利姆肖(Jean Grimshaw)和简·福莱克斯(Jane Flax)等人视之为"哲学的男性化"。而珍·格利姆肖所讲的"女性伦理观",注重具体场合(生存情境),强调同情、养育和关怀(相补相生,世代延续),批判传统伦理学只关注选择与意志,主张在发现和适应具体情境的需要中作适当回应(时机化)等,则反而有与中国哲学相合之处。

第七，我讲过，对食色之欲的处理方式，是一个民族文化发展中非常重要的部分，甚至可能是主要的部分。由于对这个问题的处理方式不同，才形成了各地不同之民族与文化。因为食与色，是人类最主要的两种需求和欲望，人生的快乐，主要和这两种欲望之满足有关。这是中国人基本的看法，在中国人的世界中被视为理所当然，但与其他文化相较，却显得颇为特殊。

因为在基督教文化和佛教文化中，都较重视性欲问题，而较少谈论食欲问题，故相较之下，中国人最"好吃"。好吃，刚好也显示了另一个特点：基督教文化及佛教文化对于食欲较为漠视，对性欲的重视则是一种反向的重视，亦即因为重视性欲对人的影响，所以视之为罪恶，认为人只有摆脱性欲对人的宰制，不受魔鬼的引诱，才能入神圣或觉悟的领域。中国人对于性欲，亦如其好吃一样，重视，却非反向的重视，而是真正之"好色"，认为这是人之大欲，不但不是罪恶，而且是人生应该满足的需求。

在西方，如前所引，柏拉图《大希庇阿斯篇》即曾借苏格拉底与希庇阿斯之口说："我们如果说味和香不仅愉快，而且美，人人都会拿我们做笑柄。至于色欲，人人虽然承认它发生很大的快感，但是都以为它是丑的……"基督教文化更以禁欲为主。中国人那种认为美食与美色可以上通于天地之大美，而令人"老有美色""男畅而女美"的想法，在西方美学传统中不但是罕被触及之领域及范畴，亦是不曾有的观念。勉强可相关联者，大约只可以尼采的说法举例。

尼采从希腊神话中找出酒神狄奥尼索斯（Dionysus）和日神阿波罗（Apollo）来代表艺术的两种精神。日神体现了大自然生命意志中对个体生命的创造，酒神则是对个体的否定。这两种驱力，支配着人，表现于日常生活中，即是梦与醉。做梦时，每个人都是完全的艺术家，以美丽的梦境，达成了个体化。可是酒醉时，却是种神秘的自弃状态，个体化原则被打破了，人在忘却自我中浑然与自然冲动结合。

模仿日神精神与梦的状态而形成的，是史诗及造型艺术。模仿酒神精神与醉的状态而形成的，是音乐和抒情诗。两者结合就产生了希腊悲剧。

因此，酒神与日神这两种驱力乃是相辅相成的。不过，两者之中，酒神更为重要,"酒神比起日神来,显然是永恒的本源的艺术力量"(《悲剧的诞生》第二十五节)。日神是美的,是和谐、适度、中庸,是个人生存的快感。但酒神却体现为悲壮(tragisch),悲壮是因不和谐、冲突、破裂所形成,个体毁灭,融入自然本性之中。

这样的想法,在尼采后期思想中越发得到强调,他甚至用醉来概括所有审美状态:"只要有艺术,只要有任何审美创造和审美欣赏,就必然有生理的前提:醉。必须先有醉来增强整个机能的敏感性,否则不会有艺术。"此处所说的醉,其实是种强烈欲望,是饱含激情的状况,故尼采云:"首先是性冲动的醉,醉的这最古老最原始的形式。"并进一步说:"醉感……在两性动情期最为强烈";"假如没有某种过于炽烈的性欲,就无法想象会有拉斐尔";"一个人在艺术构思中消耗的力,和一个人在性行为中消耗的力是同一种力"。

尼采此说,凸显了醉与性在审美以及创造美的活动中的重要性,用以对立于基督教的文化传统,以重新估定价值。故其反基督教传统之言,颇有与我国以食色言美相类似者。

但中国人所说食,不仅指酒;馔饮之美,亦不限于醉。中国人讲男女性交,亦不限于高涨的情欲与权力意志。因此尼采追求"悲壮",中国人则主张"中和"。而且,尼采所说的醉之审美状态,虽然不限于艺术品,而广及节庆、竞赛、凯旋、绝技、破坏、麻醉、权力等,其性质已泛指许多社会生活领域,但仍然不是"日常生活",相反地,那恰好是生活中的特殊状况或时日。

诸如此类,通过比较哲学的处理,中西文明对男女的思维之不同实已至为显明。中国夏商周所开启的这个传统,对后世影响甚巨。本章所引的一些春秋战国秦汉文献,只是受其影响的一小部分罢了。

第四讲

封建：立此家邦

一　敬人神

礼，始诸饮食，人伦又肇端于夫妇。由饮食之礼，发展出了其他各种礼；由男女夫妇，又形成了尊卑上下长幼等各种礼文、礼的架构，渐渐就形成了一个包裹人文世界的网络。所谓人文，即体现在这些礼上。

"礼"（禮）与"醴"本是一字。王国维谓二字本皆作 ，象玉盛在器中以奉神人，"推之而奉神人之酒醴亦谓之醴，又推之而奉神人之事通谓之礼"，后来遂分化为两个字（《观堂集林》卷六《释礼》）。其实不然，古代奉玉以事神人，并不都把玉盛在器内。"礼"本字就是"豊"，亦非两玉之形。它本来就指酒，酒醴之醴从豊，就是个证明。以酒敬人事神为礼，这才是"礼始诸饮食"。

敬人的部分，上古无征，但从甲骨文中可以见到许多奉事鬼神的例子。由"禮"这个字来看，从豊从示，也应是以奉事鬼神为主的。另据《礼记·表记》云"夏道尊命，事鬼敬神而远之……殷人尊神，率民以事神……周人尊礼尚施，事鬼敬神而远之"，可见无论是否远之，三代均极重视事鬼神。传言墨子主张"明鬼"，亦是效法夏道的。以人类学之经验推测，夏代明鬼，恐怕更甚于殷，未必遵能"远之"，但其详情已不可考了。

今以卜辞观之，殷祭主要有五种方式：一曰乡，伐鼓而祭，其实也就是䬪；二曰翌，舞羽而祭；三曰祭，献酒肉而祭；四曰壹，献黍稷为祭；五曰胁，联合其他种祭典，含历代祖妣合并祭之。其他尚有夕、禴、岁、隶、获等，但以上述五种为主。乡、翌所以娱祖妣；祭、壹所以享祖妣；胁则是集体的。祭的方式，是乡、翌、祭、壹、胁依序举行，周而复始，一周称为一祀。但因殷代祖先都以卒日为神主庙号，祭日必须与神主忌日相符，而殷历是用六十甲子纪日的，因此祭日与诸公祖忌日次第相配，形成祭统，再以乡、翌、祭、壹、胁五种为祀系，与之相配。自上甲微至文武丁，已二十一世，每祀一周，遂必须三十六旬才能祭完，恰好一年，所以一祀又称一年。要一年才能把对祖先的祭祀做完一遍。一年到头，每天都在祭，充分说明了"殷人尊神，率民以事神"的事实。

如今已出土卜问鬼神的甲骨，在十万片以上。人祭牲祭的葬坑，为数亦甚多。随葬之尊罍瓠爵等酒器，鬲甗簠簋等食器，鼎铏俎豆等肉器、壶鉴盘匜等水器，充纳于中，皆用以供亡者饮食之用也。此又可以见殷人丧祭之礼矣。

当时卜问人鬼祖先之外，以山川神为最多。山以华山为主，川以黄河为主。分"即祭"与"望祭"二类。即祭是到山川那儿去祭，望祭是在远处遥祭。祭以求丰年和求雨为多。

祭日月，则为春分时朝祭日出，秋分时夕祭日入。与周人于春分时朝在东门外祭日，秋分时暮在西门外祭月相似。

然而，综合山川、日月、风雨、物类各种祭，也还不及祭人鬼之多。因此，首先，我不同意某些人说中国古代是泛神论或泛灵信仰，因为其他的都非主要，祀事鬼神才是重点。占卜，基本上也均是向祖先祈问。

其次，它似乎也称不上是"信仰"。所谓信仰，乃是对一物起信，因而崇拜尊仰之。但古人之祭祀天地、鬼神、山川等，并不是信这些，乃是因它们能福佑自身。《国语·鲁语上》载展禽说，那些鬼神"法施于民则祀之，以死勤事则祀之，以劳定国则祀之，能御大灾则祀之，能捍大患则祀之"，被奉祀的都是有功于人的。同理，"加之以社稷山川之神，皆有功烈于民者也。及前哲令德之人，所以为明质也；及天之三辰，民所以瞻仰也；及地之五行，所以生殖也；及九州名山川泽，所以出财用也。非是，不在祀典"。这是人文主义的宗教观。不是人的主体被某物攫住了，因而相信某某具有神圣性，故对它产生崇拜信仰之情，以之作为自我主体之依托，或让自己成为神的容器，而是由能否成就人文事业，看谁有资格成为被人怀念、奉祀的对象。祀典是由人定的。

故从西方超绝的神或人信仰神的感情看，会觉得中国这种宗教态度近乎功利，神能福佑我，我才敬事之，是一种报酬式的宗教态度。但从中国人来看，人神关系本来就该是如此。人神是互动的，非一主一从、一操控者一被宰制者之关系。《尚书》云"时日曷丧，予及汝偕亡"，太阳若好好照耀大地，我感其温煦生物之意，自然敬它；若十日并出，焦土灼人，我岂任其恣虐，非把它射下来不可。明朝民歌说："老天爷，你不会做天，你塌了罢！"就是这个道理。

而这种态度也不是功利报酬云云所能解释的，乃是"崇德报本"的观念。感念那些为人勤事、劳国、御灾、捍患的人，感念山川日月九州五行帮我们生殖物货，这不是感恩与报德吗？

过去，我们讲商周史，受郭沫若、徐复观诸前辈之影响，老是喜欢说"周初人文精神之跃动"或"殷周天道观的转变"。谓殷人尊神，率民以事神；周人则尊礼尚施，逐渐敬鬼神而远之。礼，就是人文与宗教的分野，殷为宗教社会，周是礼教时代。商人宗教性仍然太浓，到周朝才逐渐扭转到人文性这方面来。不论这种扭转是要归功于周文王之克明俊德，或周公之制礼作乐，抑或孔子的论仁，总之殷与周之文化可用"尊神"与"尊礼"的不同来说明。

实则殷人尊神，即是事之以礼；周人尊礼，依然要敬事鬼神。礼通于宗教与人文，非仅体现其人文性而已。至于殷商之尊神事鬼，也未必便是非人文的。论者脑中往往有一个西方的宗教与人文两分的观念，所以就忽略了殷人之宗教本身即具人文性，跟周人之观念其实相差不远，顶多只是程度上弱一些，但绝对不能想象殷周之间曾有西方从宗教时代到人文主义兴起那样的转变。

从西方文化发展看，早期是宗教统治，或者王之上更有祭司、僧侣，或者王本身就是祭司、僧侣。依此来看中国,不免也会说殷商乃神权时代。谓其占卜如此之多,足证其时正是个巫人统治的时代,商王则为群巫之长(见陈梦家《商代的神话与巫术》、张光直《商文明》)。其实巫人在商,地位根本不高,甚至常被用来做牺牲奉祭。其地位不仅比不上王,也在祝宗卜史之下。祝管祭祀,宗管世系,卜管占卜,史管记事,巫则有巫术。其术包括祈雨止雨、请风止风、见神视鬼、祈禳厌劾、转移祸福、卜筮、蛊毒等,较祝宗祭祀之职术卑下。因此若说殷商是个巫人的时代,绝非事实。殷王朝王者率民以事神,自己担任主祭者,任用贞人卜者以贞讯先王先公,也难说这就叫作神权统治。如西方之神权时代,乃是神权祭祀权大于王权,主教大于王,王需获得宗教之认可才有正当性。殷商恰好相反,乃是王权,王者即拥有祭祀权。周朝若说有何不同,就在于祭祀权之分化与下移:逐渐分于诸侯、移于庶人。如王者祭天下名山大川,诸侯就可以祭他境内之山川;王者祭其七庙,诸侯、大夫、士就祭五庙、三庙、一庙,而后渐至人人均可以祭宗庙。但并不是说殷商乃神权统治,周则一变而成为人文世界了。

因此,在殷商时期,与周一样"重德",《尚书·商书》中四篇有"德"字,凡十四见,其中《盘庚》十见。其内涵大致表示品德行为,如《汤誓》"夏德若兹,今朕必往",《盘庚》"肆上帝将复我高祖之德",《高宗肜日》"民有不若德,不听罪,天既孚命正厥德"都是;也强调人应施德、积德、敷德、用德,如《盘庚》"汝克黜乃心,施实德于民,至于婚友,丕乃敢大言,汝有积德"之类。这些用法,与卜辞所显示的辞例相符,可见商人已有德的观念,并重视人的德行,并不像许多人过去所以为的:商人祈奉鬼神,周人才强调人本身的德行,且发展了德这个观念。

二　立制度

殷周都尊礼,礼都是有崇德报本之精神,都主"敬",敬天、事鬼,也敬人。在这方面殷周实无大异。可是在礼的制度方面,殷周就有很大的不同了。

王国维《殷周制度论》曾说:"周人制度之大异于商者,一曰立子立嫡之制,由是而生宗法及丧服之制,并由是而有封建子弟之制,君天子臣诸侯之制。二曰庙数之制。三曰同姓不婚之制。"这一是指礼仪等级制度,二是完善的宗法制度,三是分封子弟之制,四是同姓不婚。靠这些制度,整体形成周朝的封建体制,使周自血缘型结构转变,君统与宗统有机地结合在一起。

这个转变,影响深远,让我略作些分析。

周文化,最初仅是殷文化中的一支,且世系同出于帝喾。灭殷以后,文化制度上大抵承继殷文化而再发展。殷商已有的贵族分封治邑制度,周代基于形势之需要,将它扩大加强后,便形成了具体的封建。

封建不仅是种政治体制,更是个复杂的社会组织,我尝试从以下几个角度稍作梳理:

(一)氏族与封建。首先,氏族社会是封建得以成立的基础,血缘关系是两者共同拥有的社会特质,可是封建更须利用这种特质达成某一特定之目的,如屏藩周室、扩大统治面等。这些特定的目的,与周初建国时的形势关系极为密切。其次,氏族社会中只论"世之长幼"、不管"胄之亲疏",氏族成员利益均等、权力与共。封建则因有宗法大小宗的分别,更要辨远近亲疏及爵位,《礼记·文王世子》曰"宗庙之中以爵为位,崇德也;宗人授事以官,尊贤也",即是一证。殷商虽也有分封邑地的情形,但无此种意义的大小宗宗法,自然无法形成封建社会。此外,在封建所形成的社会中,包含有许多不同的氏族,尤为显见之事实。

(二)封建与宗法。理论上西周封建纯依宗法之规定而来,天子为天下之大宗,诸侯为国之大宗。然而,宗法本是一种血缘关系的界定,其所讨论者只属族内组织之问题。而此种组织之表现,又只在祭与戎,大宗宗子负有收合族的责任:殇或无后者祭之、无宗可归者救济之、组织军队以抗侮……这种血缘关系的界定组织法,一旦移来作为整个国家体制运作的核心骨架,势必不能照搬其原有的形态,须将许多实质的政治关系加入这个宗法架构中,以调整其运作功能。

例如经济关系:王朝会赐予封邦土地、人民,封邦则以赋税供上,其他各阶层之联系亦然。《国语·晋语》曰："公食贡,大夫食邑,士食田,庶人食力,工商食官,皂隶食职,官宰食加。"《酒诰》和《康诰》以"服"统括诸侯,其理同此。故《左传》昭公十三年郑子产云："昔天子班贡,轻重以列。列尊贡重,周之制也。"这是封建社会结构的重要基础,却非宗法所能涵括。

同样地,贡重则列尊。为了拉近宗法与政治关系的关联,周代又特重爵位在宗法中的地位,如《礼记》之《文王世子》《祭统》及《中庸》均说宗庙之礼须序爵序事,讲究"爵有德而禄有功""祭时尊尊"。爵列之尊,当然由政治实质关系而来,但无论是《礼记》之《丧服小记》还是《大传》所述宗法,却都未曾语及尊尊和爵贡。

换言之,宗法与封建并无必然联系或因果关系。仅有宗法,并不能成就封建。其中之关键,一是宗法如何在封建中运作、如何与封建配合的问题;二是还须问所谓宗法究竟是什么样子。只有特定的一套宗法——与政治实质关系结合的西周宗法——才能形成封建,周以前的殷或秦汉以后的宗法,与封建之关系便淡得多了。

（三）宗法与宗庙。宗法是宗庙制度的骨干,不同的宗法自必形成不同的宗庙制度。因为宗法主要表现在祭法上。祭法异,继统之法即异,宗庙制度亦不得不随之俱变。例如殷商王位继统法是子即王位者,其父始得为直系,故"周祭"中只有直系配偶与先王一同参加祀典,旁系先王配偶则否。在某些选祭中,则仅有直系先王。此类祭法待遇之殊,即殷代宗法之表现。故直系先王的神主称为"大示",包括旁系者曰"小示";大示所集合之庙是大宗,小示所集合之庙是小宗。

西周所谓大宗、小宗的划分,也正是依宗庙中祭法之差异而来的,故《礼记》之《丧服小记》及《大传》并云："庶子不祭祖者,明其宗也。"宗法大小宗的分别,道理实根于此。此为宗法制之核心,其他"别子为祖、继别为宗"等,只是附带的条件,只适用于天子和诸侯之间,而不适用于卿、大夫、士;且以嫡长、庶出为大小宗分别的标准,更不尽符合史实,不唯大夫、士以下皆以贤才进,不必皆是嫡子,王室及诸侯继承法亦未尝以此为定制;所以大小宗的分别,求之于嫡庶之辨或长子别子之分,胥非理实（别子为祖不适用于大夫、士,采徐复观说;嫡长制不合事实,用杜正胜说;大夫、士以下皆以贤才进,见王国维《殷周制度论》)。

由此看来,宗法当属一种庙祭秩序法或宗族组成法,用以架设并巩固宗庙制度。因此它所能达成的作用,几乎全是宗庙制度的具体功能(如尊组、敬宗、合族)。然而,宗庙制度之范畴和意义,却又非宗法所能涵摄。像献俘、燕享、冠婚丧告庙、戮宗人等,虽与宗法无涉,尚可说是宗族内事;但《礼记·大传》所说"收族故宗庙严,宗庙严故重社稷,重社稷故爱百姓"云云,则直以社稷为虑,便非宗法所能及了。何以如此,均须探讨宗庙与封建的关系,才能知其底蕴。

(四)宗庙与封建。周代封建究竟有多少,经籍无确数,但受封诸国依其性质至少可分为四类:(1)兄弟同姓之亲;(2)先代共主帝王之后裔;(3)古代诸侯袭封;(4)谋士功勋之臣。其中唯第一类和第四类的一部分是真正的封建亲戚,属于别子为祖的宗法条件。先代帝王后裔及古代传统方国等,与周本异氏族,自非同宗。但他们也奉周之宗庙,以宗周为大宗,原因何在?

自王国维、梁启超、徐复观以降,咸谓非同宗者以婚姻通之,使异姓之宗皆为甥舅。此乃不达原本之论。当时封国数百,同姓者仅五十余(《礼记·王制》甚至说九州之内有千七百七十三国),婚姻又能够婚几国?紧密联结的关键,实不在婚媾而在宗庙。

《国语·周语上》曰"先王之制,邦内甸服,邦外侯服,侯卫宾服",时享于二祧、月祀于高祖、日祭于祖考,皆须与封建邦国共之,足证封建以祭宗庙为实质内容。所以《左传》僖公四年齐侯伐楚,管仲云"昔召康公命我先君太公曰:'五侯九伯,女实征之,以夹辅周室。'……尔贡包茅不入,王祭不共,无以缩酒,寡人是征";庄公三十一年伐山戎、孤竹,亦以山戎宝器献于周公之庙。《诗经·大雅·崧高》说得更清楚:"维申及甫,维周之翰……申伯之功,召伯是营。有俶其城,寝庙既成。"无论亲族或异宗,凡共祭周之宗庙者,即确定了封建的关系,这是第一点须注意者。

然而封建的异姓宗族,何以会共祭姬周宗庙?此遂不得不追究封建与宗庙背后,支撑这个架构的根源:天。

《逸周书·祭公》篇所说"皇天改大殷之命，维文王受之"的天命观念，在西周早期文献中反复出现，如《康诰》"天乃大命文王，殪戎殷，诞受厥命"、《大诰》"宁（文）王惟卜用，克绥受兹命"、《大雅·大明》"维此文王，小心翼翼。昭事上帝，聿怀多福。厥德不回，以受方国"等等之类。宗庙祭祖先，而祖先秉天命，或始祖由天降命而生的观念，由来已久，祀宗神而并祭天地社稷或上帝的举动也行之有年。只是周人对天命别有深刻的体会，将它视为宗庙与受土的根源力量，尊重敬畏并期冀获佑，所以忧患意识极深。不但敬事宗庙、昭事上帝，更因对天命的敬畏，而对受土得天命者也同等地尊重。1977 年在陕西周原地区宫殿遗址所发掘之大批甲骨中，即有文王祭纣王父亲文武帝乙的卜甲记载可证。有此意识与事实，周室一统之后，以受天大命的身份，要求诸侯共祭以承事天命才有可能。

天命、宗庙、封建在此连成一体。封建邦国提供甸服与王共祭，通过宗庙，以上达上帝及天地社稷。故前引《礼记·大传》才说"宗庙严故重社稷"，《国语·周语上》也说"以为甸服，以供上帝山川百神之祀"。在这种结构中，宗庙的重要性可想而知，一切重大的政治行为及贵宾宴飨，都在宗庙中举行，不只是为了尊祖合宗，更为了敬事天命。宗庙这层纽键一旦弃损，封建即随之崩溃。齐桓管仲的尊王、晋文的称伯，均汲汲以宗庙为意，原因正在于此。它是整个封建系统得以成立和维系不坠的中心力量。《大雅·崧高》论屏藩周室而极言"崧极于天""维岳降神"，《大雅·韩奕》论封建也说"以先祖受命"，确能显示周初封建的真相。

这种封建的条件是相对的。王室必须小心翼翼，敬事上帝宗庙，"克明德慎罚，不敢侮鳏寡，庸庸、祗祗、威威、显民"（《尚书·康诰》），才能聿怀多福，受天明命。若如厉王般，暴虐到民不堪命，必导致"诸侯不享"（《国语·周语上》），王室封建的领导地位就丧失了。《礼记·大传》所谓"宗庙严故重社稷，重社稷故爱百姓"，须如此理会。

宗庙不谨、德命不修，正是西周末期封建之所以逐步瓦解的重要因素。封建的领导秩序中心既已丧失，王纲解纽，礼乐征伐自然散而出于诸侯了。《论语·季氏》篇所述，由天子──→诸侯──→大夫──→陪臣，一连串礼乐政刑下移的轨程,就是封建秩序逐步解纽的结果。宗庙和宗法在这种情形之下,则渐渐社会化了,普及于新兴平民家族中,成为各种社会内容的普遍基础和具体的社会结构。因此,秦汉以后,宗庙一方面仍保持其巩固领导秩序的中心地位,历代帝王无不郊禘守庙以劝臣民,用奉守天命的身份来要求天下尽忠竭力;一方面又深入社会,成为社会构成的原则和骨干。

三 厚人伦

氏族是人群最早的组合方式,也是比纯粹政治结合更基本而有机的联结,族群中必然具有血统、历史、风俗的认同感,图腾与宗庙则是族人认同的基点。其性质都可视为一种象征符号的系统(symbolic system),犹如宗教中通过礼拜某一具体象征,而使具有同一信仰的群众紧紧缠结为一体的情形那样,宗庙与图腾确实含有高度宗教性。《大雅·凫鹥》所谓"既燕于宗,福禄攸降;公尸燕饮,福禄来崇",就说明了宗庙与崇奉者之间的关系。

这层联结的纽带,不但联系了纵的神(祖、宗)与个体,也结聚了横的个体与个体,形成群体组织的内在秩序,以使"之纲之纪,燕及朋友;百辟卿士,媚于天子。不解于位,民之攸墍"(《大雅·假乐》)。这种秩序构成的群体组织,隐含着由宗庙而来的规定的(regulative)性质。这个秩序是有宗教性的,因为非如此就无神秘性,不会令人觉得神圣不可侵犯;也是有理性的,因为必须如此才使人觉得对,觉得十分妥当;又是有政治性的,换言之,即借"力量"来维持,凡反对者都得受法律的制裁。所以这种秩序其实同时是"神的秩序",可以从形而上学向宇宙本体方面去发现之。以是若言宗庙即必须上接天命而说,言先祖也必直承天地。礼之大原,原出天道,即是在这里讲的。

就此言之,宗庙与图腾,其性质本无差异。但图腾仅是种无理数的存在,不能展现出人文精神价值及社会文化,只显示了一种茫昧混囵的族类意识和泛精灵式的群体约束,与宗庙所能发挥的意义及功能,显然相去甚远。在图腾崇拜中,异部族之间各以图腾为标帜争斗之,这和诸邦国共奉宗庙以承事上天的情形也全然不同。

在此,宗庙实质上代表着族群整合的原理法则。这种法则的产生,一方面是宇宙天地所命令的,是环境及血缘的力量,一方面又出自人类自身团结的意识和对环境的适应。这就是上天所立、由人成之的意义。《尚书·大诰》所说"天休于宁(文)王,兴我小邦周;宁王惟卜用,克绥受兹命",即表示环境系上天所赐予,而人必须诚恳地适应(卜用),通过自觉的努力和对环境力量的接纳能力,创造文化。《大雅·韩奕》"奕奕梁山,维禹甸之,有倬其道。韩侯受命,王亲命之:'缵戎祖考,无废朕命。夙夜匪懈,虔共尔位,朕命不易。干不庭方,以佐戎辟'",《周颂·天作》"天作高山,大王荒之。彼作矣,文王康之。彼徂矣,岐有夷之行,子孙保之"、《大雅·皇矣》"比于文王,其德靡悔。既受帝祉,施于孙子"云云,都是极典型的证据,充分说明了古代领导者曾与环境力量交互作用,运用其智慧,引导中国文化与种族的发展。

因此这一过程中,渗有古代圣君诚挚勤虔的努力,不只是受驱于一种无情的"物竞天择"动力,其演化也必须具有仁慈而"尚公"(public)的性格才行,这就是所谓"文王之德"的德,也是历代子孙不能或懈的内在传承精神。而这种传承是借宗庙来表达的。于是宗庙便在单纯的祖先崇拜之外,也包含了有关"德"的指向,曰仁曰义、曰善曰恶,皆就当事人能否敬秉祖先德命而说,这便形成了人内在道德通过祖先宗庙而可上达天道的思想进路,天命亦下贯而彰显为仁德,二者混融为一。

此时,纯宗教行为的祭祖,便转化为道德宗教性孝道思想的问题。商代有无孝道观念,在学术上还是个悬案,但周初孝道观念已是政治社会文化上仅次于天命的重要思想了。据《诗经》有关孝的叙述看来,所谓孝是指:(一)追思已故的父母及先祖;(二)对他们的祭祀;(三)遵行其遗教;(四)有孝则可长寿富贵,子孙永继不绝。可见孝的原始意义是指与祭祖有关的行为、情感和意识。

金文所呈现的情形大致与此相仿佛。可是祖日庚簋说"用好宗朝(庙),享夙夕好朋友雩(与)百者(诸)昏遘(婚媾)",殳季良父壶也说"用言

（享）孝于兄弟婚颧（媾）诸老"，显示孝的对象主要是已死的父母和祖，而宗族中长老兄弟姻亲也是孝的对象。且孝与德关系密切，祭祖时须思念其德，继承其德，不可止于纯宗教性的献祭。孝之对象扩展到其他人物时，思念效法其他人之德也可算是孝，这就扩展到整个人伦关系上去了。

因此，整体地看来，孝是祭祖的宗教仪式加上一层道德意义（追思祖德）而形成的思想意识。然而通过对"德"的掌握，它可以拓及整个人伦关系与道德指向。故此类仁义内涵的"德"之出现，不唯可以维系封建与宗法，也构成一文化模式和规范系统。所谓仁，即是指孝悌爱人而言。后来孔子说"孝悌也者，其为仁之本欤"（《论语·学而》）、孟子说"仁之实，事亲是也"（《孟子·离娄上》）云云，均说明了仁所以成立的基础。离开孝悌，则礼乐仁义性命之教即无所附丽、无法开展，因此"教民不倍，必自丧祭之礼始"（马一浮《释明堂》），在历史上是有其真实意义的。

由此可见，以宗庙制度为核心的封建体制，足以形成一有秩序的结构，在内实现敬哀忠孝等内容，在外支撑社会组织，作为各种政治社会组织的内部秩序力量与中心根源。

这时，制度（institution），不能仅视为一种外在的政教之"迹"，因为制度恒与思想格局有关。所谓思想格局（frames of thoughts）亦即范畴。范畴代表预设的概念（concepts as prescriptions），而非结论的概念（concepts as resultants）。它是用来表述其他东西的，可以测衡其中的内容，如"孝悌也者，其为仁之本欤"，孝悌与仁都代表结果的概念，本则代表预设格局的概念，须先有"本—末"才能规定仁与孝悌之间的关系。又如"诚于中，形于外"，中外便是范畴，它可以布置思想关系，以有所配定；中外之分是预先设立的，它不因诚始有中外，乃是先有中外始能把诚显现出来。我们习惯所说的圣王"创制"，须如此说才有意义。而思想格局既相当于一种架构或轨型（thinking pattern），则宗庙制度之所以能成为各类制度之总源或价值中心，也必系思想格局中有此可能与倾向使然。在西方似乎就没有类似的制度和观念，因此也不可能发展出格外强调人伦关系的价值系统。

中心制思想模式，实即"本—末"范畴的呈现。本末、主从、上下、先后、顺逆、原委,均属同一类思想格局,《大学》曰"壹是皆以修身为本","本"就是用以说明齐家治国顺序的范畴,故其自身已预存了秩序的概念。在这种概念之下,一切有关秩序的组织,皆总摄于一本。宗法如此、君臣关系如此,相对于其他制度及组织,宗庙制度亦复如此。所谓"大宗者,人之本也,尊之统也"(《通典》卷九十六之范汪《祭典》)、"为宗子者,虽在凡才,犹当佐之佑之,而奉以为主"(《全晋文》卷八十八之贺循《宗议》)、"君者,民之原也"(《荀子·君道》)、"朝廷之重,宗庙为先"(《五代会要》卷二),本、统、主、原、先,就是宗人与朝廷臣民联翩相属的中心。天统万物、宗庙统朝廷社会、君统百姓以上附于天和宗庙、宗子统族人而奉君与宗庙,宗庙又涵邦国君臣,成为一切政治社会之本,与天相配,所以孔子才会说:"明乎郊社之礼、禘尝之义,治国其如示诸掌乎!"(《中庸》)

孔子这段话,显示了三层含义:一是天命与宗庙的关系,一是宗庙与朝廷政教的关系,一是宗庙与宗族的关系,从后逆数而形成一完整的系统。这系统是什么呢?《礼记·丧服小记》说"尊祖故敬宗,敬宗所以尊祖祢也",其系统正如《礼记·大传》所说:

> 是故,人道亲亲也。亲亲故尊祖,尊祖故敬宗,敬宗故收族,收族故宗庙严,宗庙严故重社稷,重社稷故爱百姓,爱百姓故刑罚中,刑罚中故庶民安,庶民安故财用足,财用足故百志成,百志成故礼俗刑,礼俗刑然后乐。

这是由宗族逆数而上,通过宗庙以说明政教社稷如何自刑乐中成。其关键在于宗庙,因尊祖(崇拜祖先)故能敬宗(对宗子及宗族本身怀有一份敬意和感情),因敬宗始能收合族,族人才能凝聚在一起,宗庙之祀守也才能愈严饬牢固。"尊祖""敬宗"本质上是种宗教性的观念,其来源和表现,则显现在建立宗庙和祭祀宗庙的宗教工作上。

宗庙建立,则可明其世代及大小宗之别等等,以建立起各种宗法系统。同时,在周代,因"庶子不祭祖者,明其宗也"(《礼记·丧服小记》),宗庙祭祀工作中就可由尊祖而敬祖所出之"宗",来确定宗子的领导地位和权力。

其中,天子又为天下之大宗,政教遂自然统合于宗庙制度之下来运作。不祭者刑之、不祀者伐之、不享者征之,宗朝便不仅为宗教祭祀之所,也是敷教设政之地,庙受、庙见、制裁、移国、即位、誓师、献俘……都在此举行。

其实这也是自有宗庙以来一贯的传统。部落氏族举行一切仪式及商讨征战等合族大事,例在宗庙中举行,东南亚、中国台湾和太平洋地区部落族群的会所(assembly house),即是如此。排湾人的罗打结社、鲁凯人的大南社、卑南人的射马干社会所都供有祖像可证。周代不过以一制度化之过程,将这些政教事项及功能厘定于宗庙中而已。

但早期仅是单纯祖先崇拜及无特殊用意的会商行仪,至此遂皆成为具有某一架构意义的安排了。例如族长有生杀等大权,自古而然;族长在宗庙中招聚族人晓谕行事方针及祖宗戒训,也由来已久;在周则将它们纳入宗庙制度中运作,构成大小宗的宗法,并在宗庙设立太学。诸如此类,使得一切政教统于宗庙,而表现出一种亲亲的伦理精神来,所谓"祀乎明堂,而民知孝"(《礼记·乐记》)。

秦汉以降,大小宗制宗法逐渐隳坏,但宗族仍为社会构成的基本组织。汉魏六朝以迄隋唐,强宗大族的地位和社会作用,无殊于两周诸侯邦国内的大夫公族;宋元以后,其势稍戢,但也只是散为更多的宗族系统而已。宗庙在宗族内的意义,仍具有由尊祖、敬宗、收合族而表现出亲亲的伦理精神之特质,成为团结各社会内容的力量。

历代儒者大体也都依据前引孔子所说"明乎郊社之礼、禘尝之义,治国其如示诸掌乎"来思考治道。如汉儒强调孝,要求人君"以孝治天下",是大家都知道的。宋儒之学与汉儒不同,但其重视孝并无二致。他们认定祭祀及宗庙之礼是治国理政的根本,进而探究禘祫之义,认为那就是一个孝字、一个仁字。而"孝悌也者,其为仁之本欤",故欲存仁践仁,必当由孝悌始。朱子《论语集注·学而》引程子曰"德有本,本立则其道充大。孝弟行于家而后仁爱及于物,所谓亲亲而仁民也。故为仁以孝弟为本。……然仁主于爱,爱莫大于爱亲,故曰孝弟也者,其为仁之本与"云云,是宋代知识分子大抵相同的信念。元丰八年(1085)十二月,司马光进《孝经指解》,并有札云

"臣窃以圣人之德，无以加于孝。自天子至于庶人，莫不始于事亲，终于立身，扬名于后世，诚为学所宜先也"，即是一次具体的行动与呼吁。后来他撰《家范》，也就是基于这种信念和理想。

而这种理想和做法，在宋代知识分子中，获得了广大的回响。例如朱熹，不仅在《跋古今家祭礼》一文中说"盖人之生无不本乎祖者，故报本返始之心，凡有血气者之所不能无也。古之圣王因其所不能无者制为典礼，所以致其精诚，笃其恩爱，有义有数，本末详焉"，更在《跋三家礼范》中，自居司马光之后，把厚彝伦、新陋俗的工作，视为与朋友、同志们共同的事业，说：

> 呜呼，礼废久矣！士大夫幼而未尝习于身，是以长而无以行于家。长而无以行于家，是以进而无以议于朝廷、施于郡县，退而无以教于闾里、传之子孙，而莫或知其职之不修也。长沙郡博士邵君困，得吾亡友敬夫所次《三家礼范》之书，而刻之学官，盖欲吾党之士相与深考而力行之，以厚彝伦而新陋俗，其意美矣！然程、张之言犹颇未具，独司马氏为成书。……故熹尝欲因司马氏之书，参考诸家之说，裁订增损，举纲张目，以附其后……

其欲参考增损者，即是"有能采集附益，并得善本，通校而广传之，庶几见闻有所兴起，相与损益折衷，共成礼俗"（《跋古今家祭礼》）之意。移风易俗，而一再强调家礼祭祀，正是希望通过这些制度，让人体察亲亲孝悌之心。

孝悌，既然是每个人都必须具有的德行，孝悌的伦理要求便可以不限于宗族之内，具有社会性普遍行为规范的意思。如吕祖谦在淳熙八年（1181），也就是他死的那一年定了《宗法条目》，而在此之前，则一直致力于制定"规约"。乾道四年（1168）九月，推广宗族宗法之义于社会，云：

> 凡预此集者，以孝弟忠信为本。其不顺于父母、不友于兄弟、不睦于宗族、不诚于朋友，言行相反，文过遂非者，不在此位。既预集而或犯，同志者规之；规之不可，责之；责之不可，告于众而共勉之；终不悛者，除其籍。（《吕祖谦文集》卷十）

这类努力，其实并不只宋人在做，反对宋代理学的顾炎武也在《华阴王氏宗祠记》中说"有人伦然后有风俗，有风俗然后有政事，有政事然后有国家"，"先王之于民，其生也，为之九族之纪，大宗小宗之属以联之；其死也，为之疏衰之服，哭泣殡葬虞祔之节以送之；其远也，为之庙事之制、禘尝之礼、鼎俎笾豆之物以荐之。其施之朝廷、用之乡党、讲之庠序，无非此之为务也。故民德厚而礼俗成，上下安而暴慝不作"。可见通过宗法宗庙，以厚人伦以敦风俗，是中国人基本的想法。欲以此上追先王遗风，则因此种制度肇自文武周公。

四 辨中西

近代有不少学者认为：中国的人伦结构自从进入周朝，即形成封建宗法式的人伦关系，强调君臣父子的支配服从关系（礼教），所以尽管重视仁，但把宗法等级制度同人伦的亲爱之道融合为一，还是掩盖不了它对人的压迫性质。中国人出现个人个性独立解放的要求和自觉，始于近代、始于西方文化的传入。因为西方人从古希腊起，就逐步突破了他们源于远古的氏族制家族制度，因而也就改变了他们的人伦关系和社会结构。商品市场的经济渗透进原来的结构，使这些关系解体，建立起个人（及个体家庭）与个人的一种新的联系。这是一种通过物（商品、货币）的价值交换而形成之人际关系，借由物，一物的主人同另一物的主人形成对立的联系。一方面，每个人都为自己，以对方作为手段，彼此进行着不讲情感只问利益的计较。另一方面，每个人又必须承认对方作为其商品主人的主权，承认对方在交换中自愿的意志，承认平等的自愿的交换法则。这些都是违反人伦关系性质的。同这种社会经济交往方式相应，希腊人也改变了自己原来城邦中的氏族贵族制度，建立起公民间民主自由的政治制度——城邦民主制度。在这一历史过程中，希腊人逐步摆脱了氏族和家族的人伦结构制度，演变成一种新型的人，即所谓"自由人"。而这种自由是一种偏重人与人之间的分离和对立的文明，其特点正好同我国注重人与人的联结和和谐的人伦文化成为对照。

这类看法，是把"自由的西方"和"专制封建的东方"对比着说，并为之找理由。殊不知古代中国亦有商业，贸易亦甚发达。殷商之商，就是"商人"一词的语源。但《诗经·卫风·氓》云"氓之蚩蚩，抱布贸丝"，其伦理关系却不是偏于人与人之分离和对立的。故以商业兴起来解释希腊伦理异于中国，颇昧理实，仍不脱依"中国文明起于农业，西方文明起于商业"的偏见而作的推衍。

而所谓城邦民主制，更曾被许多人视为西方民主传统源远流长之证。但希腊时期，雅典只是其中一部分，斯巴达的制度就与雅典迥然不同，难道希腊时期的经济活动同时又孕育出了斯巴达军国主义吗?！我们可不可以用同样的论述方式，来说西方拥有同样悠久的军国主义传统呢？

再就所谓城邦民主来说，希腊两大思想家倒不像我们现在这么捧场，柏拉图和亚里士多德都将民主政体列为最坏的两种政体之一（另一种是僭主政体），属于非正常的"变态"政体。原因有二：一是民主政体内部机制存在种种缺陷，这些缺陷源于民主本身。平等和自由既是民主制的基本原则，同时也是产生不平等和暴政的根源。二是从外部环境因素来讲，雅典在伯罗奔尼撒战争中失败了，城邦的衰落，领袖人物、道德和法律标准的沦丧，更使民主政治内在的弱点暴露无遗。故思想家深切感受到城邦精神正在急剧沉沦，正义原则受到私人利益的蛀蚀，因而痛批民主制。

他们对民主制的批评主要集中在两个问题上：第一，极端的自由必然导致暴政；第二，绝对的平等致使才德、知识和财富边缘化，必然无法真正实现社会的普遍正义。

首先，自由是民主制的标志。从短期效应来看，每个人自由地去做他想做的事，会产生多元社会。但从长期效应来看，结果必定是纵容对政治、法律和道德权威的怀疑，乃至彻底反叛和摒弃。

柏拉图深切地感到民主制的自由观必然造成人格的多重性和生活方式的多元化，而这又是造成反社会、反政府、反传统价值的主要原因。

他认为自由风气不仅弥漫于城邦政治生活中，还会表现于家庭生活中，乃至散布于动物世界中。"当前风气是父亲尽量使自己像孩子，甚至怕自己的儿子,而儿子也跟父亲平起平坐,既不敬也不怕自己的双亲,似乎这样一来他才算是一个自由人";在民主城邦中"自由到了极点",即使"驴马也惯于十分自由地在大街上到处撞人,如果你碰上它们而不让路的话"(《国家篇》)。

亚里士多德则说,民主政治追求的是"一事平等(指自由身份)而万事平等"。忽略了每个公民在才德和知识上存在的差别和实际上的"不等",试图以平等原则来实现社会普遍正义,必然导致反效果:政治的绝对平等蕴含着权利分配上的不公正。同时,民主政体把最高权力寄托于"多数人",认为"多数"平民集体的意见一定优于"少数人"的个别判断。为了"多数人"的利益而追求"数量相等"的正义理想,即平等的正义原则,势必排斥了有德有才的杰出之士在城邦生活中的贡献,对他们造成不公。

因此民主制的平等必然意味着对知识、德性和才能的排斥,即"民主制使智慧边际化"(democracy marginalizes the wise),不能形成具备必要知识技能和优良政治德性的专业领导阶层。知识与美德"退场",而政治操作过程中非理性化"入场",再加上公民团体缺乏应有的专门知识和政治素质,若再有缺少政治道德感的平民领袖(demagoqos)的蛊惑煽动,往往难以形成理智的、客观的、公正的裁断。

希腊雅典民主制之实际状况,吾人对之也应稍有了解。民主雅典的公民不同于斯巴达。他们绝大多数在郊外务农,是自耕业主。从事农业,被视为同公民身份和本性相适宜的高尚职业。城区的公民才是手工业者和大小商人。何况,在伯利克里时代,奴隶和自由民比例悬殊,奴隶人口总数为8—10万,遍及农业、工业和矿业以及家庭事务等所有领域。因此希腊的民主制同奴隶制是不可分割的。最多不过万人的公民,监督、控制、统治着超过他们八到十倍的奴隶。其民主制以奴隶制为前提,奴隶经济为公民们提供了大量"自由"时间来从事议事、诉讼、军事、宗教、比赛、节日庆典等公共活动。公民是自己的"主人",这句话也意味着公民同时也是奴隶、外邦人、边区居民这些非公民以及他们自己家中的妇女和儿童的"主人"。

这样的人伦关系,怎么可能会比我国周朝封建时代好呢?

第五讲

道术:内圣外王

一　封建礼教

近人论历史,多参用马克思的原始社会、奴隶社会、封建社会、资本主义社会、社会主义社会这一社会发展五阶段论。

但"封建"一词乃中国所独有的词汇,指周人在伐商之后分派宗族和同盟分镇东方要地的分封诸侯之事,与欧洲中世纪社会有着本质的区别。欧洲中世纪的所谓"封建",英文是 feudalism,它是指以臣属和提供服务为条件,从土地拥有者手中获得土地使用权的一种特殊社会制度。这种制度与中国的封建制没有可比性,若将 feudalism 和 feudal 翻译成"采邑制"或"附庸的"可能更合原意。但因过去不幸误译为封建,竟使不少治史者迷于名相,猛把中国跟西欧乱比附一通。

欧洲的 feudalism 起源于军事组织中,而且是由于在被征服国家内遇到生产力的影响才发展为现在的封建主义(feudalism)的。Feudalism 以土地为纽带,建立起领主与附庸之间的主从关系。国王以下的各级领主将土地作为采邑,分封给自己的下属,形成互相依附的领主贵族等级制度。受封者对领主必须宣誓效忠,而且必须为领主尽相当的义务。采邑中的农民与采邑主之间既无血缘关系,也没有多大的人身自由权利,而且被束缚在土地之上,成为剥削和奴役的对象。

周朝封建则是建立在血缘宗法制的基础上。受封诸侯和周王既是有血缘关系的父兄子弟或甥舅姻亲,受封者带往封地的部众也是以同氏族的成员为主体。他们是诸侯的族人,而非依附的农民;他们占有的土地也属于家族公有,而不属于哪个诸侯或家族长。被征服的土著居民,也是以血缘家族为单位集体依附于封建贵族。故西周、春秋时期的中国社会既不是所谓的"奴隶社会",也不是欧洲中世纪封建社会。

封建的组织关系,则如《史记·汉兴以来诸侯王年表》所云,周初封国"同姓五十五,地上不过百里,下三十里",《史记·十二诸侯年表》又谓"齐、晋、秦、楚,其在成周甚微,封或百里,或五十里",可见诸侯国都不甚大。诸侯或异姓方伯皆在王都附近立国,但它们并不都是王畿之内的采邑。因此,所谓的周朝,不过是由遍布于中原各地的同姓、异姓诸侯所代表的众"点"所拱卫成的松散的政治联合体。

组合这松散联合体的纽带,便是前文所描述的血缘宗法制度,及由此而延伸出的权利与义务。

与宗法分封制相辅而行的,是世族世官制度。家族长以家族代表身份参与王朝和诸侯国之政治,使王朝和诸侯国成为分级的家族联合体。家族长在世代担任王朝卿士和诸侯卿大夫的同时,又世代领有从王或诸侯和上一级贵族那里受赐的族人和土地附庸。所得土地、民人之多少,与其所任职相应,同时又按其地位,为宗子或王室承担军事和政治任务。因此,家族长不但代表家族而拥有土地、民人,大的家族还拥有自己的家族武力。家族以世族世官而从王朝或诸侯那里得到土地和民人之同时,也确立了对王朝或诸侯的世代臣属关系。血缘宗法制度的实施,又使这种关系更加紧密,使宗法中的小宗依次成为大宗的拱卫者。

分封诸国中居民的核心,便是所谓"国人"。国人包括了士、工、商、被称为"小人"的国中农民(士之隶子弟)、舆人、部分被融合的殷人贵族等。西周、春秋时期,国人均有举足轻重的地位。国之盛衰、胜败,国君及执政之安否,贵族之能否保有其宗族及兴盛,几乎都决定于国人。国人能够纳君、出君、逐君、弑君,具有议政、"咎公"的自由。每遇大事,国君皆需询问之以定可否。

何以国人能有如此大的权力呢？宗法制在规定了人们上下等级关系的同时，也给予了人们按亲疏远近所要担负的义务与权利，此即师旷所谓"有君而为之贰，使师保之，勿使过度。是故天子有公，诸侯有卿，卿置侧室，大夫有贰宗，士有朋友，庶人、工、商、皂、隶、牧、圉皆有亲昵，以相辅佐也。善则赏之，过则匡之，患则救之，失则革之。自王以下各有父兄子弟以补察其政，史为书、瞽为诗、工诵箴谏、大夫规诲、士传言、庶人谤、商旅于市、百工献艺"（《左传》襄公十四年）。代表家族参政的贵族可以监察君权，卿大夫可以"补察其政"，普通国人也可以发表政治见解，或动用舆论褒贬当政。用大家共同努力的方式，来维持封建的政权。

如此上下彼此相辅佐，赏善规过，形成一种精神、变成一种规矩，彼此相勖勿失，谨以相守，则成了周之礼教。

在周朝，凡制度典礼所及者，除宗法丧服诸大端外，上自天子、诸侯，下至大夫、士均要接受礼的教育，也要奉行礼的规范。《尚书大传》曰："使王、太子、王子、群后之子，以至公卿、大夫、元士之嫡子，十有三年始入小学。"《礼记·王制》曰："天子命之教然后为学……大学在郊，天子曰辟雍，诸侯曰泮宫。""乐正崇四术，立四教，顺先王诗、书、礼、乐以造士。春秋教以礼乐，冬夏教以诗书。"《礼记·文王世子》篇载教士子以乐舞，即所谓"乐教"："乐所以修内也，礼所以修外也。礼乐交错于中，发形于外，故其成也怿，恭敬而温文。"金文中，《麦尊》铭文曾提到"辟雝（雍）"，即王室之学宫。《静簋》又载周王在丰京令静司射学宫，"小子、众服、众小臣、众旁仆学射"。意为王命令"静"在学宫里教贵族小子（子弟）们、职官们、小臣们和夷族奴隶们射箭。可见礼乐之教养是士以上各阶层共同接受的。

《左传》僖公二十七年载：

> 晋作三军，谋元帅，赵衰曰："郤縠可。臣亟闻其言矣，说礼乐而敦诗书。诗书，义之府也；礼乐，德之则也；德义，利之本也。君其试之。"乃使郤縠将中军。

成公十八年载：

> （晋）荀家、荀会、栾黡、韩无忌为公族大夫，使训卿之子弟共俭孝弟。

襄公九年载楚子囊论晋曰：

> 其士竞于教，其庶人力于农穑，商工皂隶不知迁业。

《国语·晋语七》载：

> 君（晋悼公）知士贞子之帅志博闻而宣惠于教也，使为大傅。

《国语·楚语上》载：

> 庄王使士亹傅太子葴……问于申叔时，叔时曰："教之《春秋》，而为之耸善而抑恶焉，以戒劝其心；教之《世》，而为之昭明德而废幽昏焉，以休惧其动；教之《诗》，而为之导广显德，以耀明其志；教之礼，使知上下之则；教之乐，以疏其秽而镇其浮；教之《令》，使访物官；教之《语》，使明其德，而知先王之务，用明德于民也；教之《故志》，使知废兴者而戒惧焉；教之《训典》，使知族类，行比义焉。"

这些记载，都可以看出周人通过诗书礼乐来养成士大夫恭俭孝悌、明德知物、崇先王、知兴废、有德义的品德与能力。从前，《尚书·无逸》篇曾载周公之言曰："呜呼！我闻曰：古之人犹胥训告、胥保惠、胥教诲……"孔安国注："叹古之君臣，虽君明臣良，犹相道告，相安顺，相教诲以义方。"以上这些记载，就可以看出当时彼此"相教诲以义方"的实况。

积极地相期以道义之外，对于失德、失政之事，国人也有批评讽刺的义务。批评了若还不见改善，国人更可能起而出君、逐君。故《国语·周语上》曰："为川者决之使导，为民者宣之使言。故天子听政，使公卿至于列士献诗，瞽献曲，史献书，师箴，瞍赋，蒙诵，百工谏，庶人传语，近臣尽规，亲戚补察，瞽史教诲，耆艾修之，而后王斟酌焉，是以事行而不悖。"又，《国语·晋语六》，范文子曰："夫贤者宠至而益戒，不足者为宠骄。故兴王赏谏臣，逸王罚之。吾闻古之言王者，政德既成，又听于民。于是乎使工诵谏于朝……问谤誉于路，有邪而正之，尽戒之术也。先王疾是骄也。"又，《左传》襄公十四年载师旷评卫人出其君云："天生民而立之君，使司牧之，勿使失性。……故《夏书》曰：'遒人以木铎徇于路，官师相规，工执艺事以谏。'正月孟春，于是乎有之，谏失常也。天之爱民甚矣，岂其使一人肆于民上，以纵其淫，而弃天地之性？必不然矣。"

这些言论不是说着玩儿的，而是的确在运作着。《左传》昭公十二年载楚右尹子革引祭公谋父所作《祈招》之诗以劝楚灵王，就是以诗为谏的实况。同年，南蒯欲叛鲁，"将适费，饮乡人酒。乡人或歌之曰：'我有圃，生之杞乎！从我者子乎！去我者鄙乎！倍其邻者耻乎！已乎已乎，非吾党之士乎！'"乡人也是以歌为谏的。《诗经》中收录这类谏歌甚多：

《魏风·葛屦》：维是偏心，是以为刺。

《陈风·墓门》：夫也不良，歌以讯之。

《小雅·四牡》：是用作歌，将母来谂。

《小雅·节南山》：家父作诵，以究王訩。式讹尔心，以畜万邦。

《小雅·四月》：君子作歌，维以告哀。

《小雅·何人斯》：作此好歌，以极反侧。

《大雅·民劳》：王欲玉女，是用大谏。

《陈风·墓门》郑笺云："歌谓作此诗也。既作，又使工歌之，是谓之告。"《经典释文》引《韩诗》："讯，谏也。"这些都是讽刺劝诫之歌。

民国以来，有不少学者谓《诗三百》为民歌，大肆嘲笑汉人美刺之说，谓古人把诗作谏书看而不作诗读，太过冬烘。此实不知诗非民歌。民不作诗，作诗者乃国人或贵族，国人"是用大谏""是以为刺"，亦见于《诗经》本文，岂汉人所杜撰哉？

君有不善，献诗劝诫，即是"胥教诲"之一法。彼此规过劝善，形成一套行事习惯、典故制度，这就是礼教。能行事有礼，才足以称为君子。

《左传》成公九年"文子曰：楚囚（指仲仪），君子也。言称先职，不背本也。乐操土风，不忘旧也。称大子，抑无私也。名其二卿，尊君也。不背本，仁也；不忘旧，信也；无私，忠也；尊君，敏也。仁以接事，信以守之，忠以成之，敏以行之。事虽大，必济。"又，成公十三年："刘子曰：是故君子勤礼，小人尽力。"襄公三十一年："故君子在位可畏，施舍可爱，进退可度，周旋可则，容止可观，作事可法，德行可象，声气可乐，动作有文，言语有章，以临其下，谓之有威仪也。"讲的都是君子德义风仪之美。

《诗经》中有许多篇章也反复称颂君子，例如："乐只君子，邦家之基"，"乐只君子，民之父母"，"既见君子，为宠为光"，"既见君子，乐且有仪"，"淑人君子，其德不回"。可见君子是有德义也有美感的，唯其为君子，故"如切如磋，如琢如磨"，"充耳琇莹，会弁如星"，"如金如锡，如圭如璧"。《国风》，言及"君子"一词者凡五十三次，《小雅》言及君子九十五次，《大雅》二十八次，《颂》一次，《君子阳阳》等标题带"君子"者则有三个。这些"君子"，都不只有阶层义，更有德性义，举止合礼之人才配称为君子。

总之，《周礼·春官·宗伯下》说得好："大司乐掌成均之法，以治建国之学政，而合国之子弟焉。……以乐德教国子：中、和、祗、庸、孝、友；以乐语教国子：兴、道、讽、诵、言、语；以乐舞教国子：舞云门、大卷、大咸、大磬、大夏、大濩、大武。以六律、六同、五声、八音、六舞、大合乐以致鬼神示，以和邦国，以谐万民，以安宾客，以说远人，以作动物。"政治、教育、礼教，在这套封建制度之中，是整体结合了的。整个周朝的封建体系，事实上也即是一个礼的体系。

二　郁郁乎文

近代有的学者认为"礼"即礼仪，是阶层社会的统治者对古老的风俗习惯进行加工改造后，用以巩固对阶级内部组织和人民的统治的一种手段。有的学者认为"礼"有广义、狭义之分，广义的礼包括风俗信仰、礼仪制度等等，狭义的礼则指礼物、礼仪两部分。有的学者则认为"礼"是制度化的习俗，是古代统治阶级日常道德生活、宗教生活和人际交往的行为规范等等。

这些讲法都对也都不对。礼是习俗，但非一般之习俗；礼是统治的手段，但又非一般手段，故其他民族、其他时代并未发展出这样一套礼文化体系。礼含有许多进退揖让之仪节，可是又非仪式、礼节而已。礼有规范的意味，但又不是法律式的规范，也不是道德的戒律。

因此，要准确地认识周朝视为"立国之本"的礼，至少必须把握以下两条原则：第一，"礼"是一套制度与文化的架构，是一个整合性的文明体系，具有多维度、多层面的特征。在文献记载中，在古代礼学家的阐释中，可以发现，礼的涵盖面之宽泛，内涵之丰富，在世界文化中恐怕是独一无二的。对于这样一个内容整合、涵盖面极为广泛的概念，用西方的分化式文化结构的理论模式来分析，犹如圆凿而方枘。古代中国的礼，既不能与政治、法律、宗教、伦理、习俗等任何一个分离式的概念相对应，又包含着政治、社会、宗教、伦理、法律和文化的各个方面。第二，"礼"又是一个历史概念。历经夏商周，礼的基本原则及社会功能固然在千年间未曾发生根本性的变化，但其内容、结构及适用的范围，则因王朝兴废、社会变迁而发生过多次重大改变。三代损益之详，连孔子也讲不清楚。但仅就周公制礼作乐之后的周文化状况来看，仍可以看出礼与整个封建体制合和的状况。此即孔子所说："周鉴于二代，郁郁乎文哉！"这个周文化体系，正是孔子及尔后诸子百家之学诞生的沃土。

据后世礼家归纳，周礼大约可概括为五类：

（一）吉礼，以"事邦国之神祇"，包括上帝、日、月、风神、雨师、社稷、五祀、五岳、山林川泽、四方百物以及先公先王等十二个项目的典礼。

（二）凶礼，以"哀邦国之忧"，包括丧礼、荒礼、吊礼、禬礼、恤礼等五个项目的典礼。

（三）宾礼，以"亲邦国"，包括朝、宗、觐、遇、会、同等六种天子款待四方诸侯来朝会的典礼，以及问、视二种诸侯遣使向天子问安的典礼。

（四）军礼，以"同邦国"，包括大师、大均、大田、大役、大封等五项军旅的典礼。

（五）嘉礼，以"亲万民"，包括饮食、婚冠、宾射、餐燕、脤膰、贺庆等六个项目的典礼。

其实，除此五类典礼之外，尚有所谓"礼仪三百、威仪三千"（《礼记·中庸》），可谓包罗万象。但综合来看，周代的礼，涵盖着礼制和礼典两大部分。一代王朝的政教刑法、朝章国典，包括赐姓、胙土、命氏的分封制度，朝觐贡巡制度，军族田狩制度，赋税刑法制度，祭祀丧葬制度，学校养老制度等，依靠一系列具体的礼典来体现，如政教、祭祀、兵戎、农耕等方面的在贵族阶层内部实行的朝觐、盟会、祭祀、丧葬、军旅等礼典，用以定名分、序民人、明尊卑、别贵贱，规定和明确贵族阶层内部的关系及权利义务，用古代礼家的话说即"夫礼者，所以定亲疏、决嫌疑、别同异、明是非也"（《礼记·曲礼》）。因此，不同的等级要用不同的礼典：有的礼典只在某一阶层贵族举行，如觐礼只有王才能举行；有的礼典虽各阶层贵族都能举行，但具体仪式不同，如射礼，诸侯举行"大射"，卿大夫则举行"乡射"。

这样的礼，非周朝才有。据陈剩勇《礼的起源》考证，良渚文化的墓葬，无论从墓葬形制、随葬品的规格及其多寡优劣看，四种类型之间界限分明、悬殊极大。墓葬形制和规格的等级分化以及反映墓主身份的礼仪用器的多寡优劣，投射出礼制在良渚文化社会的成熟和发达之历史。极有规则的随葬礼器的分布情况，也表明了在距今五千年的良渚文化社会时代，礼已经趋于系统化、规范化和制度化，成为兼具政治、军事、宗教、文化等多重功能，维系社会正常运转的礼仪体系。

良渚文化以后，礼当然续有发展。夏礼之详虽不可考，但至少已知有飨礼、养老礼、冠礼等。商礼则可就见于卜辞者予以钩稽。可是，跟周相比，夏商之礼都显得较为简直，椎轮大辂，尚是"质而不文"的阶段。因此古人盛称周公制礼作乐。

称周公制礼作乐，并不是说自周公以后才有了礼乐，而是说周公使礼乐文明粲然大备。其"制礼作乐"的意义，在于发展且丰富了夏商以来宗教礼仪为主的古礼体系，在继承鬼神祭祀传统的同时，注入了丧祭、冠婚、朝聘、射御等大量的人际礼仪，使礼系统化、社会化而成为规范，又调整统治阶级内部个人与他人、宗族、群体之关系，由此而使得周人的交往关系"文"化，进而使整个社会生活高度仪式化。

古人所说的"周文"或"郁郁乎文哉"的文明彰盛之美，即由此礼制体现而出。"礼"与"文"一般均视为同义词。

礼为何就是文呢？由人情方面说，"礼者……达爱敬之文"。通过礼，才可以适当地表达感情。由社会方面说，礼可以使人与人的关系井然有序，人人各得其所。由感通方面说，人也可借着礼仪上通于天，上达于道。

首先，由人情方面说。荀子《礼论》篇有云："礼者……达爱敬之文，而滋成行义之美者也。"礼本于人情。人情有喜怒哀乐，是天生自然的，"说豫娩泽、忧戚萃恶，是吉凶忧愉之情发于颜色者也。歌谣謷笑、哭泣谛号，是吉凶忧愉之情发于声音者也"。人情有哀乐，自然会表现在颜色、声音、饮食、衣饰上。所谓礼，第一个意义就是要将它表现出来，在衣饰、容貌、声音、举止各方面，让爱敬或忧戚能充分地宣泄表现，此即所谓"达爱敬之文"。爱敬是情，黼黻歌笑或哀经哭号则是它的文。礼对于迎宾欢乐或丧祭哀戚的一些规定，其实只是顺着自然人情的表现而使其畅达而已。

但除了畅达之外，亦须节制。若欢乐歌舞鱼肉悦娱过甚或哀毁悴郁过久，便不太美了。哀乐皆能伤人，此即须略做调节，"两情者，人生固有端焉。若夫断之续之，博之浅之，益之损之，类之尽之，盛之美之，使本末终始莫不顺比纯备，足以为万世则，则是礼也"。两情，就是哀乐两个极端。礼，以其饮食衣饰言语颜色声音之文，来调节人的感情，使人不走上极端。所以"持平奉吉"时，"文饰声乐恬愉"，但使之"不至于窕冶"；"持险奉凶"时，"其立哭泣哀戚也，不至于隘慑伤生"。这就叫作礼义之文，因为礼必须如此才合于义。当然，礼也因能完成它适度、合宜之义，才能成就为美，所以说："礼者……达爱敬之文，而滋成行义之美者也。"（以上皆见《荀子·礼论》篇）

现代人一想到礼，就想到理性规范、外在教化、道德意识、压抑情欲、礼教吃人等等。其实古人所说的礼并不是如此的。上文曾引用一个术语："持"或"持养"。礼出于情，亦所以养欲。通过持养，才能令其适当而有美感。自然天生的才性情欲就是质，予以修饰教化则是文，所以礼文就是要求"情欲的适当化"。如能适当,就能产生美感,否则则有过文或过质之病。

唯此种调节疏导,不能只仰赖个人的修养,而更应依靠一套制度,那就是礼制。礼制,对人生的各种欲望希求做了分别。长幼、贵贱、贫富各色人等,其所养耳目口鼻身体威望者各不相等,故其服饰饮食房舍声乐亦各有等差,以满足不同程度的欲求。所以礼以养欲,其所以能养,便在于它的"分"、它的"别"。

一个社会如果毫无礼制、无所分别,人人依自己的欲望去争去求,那就是个以原始气力情欲流动的世界,所谓"纵情性,安恣睢,禽兽行,不足以合文通治"(《荀子·非十二子》篇),亦可说是没有文化、椎鲁不文的世界。因此,礼文的含义,即是与"禽兽行"相对称的"人文"。

建立这套礼制的周文、武王及周公,也因此备受推崇。《诗·大雅·棫朴》说:"追琢其章,金玉其相,勉勉我王,纲纪四方。"王者之纲纪,即其礼制。而此礼制,则又是在原始素朴的世界中形成其人文条理,分之别之,为之雕镂刻琢黼黻文章以辨贵贱、为之钟鼓管笮以辨吉凶欢戚,于是整个社会乃形成这样一幅景象:

> 井井兮其有理也,严严兮其能敬己也,分分兮其有终始也,猒猒兮其能久长也,乐乐兮其执道不殆也,昭昭兮其用知之明也,修修兮其用统类之行也,绥绥兮其有文章也,熙熙兮其乐人之臧也,隐隐兮其恐人之不当也,如是,则可谓圣人矣。(《荀子·儒效》篇)

有理、有序、有节、有度、有制,且能合宜,故亦能得安乐。此即人文之美。礼的世界,遂亦为一具有美感之世界矣。

在此,礼与乐是一体化的。《荀子·大略》篇说:"故天地生之,圣人成之。和鸾之声,步中《武》《象》,趋中《韶》《護》。君子听律习容而后士。"君子不能不习礼容、学音乐,礼与乐此时乃是一体的。

这么一种有礼乐、有条理、有美感的世界,并不仅仅存在于圣人内在的生命境界中,更存在于整个社会中,因此,荀子特别讨论到"俗"的问题:"奥窍之间、簟席之上,敛然圣王之文章具焉,佛然平世之俗起焉。"(《荀子·非十二子》篇)文章,所谓人文之典章制度,固然由圣王所创立,但此人文之落实表现却在一般人的日常世俗生活中。

在西方美学中,"美感"与感官获得的"快感"往往被认为是难以分开的。例如美感是指通过视觉、听觉而得到的愉悦满足之感。对象满足了我们的欲望,我们才对之有快感,乃是许多美学家共同的看法。可是,除了柏拉图曾说美是"有益的快感"(profitable pleasure)之外,鲜见有人讨论:感官欲望究竟要满足到何种地步,才能具有美感或变成不美? 美除了满足感官、带来快感外,是否也能由节制、不满足感官欲望而生? 现代人受西方此种文化之影响而不能理解礼文之美,不能认同对欲望的持养调节,更不能通过礼制表现出人文生活之美,实在是令人遗憾的事。

其次,由社会方面看。在人文世界中,人是社会人而非自然人。自然人,是一个个的人,社会人则每人均有社会生活中的位置与角色。例如在工作职务上,必然有办事员、组员、组长、科员、科长、主任之分,这些区分既是平面的分工,又是垂直的分层,构成一种位阶式的层级关系,界定着彼此的权利与义务。同理,在一个团体中,每个人也都各有其位置,例如在家庭里,我是夫;在学校里,我是教师;在社团里,我是会员。站在什么位置上,就有与站在其他位置上不同的意义及不同的处世方式。

"位阶"或"位置",事实上就是社会生活的主要骨干或框架。就像我们赴宴时,宾主寒暄既毕,肃客入座,那几个座位之间,便大有学问。别宾主、分大小、叙爵、论齿、评德仪、看交情,一切怡然理顺,大伙儿才能安心用膳。不然就会有些人仿佛猴子坐在火炉上,觉得位子火烫,恨不得逃席而去。

位子的学问如此之大,其所表现的意义何在? 须知此类问题,都是在团体中才会发生的,个人独居时既无此问题,亦不需如此讲究。因为所谓位子也者,指涉的乃是人与人相对待的关系。人与人的人格当然是平等的,但在不同的相对待关系中,却会构成不同的权利义务,也会具有不同的道德意涵。长官与下属、父母与子女、师长与弟子、先辈与后进,各有应遵循的基本处世行为原则。

而这些关系，由于生于人我相对应之间，故又随时会产生变动。为父执、为师长者，面对另一人、另一群体时，又可能是子侄、是后辈末学。随着这种变动，人即必须针对不同的"场域"，调整自己与他人对应的方式。一个下了班，在面对私领域事务时仍摆出一副长官派头，随意颐指其僚属的人，必然让人厌恶。在前一个宴会上坐首席的人，到下一场寿筵中，亦可能敬陪末座。人唯有认清场合、站妥位置，说该说的话、做该做的事、穿该穿的服饰，才能彼此相安。此即所谓"各得其所"。所，就是指场所。《周易》特别强调"时""位"，讲的也就是场所。唯其"得其所哉"，每个人才能适然怡然。

人通常不会也不想永远站在同一个位置上，因为位置的变动乃是自然而然的。做人子女者，时间久了，自然就得为人父母。但多年的媳妇熬成婆，位置的转换，不免也会形成人们的心理期待。科员期盼若干时日后升为科长，经理等着当总经理，这种社会品级的追求，正是社会上一般人基本的生活目标及方式。

这种场所的观念及其运作的原则，和社交礼仪的"逢场作戏"，其实甚为类似。例如一个人到了要做个场面时，必然穿戴、举止、言谈都具有表演性，担心别人观感不佳；任何一个社交场所，演出失常者也都会像在舞台上忘了词或走错位置一样，觉得尴尬。

正因为如此，故表演艺术和社会学乃有了一个共同的术语：角色。角色理论从不考虑个性、动机、态度之类问题，而是把人在社会关系网络中视如演员在舞台剧场上，扮演着某种角色，对该角色亦有其期望与需求。角色不同，其行为也就有不一样的模式。所以社会学中定义角色，一般都说是"根据自己所处的位置不同，而采取不同的行为方式"，就像演青衣人不能说起话来像个花旦似的，演啥像啥，才算得上是个角色。

这"位置""位阶"所构成的一大套社会生活框架，所撑展开来的，就是世俗世界的社会空间。人与人不同的对待关系所形成的位置、位阶交错网络，就是"人文"，其意涵就是"礼"。

文的本义，《说文》云"错画也"，殆即此纵横交错之关系。所谓人文，意即依此位置、位阶所构造出来的社会生活秩序。这种秩序，包含彼此权利、义务关系及道德的规定。把权利、义务弄错了，大家就会说这个人不懂礼、失礼、无礼，在道德上遂有了亏欠。故人文又称为礼文。无此礼，便不成世界，社会生活是难以进行的。

此种人文礼仪，因为是我们社会构成的基本原则，故凡合乎礼度的行动，都可以在道德上使我们觉得没有歉负，令我们喜悦。而人与人之间回旋揖让、进退中节、语言合度，自然也就是美的。故所谓人文美，并不只表现在人格上，更显示在各种礼文，亦即典章、制度、服色、言语、行为之间。用传统的言语来说即是"文"，指人类脱离自然的人文活动所显露之样态。由此所显示出来的对比关系便是"自然／人文"，亦即"质／文"。质是原始粗糙的，文是彩饰可观的，故二者可用玉石的浑璞与琢冶来比喻。从这个层次说，礼文本身就代表了美。

就一位君子来说，"君子黄中通理，正位居礼，美在其中而畅于四支，发于事业"（《易·坤·文言》），其文化修养及举止动作，都可以表现出美感来。整个社会当然也可能因为人人都是君子而显得文质彬彬，进退有序，洋溢着美感。《礼记·少仪》说得好："言语之美，穆穆皇皇；朝廷之美，济济翔翔；祭礼之美，齐齐皇皇；车马之美，匪匪翼翼；鸾和之美，肃肃雍雍。"此即人文之美也。《论语》云："里仁为美。"朱熹注曰"里有仁厚之俗为美"，又说"诗可以观，可以群"，观人群所表现的文化状态、观风俗之厚薄，指的都是这种人文美。

人文之美、风俗之厚，也即善，是具有道德的状态。因此举止合宜固然是善，情欲的适当化其实也是一种善的状态。故无论从人格或社会风俗上讲情欲之适当化，都会把美与善视为同一。一个有礼的社会，自然也就是美善合一的社会了。

三 礼本太一

但"礼"仅是社会生活的位阶制度、位置关系及交往礼仪吗？礼不是更常表现在丧祭行为或面对非世俗事务上吗？是的，礼不但是世俗空间的架构者，也是神圣空间的体现者。

在中国，神圣世界与凡俗世界之分，一般以三界来表示：天界、地界、人界。天神、地鬼及人分居此三界中。相对于人所居处的人文世界，鬼神所在均为神圣世界（可再分为仙界与冥界）。唯有通过某些仪式，人才可能与神圣世界沟通，故《墨子·天志上》云"以祭祀于上帝鬼神"。祭天神时，主要是焚烧牲畜或玉帛等，使香气上达于天；祭地祇时，主要是把祭品沉埋于山川，使下达于地；祀人鬼时，则馈食肆献以荐享于祖先。凡祭，均有相配合的歌与舞，例如祀天神"奏黄钟，歌大吕，舞《云门》"，祭地祇"奏大簇，歌应钟，舞《咸池》"，享先祖"奏无射，歌夹钟，舞《大武》"（《周礼·大司乐》）。在演奏这些乐曲、跳这些舞蹈时，人便在仪式中脱离其世俗生活，进入一个神圣领域中，满足了他的宗教感情，也达到了与仙界、冥界之沟通。

此种沟通或感通功能，是通之于两端的。在世俗社会生活中，借由礼来通人我之情；在面向神圣世界时，借由礼则可以通鬼神而达天地之情。

古人特别重视这一点，事实上，礼制广含万物，礼仪三百，威仪三千。可是在复杂的仪制中有一个根本的东西，所谓万殊一本。《礼记·礼器》说得很明白："礼也者，反本修古，不忘其初者也。"整个礼都是由这种返本、不忘其初的精神所推动而发展的。例如个人不忘其本，其本就是祖先；整个人类不忘其本，其本就是天地；政事教育等人文世界亦不能忘其本，政教之本则为君师。故曰："礼有三本：天地者，生之本也；先祖者，类（种族）之本也；君师者，治之本也。……故礼，上事天，下事地，尊先祖而隆君师，是礼之三本也。"（《荀子·礼论》）此所谓三本，其实仍只是一本。各种礼制，均本于"一"。礼制是否合宜合理，判断的标准也在于它是否能本于一。荀子说礼"归于太一"，就是这个道理。

到底什么是一，什么又是太一，可说是众说纷纭，至今仍无定论。但礼家为什么强调一或本呢？强调这个一，其实是在讲感通。因为礼本于太一，也复归于太一。对于这个一，人若能抱持着事天、尊祖、隆君师（即后世中国人厅堂里常见的牌位：天地君亲师）的报本崇德态度，则在行礼时自然而然地会兴起与其根源性的关联之意及神圣之感。通过这种感情，具体行礼于邦国宗族诸人之间，相保惠、相教诲、相道告、相规正，则人伦之际也就自然会生发出一种彼此关怀之仁。前者使人通于天，上达于道；后者使人兴发恻隐之心，通人我一体之怀。

这种恻隐关怀之仁，要怎么理解呢？对后世中国思想史之发展，又产生何种作用呢？

据唐力权的研究，中国可视为一种关怀体系的文化，西欧则显示为一种惊异型知识系统。在关怀体系的文化传统里，知识的意义必须通过人的人性而建立，这和惊异型知识系统偏重知识之客观性有根本的差异。自《易经》《尚书》以来，中国哲学总喜欢从成人成物、利用厚生的立场来论知识或赋予知识以意义和价值；而成人成物、利用厚生之愿望，则是基于人所具有的仁性关怀。

为什么惊异型的知识系统会偏重知识的客观性呢？这个问题的关键就在知性作用本身。西方传统的知识论在这问题上，走的基本上是一个材性分析的路子。在知性缘起的问题上，材性的分析就是对心的认知作用的分析。它们对认识心的分析，就好像生理学家对人体的解剖一样。认识到心之有感觉、记忆、想象、理解等认知官能，就好比人体之有五脏六腑。且不把认识心视为一有机体，而只把知性活动视为一感觉或经验资料（sense data）的"加工"历程，将感觉与经验观念化、范畴化。在宇宙论方面，柏拉图的宇宙论以大理石代表浑沌、雕刻匠代表创造神，雕刻匠在运刀操作时所投注的艺术理想及所表现的创作技巧和能力，则代表创造神创造宇宙时所运用的理性。雕刻匠所用的那把刻刀，乃是他的主要工具，代表理智（intellect）。

在西方的哲学和文化传统里，理性的主要工具正是形式逻辑。形式逻辑就是具体化了的理智工具。亚里士多德那部讨论形式逻辑的书，正是以

"工具"（organon）命名的。形式逻辑就是赋予事物以形式的工具。

运用理性以认知他人及世界，必然关联着二元对立的人性论。例如，在柏拉图的哲学里，理性我基于永恒的理型世界，而自然我则是生灭于变易的具体宇宙的一分子。柏拉图运用"灵魂"的观念联结两者，以中介永恒与变易。但灵魂的本质是什么呢？它只是一种伸张材性的力量、为一切权利欲所本的力量。这种力量，希腊人称之为爱罗（eros）。爱罗，就是爱的意思。但这个"爱"不是仁性的爱，而是材性的爱，生于材知冲动的爱。对希腊人来说，下自凡夫俗子的性爱欲望，上至哲人对真善美的追求，无不是爱罗精神的表现。可是这只是以爱罗精神为本的主体性，而非以仁性关怀为本的主体性。爱罗精神的主体，事实上就是工艺匠型的主体，存有伸张其材知权利的匠心匠识。

反观中国，知性主体为仁性主体所涵摄，因此没有产生由匠心匠识的知执所框成的有无对立观念。二元观念在中国形而上学里主要是相即与相依的关系。"相即"乃是就场所的背景而言的，"相依"则是在无限背景与前景现象之间的关系上取义的。从个体性的观点来说，则惊异型知识系统所强调的乃是个体的外在性，而关怀体系所关注的乃是个体的场性，或个体与其他个体的内在关联性。（《周易与怀德海之间》，黎明文化1987年版）

在封建体制之礼乐文化中，人与人因亲亲之仁而相联结，彼此相保惠、相教诲、相翼辅，形成的就是一个关怀型的文化体系。在此体系里，人与人相依相即，彼此在视听言动、揖让进退的各种场合中，体验着人的内在关联性。通过这种方式所达到的成人成物、利用厚生，当然与西方基于"好奇""爱智"或对外在世界予以甄别加工的意识迥异。

关怀之仁，与材知冲动之爱，也不会是一样的。因此，我们的君子也跟西方式的智者不同。君子是温润如玉的，令人见之，亦觉得心生温慰，所谓："既见君子，其乐如何？""既见君子，云何不乐？"（《小雅·隰桑》）"未见君子，忧心惙惙。亦即见止，亦即觏止，我心则说。"（《召南·草虫》）

这是由怛恻关怀之仁这方面说。这种怛恻关怀之仁，事实上也会贯联于对根源性的神圣感情。打个比方，西方人在一同参加教会礼拜时，也能因认知到人都是上帝的子民，而对他人兴起"皆我兄弟"的同胞之爱；或反过来，在"主内兄弟"的具体关怀温慰之中，体会到上帝对人的爱。人与人的关怀之仁，与人对根源性的神圣向往，常常是相关联、相生发的。

而这个礼之本、人之源，古代就称为"一"或"太一"。《易·系辞下》"天下之动，贞夫一者也"，《老子》"圣人抱一以为天下式""昔之得一者，天得一以清，地得一以宁，神得一以灵，谷得一以盈，万物得一以生，侯王得一以为天下贞"，讲的也都是这个"一"。荀子则称为"太一"。庄子并把老子之学说形容为"主之以太一"。可见"一""大""大一""太一"均是这个"一"。此为生之源，故亦为道之源。封建体制之政教治化、伦理典彝，皆由此生化。用庄子的话来描述，就是由这个"一"形成了整体道术，圣王君子、百官士庶皆凭之而安位居化：

> 古之所谓道术者，果恶乎在？曰："无乎不在。"曰："神何由降？明何由出？""圣有所生，王有所成，皆原于一。"不离于宗，谓之天人。不离于精，谓之神人。不离于真，谓之至人。以天为宗，以德为本，以道为门，兆于变化，谓之圣人。以仁为恩，以义为理，以礼为行，以乐为和，薰然慈仁，谓之君子。以法为分，以名为表，以操为验，以稽为决，其数一二三四是也，百官以此相齿。以事为常，以衣食为主，蕃息畜藏，老弱孤寡为意，皆有以养，民之理也。古之人其备乎！配神明，醇天地，育万物，和天下，泽及百姓，明于本数，系于末度，六通四辟，大小精粗，其运无乎不在。（《庄子·天下》篇）

此即古内圣外王之道、古道术之全体大用也。庄生文字甚美，先是说神明圣王皆原于一，然后说天人、神人、至人、圣人都是能与这个"一"契合不离的，君子则是能具有仁义礼乐，且能"薰然慈仁"关怀他人之人。内在具有这些仁德，再以法为分、以名为表、以操为验、以稽为决地去治事理政，就可以达成王道之治。操稽决验，当然也是知性的活动，但这些活动和一二三四的计算安排，乃是在内有其本的情况下，通显于外的。此即所谓"明于本数，系于末度"，有道有术，既不离于天，亦可以齿官理民。天下亦因此而大治，醇美和乐矣。

第六讲

天人:通乎神明

一　特殊的神人关系

世界各民族早期均有许多神话,中国也不例外。但中国神话比希腊、印度都少得多。现在的许多所谓神话,其实大都形成于战国至汉朝。还有一部分,例如盘古开天故事等等出现得更晚。故就夏商周时期看,神话实在甚少。即使包括后来的仙话与传说,跟其他民族比,也仍是较少的。以至整个民族的人文性较高,成为一种显著特征,与其他民族很不一样。所以就连那少数的神话,中国与希腊也非常不同。

在希腊神话中,最早的泰坦族神话中的神(天、地、海等等)是单凭生殖和血缘而拥有神性的,但这种地位随即被后来的神凭借武力所推翻,其后用暴力取得统治地位即成了惯例。这些神都不是道德神,也不为人类谋利益,只是一些力量神。他们用自己掌握的自然力互相争斗,也用以威胁人、支配人。要到奥林匹斯神系产生后,整个神界和人间才有了秩序。以宙斯为首的奥林匹斯神系,最大的特点就是以诸神来代表或掌理社会性、精神性的职能(法律、正义、婚姻、交通、文艺、技术、智慧等等),自然属性(太阳、雷电、火等等)则是从属于这些职能的手段。但这些新神同样也不为人类利益着想,所考虑的只是自己的统治。

相对来看,中国那些为数不多的神话里的神就截然不同。祖先神、自然神的地位一直非常崇高,行业神、职能神之位阶则在祖先神与自然神之下,且往往由祖先神或圣哲神兼代,大部分甚至年代极晚,如妓女户祀管仲、商人祀关公、木匠祀鲁班之类。因此中国不是用神来表示或掌理精神性及理会性职能,而是将之作为人们对古圣先哲创造功业、泽被人群的感念。

故而中国人在法律、道德、文艺和一切社会生活、精神生活中,只效法先人、圣人,并没有分化出专司某一方面职能的神灵,且由神来管理该事物。例如希腊人说雅典娜代表智慧、维纳斯代表爱情、缪斯代表文艺,又将人的一切精神生活和社会生活都看作某种神力的体现,如宙斯职司法律、希拉掌管婚姻、阿波罗主持文艺和科学、赫美斯则是交通和商业之神等。中国人均无此类说法(行业神皆后起,神话时期无,且位阶都较低,与希腊不同。而所谓行业神,也多是该行业的创造者,即祖师爷,属于行业内部之祖先崇拜)。

公元前 8 世纪,赫西俄德已把当时流行于希腊的两百多个神,按照一脉相承的血缘关系依次整理为一个合乎逻辑的系统。但他这个系统完全是模拟人类的生殖来构撰谱系的。后来泰勒斯则从事物相互间的自然规律来解释整个世界的形成,并摆脱了希腊神话"神人同形同性"的比附,认为万物起源于水。依亚里士多德《形而上学》的描述:"有些人认为去今甚久的古哲,他们在编成诸神的记载中,也有类此的宇宙观念;他们以海神奥启安与德修斯为创世的父母,而叙述诸神往往指水为誓……事物最古老的最受尊敬,而凡为大家所指誓的又应当是最神圣的事物。这种关于自然的解释,究从远古何时起始,殊难论定,但我们可以确言泰勒斯曾这样的指陈了世界第一原因。"中国则并没有泰勒斯式或赫西俄德式的谱系。

这种把全部神人纳入一个系统中,并为之确立一个"最高、最初的第一因"之行为,不只泰勒斯和赫西俄德在做,其他还有许多同道。如毕达哥拉斯及其学派认为灵魂是"以太的碎片"或各种元素之间的比例和数的和谐,而神则被看作"诸数之数"——"我们在那里发现数,神也就降临到我们";赫拉克利特认为灵魂是最干燥的火,神则是本原的火,即"永恒的活火"。这些,都是用某种自然的元素或关系来解释神的。

但这个东西却又是最高的，高于其他一切元素或关系。因此赫拉克利特才说火是"神圣的逻各斯"，逻各斯(Logos)是本原的火在宇宙中燃烧的"分寸""尺度"，是万物的命运和规律，也是智慧："人类的本性没有智慧，只有神的本性才有"，"智慧是唯一的，它既不愿意又愿意接受宙斯的称号"。

逻各斯的本意是"话语""表述"。本来是人的精神所特有的东西，即思想和理性的标准(尺度、分寸)，可用以指称火和万物的规律。

逻各斯甚至高于毕达哥拉斯派所说的"数"。数虽然也是抽象的，但它完全是物质世界的一种关系，人们把它用在精神的事物上时只是从自然界"借用"而来。逻各斯却是名正言顺地属于精神世界的。赫拉克利特把神看作逻各斯，并把神的逻各斯看作一种比人的精神更高的精神，即开启了后世希腊理性神学的道路。埃利亚派又继承并发展了这条思路。塞诺芬尼说："有一个唯一的神，是神灵和人类中间最伟大的；无论在形体上或思想上都不像凡人"，"神是全视、全知、全听的"，"神毫不费力地以他的心灵的思想力左右一切"。

如此一来，往后希腊神学的发展就有一条不同于中国的道路了。从柏拉图的"创造主"、亚里士多德的"第一推动者"、斯多亚学派的"普纽玛"和"世界理性"，一直到新柏拉图学派的"太一"，都是沿着塞诺芬尼所开辟的这条道路发展的，最后并为基督教提供了完备的宗教哲学理论基础。

不但如此，从伦理学上说，苏格拉底曾认为：人的行为是受他的目的及选择这一目的的自由意志所支配的，是人觉得这样做最好，他才这样去做。苏格拉底确立这一点，是为了将这种人的"合目的性行为"推广到其他事物上去。他说："如果有人要想发现某个特殊事物产生、消灭或存在的原因，就必须找出哪类存在、哪种被动状态、哪种主动状态对它最好。因此，在那件事物方面，以及在其他事物方面，一个人需要考察的无过于什么是最好的、优良的……"

但世上除了人以外，其他事物并没有什么"自由意志"包藏于其中来充当自己的动力。于是苏格拉底引入了一种"自然目的论"的世界观：自然物本身虽然没有自发的目的性，但那创造万物的神却使它们处于某种合乎目的的关系中，最终体现出神的目的，即最高的善。他举动物机体的各个部分为例，这些部分相互之间如此天衣无缝地配合，以利于机体的生存，"好像是一位研究了动物的利益的贤明的制造者的工作"。再推而广之，机体之外的那些同样具有自然性质的土、水等"无数广大无边的物体的集合"，也不会没有理性的东西在维持着他们的秩序。而在世上万物中，又只有人拥有优越于其他动物的各种条件（直立、手、语言等），特别是理性的灵魂（自由意志），使人接近于神、相信和认识神。且由于神"能一下看见一切，听到一切，无处不在，并且同时照顾到一切事物"，所以要崇拜和供奉神。这就说明整个宇宙的无机物、有机物、人，最后都趋向于神的目的系统之中。

后世神学，往往即以此说来论证上帝存在。但这种目的论还只是一种外在的目的论，即一切目的都是由一个外在的神强加于万物的，而不是万物出于内在的本性自动地趋向于一个目的。为了弥补这两大缺陷，就产生了柏拉图和亚里士多德的神学目的论。

柏拉图的神学目的论主要是克服了苏格拉底对自然目的的"拟人论"之缺陷，其基础是他所提出的"理念论"。理念是万物的共相和本质，它高居于一切具体事物之上，构成一个真实存在的"理念世界"；具体的现实事物则是这个理念世界的摹本，它们只是"分有"了理念才能存在；但万物和它们的理念相比都是不完善的，它们永远不能达到理念，只能接近于它。这样，每一个理念就成了这一类事物的无限接近而不能达到的目的，这些目的理念被称之为"一"，也被看作"神"。

亚里士多德则分析物之所以为物有四种原因：质料因、动力因、形式因、目的因。其中，动力因和目的因可以作为形式实现自身的手段和目的而包括在形式因里面，因此实际上可以概括为质料和形式两种原因。而质料在个别实体中是被动的，形式则是主动的，是使个别实体成为个别实体的能动的要素，因此真正的个别实体又归结为形式。但这些形式和质料的区分也仍是相对的，即低级事物的形式对于高级事物来说又是质料，高级事物的质料对于低级事物来说又是形式。故万物就处在一个由低到高不断努力向上的等级系统中，其最高点就是全能、全知、全善的神。中国人论神、论世界，完全不会这么说。

换言之,神话的性质不同,神人关系也就不一样。希腊神话中的神,对人起掌管、支配作用。后来自然神学的发展,不但没有改变这种神人关系,反而强化巩固之,建立了一个超强的神。他全知、全能、全善,人只能是他的创造物,永远不可能是神。这样的神话及自然神学,与后来传入罗马的希伯来宗教实乃异曲而同工。中国为数不多的神话中的神,则被人们用来作为对古圣先哲的感念和追思,缺少了绝对支配性而更具有世俗意义。

二 非超越性的天帝

在中国,"天帝"不具有万物起源、唯一、第一推动者、神意目的论这些含义。它虽也对人世发挥支配作用,可以"帝令其风""帝令其雨"(《殷虚文字乙编》,3292、6951),或影响人事,如"王封邑,帝诺""伐舌方,帝受我佑"(《卜辞通纂》,374、373),"上帝将复我祖之德"(《尚书·盘庚下》);但这种支配,与希腊神话及自然神话中所讲的支配非常不同,不拥有高居一切具体事物之上,作为"第一因"那样的支配力。而且,这种支配是神人互动的,人通过修德或敬事,可以知天命,亦可改变帝令;通过占卜,可以与神沟通,趋吉避凶;帝令、天命,本身亦与希腊之命运观迥异。

从词源学看,《说文解字》曰:"命,使也。从口从令。"所谓"天命",实际上就是指作为主神的"天帝"所发布的那些具有主宰效应的命令。段玉裁《说文解字注》指出:"令者,发号也,君事也。非君而口使之,是亦令也,故曰:命者,天之令也。"可见命字源初是指君的职能,后来才转而被赋予了拟人化的天,成为天之令。也因此,天命就像君命一样,其主宰效应主要是指向了人们的各种行为活动,很少涉及自然界本身。

诚然,天命也可以支配某些自然界的现象,如"帝其令雨"或造成地震等,不过,天帝在这方面发挥主宰效应的动机,似乎并非要改变自然界,而是"为人事而自然"。不仅雨雪会直接影响农业生产活动,而且在中国人看来,地震、彩虹等自然现象也都不是与政事治理活动无关的。故那些与人文践履活动缺乏直接联系的自然现象,往往不在天命观讨论的范围之内。

虽然天命对于人具有决定性的作用,以至天命往往成为人们必须接受的前定"命运",但中国人从来没有因此主张人们可以消极地听天由命、坐待其成。相反,它往往特别强调:即便在获得了天命允准的情况下,人们也应该充分发挥人为活动的自觉努力,力求在"自天佑之"的基础上,真正实现"吉无不利"的结局,做到"永言配命,自求多福"(《诗经·文王》)、"天命自度,治民祗惧,不敢荒宁"(《尚书·无逸》)。甚且,积极的人为努力才是能够延续天命惠佑的先决条件,因为只有真正做到了所谓的"王其德之用",才有可能确保"祈天永命"(《尚书·召诰》)。

同时,天命也像君命一样,虽然具有前定作用,却又不是必然不易、无法改变的。它不但可以变更,甚至还有"天命靡常"(《诗经·文王》)的特征。导致变更的原因,尽管可以说直接来自天帝,却往往取决于人为活动的实际状况。例如,倘若某位君王消极懒惰、败坏德行,就会"惟不敬厥德,乃早坠厥命"(《尚书·召诰》)。反之,倘若某位君王积极努力、自强不息,尽管天帝原本并不惠佑,也照样能够将无命变成有命。

因此,一方面,天命对于人具有决定性的主宰效应,因而人必须服从;另一方面,人在必须遵循天命的同时,又可以对于天命产生反馈性的影响,或是积极实现天命,或是导致天命变更。

希腊的"命运"则不如此。在希腊宗教中,命运并不是出自神的意志命令,甚至也不是出自"命运三女神"(Fates)的意志命令。因所谓"命运三女神",只不过是命运这种具有前定作用、令人敬畏的冥冥力量之拟人化象征。

故命运不仅能对尘世中的凡人发挥命定的主宰功能,还能对天国里的神灵发挥命定的主宰功能。希腊宗教中的各位主神(像乌拉诺斯、克洛诺斯、宙斯等)对于天上人间的许多事情固然也能拥有生杀予夺的决定作用,但他们自己的兴衰沉浮,甚至他们自己主神地位的获得与丧失,却依然不得不服从于在冥冥之中已经前定的命运。

命运一旦前定,就不可能变更,必然会以不可抗拒的力量实现。因此,无论人神如何充分发挥自己的能动性,都无法扭转或是改变已注定的命运。例如,在著名的俄狄浦斯神话中,虽然这位希腊英雄早就获悉了自己的前定命运,并且想尽一切办法努力试图躲避,但最终还是无可奈何地落入了弑父娶母的悲剧结局。同样,虽然天神乌拉诺斯、克洛诺斯也曾经事先得知自己将被推翻的命运,并且千方百计预防,但最终也不可避免地丧失了自己的主神地位。

在殷周宗教中,天命由天帝发布、直接体现天帝的意志,因此天帝也可以更改命令或是收回成命。人虽然无法抗拒天命,却可以凭借自身的积极努力,通过天人互动而影响天帝、改变天命,以致天命具有偶然性意蕴,并非决定论。在希腊宗教中,命运则不受任何人为因素的影响制约,超绝于一切之上,其地位亦如造物主或上帝,其意不可知,其命不可改,因此命运观是一种决定论。

决定论当然也不一定就不好。虽然自此之后,意志自由与决定论之矛盾,成为西方哲学史上缠讼不绝之大问题,历史决定论也导生诸多诘难,但从另一个角度说,西方自然哲学或科学之源,或许即来自此种命运观及决定论。

罗素就曾指出:"从荷马史诗中能够发现的真正宗教意蕴,并不是奥林匹斯山上的众神,而是那种就连宙斯自己也要服从的命运、必然、定数这些冥冥之中的存在。命运对于整个希腊思想都产生了极大的影响,并且也许就是科学能够形成有关自然规律的信念的渊源之一。"(《西方哲学史》)这是因为命运的宗教观念可转化为必然(ananke)的哲学观念。例如,阿那克西曼德就认为,万物都是按照必然性产生;赫拉克利特认为的"逻各斯"本身就包含着必然规律(确定尺度)的哲理意蕴;亚里士多德更是具体分析了必然性的概念,并且主张:三段论式的逻辑证明也是一种必然(《形而上学》,1015 a-b)。

希腊哲学家们有关必然性的这些见解,为希腊自然科学形成必然规律的观念奠定了坚实的基础。西方科学以追求自然之规律为主,与中国科学以天人互动的"天工人其代之"(《尚书·皋陶谟》)为思想主轴不同,此亦为原因之一。彼此优劣，固难断言，但无论如何，中西人神关系、天人关系、天命与命运观之不同，是昭然若揭的。

三　非奉诚待救的人

在西方，天命之命，可能还具有一个中国所没有的面向，即上帝对人的道德命令。在超绝的人神关系底下，伦理只是上帝外在地定给人的戒律："我赐给你们一条新命令，乃是叫你们彼此相爱。"（《约翰福音》，13 章 34 节）执行这些命令和戒律，未必合于人意，而且上帝也并不顾惜人意。因为人是有原罪的、人心是邪恶的，只能等待救赎。所以，人只能悉听上帝的道德戒律，才能知道善恶，懂得该做什么、不该做什么："爱神的，也当爱弟兄，这是我们从神所受的命令"，"亲爱的弟兄啊，我们应当彼此相爱。因为爱是从神来的。凡有爱心的，都是由神而生并且认识神"（《约翰一书》，1 章 20、7 节）。

在中国则不如此。天命固然是不可抗拒的，所以孔子说"死生有命，富贵在天"（《论语·颜渊》），要人畏天命（《论语·季氏》）；同时又提出要"知天命"，说"不知命，无以为君子"（《论语·尧曰》）。这"知命"看起来与"认识神"相仿，实则不同。因为知天命是要靠人的学习和实践，通过人事，力求去了解、去沟通这在冥冥之中支配着人的命运的至上力量，从而去积极地顺应它，而不是消极地听天由命或奉行诚命。其次，又须法天。所谓"唯天为大，为尧则之"（《论语·泰伯》），则之，效法天。天有何可以效法之处？这就要靠人体会了。或体会出"天行健，君子以自强不息"，或体会出"上天有好生之德"，或体会出"天大地大人亦大""天法道，道法自然"。这些健、仁、生、自然等等伦理德目，非上天之命令，而是人"上体天心"所得，故其实非规定的，亦非从神受令。

因此，接受神的诚命的人，只能是神的仆人；上体天心的人却能"以德配天"，使自己成为天，如后来孟子所说的"尽其心者知其性，知其性则知天矣"（《孟子·尽心上》）。以人心体天心，以人道证天道，从而以人合天，天道与人德合而为一。在这个意义上，所谓"顺天者昌，逆天者亡"（《孟子·离娄上》），中国人的知命顺命，当然就不同于西方式的接受上帝之命令。

天命观不同，人观当然也就不一样。基督教的人，在上帝面前，其地位是低下的。不仅因为他是受造物，缺乏独立性，而且他已犯有原罪，从而失去乐园，被罚入世间。如利玛窦所言："现世者，非人世也，禽兽之本处所也。……人之在世，不过暂次寄居也。"（《天主实义》）所以人生的终极追求不在人间，而在超越的另一个世界。人要以苦修等待末日的审判和天国的到来，回到上帝身旁，恢复破裂的神人关系。中国的人与天却根本上是和谐的，人可以"与天地合其德，与日月合其明，与四时合其序，与神鬼合其吉凶"（《易·系辞》），自己成就为"大人"或"圣人"。

基督教的人，在求得拯救或得到终极的超越上，则是自力不足。因为他有罪，光靠自我道德修养是不足称义的："……凡有血气的，没有一个因行律法能在神面前称义，因为律法本是叫人知罪。"（《新约·罗马人书》，3 章20 节）所谓行律法，就是指人的道德活动。因基督教的道德不是本源于人心，而是以上帝给人的立法的形式外加于人的。若人能靠着行律法、靠着自我道德修养而得救，那么就否定了基督救世、人因无能而"因信称义"的基本教条："因为不知道神的义，想要立自己的义，就不服神的义了。律法的总结就是基督，使凡信他的都得着义。"（《新约·罗马人书》，10 章3—4节）

《罗马人书》5 章1—2 节又说："我们既因信称义，就借着我们的主基督耶稣，得与神相和。我们借着他，因信而得进入现在所站的这恩典里，并欢欢喜喜盼望神的荣耀。"人的内在本质并不足以自救，因为人性是恶的："从人里面出来的，那才能污秽人。因为从里面，就是从人心里，发出恶念、苟合、偷盗、凶杀、奸淫、贪婪、邪恶、诡诈、淫荡、嫉妒、谤渎、骄傲、狂妄。这一切的恶，都是从里面出来，且能污秽人。"（《马可福音》，7 章20 节）

所以，基督教的人，不是中国式"民之秉彝，好是懿德"（《诗经·烝民》）的，而是正好相反。他们需要的也不是"求放心"、发扬本性，而是自我否定，要改悔、要弃恶从善。由于自性不足，自我提升和拯救是人力所不及的，所以就要靠基督方得救赎。而孔子却说："人能弘道，非道弘人。"（《论语·卫灵公》）一个靠道成肉身，一个是人自己肉身成道，这是两条判然不同的道路。

四　自然自在之天道

自莱布尼茨 1716 年的《论中国人的自然神学》以来，即有不少西方学者认为儒家的早期学说与基督教教义是一致的。后来虽不再把中国早期文化跟基督教作类比，大多数人仍倾向于认为一个文化只有发现了"超越性"才可能在轴心世纪完成向高级文明的转化。因此不少学者就努力在中国古典文化中找"超越性"，想论证中国早期文化也同西方一样具有超越的（transcendent）性质。

所谓超越，是如我们在上文所描述的，指上帝以其存在影响着世俗世界，但其本身却丝毫不受世俗人世的影响。因此，上帝超越于世界之上。反之，世界对于上帝却不具有这种超越性，因为它依赖上帝而存在，并受其制约。

这种超越性并不始于犹太及基督教神学。我们在前文中已说过，在此之前，希腊哲学传统就以各种不同的方式表现了超越的概念，也由此发展了不同的宇宙观。巴门尼德斯所云"Only Being is；not-Being is not"（只有"本质存在"为存在；非本质存在为不存在），就意味着所呈现的事物与事物本身具有本质区别，为作为根据的存在（being）超越（独立于、不受制于）作为具象世界的存在这一观念定下了基调。

上述哲学观和神学观都会形成"自然法则"这样一种观点，认为自然界的运动有永恒不变的规则，自然法则超越于自然界。这样的法则也经常被认为是逻辑上必然的。所谓必然，就是指"出现在所有可能的世界中"。

自然法则理论，更要把有关严格的、必然的自然法则或规律应用于人的世界。这种理论，与托马斯·阿奎那（Thomas Aquinas）以及后来的经院哲学有明显的关系，而且至今仍以多种世俗形式出现。根据这一理论，衡量人类的活动和行为是否与自然和社会合拍是有客观标准的,而人的理性则能够发现这些客观的标准。

这种想法也涉及了超越理性(transcendent rationality)的概念。因为理性接受逻辑的必然法则或规律的指导,人们也依靠理性去发现那些永恒不变的规律或本质,就这种意义来看,"理性"本身也具有严格的超越性。

本身浸润在这个传统中的西方人,遂试图在他们的超越性语言中寻找词汇来描述他们以为是超越的中国概念,因此中国的"天"被译作 Heaven、"道"被译作 God 或 the Way。他们又常将"世俗/神圣"这样二元对立的架构塞进不应如此理解的中国文化中去,先给这个文化一个不适宜的神学诠释,而后再给它一个不适宜的世俗诠释。还有许多人则沿用 absolute deity(绝对神)、salvation(救赎)、faith(信仰)、hope(祈望)、exclusive truth-value(唯一真理价值)、suffering(苦难)、conscience(良心)、scripture(经文)、saint(圣徒)等纯粹西方的宗教文化词汇,去建构中国人的人生经验。

当然,以上这些情形,在异文化交流时是非常容易出现的,西方人对中国不了解,故有误解,乃是常态。但是,随着资本主义世界体系在随后的几个世纪向全球的扩展,以及对世界其他国家和地区的征服,西欧核心区国家所创造的"欧洲特殊的文明"竟逐渐被普遍化,并越来越被认为是一种"具有普遍性的文明"。

其过程,主要是通过三种制度或机制(institution):一是社会科学(social science);一是意识形态(ideology);一是运动(movement)。特别是社会科学制度,建置了一个学术研究的世界体系,包括词汇、思维、标准、程序、预设等,都采用了西欧的模式,推广及于全世界。影响所及,思想文化等人文研究也逐渐类化,逐渐被纳入这个世界体系中,用超越、自然法则、本质、客观规律、神圣与世俗、救赎、理性等来解说中国人的想法竟成时髦。而对中国思想哲学之解释,乃渐成一大套有系统之偏见矣,乃充斥于坊间或课堂或教科书矣!

可是,中国的天、帝、命、道、天人关系,是不能如此来理解的。以天道来说,中国人讲天道,看《易经》就晓得,是着重于过程和运动义的;希腊则偏重静止和永恒，故需要借助因果关系来解释变化。中国的"本质世界"（world as such）是由自然（worlding）的过程构成的，即通过自发的产生或以"自然而然"（self-so-ing）这样一种过程来实现，所以不需要借助任何外在的原则或媒介为之解释。

在天道运行之下，四时行、百物生。整个世界，乃由万物组成，并成族系方式递次展开的无限世界，与西方那种由某个超越的媒介带来，或是依循超越的目的和原则产生的单一秩序之宇宙完全不同。在西方，一种具有独创力的原则（犹太—基督的上帝，或者柏拉图的造物主 Demiurgos），独立于他所创造物之外，并从外部强加秩序于混沌。因此，自然变化便由一种线性的目的论所驱动，这种目的论指引人们行动，直到实现既定的设计。中国人所说的"道"则不然，它并不是高高在上的原则，而是宇宙自身的运动过程。

在天道观底下，秩序是渐渐展开、渐渐形成的，道生一，一生二，二生三，易有太极，是生两仪，两仪生四象，逐渐化生，而不是早已有个独立原则存在于万物之前。在天道流行运化之中，阴和阳、时间和空间、天和地都不是超越式的语言，而是描述宇宙秩序的不确定（contingent）语言。这些概念均不能作为普遍原则或决定宇宙秩序的"必然"的先决条件。Beginning 一词的意思，在中国只是"始"，具有胎始的意思，与"胎（foetus）""元""原"等属于同源字。描述天地初辟、天道初显的词汇中，"初""哉""始""基""源""胎"，都具有这种含义，而且这些描述宇宙秩序的语言完全是族系式的：宗（ancestor）、母（mother）、帝（thearch）和天等等。这样的天道运行或"创生"观，均与西方迥异。

正因为如此，所以在中国，形容天道运行时，会强调它的动能。这种能动的秩序感通过特定的语言反映出来。比如"势"这一概念，其语义范围涵盖了看似差别颇大的不同意思，包括事物表现出来的力量（势力）、趋势（force of circumstances）、倾向（disposition）、势能（momentum）、优势（strategic advantage）等等。

另一组反映这种情况的术语是"几"，以及它的同源词"机"。安乐哲曾将其译成英语，显示他们都具有丰富的语义范围："几"有最初的暗示或骚动(first inklings orstirrings)、微小(minute)、即刻(imminent)、几乎(nearly)、也有可能性(probability)、预料(anticipation)、时刻(occasion)等含义。而"机"这个字则有关键点(critical point)、转折点(turning point)、枢纽(pivot)、危险(danger)、推动力(impetus)、原动力(motive force)、扳机(trigger)、巧妙的设计(clever device)、机会(opportunity)等意涵，以及包括形容可以抓住机会的人的词：灵巧的(adroit)、灵活的(flexible)、足智多谋(ingenious)等。在这一秩序感中，不确定的方向开始为"小"(最初的骚动)，但它又是原动力，是关键的转折点。由于这种不确定性提供了转化的推动力，因此它可能是一种"危机"，也可能是一次"机会"，关键在于人是否能够抓住这个机会，故人在天道运行之中，须能"知几"。

"几"这一术语，实际上是一个意涵系列。《易传》中就非常典型地把"几"与深(deep, profound)和神(spiritual, mysterious, inscrutable)联系起来：

> 夫《易》，圣人之所以极深而研几也。唯深也，故能通天下之志；唯几也，故能成天下之务；唯神也，故不疾而速、不行而至。

> 子曰：知几其神乎！君子上交不谄，下交不渎，其知几乎！几者，动之微，吉之先见者也。君子见几而作，不俟终日。

安乐哲认为：正是中国古典传统所理解的秩序中的这种无所不在的非确定性，使得西方超越性语言均不适用，因而研究者必须回到中华世界本身去寻找更方便、更合适的语言。而且真正有别于"超越/内在"对立的中国秩序观，更会带来一种与过程相关的所有形式和流动方面的完全共生关系。由于那种有规律的典范(道、文、理、礼)从不脱离具体的背景、从不脱离具体的时间，因此，秩序从来就是有具体场所的、具有"时""位"的，如同有纹理的木头、有层次的石头(因此古人也常以"文"来形容宇宙秩序)。若用西方天帝观来比拟或想象，终究不能相应。

第七讲

王官:理性的礼制社会

一　诸子出于王官之学

学术及思想的发展状况,在西方,往往用树木分枝的图像来比拟或描述。可是在中国最常见的乃是"源流观",以水源出于一,再分流发展,来形容思想的演变。故"渊源""流派"等词,都是极为常见的。最早在《庄子·天下》篇就采用了这种源流观,认为古道术为"本"为"源",后来各家"各得其一察焉以自好",宛如水之分流,才形成了诸子百家。

此说后来演变为"诸子出于王官"论,如班固《汉书·艺文志》据刘歆《七略》论渊源,谓儒家出于司徒之官,道家出于史官,阴阳家出于羲和之官,法家出于理官,名家出于礼官,墨家出于清庙之守,纵横家出于行人之官,杂家出于议官,农家出于农稷之官。

由于各家均出于王官,故王官之学为本源,各家为众流,合称九流十家。此说与庄子不同之处有二:一是渊源分散了,非共出于一源,而是各家各有源流;二是源不一而归向仍然是一,所以说诸子百家"一致而百虑,殊途而同归"。

后来所谓诸子出于王官,又具体指出于周官。如清朝章学诚在《文史通义·诗教上》提出"六艺存周公之旧典"即是。所谓"周公之旧典"或"周公之典章",其含义可理解为:上古的文献档案传到周公时,曾经过整理;到了孔子,再度删定,并拿自己编的这六部教科书授予一般平民。六艺正是儒家开的六门功课,把六艺普及到民间,始于孔子。因此,诸子出于周官,又蕴含了"六经皆史"及"官学至孔子时变为私学"等义。

同时,在源流观底下,也蕴含了价值判断,认为本源是盛、末流是衰。如章学诚《文史通义》之《诗教下》云"世之盛也,典章存于官守,礼之质也;情志和于声诗,乐之文也。迨其衰也,典章散而诸子以术鸣,故专门治术,皆为官礼之变也",《易教下》云"诸子百家,不衷大道,其所以持之有故而言之成理者,则以本原所出,皆不外于《周官》之典守",都认为诸子百家不如周官旧学,是末流之衰。中国人平常用"末流"批评任何事物时,也都是贬词。

又因六艺皆为官守,故论者均会强调它的实用性格,谓其非徒托诸空谈而无裨于实用者,亦即学术皆非只是基于知识及理论之兴趣,而是具实践性的。章学诚云"古之所谓经,乃三代盛时典章制度,见于政教行事之实"(《文史通义·经解上》),即就此而言。他又说:"古未尝有著述之事也。官师守其典章,史臣录其职载,文字之道,百官以之治而万民以之察,而其用已备矣。是故圣王书同文以平天下,未有不用之于政教典章,而以文字为一人之著述者也。"(《文史通义·诗教上》)后来柳诒徵云"孔门讲学,根据六艺。以之从政,告冉有以富教,语子贡以食兵,示颜渊以为邦,许仲由以治赋,未尝离家国天下而言学。唯其术本末始终,一贯相承,必自身心推暨事物,无所畸轻畸重。故空言心性,偏尚事功,亦不可谓非儒术,特非其全耳"(《国史要义·史术第九》),亦是此意。

当然,在这里还存在着一个"公"与"私"的问题。王官之学,代表学术出于公家、公意,也施用于公众。孔子以后则是私学、私人著述,代表个人意见。

官学好还是私学好呢?主张"六经皆史"者,如章学诚等,大抵均认为官学较好。反对者则有不同的评价。

此外,张尔田又特别说明其中还有文字体系与口述传统之分的问题:"政教之书,六艺为最大,六艺之外,官司之职掌,百工曲技之授受,其有别识心传,非书契所能具,则治其学者相与口耳讲习而世守之,此天下所以无私家之著述而学者非从师不能传道解惑也。"又说:"六艺有两大派焉,一曰古文,一曰今文。古文者,旧史说经之言,而孔子采之者也;今文者,孔子说经之言而弟子述之者也。纯乎明理者,今文也;兼详纪事者,古文也。"(《史微》)可见口说与文字、古文与今文之争,也由此一问题衍出或与此相关联。

再者,章学诚以孔子为中国政教与学术由合而分的界限,以周公代表周代王官之学,孔子开启后来末流泛滥之说,故尊周公而抑孔子。张尔田则点出王官学术中的史官由道家继承,主管教化的司徒之官流衍为儒家,故尊道家而抑儒家,谓:"周之东迁,天子失官,百家始分,诸子之言纷然淆乱,司徒之官衍为儒家……而史官之大宗独降为道家。"(《史微》)其意涵都在尊源而贬流,且有把"出于史官"的道家视为正宗或源头之意,认为孔子在鲁哀公十一年(前484)回到鲁国删述六艺之前,曾到雒邑(今河南洛阳)向东周守藏史老聃问礼,并"观书周室",所以儒学渊源于道之学。

凡此等等,诸如"源/流""本/末""一/多""盛/衰""正/变""经/史""公/私""官学/专家""周公/孔子""道家/儒家""今文/古文""口说/文字""实践/空言"等后世思想史中不断会涉及的架构与区分,都可从"诸子出于王官"这样的论述中发见其端倪。

胡适在《中国哲学史大纲》中,提出了一个新讲法,认为诸子不出于王官,而是基于春秋战国特殊时代与社会而发的思考。故其说不就源论,只说流变,自老子孔子讲起,不叙周公周官。蔡元培称之"截断众流",固然不错,但其实非截断众流,乃是截断众源,因其不言诸子各出于何官也。然胡适本人最终也仍不能不讨论源的问题,《原儒》之作即是想追溯儒家之源。后来原儒原墨,蔚为热门话题,正是因诸子之学的渊源毕竟不能不讲。不过,因追考渊源比较困难,缺乏古史研究训练的哲学史家,自然会以胡适"诸子学皆面对时代挑战而发"这样的论述为主,由孔老讲起。冯友兰、牟宗三、劳思光等,其实都是如此。

这样的论述,又较强调历史的变。诸子不出于王官,乃面对新时代变局而发,历史在此间是断裂的。诸子出于王官论,或曰源流观,较强调的则是历史的传承延续,其变,也是在源流架构中的变。如章学诚说"诸子百家,不衷大道,其所以持之有故而言之成理者,则以本原所出,皆不外于《周官》之典守",即是就其变而说其源,而且重源而轻变,谓其变而渐衰。

现在我们不必再坚持诸子出于王官或不出于王官,因为学术必有渊源,也有发展变化。说诸子出于王官,强调的是渊源;谓其不出于王官,则是着眼于思想的创新与应变。整个思想史,乃是继承中有发展的。王官之学,是孔子之前的学术状态。孔子之后,王官之学产生变化,诸子百家蜂起,遂进入一个新的时代。

二 王官本于宗法礼教

相传在尧舜夏时,"皋陶作士以理民",皋陶认为"非其人居其官,是谓乱天事",以士来治民。士,是专做"天事"的官,故须精心挑选。当时的官多称为"正",如"南正"(司天以属神)、"火正"(司地以属民)、"工正""农正"等。商代官吏主要是祝(司祭天神)、宗(司祭祖)、卜(司占卜)、史(修史、观星象与管理文籍典册)。到了周代,这些礼官又担负着师、保,掌管教育,而司徒之属则管农业、民事、财务、教民等,此即所谓"学在官府"。

《庄子·天下》称这个时期的学术是"以天为宗,以德为本"。此说也表示了宗教与哲学、政治及伦理的密切关系。《尚书·盘庚》中,商王向臣民宣称:"无有远迩,用罪伐厥死,用德彰厥善。"意思是说,不论亲疏远近,犯罪者处死,行善者表彰。这时"德""礼""孝"的思想均已经产生。后来周人即在此基础上,形成了更为系统的伦理观念,并作为官学中的重要内容。

据《史记·周本纪》《史记·鲁周公世家》称,周公曾作《大诰》《微子之命》《归禾》《嘉禾》《康诰》《酒诰》《梓材》《多士》《无佚》《周官》《立政》诸篇。鉴于夏商的灭亡,周公认识到"天命不僭"而又"天命靡常",因而提出"敬德""保民""明德慎罚""作稽中德""孝养父母""以德辅天"的思想。又参酌殷礼,制定了田制、官制、禄制、乐制、法制、谥制、畿服制、嫡长子继承制等,形成了一套相当完备的典章制度,称为"周礼"或"周公之典"。以此为后人所称道。如孔子就一再说"吾从周",一切是非都要用"周公之典"加以衡量。后代儒家也普遍视周公为圣人。孟子在回答齐大夫陈贾问"周公何人也"时曾说："古圣人也。"（《孟子·公孙丑下》）他还把"周公、仲尼之道"合称。荀子对周公也给以极高的评价，说："武王崩，成王幼，周公屏成王而及武王以属天下，……因天下之和，遂文武之业，明枝主之义，抑亦变化矣，天下厌然犹一也。非圣人莫之能为，夫是之谓大儒之效。"（《荀子·儒效》）他是把周公视为"大儒"的。

而周公之制，又是怎么回事呢？据《左传》云：

> 天有十日，人有十等，下所以事上，上所以共神也。故王臣公，公臣大夫，大夫臣士，士臣皂，皂臣舆，舆臣隶，隶臣僚，僚臣仆，仆臣台，马有圉，牛有牧，以待百事。（昭公七年）

> 故天子建国，诸侯立家，卿置侧室，大夫有贰宗，士有隶子弟，庶人、工、商，各有分亲，皆有等衰。是以民服事其上，而下无觊觎。（桓公二年）

> 是故天子有公，诸侯有卿，卿置侧室，大夫有贰宗，士有朋友，庶人、工、商、皂、隶、牧、圉皆有亲昵，以相辅佐也。（襄公十四年）

可见，周代社会的特征是"各有分亲，皆有等衰"，实行世卿世禄制度，由宗法等级下的各级贵族世袭土地，掌握周王室、诸侯国和大夫之家的行政管理权，亦即血缘族属关系跟政治管理关系合一。如周初，郑武公、庄公父子连续两代为周卿士，权限相当于后代的宰相，执掌王室权柄。晋国荀氏从荀林父到荀寅，五世担任中军统帅，竟连姓氏也改为官职之称，即中行氏。公子荡任宋国司城一职，死后由其孙继任，后人称司城氏。其他以官为氏的还有司马（掌军事）氏、司空（掌土建）氏等。这些宗法贵族世代担任职官，也世代享受爵禄，血统越贵，官位即越高。

按照血统划分，诸侯国也是有等差的，最高的当然是周人所建的诸侯国，其次是其他姬姓国，又其次是姻亲国，复其次是三代后裔之国，最低的是原有的方国。

在各个诸侯国里，也实行分封，国君把自己的子弟封为大夫，给他们封地,叫"采邑"或"邑"。大夫的子弟为士,士以上属贵族范畴。

周代的宗法制度即在这个时候定型。它是用来确立宗子继承、规范本族等级秩序的制度。当时,周人实行分封制,说明他们对宗族的分化有系统的规定。其次,周人实行一妻多妾制,即所谓媵妾制,正妻叫嫡妻、冢妇。其名称,天子的叫后,诸侯的叫夫人,大夫的叫孺人,士的叫妇,平民的叫妻。妾叫庶妻,庶妻还有若干等级。天子的庶妻有六宫、三夫人、九嫔、二十七世妇、八十一御妻等;诸侯的庶妻有世妇、妻、妾等侄娣九人;大夫可以蓄二妾;士一妾。(《左传》定公四年)历史实际是否如此严格,很难确证,但贵族实行多妾制却是事实。多妻妾必然多子。由于众子出自不同的母亲,故有身份的不同。为了区别他们的不同身份,于是有嫡庶之别。在这种情况下,大小宗的划分、宗子继承制度必然要有明确的规定,这就是宗法制产生的内在条件。

史称周公"制礼作乐",宗法制就是他所制之礼的主要架构。其中包括了诸如宗子继承制度、祖先宗庙制度、丧礼丧服制度等具体内容。

宗法制要成立,至少须满足下列七个条件:(一)家长必须拥有政治权力和职位,政治权力和职位不可分割,所以要求继承人的唯一性;(二)一妻多妾或一正妻多媵妾制,在众多儿子中必须区别嫡庶,这就是嫡庶制的必要性;(三)家族分化,所以有姓氏、有大小宗、有丧服制和封建制的必要;(四)宗族必须要有一个实体性的组织;(五)宗族内部的血缘关系,不仅需要有明确的系统,且必须能够对之进行严格与完善的范畴分析;(六)宗族成员的文明程度必须达到一定的水准,要能够有系统、有层次地进行宗族活动;(七)宗族必须脱离原始的孤立状态,将自己的发展自觉地纳入等级制国家的整体发展之中。

因此,宗法制并非世界性普遍存在的,全世界只有中国有。因为嫡长子继承制与长子继承制(primogeniture)并不相同。长子继承制的前提是一夫一妻制,它的继承人是固定的;而嫡长子继承制的前提是一妻多妾制,它要考虑姻亲的地位,所以要在众多儿子中确定哪一个具有嫡长子的身份,因此嫡长子未必是长子,这是其与希腊罗马制度不同之处。

而由宗法所形成的礼法等差制度,更与其他等级制社会不同。以印度及南亚地区的种姓制来看,该地把种姓制称为"瓦尔纳"(varna)。此词原义为颜色,用于指由婆罗门(祭司和学者)、刹帝利(武士和统治者)、吠舍(商人、农夫等)、首陀罗(受奴役的劳动者)四个种姓构成的体系。

印度的创世神话对瓦尔纳的起源有各种解释。最流行的神话说,四个瓦尔纳从原始巨人的各部分产生:婆罗门从他的嘴里生出,刹帝利来自他的臂,吠舍来自他的大腿,首陀罗来自他的脚。

从这些神话中可看出吠陀时代的世系社会有几个特点:一是世系虽然以父系传承,但没有形成严格的长子传承制。二是父系传承是世系的组织原则,但并非纯粹的血缘关系。三是各等级之间人口不得流动,因而各等级之间不得通婚。其他社会交往也受到各种严格限制。历史上各种法典都对违反通婚禁忌和交往规范的行为制定了各种惩罚条例。

公元前 3 世纪,希腊使者麦加昔尼就描述了印度孔雀王朝时各种姓集团之间不得通婚、不能改变职业、社会生活相对隔离的状况。11 世纪初的中亚学者阿尔贝鲁尼也详细描述了种姓间的避讳和对违反种姓隔离法则的人的严酷惩罚。《摩奴法论》的解释是:有人违反种姓集团间的婚姻禁忌而生育子女,这些子女就形成各种新的低级种姓集团。这是指首陀罗瓦尔纳中的贾提(jati)。

此种制度与周代宗法截然异趣,岂不甚为明显吗?

三 理性化的支配形态

但宗法礼教仅是"周公制礼"的一个方面,周公所制之礼还包含着另一个重要面向,即"周官"的那一套官僚制度。

商朝职官的划分是相对的、模糊的。正如学者们指出的,商代官制相对来说不发达:"官事可摄"。例如,在某些场合,"卜"和"贞"是同一人,有些场合不是。这似乎意味着贞人与卜人二者职务既合又分的不确定状态。

周朝则不然,官制非常明饬。纵使不以《周礼》为依据,见于历史文献之官制亦极井然明秩,政务系统职官即有令尹(右尹、左尹)、相(右相、左相)、师(右师、左师)、帅、司徒(大司徒)、司马(大司马、右司马、左司马)、司空(司城)、司寇(司败)、司士、司宫、司锋、工尹、连尹、武尹、寝尹、宫尹、乐尹、门尹、针尹、厩尹、箴尹、隧正、乡正、工正等,不下二三十种。金文所显示的情况也一样。如令彝铭文:"惟八月,辰在甲申,王令周公子明保,尹三事四方,受卿事寮。丁亥,令矢告于周公宫。公令:出同卿事寮。惟十月吉癸未,明公朝至于成周。出令,舍三事令:众卿事寮,众诸尹,众里君,众百工;众诸侯:侯、甸、男,舍四方令。"这段铭文记录了周公明的身份(保)、受命的日期(八月甲申)、辖理的机构(卿事寮)、权能(尹三事四方)。周公明受命之后,不久就到成周赴任,向官署下达了指令。所谓"三事",一般认为是司徒、司马、司空(或谓任人、准夫、牧),这里泛指诸尹、里君、百工等朝内百官。所谓"四方",铭文中明确提到侯、甸、男,实际上指邦外的诸侯国家。根据研究,卿事机构的僚属很多,层层辖制,达几十种。可见《周官》所载官制固多后人之附益,但周代官制体系大备确是不争之事实。

官吏制度或官僚制,依韦伯之见,是属于理性的法制型支配形态,其特征为:

(一)有持续不断受规则所约束的行为与正式经营(betrieb)。

(二)有明显范围的权限(管辖权)。这包括:(1)执行因系统分工而分化出来的特定功能的义务;(2)赋予在职者某些必要的权力;(3)有明确规定的必要强制手段,以及使用这些强制手段的明确限制。一个根据这种原则而进行经营的组织,就可称为"机关"。

(三)各种职位的组织,是依照官职层级制的原则而建立的。

(四)节制一个职位行为的原则,包括:(1)技术性的法规;(2)规范。但无论如何,这些原则的运用与实施必须有专业的训练。一个人只有具备了适当的专业训练,才有资格成为这个组织化团体的一员,才有资格接受正式职位的任命。因此,无论这个组织是政治性的、宗教性的、经济性的或其他,任何一个理性化组织的行政干部,都是由官员(beamte)组成的。

(五)行政措施、决议和规令都以文字的形式提出及记录。甚至在某些必须以口头讨论的例子中亦如此。这个原则至少适用于初步讨论、提案、最终决议以及所有各种命令和法规。见之于文字的资料和官员的持续管理，两者共同构成"办公室"。这是现代任何"有组织行动"的核心焦点。

官僚，在此一体系内，其职务即职业。须经一套明确规定的训练过程（经常需要一段长时期的全力以赴），而且在任用前还得通过专业测试。其次，官僚的地位具一种义务的性格。法律上与实际上，占有职位者绝不能因执行职务而换取个人收益或酬庸；据有职位也不能被视为一种类似自由劳动契约下的、普通的有偿交换。接受一个职位，即被视为接受一种特殊的职务忠诚义务。

职务忠诚的特点，在于它是以非人格的、即事化的目的为导向，而非设定在一种对人的关系上，如封建制或家产制的支配体系下封臣或扈从那般的忠诚义务。这种非人格的、即事化的目的，自然会有来自文化价值理念的荣耀感。而且，官僚化也提供了贯彻行政职务专业化（根据纯粹切事化的考量）之原则的最佳可能性。每个职员皆负有个别的任务，他们受过专业训练，而且从不断的实习中增加自己的专业知识，可以"切事化"地处理事务，亦即根据可以计算的规则、"不问对象是谁"地来处理事务。

此外，韦伯还认为，法制型支配中的"法"是：（一）抽象的；（二）一种制定的规则。传统型支配中的"法"则非制定之规则，在纯粹家长制结构的支配下，又因掌权者的专断，使"法"的规制性极度缩小，乃至根本不存在（例如在苏丹式支配下）。反之，在身份制结构的支配下，"法"只成为各种具体的特权的总和，而非抽象的规则。唯有在官僚制中，法律体系基本上是由一些抽象规则依首尾一贯的系统所构成。故司法只是这些抽象规则之运用于具体的事例；政治则是为满足组织的成员理性地追求其利益而设的行政程序，由规范组织的基本原则详细规定。它不得逾越法令对施行程序所设限制，并且必须遵循某些一般化的原则。准此，在典型的支配形态中，即使是"上级"，自身也得服从于这一套无私的法令和程序。

依韦伯之见，"官僚制，其最成熟之发展，仅见诸近代国家的政治与教会共同体，在私人经济的领域则仅见诸资本主义之最进步的组织。具有明确权限的、持续性的官厅，在历史上纵或有之，亦属例外。对曾经有过庞大政治组织的古代东方、日耳曼人与蒙古人的征服国家以及许多封建国家而言，这点殆无疑义。在上述这些政治组织里，支配者皆透过个人心腹、共食伙伴或廷臣来执行最重要的政策。这些人的任务与权力并没有明确限定，而且也只是为了个别的事件暂时赋予的"（《政治作为一种职业》）。

但是，韦伯对此论断似乎又前后并不一致，因为他有时候又说："在下述诸条件配合之处（例如在古代文明国家），官僚通常拥有最高社会地位：强烈要求由训练有素的专家来处理行政；高度且稳定的社会分化，绝大多数的官僚——基于权力之社会分配以及接受专门教育与维持身份惯习的费用过高等缘故——出身于社会、经济的特权阶层"，"拥有教育文凭，通常即意味着任职资格；这点自然会强化官僚之社会地位里的身份制的（ständisch）因素"（同上）。

既然在古代文明国家或身份制社会中也仍可以有官僚，官僚制便不应被视为仅近代政治或资本主义组织所特有之物。何况他还说："许多重要的理性支配形式，其最终权威的泉源来自其他的类型。如世袭性卡理斯玛支配（世袭的君主制是一例）和由全民投票产生的总统之纯粹卡理斯玛支配即是。"（同上）可见在世袭君主制中，也可能存在着理性化的支配类型，亦即官僚制。

我国周朝的制度，我认为就已符合了韦伯所说的理性化支配类型，官僚制度已极为发达。《周礼》又称《周官》，前文所引章学诚诸人之说，也一再以"王官之学"来概括周朝学术，正可见古人均以"制官分职"为周之文明特色。以韦伯对官僚制之描述来看，周官也无一不合。

韦伯所说理性法制型支配中的"法"，就是周朝所谓的礼。它是一套抽象的规则系统，上自天子，下至底层官吏，都须遵守。凡具体施政程序、人际应对进退，乃至官员专业施为的准则，均须合乎礼，或以礼意为依归。较之韦伯用以解释近代官僚制所依据的法律系统，更为严格。

在这种以礼法依据所构成的官僚制中，官员具有经专业训练而获得的专业知识技能。所谓"王官之学"，即指此。在官僚制运作下，一切行政施为、决议、规章均须形诸文字，又构成了整套文官档案文书，累积为典章文献。周朝在这方面也很丰富，老子为周之"守藏史"，典理的就是这些文献。六经，原先也就是这类文献，经孔子删择后，才成为教本。

四 社会变迁下的官学

但王官之学为什么又会瓦解，变而为诸子百家呢？

我认为主要的原因在于整个周朝的礼制含有两个方面，一是宗法制度，二是官僚制度。这两个制度在周礼中被统合在一起，但两者本质上是有差异的，施行时间越久，其裂痕便越来越明显，终致分途。其次，是宗法封建本身便存在着瓦解变异的因素。

兹先从宗法封建之变讲起。依孔子的说法，"天下有道，礼乐征伐自天子出"（《论语·季氏》），天子应具有至高无上的权威，诸侯要定期朝觐贡献，若有不服，周王可以兴师讨伐，甚至执而诛杀。周王直接统治的王畿比任何诸侯国的封地都要大，而且是当时最为富庶的泾渭和伊洛平原，人口稠密、物产丰富。但越到后来，王室统治的土地越来越小，其地位也急剧下降，不但不能维持昔日天下共主的地位，甚至连一个二等诸侯的地位也不如。诸侯各行其是，不把周王放在眼里，本来应该按照宗法制度给周王的贡献也几乎停止了。据《春秋》统计，在春秋二百四十二年里，鲁国国君向王室朝觐只有三次，鲁大夫聘周也只有四次。鲁国保存周礼最为完备，尚且如此非礼，其他诸侯僭越礼制的行径可想而知。

诸国之间，齐桓公灭国三十五个，楚庄王灭国二十六个，秦穆公灭国十二个，此外，晋、楚等国也灭掉许多小国。大批的宗法家族被消灭，宗法制度日益成为虚谈。

在诸侯国内部，也有大批旧贵族被消灭。如晋国原有十一个大贵族，其中有晋的同宗狐氏、韩氏、栾氏、郤氏，异姓的有赵氏、魏氏、范氏、中行氏、智氏等。经过长期的斗争，剩下韩赵魏三家，最后由这三家瓜分公室，灭亡晋国。齐国原来也有许多贵族，如栾氏、国氏、高氏、鲍氏、晏氏、崔氏、庆氏、田氏，经过长期的斗争，最后田氏消灭了其他大族，取代姜姓齐国，建立田氏齐国。

为什么会这样呢？宗法的精神是"亲亲"，可是政治上的实际的权力与利益竞争，往往压倒了亲亲之义。寻常百姓，争夺起家产来，尚且毫不顾惜亲情，何况王公？欲以亲亲之义维系政治秩序，其结果便是权力创造了新秩序而伤了亲亲之义。

再加上土地私有制的发展，"士食田"很难维持。战争的频繁、从军资格的松弛、征兵界限的缩小，使大量的平民涌入军队，士垄断甲士的局面也被打破。诸侯大夫在势力斗争中往往打破宗法界限，任用新兴的士人，亦使传统的士阶层失去了担任家臣的垄断地位。总之，士阶层曾经拥有的田地、宗庙和社会地位都受到冲击，当然就无法继续尽其宗法职责了。

而宗法制，本身也存在着难以久长的窘境。因为家产分数子，数子再各分数孙，数孙再各分数曾孙，越分越少，最后势必出现无田土可分的贵族，其实质便同于庶人。以周公自己为例。周公一直在周王室服务，实际没有其国。子伯禽代替周公封鲁，伯禽成为周公的继别者大宗，他的嫡长子也世世成为鲁国的继别者大宗。而在诸侯国内又实行分封，诸侯的支子又成为继祢者小宗，可是在他们自己的采邑内成为别子——始祖，他们的嫡长子又成为继别者大宗，支子又成为继祢者小宗，成为士阶层。士还是别子为祖，他们的嫡长子又成为继别者大宗，支子成为继祢者小宗。再往下就无法再分封，因此也就无法再序宗法了。贵族凌夷，乃成必然之趋势。

宗法制又有其不利于大宗的一面，它同时树立"尊尊""亲亲"的原则，两者紧密地结合在一起。但在实际运作中，由于血缘关系的制约，它的发展总是有利于血缘相近的集团。以姓氏制度为例，同氏比同姓亲近，小范围的近亲比大范围的远亲亲近。周人于姓为姬，于氏则为周，太王这一支周人就比其他姬姓亲近。取得政权后，周族又进一步发展，新分化出的氏（族）就比其他氏（族）亲近，如对厉王以后的周室而言，郑比晋亲近，晋比鲁、卫亲近。因为鲁卫是文王的后裔，而晋是武王的后裔，郑则是厉王的后裔，所以东周之初，郑国地位最高，郑武公、郑庄公父子连任王室卿士，执掌朝政，有号令诸侯的权威。诸侯的氏（族）也进一步分化,新的氏（族）内部各支也比原来的氏（族）亲近,如对三桓来说,鲁桓公以前的公室支子（小宗）就没有他们之间亲近。可见氏是一种联系,又是一种分别,各氏之间隔着深深的界限。

遵循这个规律,很自然地,小宗都在发展自己的宗法系统,都以自己的宗法关系为最亲近,随着历史的发展,必然形成脱离大宗的趋势。诸侯都在发展自己的氏（族）,由此而距离周王室越来越远;在诸侯国内,大夫们也在积极发展自己的氏（族）,由此形成了与诸侯大宗的分离倾向。可见,宗法制是自我否定的。它一方面要维护大宗的地位（尊尊）,另一方面又在加强小宗的宗法势力（亲亲）,腐蚀和瓦解大宗的地位。

以上这些因素,合起来就构成了宗法封建之变。这是一条脉络。

另一条脉络,是官僚制度原先被镶嵌在宗法制中,但越发展到后来,官僚制就越呈脱离宗法封建另成体系之势,封建也逐渐变为郡县。

春秋时代,大国并吞小弱,新扩张的领土往往与他国接邻,具有战略意义,在这样的地区就出现了“县”。如《史记·秦本纪》记载,秦武公十年（前688）伐邽、冀戎,初县之;十一年（前687）,初县杜、郑。《左传》僖公三十三年（前627）,晋襄公以再命命先茅之县赏胥臣。宣公十一年（前598）,楚子县陈;十二年（前597）,郑伯逆楚子之辞曰“使改事君,夷于九县”;十五年（前594）,晋侯赏士伯以瓜衍之县。以上均属此类。可知县制在春秋时代已经兴起。

春秋之时,郡也出现了。如《国语·晋语》载公子夷吾对秦使公子挚曰:“君实有郡县。”又《左传》哀公二年赵简子之誓曰:“克敌者上大夫受县,下大夫受郡。”

郡县不是封建邦国或采邑,而是官僚组织。春秋出现郡县,即标明其正在转变,由春秋至秦汉,正是由封建转向郡县制的时代。

转变以后,“天子失官,学在四夷”（《左传》鲁昭公十七年）。夷是在下、在野的意思,不是指夷人。西周后期逐渐衰落,制度逐渐瓦解,掌握着学术文化的礼官不断流佚,官学废弛,典籍散失、流落外方的不可胜数,至春秋时期已极严重。像史籍中提到的《三坟》《五典》《八索》《九丘》等古籍，早已失传。

但官学的失坠，并不意味着传统文化的灭亡。孔子说"礼失而求诸野"（《汉书·艺文志》），这个礼即指官学，野泛指民间。官学的废弛，典籍的散失，学官流落到民间，必然促进学术下移的进程。因此从西周末到春秋时期，社会上逐步形成了一个在野的士阶层，他们拥有官府散失而一部分为民间保存着的文化典籍和知识。这是儒学与儒家产生的历史条件，也是后来百家之学兴起的历史契机。

第八讲

史学:史官与历史意识

一 "旧法"世传之史

王官之学,均由官吏职掌,而这些职掌的业务知识则存于其所掌理的文书档案。因此古人常说王官之学均由史掌。其实不是由史官所掌,而是王官之学具存于文书档案中,史则是主管文书典册的人。

这样的人,据说起源甚早,黄帝时已有。不过我们纵使不讲得那么远,只从商代说,商代之史亦已甚多。盖殷商已有"作册"一类官。作册是司理典册与册告、册命的职官,可说是史官的起源或同类人。本来,"惟殷先人有册有典",武丁朝已出现册命的举措,包括征伐之前请示祖先的"告庙"和祭牲的登记等,所以商朝作册之官不少,如作册、作册嚣、作册丰、作册宅、作册矢、作册友等等。西周王朝也有作册官,各封国亦有设置,其长官称作册尹。西周作册的职务与内史最为接近,因为两者都负责册命工作,故亦有作册内史之职。

至于史官,卜辞中大部分的"史"字其实是"事"字。在军事、祭祀、农业各领域,事务繁杂,需有书契铭记之事,便从中派生担任书契的职务,史即随之产生,故"史"与"事"相关。在晚商,部分"事"更向"史"过渡。《酒诰》《商誓》中已说到商代有"大史友、小史友",卜辞也有"大史寮"等记载,可见商代已有专门史职的出现,可能也区分了职务的大小。

周代官制庞大，典书册之史当然也远较殷商为多。金文中，太史见于中方鼎、大史友甗、作册魃卣、矤从盨，大史寮见于番生簋、毛公鼎等。《金研》汇集了内史的铭文二十八件，并把作册尹、作册隶于大史属下，把作册内史、作命内史统属于内史之下。其他一般的史也很多，金文中可见者即达六十多件。除王朝外，地方亦皆有史，职务大体是传命、册命和作傧右，这是本职；另外也受命视察地方、参与军事活动，则是兼职。

文献中可考的史更多。如《周礼》谓天子建天官，先六太，太史居其一，掌建邦之六典，小史掌邦国之志，内史掌八柄之法，外史掌书，使乎四方，外令掌三皇五帝之书，御史掌赞书。此外尚有女史、州史、闾史。四官所属，可数者就有九百八十六人，冬官尚不可知，足见其多。还有些不可考的，如商肆之史等等。

史官这么多，似乎凡掌书册(《左传序疏》)、造文书(《周礼天官序疏》)、载笔(《曲礼上》)、执策(《穆天子传》卷六)者都被称为史，亦即所有官僚系统中主管文书档案记录的都算，不像后代史官只是众多职官中的一种官。他们被称为史，显然与"史"这个字的字义相符，因这个字就是以手持笔之形，在机关中掌文书做记录的人乃因此而均称为史。王国维《释史》曰：

> 史为掌书之官，自古为要职。殷商以前，其官之尊卑虽不可知，然大小官名及职事之名多由史出，则史之位尊地要可知矣。……古之官名，多由史出。殷商间王室执政之官，经传作"卿士"，而毛公鼎、小子师敦、番生敦作"卿事"，殷虚卜辞作"卿史"，是卿士本名"史"也。又：天子、诸侯之执政通称"御事"，而殷虚卜辞则称"御史"，是"御事"亦名"史"也。又：古之六卿，《书·甘誓》谓之"六事"；司徒、司马、司空，《诗·小雅》谓之"三事"，又谓之"三有事"，《春秋左氏传》谓之"三吏"。此皆大官之称"事"，若"吏"即称"史"者也。

各史因所在机关不同、单位不同，执掌当然也不一样。考之《周礼》，五史之秩以内史为尊(中大夫)，太史次之(下大夫)，外史又次之(上士)，小史、御史为下(中士)。内史掌书王命，同于唐宋之知制诰，即"左史记言"之谓也。

太史掌建邦之六典,同于魏晋六朝之著作郎,即"右史记事"之谓也。《尚书》之《酒诰》《顾命》,或即内史所撰之王命。《春秋》为事典、《周礼》为政典、《仪礼》为礼典,或即大史所掌六典之类。此外,太史又掌天时。《周礼》说"太史抱天时",郑司农注:"大出师,则太史主抱式以知天时,处吉凶。"其余各种史,各有职掌,文献所载,如五帝三王之书掌于外史,见《周礼·春官》。《左氏》庄公廿二年云"周史有以《周易》见陈侯者,陈侯使筮之,遇《观》之《否》",襄公十四年云"史诵书",昭公十二年云"楚独有左史倚相,能读三坟五典八索九丘",又云《祁招》闻诗于倚相,可见《易》《诗》《书》及其他典籍均由史官掌理。史官也娴熟这些文献,兼及这些文献所涉及的知识性事务。例如史掌易,则卜占筮祝或"抱式以知天时"这类事就也都属史官之职。其所掌文献,跟他主管的事是一体的。

研究周代官制的学者,有些认为当时可分"卿士寮"与"太史寮"两大系统。卿士寮包括司徒、司马、司寇、大师、公族、宰等职官;太史寮则包括太史、太祝、太卜等。举毛公鼎"及兹卿事寮、大(太)史寮于父即尹,命汝摄嗣司公族雩(与)参有嗣、小子、师氏、虎臣嗣朕褒事"为证。我以为不然。卿士寮与太史寮非相对的两个系统,否则卿士寮包含各类职官,规模甚大,而太史寮仅卜、祝、作册、书史之类,数量与规模颇不相当。其次,卿士系统中亦有各种史,如宰之下便有史,且有内史尹,下辖内史、作命内史、作册内史等。可见史是整个官僚系统中普遍存在的文书档案法规例则管理人员。只因其数众多且为整个官制之骨干,特为世重,故在称呼时并提罢了,金文语意是说:卿士们、太史们……卿士与太史复文见义,寮即僚,不是有一个卿士寮之外,又另有一个太史寮。

诸史既是王官体制中的中坚,其办事及档案记录都有一套规则,"循法则度量,刑辟图籍……父子相传,以持王公"(《荀子·荣辱》)。所以三代虽亡,治法犹存。《庄子·天下》篇说得好:

> 以仁为恩,以义为理,以礼为行,以乐为和,熏然慈仁,谓之君子;以法为分,以名为表,以参为验,以稽为决,其数一二三四是也,百官以此

相齿；以事为常，以衣食为主，蕃息畜藏，老弱孤寡为意，皆有以养，民之
理也。古之人其备乎！……其明而在数度者，旧法世传之史尚多有之。
其在于诗书礼乐者，邹鲁之士搢绅先生多能明之。

在战国时期，礼崩乐坏，王官之制业已瓦解，但世传旧法之史仍然所在多有，
史所掌之诗书礼乐典籍及一套相关的学问，也仍有"邹鲁之士搢绅先生"懂
得。"邹鲁之士"，指的大抵就是以六艺为教的儒家。"搢绅先生"，则是指
衣冠贵族，仍保有老世家学术传统的那批人。《庄子》这一段，讲的是春秋战
国时的景象，此时"旧法世传之史"尚且如是，则前此王官之学体制正盛时，史
官均秉持一套"旧法"办事，是可以推想而知的。庄子所谓"以法为分，以名为
表，以参为验，以稽为决"，即是其法之原则，故曰"百官以此相齿"。

二　旧法世传之"史"

但诸史所司及其所典守者甚杂，整个官僚系统中，有司天之史，有司
人事之史，前者如司祝司历，后者如司徒司马。不能说整个官僚系统的史
官都共有、共传承一种史官之学，或所有史官都如太史一样，"文史星历，
近乎卜祝之间"（司马迁《报任安书》）。太史以书协礼事、小史以诗协礼
法，明礼法、通诗书，应是史官之基本修养，但职掌不同，恐怕其世传之法
即差异甚多，不能说大史小史女史州史间史的道术内容都属于同一类或
同一性质。

过去讲诸子之学出于王官的先生们往往弄不清楚这一点，遂以为九流
皆出于史，亦即皆为王官之学的流裔，有同一个源头，而这个源头的史官之
学就是"文史星历，近乎卜祝之间"的。某些人更由此推论，谓太史抱天时
知吉凶，又杂于星历卜祝之间，则史官之学自以知天道为特点，后世道家之
学即源于此，故史官及道家又为九流诸子之源。

我少年时亦主此说，而后知其不然。这里涉及史官的分职和演变的
历史。

首先，所谓史之分职，是说史是执事之官而掌文献者，乃文官体系中的基本文官，所以《周礼》释史说"史掌官书以赞治"。百官官府之征令甚繁，分职也甚繁，不能说史都属一类人，也不能以后代特定分职的史官一职来想象。

其次，古代立官较简，虽然《五行大义》卷五引《帝王世纪》，殷汤问伊挚立三公九卿大夫元士的道理，伊挚说："三公智通于天地，应变于无穷，故三公之事常在道。九卿通于地理，能通利不利，故九卿之事常在德。大夫通于人士，行内举绳，故大夫之事常在仁。元士知义而不失期，事功而不独专，故元士之事常在义。道、德、仁、义定，而天下正矣。"（《帝王世纪辑存·殷商第三》）用道、德、仁、义来分说三公以下各官职，确实可能是殷代已有的事情，本段也或许是道家《伊尹》四十一篇的遗说，而由皇甫谧所保存（见《海日楼札丛》四说）。但殷商时期立官分职之细密，无论如何不能与周相比。依卜辞所见，其官亦以卜祝为大宗。

因此，殷商以来，史以星历卜祝为事，乃是传统的职能，也是早期政治较重视宗教祭祀的征象。后来设官越来越繁，史便不只限于宗教事务了。《周礼》所述，史职如下：

> 太史掌建邦之六典，以逆邦国之治，掌"法"以逆官府之治，掌"则"以逆都鄙之治。凡辨法者考焉，不信者刑之。凡邦国都鄙及万民之有约剂者藏焉，以贰六官，六官之所登。若约剂乱，则辟法，不信者刑之。正岁年以序事，颁之于官府及都鄙，颁告朔于邦国。闰月，诏王居门终月。大祭祀，与执事卜日，戒及宿之日，与群执事读礼书而协事。祭之日，执书以次位常，辩事者考焉，不信者诛之。大会同朝觐，以书协礼事，及将币之日，执书以诏王。大师，抱天时，与大师同车。大迁国，抱法以前。大丧，执法以莅劝防，遣之日，读诔。凡丧事考焉。……
>
> 小史掌邦国之志，奠系世，辨昭穆。若有事，则诏王之忌讳。大祭祀，读礼法，史以书叙昭穆之俎簋。大丧、大宾客、大会同、大军旅，佐大史。凡国事之用礼法者，掌其小事。卿士夫之丧，赐谥读诔。

内史掌王之八枋之法，以诏王治。一曰爵，二曰禄，三曰废，四曰置，五曰杀，六曰生，七曰予，八曰夺。执国法及国令之贰，以考政事，以逆会计。掌叙事之法，受纳访以诏王听治。凡命诸侯及孤卿大夫，则策命之。凡四方之事书，内史读之。王制禄，则赞为之，以方出之。赏赐亦如之。内史掌书王命，遂贰之。

外史掌书外令，掌四方之志，掌三皇五帝之书，掌达书名于四方。若以书使于四方，则书其令。

御史掌邦国都鄙及万民之治令，以赞冢宰。凡治者受法令焉。

执礼、掌法、授时、典藏、策命、正名、书事、考察，都是史所负责的事。整个政治运作，显然也以史为轴心，礼、法、典均由史执掌，政治则是依法行政，不守法则刑辟诛考之。《国语·周语》记载："先时九日，太史告稷曰：'自今至于初吉，阳气俱蒸，土膏其动。……'稷以告王曰：'史帅阳官以命我司事！'……太史赞王，王敬从之。……其后稷省功，太史监之。"太史的提议，王须敬从之；王执事时，太史也要监临之。史在官僚制度中的地位，可以想见。此时政权的代表虽是帝王，可是实际施政责在卿宰，而史则是掌握治事之法的人。此法通贯着天时、丧祭、世系昭穆，史有早期宗教祭司般的神圣性，故其所执之礼法，虽王与诸侯亦皆不能不依循之。职官之生杀予夺、爵禄废置，也均须通过史。

周朝的官僚制度，之所以是一种韦伯所说的理性法制型支配，关键即在于此。后来我国史官传统一向可独立于王权之外，自主运作，也本于这个渊源。

这是因为史所执之礼、所掌之法，是官僚制度中的文书法例。这些东西，既为法则典秩，即有一定的制度，不能随意乱来，柳诒徵《国史要义·史权》说"春秋之时，史官盖有共同必守之法，故曰君举必书。……又曰：德刑礼义，无国不记。……故一国君臣之大事，他国史策亦皆书之。如孙林父、宁殖出其君，名在诸侯之策。知一国之事，非仅本国记之，他国之史官有共同之书法以记之矣"，确实不错。这就是所谓的"书法"，指各种史官书写的一套传统、惯例、规矩、格式。在一个成熟的官僚体系中，这类规格是非常严格的，没有任意书写或杜撰造假的空间。后来中国史学强调"直书""君举必书"以及"书法"，都是由这个地方发展来的。

三　旧法"世传"之史

史官所掌文籍，有些为邦国要典，有些为小单位的档案文书，性质并不一致。比较重要的就称为坟、典或经。

近人考证，多谓"经"这个名称应始于战国末年，是诸子百家把他们推崇的文籍经典化以后才有这样的名称。其实不然。《国语·吴语》已说"挟经秉枹"，"经"之名，至少在这个时候就有了。《老子》书中引古说，也往往说"经言"如何如何；荀子则更征引过"道经"说人心之危、道心之微。另外，《荀子·大略》云"礼以顺人心为本，故亡于礼经而顺人心者皆礼也"，《荀子·劝学》云"学恶乎始？恶乎终？曰：其数则始乎诵经，终乎读礼"，《管子·戒》云"泽其四经"等，都已提到"经"的名称，可见"经"不是战国末年才有的。

而且，纵或"经"这个字用的年代较晚，也并不代表古无经典，只是古或称坟或称典或用其他名称罢了。坟乃隆起堆高之意，正如"九丘"之"丘"，典则象册在几上，也是尊崇的意思，都是指文籍中比较重要的，也就是后世经典的含义，二者字义亦相通。如《礼记·曲礼下》云"天子建天官，先六大，曰大宰、大宗、大史、大祝、大士、大卜，典司六典"，"典"不就是"经"吗？《周礼》郑玄注"典，经也"即是此义。后来魏文侯师李悝，撰次诸国法，著为法经，见《晋书·刑法志》；韩非作内外《储说》云有经二十二篇；墨家也传《墨经》；《汉书·艺文志》则载老子有傅氏、徐氏、邻氏三家经说经传。凡此等等，均可见以"经"为经典的通称，在战国前期即已普及。

又据《荀子·大略》言"《国风》之好色也，传曰：盈其欲而不愆其止。其诚可比于金石，其声可内于宗庙"，可知在荀子以前，《诗》已有传，而《史记·伯夷列传》所引佚诗传，似乎更显示了孔子前也许即已有了诗传。若然，则经传，也就是经典及其传述材料间的关系也是很早就形成了的。

这种传述，形式甚多，直引、径用或转引都很常见。如《墨子·兼爱下》引周诗，《墨子·明鬼上》引《甘誓》，《管子》说"择士必取好学孝慈"，又见《左传》僖公廿七年赵襄子语，显然也都是传述古语。其他诸子百家说志曰、古云、圣人言等等甚多，大抵均是如此（见表8-1）。也就是说，各类史官所典守职管之文籍，后来便成为诸子百家奉行或传述的经典。而诸子引用经典、传述经典的方式，大概也就是王官世传其学的方式。

表8-1 先秦文籍引用《尚书》篇数次数总表

先秦文献	总次数（篇名数）	今文二十八篇被引次数（篇名数）	古文十六篇被引次数（篇名数）	书序中余篇被引次数（篇名数）	先秦逸书逸篇被引次数(篇名数)	引书、某书、逸句次数	某种特用称法被引次数(篇名数)
《诗》	1次(1篇)	1次(1篇)					
《论语》	9次(4篇)	1次(1篇)		1次(1篇)	1次(1篇)	5次	1次(1篇)
《国语》	28次(7篇)	7次(6篇)		4次(2篇)	5次(5篇)	7次	5次(4篇)
《左传》	86次（13篇）	23次(6篇)		9次(3篇)	8次(8篇)	23次	23次（10篇）
《墨子》	47次（22篇）	9次(4篇)		10次(2篇)	18次（18篇）	6次	4次(4篇)
《孟子》	38次(7篇)	12次(6篇)	5次(3篇)	6次(3篇)	1次(1篇)	11次	3次(3篇)
《荀子》	22次(3篇)	16次(5篇)		2次(2篇)	1次(1篇)	2次	1次(1篇)
《管子》	6次(1篇)	4次(2篇)		1次(1篇)		1次	
《庄子》	3次	1次(1篇)				2次	
《韩非子》	7次(1篇)	2次(2篇)				4次	1次(1篇)
《战国策》	6次	1次(1篇)				5次	
《周礼》	4次	4次(2篇)					
《礼记》	43次（13篇）	20次(8篇)	2次(1篇)	15次(5篇)	1次(1篇)	5次	
《大戴礼记》	2次(2篇)	2次(2篇)					
《孝经》	3次(1篇)	2次(1篇)				1次	
《公羊传》	1次(1篇)	1次(1篇)					
《穀梁传》	1次					1次	
《尸子》	1次(1篇)				1次(1篇)		
《吕氏春秋》	14次(2篇)	4次(3篇)		1次(1篇)	1次(1篇)	8次	
《逸周书》	13次(4篇)	5次(4篇)	1次(1篇)		3次	2次	2次(1篇)
合 计（20种）	335次（可能77篇）	115次（15篇）	8次（4篇）	49次（7篇）	40次（32篇）	83次	40次（可能19篇）

所谓"旧法世传之史"，正是指王官世传其学。如何世传呢？这里不妨来看个例子。晋之"董史"，即历代相传的史官。《左传》昭公十五年周景王说："及辛有之二子董之，晋于是乎有董史。"又宣公二年："大史书曰：'赵盾弑其君。'以示于朝。宣子曰：'不然。'对曰：'子为正卿，亡不越竟，反不讨贼，非子而谁？'宣子曰：'乌呼！"我之怀矣，自诒伊戚！"其我之谓矣。'孔子曰：'董狐，古之良史也，书法不隐。赵宣子，古之良大夫也，为法受恶。惜也，越竟乃免！'"杜预谓董狐为董史之后，不误。盖董史在晋，历数百年，均为史官。而春秋时齐之太史，且有兄弟继承者，如《左传》襄公二十五年："太史书曰：'崔杼弑其君。'崔子杀之。其弟嗣书，而死者二人。其弟又书，乃舍之。"此是兄弟四人，相继为太史也。以上两桩，皆因有弑君之事而偶然记载在《左传》中，其余世袭的太史，因未遇到政变，故亦无此类记载，但依此类推，便可知"世传之史"是怎么回事。

1976年12月陕西扶风庄白村发现一号窖藏，出土微氏铜器103件，其铭文中述及微氏的世代系统，亦可考知微氏一族七代为史，从武王时开始，经历成王、康王、昭王、穆王、共王、懿王到夷王。世传史职的情况，再明显不过了。家学、世传，显然也就是史官之学的基本传承授受状态。这种方式，与周朝另一种公开的公众教育系统并不相同。

那种针对贵族子弟实施的公众教育，也就是所谓的小学和大学。《大戴礼记·保傅》说："及太子少长，知妃（配）色，则入于小学。小者，所学之宫也。"又说："古者年八岁而出就外舍，学小艺焉，履小节焉；束发而就大学，学大艺焉，履大节焉。""八岁而出就外舍"，就是入小学；"束发而就大学"，束发谓成童，一般是指十五岁以上。《白虎通·辟雍》说"八岁……入学学书计。……十五成童志明，入大学，学经籍"，即指此。《礼记·内则》说得更详细：

> 六年，教之数与方名。……九年，教之数日。十年，出就外傅，居宿于外，学书计。……朝夕学幼仪，请肄简谅。十有三年，学乐、诵诗、舞《勺》。成童舞《象》，学射御。二十而冠，始学礼……

贵族儿童教育凡三个阶段:(一)六至九岁在家中学习,学习简单的数字、方名、干支等。(二)十岁"出就外傅,居宿于外",便是入小学,学习以书计、音乐(包括舞蹈等)为主;这和前引各书所说八岁入小学略有出入。(三)十五岁为成童,以学习音乐、射御为主。这时应该已入大学,音乐、射御正是大学的主要课程。到二十岁举行"冠礼"后,便为成人,开始学礼。

其时的大学,有两个特点:第一,建设在郊区,四周有水池环绕,中间高地建有厅堂式的草屋,附近有广大的园林。这主要是为了便于练习弋猎,以训练武艺。第二,大学不仅是贵族子弟学习之处,同时又是贵族成员集体行礼、集会、聚餐、练武、奏乐之处,兼有礼堂、会议室、俱乐部、运动场和学校的性质,实际上就是当时贵族公共活动的场所。贵族子弟在此学习成人的社会生活方式和必要的知识、技能。当时贵族生活中必要的知识和技能,有所谓六艺:礼、乐、射、御、书、数。但是,因为"国之大事,唯祀与戎",故他们实是以礼乐和射御为主的。

《周礼·诸子》说"凡国之政事,国子存游倅(萃),使之修德学道。春合诸学,秋合诸射,以考其艺而进退之",《礼记·燕义》同。郑注说:"学,大学也;射,射宫也。"射宫就是大学中的厅堂,前后两句,前称"学",后称"射",只是行文的变化。《礼记·射义》又说:"天子将祭,必先习射于泽。……已射于泽,而后射于射宫……"所谓"泽",即是辟雍的大池;所谓"射宫",就是辟雍中的厅堂。学校的"校"字,本义也是指射猎练武之场所。后世"校场"一词仍保留这个意思,检阅士兵也称为"校阅"。

在大学中,除了举行饮酒礼、射礼以外,还举行献俘的庆功典礼。《礼记·王制》说:"出征执有罪,反,释奠于学,以讯馘告。"《诗经·鲁颂·泮水》也说:"明明鲁侯,克明其德。既作泮宫,淮夷攸服。矫矫虎臣,在泮献馘。淑问如皋陶,在泮献囚。"可知古代献俘的庆功典礼,除了在宗庙举行外,确有在学宫举行的。

在大学中执教者称为师或夫子。其语意亦与军事射猎有关。《尚书·牧誓》以师氏和千夫长、百夫长连称。师氏在周朝常简称为师,以师和人名连称则为师某,例如齐国的始祖吕尚,又称师尚父,《诗经·大雅·大明》

说："维师尚父,时维鹰扬,凉彼武王,肆伐大商。"又如《诗经·大雅·常武》说："王命卿士,南仲大祖,大师皇父。整我六师,以修我戎。"所说的"大师",即是武官。故《周礼·师氏》说:

> 师氏,掌以燉(美)诏王。以三德教国子。……居虎门之左,司王朝,掌国中失之事,以教国子弟。凡国之贵游子弟学焉。凡祭祀、宾客、会同、丧纪、军旅,王举则从。听治亦如之。使其属帅四夷之隶,各以其兵服守王之门外,且跸。朝在野外,则守内列。

当时的大学教师由师氏兼任,所以"师"就成为教师的称呼。其主要教学内容,除了射以外,还有乐。乐的教学由乐官担任,因此到西周后期,乐官也开始称为师。到后来,"师"就成为教师的通称,负责教导手工业技术的工官也称为师。"夫子"之称,则最早见于《尚书·牧誓》。《牧誓》开头说:"王曰:嗟! 我友邦冢君、御事、司徒、司马、司空、亚旅、师氏、千夫长、百夫长,及康、蜀、羌、髳、微、卢、彭、濮人,称尔戈,比尔干,立尔矛,予其誓!"结尾说:"夫子勖哉! 不愆于四伐、五伐、六伐、七伐,乃止齐焉! 勖哉夫子! 尚桓桓,如虎如貔,如熊如罴……尔所弗勖,其于尔躬有戮!"这里的"夫子勖哉""勖哉夫子",很明显都是指前述的各级军官。故黄以周《儆季杂著》的《礼说》卷四"先生夫子"条说:"夫即千夫长、百夫长之夫。夫子者千夫、百夫以上尊者称也。"

也就是说,周朝平行着两个教育系统,一是学校,贵族子弟八岁就离家去上小学,十五岁以上则去上大学,在学校中习礼乐习射御,修成一个贵族子弟所应有的文化教养。这是一个系统,以通识教养教育为主。另一个系统则是家学。贵族往往世袭其职,关于这个职事的知识专业均得自家学,此即"旧法世传之史"的意义。

四　历史性的思维

史官史职众多,皆秉其家学世传之法执事,也以其法记录。其典守之档案文书又成为累世不断传述的经典。这样的体系以及由此而形成的历史意识,正是周朝的文化思想特色,与古印度、古希腊都完全不同。古印度人无历史意识、无历史观,也无史著。希腊文化则是反历史(anti-historical tendency)的。

希腊人"对本民族的起源很不感兴趣。他们的好奇心只追溯到前几个世纪为止,他们相信自己的祖先是神。柏拉图在《泰米阿斯篇》一书中所说梭伦的一件轶事可以说明这点,他说,梭伦在埃及祭司们提问时,才发现他自己或任何其他希腊人谁也不知道他们自己的古代史。埃及祭司说:'你们希腊人仍处在幼年时期,你们没有从你们祖先那里得到任何古老的教诲,也没有得到任何一门古老的学问。'和埃及人想象所及的漫长的远古回忆比较起来,希腊人所能回顾到的景象就有如小巫见大巫。希腊人的头脑中追溯到的,一点都没有超过特洛伊战争以及在那次战争中那些天生的英雄们"(汤普森:《历史著作史》上卷第一分册)。

希腊哲学家都不关心历史,没有人精研历史,历史在教育中也没有确定的地位。仅有的一位希罗多德(Herodotus,约前484—前425),虽创造了公元前5世纪的希腊史学,但是公元前4世纪的时候,其所创的史学便中断了。当时之史学更是不能取代哲学或宗教,在希腊人的心目中,史学也从无地位。

为什么会如此呢?首先,希腊人不喜欢写历史,他们感兴趣的是当代之事和过去史事中的细节。所以在古希腊,并无整体历史的叙述,即使叙述了古代史事,所描写的大多也是与历史不相干的事情,譬如酒宴、景色乃至阿喀琉斯的盾牌。被誉为"历史学之父"的希罗多德亦是如此。他对一切都感兴趣,他的《历史》充满着鸡毛蒜皮的奇闻轶事。他告诉我们:漂亮的伊利里亚姑娘如何选择丈夫;湖区的居民怎么防止儿童失足落水;埃及人驱除蚊子的办法以及蚊帐形状;波斯国王在旅途中只喝煮沸的开水;亚得利马基第人对付跳蚤的办法;塞西亚人怎样挤马奶;等等。然而,对于民族的起源、国家的形成、制度的演变、文化的传播与发展,希罗多德则很少涉及。换言之,希腊人关注的并非历史,而只是一些事件。

其次,追求永恒、确定性和事物的有序性,是希腊人的思维特征。他们认为，哲学和科学的使命就是寻求世界的秩序和确定性。不管是泰勒斯、毕达哥拉斯还是德谟克利特，哲学家们都在寻找世界的本原。这种寻找世界本原的哲学运动，与历史学意义上的寻根完全是两回事。世界的本原不是世界的初始状态，而是世界的内在本质和原因，它所体现的是事物的确定性和秩序，强调的是永恒，而不是变化。

相对来看，中国自黄帝以来，即有史官的设立，即使迟一点说，商周皆有史官，而且史官的数目相当可观，从中央到地方都设史官，一直到清代，中国没有一代没有史官。这是世界其他国家、其他民族所没有的。

而且中国远古史官的纪事，是源于历史的兴趣，是为了绵延历史。且中国的史官神圣独立、正直不屈，其纪事遵守共同必守之法，"君举必书""书法不隐"。君王无法操纵历史，史官负有神圣的历史使命，直书当代所发生的事件，这是对历史负责任，也显示一种极浓厚的历史观念。他们留下的大量历史文献，又强化了历史对人的影响。

商周时期更弥漫着以历史作鉴戒的观念。如《尚书·召诰》云："我不可不监于有夏，亦不可不监于有殷。"《诗经·节南山》云："国既卒斩，何用不监。"《诗经·文王》云："殷之未丧师，克配上帝。宜鉴于殷，骏命不易。""命之不易，无遏尔躬。宣昭义问，有虞殷自天。上天之载，无声无臭。仪刑文王，万邦作孚。"《诗经·荡》云："殷鉴不远，在夏后之世。"《尚书·召诰》是西周初年的作品，《节南山》《文王》《荡》诸篇，属于《小雅》及《大雅》部分，作于西周初年到东周初年，可知以历史作鉴戒的观念在殷周已极流行，形之于诗歌、载之于誓诰。

史官又是文献的保存者。《国语·周语上》记周厉王时邵公云："……天子听政，使公卿至于列士献诗、瞽献曲、史献书……"《国语·楚语上》记卫武公事迹，也说："史不失书、蒙不失诵，以训御之。"都表明史官确有藏书。《史记·老子韩非列传》说老子为"周守藏室之史"，孔子曾适周，向他问礼。《史记·孔子世家》也有鲁南宫敬叔与孔子适周，见老子问礼的故事。《史记·十二诸侯年表》序曰："孔子明王道，干七十余君，莫能用，故西观周室，论史记旧闻，兴于鲁而次《春秋》。"《严氏春秋》引《孔子家语·观周》篇还有孔子与左丘明"如周,观书于周史"的说法。尽管这些记载的确切性尚有争议,在史官处可以观书却应系事实。

由于历史意识强烈,古史官有时弃国出奔,抱史而行:"夏太史令终古出其图法,执而泣之。夏桀迷惑,暴乱愈甚。太史令终古乃出奔如商","殷内史向挚见纣之愈乱迷惑也,于是载其图法,出亡之周","晋太史屠黍见晋之乱也,见晋公之骄而无德义也,以其图法归周"(《吕氏春秋》)。这似乎又是后来人说"国可灭,史不可灭"的历史观念的远源了。

相对于希腊人不重史而重永恒,中国的史官之学最重视"通古今之变",其学以《春秋》和《易》为要。《左传》昭公二年称:

> 二年春,晋侯使韩宣子来聘,且告为政,而来见,礼也。观书于大史氏,见《易象》与《鲁春秋》,曰:"周礼尽在鲁矣! 吾乃今知周公之德与周之所以王也。"

庄公二十二年又载,周史以《周易》见陈侯,筮遇《观》之《否》,解释说:"是谓'观国之光,利用宾于王',此其代陈有国乎? 不在此,其在异国;非此其身,在其子孙。光,远而自他有耀者也。坤,土也;巽,风也;乾,天也。风为天于土上,山也。有山之材而照之以天光,于是乎居土上,故曰'观国之光,利用宾于王'……"昭公五年,叔孙穆子生时,其父得臣以《周易》筮之,遇《明夷》之《谦》,卜楚丘论云:"明夷,日也。……明夷之谦,明而未融……日之谦当鸟,故曰'明夷于飞';明而未融,故曰'垂其翼';象日之动,故曰'君子于行';当三在旦,故曰'三日不食'。离,火也;艮,山也。离为火,火焚山,山败。于人为言,败言为谗,故曰'有攸往,主人有言'。"这些也都是对《易象》的解释。

可以推想,在《易传》撰成以前,已经存在类似的讲卦象的书籍,供筮者习用。这种书是若干世代筮人知识的综合,对《易》有所阐发,是后来《易传》的一项来源和基础。《左传》记韩起所见《易象》,应该就是这样一类书,系鲁人所作所传,有其独到之处,以至韩起在太史氏处见后顿生赞叹的心情。太史之学,无疑即与此有关。

第九讲

用思：思维模式与方法

一　思维的模式

（一）本末

由周代《诗》《书》《礼》《易》及其他相关典籍来观察，中国人的一些基本思维模式，到此时大抵定型，后世通常都仍利用这些思维在进行思考。

其一是"本—末"的思维模式。也就是凡事以本末来进行价值判断，主要且重要的部分称为本，不重要的、附属的称为末。两者间又有连带关系，如果掌握了本，末也就不必太予理会而自然得以掌握。反之，若凡事只注意到末节，就会失落了根本。例如《尚书·五子之歌》"皇祖有训：民可近，不可下。民惟邦本，本固邦宁"，《左传》桓公二年"国家之立也，本大而末小，是以能固。……今晋，甸侯也，而建国，本既弱矣，其能久乎"、庄公六年"夫能固位者，必度其本末，而后立衷焉。不知其本，不谋；知本之不枝，弗强。《诗》云'本枝百世'"，这些都是本末思维的例证。以树木作类比，本是根，末是枝叶。一事之中，何者为本，何者为末，则须由作此类比的人来作价值判断。

稍后的文献和战国诸子的言论中，遍布着这些思维模式的痕迹。如儒家文献《论语·学而》"孝悌者也，其为人之本与"，《礼记·礼器》"礼也者，反本修古不忘其初者也"、《礼记·哀公问》"礼，其政之本与"、《礼记·礼运》"礼,先王所以承天之道,以治人之情""礼必本于天"、《礼记·郊特牲》"万物本于天"、《礼记·大学》"自天子以至于庶人,一是皆以修身为本"、《礼记·乡饮酒义》"经之以天地,纪之以日月,参之以三光,政教之本也"都是。道家文献,如《老子》说"万物芸芸,各归其根"(第十六章)、"重为轻根,静为躁君"(第二十六章),《庄子》说"请循其本"(《秋水》),亦皆如此。

重根本而轻枝末,故本是君、是一、是静、是源、是宗、是母、是根、是主、是先,末是臣、是多、是动、是派、是子、是流、是枝叶、是从。本末之间,形成这样一种"关系",因此这是关系性的思维。针对一事一物,寻绎其内在之主从、轻重关系,而以"本—末"界定之。

"本—末"就是这么一个思想的框架,在这个框架下,中国人会说做事勿舍本逐末、本末倒置,会强调根深才能柢固,会说某些事是一本万殊、源远益分,又说应强干弱枝,而不可令枝大而根小,等等。

与此框架相类的,是"纲—目""母—子""源—流""主—从""一—多""先—后""静—动""根—枝""君—臣""质—文""正—变""重—轻""宗—派"等类似的思维模式。纲举则目张,源亦为本,流亦为末。论事者,须观澜而索源、振叶而寻根、举纲维而张网目。本为主,末为从,纲为主、目为从,这不但是观物、思维之法,也是中国人所强调的做事态度。如《老子》说:"贵以贱为本,高以下为基"(第三十九章)、"有国之母,可以长久,是谓深根固柢、长生久视之道"(第五十九章)、"是以圣人执一以为天下牧"(第二十二章)、"载营魄抱一"(第十章)、"致虚极,守静笃,万物并作,吾以观复"(第十六章),五千言中,处处可以看到他如何运用这个框架来构思。可以说,在后来兴起"体—用""表—理"等思维模式之前,这是最常见、使用最广的架构了。

这个架构,显示了中国人重根源、重本株、重基础的态度。而构成这样一种思维框架的,则是类比思维及关系性思维。把事物类比为树木,故云本末;类比于河流,故云源流;类比于渔网,故云纲目;类比于人伦,故云主从、君臣、母子。一母生九子、一根发万枝,故本是一,末是杂、是多。根深蒂固者静,枝叶扶疏者动。根本潜植,是有其质;花叶葳蕤,是有其支。君子不当慕其荣华美观而忽略了深植根本。故老子曰："圣人终日行不离辎重，虽有荣观，宴处超然。……轻则失根，躁则失君"（第二十六章），"常德乃足，复归于朴"（第二十八章）。

上述这些，都是类比。可是类比中，又明显是以价值定存有，属于价值性类比，与《易经》观物取象以定吉凶相同，因观物取象时已以吉凶定象了。再以树木、河流、君臣、父子等来类比说本末时，更是作了价值判断，认定何者为本、何者为末。故非以存有论价值，而是以价值定存有。亦正因为这是价值性类比，故每个人的价值观虽有不同，却都可以运用这样的论式来讨论事情。

类比，是寻找事物与事物间的关系，可"本—末"本身还体现着事物自身内在的关系。凡事皆自有其本末，我们需要得其本末，才不会错误拿捏轻重，徒数枝叶，不达根本。这种态度，重视本是无疑的，但末也不就是不重要或可以轻视之、放弃之的。因为纲举则目张、根深则叶茂，本末非对立的或相排斥的两物，乃是一物之相关联的两个部分，立本固本，末才得以发达畅旺。故重本非所以轻末，反而是真正能令"末"有所成就之道。

（二）始终

亦因如此，"本—末"思维模式尚关联着两个术语："反"与"复"。

二语含义相似，都是指人的行动，应该由重视末回返、回归、回复到本来。前面举过《礼记》说"礼也者，反本修古不忘其初者也"，《老子》也说"万物芸芸，各归其根""万物并作，吾以观复"以及"常德乃足，复归于朴"，都是讲这个道理。《老子》还说"反者，道之动"（第四十章），《礼记·礼器》也另有"礼也者，反其所自生"的话。《礼记·郊特牲》也说："酒醴之美，玄酒明水之尚，贵五味之本也。黼黻文绣之美，疏布之尚，反女功之始也。"反本复始的思想，在"本—末"思维中表露无遗。

但是正因为本末不是对立或排斥的，而是命运荣枯一体相关的，因此"物有本末，事有始终"的本末始终也不可能是树木般直线的关系，而是一个圆。

由本至末是顺，由末至本是逆，一顺一逆，合起来则是一个循环，这时本末就成为"始终"。始终，原本与本末相同，一指开端，一指结尾。可是这结尾并不真是结束，因为始终是循环的，《庄子·齐物论》说"始卒若环"，或邹衍讲的"五德终始"，都是这个意思。

此即"始—终"的思维模式。《尚书·仲虺之诰》"呜呼！慎厥终，惟其始。殖其礼，覆昏暴。钦崇天道，永保天命"，讲的就是始终。说始终，与只讲本末不同之处，在于"本—末"思维毕竟仍有崇本抑末的意味，"始—终"思维则并不特别崇始，始与终都一样重要，所以说要慎终也要慎始。中国人常说做事要有始有终，批评有头无尾或虎头蛇尾，正表示始与终都必须重视。为什么始与终一样重要呢？原因就在于始终是循环的，始卒若环，终则有始，故不能仅重始而轻视终。

用老子的话来说，"执古之道，以御今之有。能知古始，是谓道纪"（第十四章），可见是重始的。但他又说"慎终如始，则无败事"（第六十四章）、"天下有始，以为天下母。既得其母，以知其子；既知其子，复守其母，没身不殆"（第五十二章），显然始与终均应重视，且在行动上应由母知子，再由子返于母。一顺一逆，经由回复返归的动作，形成一个循环。

（三）阴阳

"本末""始终"，似相异相反而实不然的这种情况，有另一种形式，其表现为阴阳互济。

阴阳，亦是就一事物之性质说，某事物被认定为阴，某事物被认定为阳，或某事物之中一些部分为阴，另一些部分为阳。阴阳，指两种相反的性质，凡大小、高下、水火、冷热，一切相反者均可以阴阳称之，亦即可以阴阳来为之定性。但这两种相异的质素，却又被认为不只是相反而已，乃是可以互补互济互动、相辅相成的。《左传》昭公二十年晏婴说：

> 一气、二体、三类、四物、五声、六律、七音、八风、九歌，以相成也。清浊、大小、短长、疾徐、哀乐、刚柔、迟速、高下、出入、周疏，以相济也。君子听之，以平其心。心平德和，故《诗》曰："德音不瑕。"

凡事之异者,可以相成;凡物之反者,可以相济。此所以是和是平。这样的思维模式,显然在晏婴之前便已定型。如《易经》所显示的,就是明证。

《易经》论阴阳,先是分阴分阳,如天地、尊卑、男女、知能,都以阴阳分指之,或如说泰卦是内阳外阴、否卦是内阴外阳,乾为阳物、坤为阴物等都是。可是阴阳虽分,其间也可能有历时交替变化的关系,如昼夜、死生、寒暑,或如"迭用刚柔"之类,指历时交替变化而显为阴阳。且有时阴阳是对立与交替兼具的变化。如幽明,若分指背阳和向阳,就是对立的;若指昼夜,则是交替的。《彖传》说泰卦"内君子而外小人,君子道长,小人道消",说否卦"内小人而外君子,小人道长,君子道消",也是对立与交替并行。

由于《周易》以乾卦为首,又说阳尊阴卑,故常给人阳比阴重要的印象,后来整个中国人文传统的正面论述,也强调乾元健动、阳气刚健的一面,似乎重阳而轻阴,宛如重本轻末般。但阴阳其实是同样重要的,故《彖传》把乾坤并视为"元",说:"大哉乾元,万物资始""至哉坤元,万物资生"。后来明朝王船山乃更有"乾坤并建"之说。印证《周易》以前《归藏》以坤为首的历史,自可知乾坤应是并重的。

且乾坤无定指,其本身也是相需相待而成的。所以京房《周易章句》说需卦:"阴阳之体,不可执一为定象。于八卦,阳荡阴、阴荡阳,二气相感而成体,或隐或显。故《系》云:一阴一阳之谓道。"船山《周易内传》也说:"盈天地之间,惟阴阳而已矣,一一云者,相合以成主持而分剂之谓也。无有阴而无阳,无有阳而无阴。而两相倚而不离也,随共隐显,一彼一此之互相往来。虽多寡之不齐,必交待以成也。"阴阳相需、相感、相倚、相互往来,是动态的关系;孤阴不生、孤阳不长,又是相互的关系。故《庄子·则阳》说:"阴阳相照、相盖、相治……雌雄片合……安危相易,祸福相生,缓急相摩,聚散以成。"

这种模式,既非乾为本坤为末,亦非乾坤阴阳始终循环,而是交替迭用、互待互济。后世运用此一模式者甚多,大家都知道,所以就不再多说了。

（四） 中和

与阴阳这个模式相关的,是"中"的问题。

就如晏婴所说:大小、高下、清浊、阴阳相济,相济了就是中,就是和。故《老子》曰"万物负阴而抱阳,冲气以为和"(第四十二章),《庄子·田子方》曰"至阴肃肃,至阳赫赫。肃肃出乎天,赫赫出乎地,两者交通成和,而物生焉",《淮南子·泛论训》曰"积阴则沈,积阳则飞,阴阳相接,乃能成和"。中,是阴阳清浊刚柔等各异质之两端相合相济以后形成的和谐平衡状态。中国人一向强调这种状态,是以凡事均希望能够得中。

中道的思想,不只弥漫于《诗》《书》《易》,更早还可推源于上古。《史记·五帝本纪》即说:"高辛生而神灵,自言其名。普施利物,不于其身。聪以知远,明以察微。顺天之义,知民之急。……其动也时,其服也士。帝喾溉执中而遍天下,日月所照、风雨所至,莫不从服。""执中",据孔子所说,乃尧舜禹一脉相传的心法,帝王均应"允执厥中",否则就会"天命永终",见于《论语·尧曰》篇。若由《史记》这段话来看,则在尧以前,诸帝王已以此为心法了。若依《左传》成公十三年载刘康公说,则中道也是老百姓应遵循的法则:"吾闻之民受天地之中以生,所谓命也。是以有动作、礼仪、威仪之则,以定命也。能者养之以福,不能者败以取祸。"既然中是君子与老百姓都应遵守的法则,那么它就是天下共循共守之道,此所以《中庸》云:"中也者,天下之大本也。和也者,天下之达道也。致中和,天地位焉,万物育焉。"

中和,是一切都适当、均衡的状态。追求这种境况,是中国人思考各种事情时的倾向。国人自称"中国",不只是在地理上自居中央,更是在意识上强调这个"中"。前文曾说先秦诸子征引《尚书》时都喜欢引"王道荡荡,无偏无党"之类话,不偏不颇,不倾斜于任何一方,就是中,就是和,就是平。凡事均以得中为贵,正是中国人思维的特色。

可是,如何才能得中呢?阴阳、清浊、刚柔、徐疾两种相反之物,相与调济,可以中和,是一种方法,此称为"折衷"或"折中"。如后儒所说"群言淆乱，折衷圣人"之类，即指此。一曲音乐里，刚柔徐疾轻重相调剂，或一人之性格刚柔并重、做事宽猛得宜，也都可以说是中和的。

但两物既相反，往往就无可折衷，是一种不能中和的关系，犹如水火之不可相容也。水与火要如何相济呢？以水济火，不是火蒸发了水，就是水淹熄了火。亦如矛与盾，不是盾挡住了矛，就是矛刺穿了盾，两物性反，无可折衷。因此，水火阴阳之相济或中和，不能仅认为是相加或折衷。相加，是一阴一阳成了二；折衷，是一阴一阳各折其半，以合成一个一。水火阴阳之相济得中，却是另一种综合的方式，是阴阳水火相异者之外的中。

用老子的话来，那就是三，"道生一，一生二，二生三"（第四十二章）。二是一阴一阳，三就是中。中不是一阴一阳加成的二，也不是半阴半阳折中的一，而是一阴一阳之外的三，表示这个中和是超越地中，辩证地作用性保存了阴与阳，或超越了阴与阳。

这可以有两种形态。一是既有阴也有阳，双是得中；一是既非阴又非阳，双遮得中。例如《庄子·养生主》说"为善无近名，为恶无近刑。缘督以为经"，督脉在人背脊中，所以缘督就是中道的意思。这是既不为善，又不为恶，双遮而自居于中。犹如庄子说要自居于"才"与"不才"之间。若从平面看，即从亚里士多德式的逻辑看，A 与非 A 之间，是排中律的，不可能有一个 A 与非 A 之间的东西或位置。所以庄子所说的中，只能是超越辩证的中，才既非其所慕，不才又非其所能，所以双遣俱斥，超越两端而得中。孔子或《中庸》所讲，则是另一形态，乃是取两用中。例如孔子说"质胜文则野，文胜质则史。文质彬彬，然后君子"（《论语·雍也》），文质彬彬就是文也要、质也要，文质兼得而为中，有文有质，但又不落在文这一边或质那一边。

这两种得中的形态，普遍存在于后世文献中：佛道思想常见双遮得中者，儒家思想较偏于双是得中者。例如严羽《沧浪诗话》说"诗有别材，非关书也；诗有别趣，非关理也。然非多读书多穷理则不能极其至"，学是 A，不学是非 A，多读书多穷理才能极诗之至，就是超越辩证地综合，达到中和极致之境。类如此等思维模式，在我国文化传统中是不胜枚举的。

(五) 系数

"道生一,一生二,二生三,三生万物"云云,还涉及了另一种思维模式,那就是"系物以数"。

系物以数,以《易经》为大宗,但《尚书》等文献中亦不罕见,如《洪范》论九畴:"初一曰五行,次二曰敬用五事,次三曰农用八政,次四曰协用五纪,次五曰建用皇极,次六曰乂用三德,次七曰明用稽疑,次八曰念用庶征,次九曰向用五福、威用六极。"九畴本身就是以"九"论"畴",属于系物以数的模式。九畴之中,五行、五事、八政、五纪、三德也都是系物以数。

《易》以"九""六"二爻相变成卦,卦再变而重卦,形成六十四卦。这六十四卦,除了乾、坤、离、坎、颐、大过、中孚、小过这八个卦以外,全都以"倒序对应"的方式来构成,也就是说有二十八对卦是倒序对应的,例如"剥"是666 669,"复"就是966 666。这样成对的两卦,不但在卦序方面紧邻着,吉凶也正好相反,如剥与复、泰与否、遁与大壮、晋与明夷、蹇与解、损与益、渐与归妹、涣与节、既济与未济等。至于乾坤等八个卦,之所以不用倒序对应的方式,是因为它倒序仍是自己,上下爻序是对称的。可是它们彼此之间,仍可以爻序相反的原理配成四对,比如"中孚"的爻序是996 699,则"小过"的爻序就是669 966。整个《易经》卦爻,乃因此而是一严密的数学构造,莱布尼茨会用二进算术法求之,良非无故。但这不只是以数成卦而已。每一卦代表一种状况,人生的各种状况见诸卦爻,事实上也就显于数中,故可以历算而得。易学中象数一派之论数者,正因此为大昌。这不就是系物以数之思维的运用吗?

前引晏婴语"一气、二体、三类、四物、五声、六律、七音、八风、九歌,以相成也",亦是系物以数。当时此类说法甚多,如:

> 则天之明,因地之性,生其六气,用其五行。气为五味,发为五色,章为五声。淫则昏乱,民失其性,是故为礼以奉之。为六畜、五牲、三牺,以奉五味。为九文、六采、五章,以奉五色。为九歌、八风、七音、六律,以奉五声。……为政事、庸力、行务,以从四时。……民有好恶、喜

怒、哀乐,生于六气。(《左传》昭公二十五年)

　　服物昭庸,采饰显明,文章比象,周旋序顺,容貌有崇,威仪有则,五味实气,五色精心,五声昭德,五义纪宜,饮食可飨,和同可观,财用可嘉,则顺而建德。(《国语·周语中》)

　　六礼:冠、昏、丧、祭、乡、相见。七教:父子、兄弟、夫妇、君臣、长幼、朋友、宾客。八政:饮食、衣服、事为、异别、度、量、数、制。(《礼记·王制》)

这类言论,也是不胜枚举的。系物以数,而论事理,后来在以两仪、三才、四季、四方、五行、六合、七音、八风、九歌、十二月、十二律、廿四气相比配方面,越来越形成一个庞大的系统,正是此一思维模式之推衍。

二　思维的方法

　　以上这些思维模式与希腊传统是极为不同的。例如从巴门尼德斯区分真理与俗见、柏拉图区分理型世界与现实感官世界以来,在存有论上有真实与虚假之分,在价值论上有价值真假之分。依这个两分的模式,大抵把世界划分成一个真实且具永恒或完美性(perfectio)的本体界和另一个较不真实也较不完美的感官界。这种二分模式,或称为两领域定理(Zwei Sphären Thenorem,指本体与现象之分),自柏拉图以降,可谓一脉相承,影响深远,至康德,才将之翻转,认为现象界是真实的,本体才是一种权宜概念(problematischer begriff),并非实相。但这虽逆转了柏拉图以来的真假区分与价值判断,且谓柏拉图硬说现实世界虚妄不实是自作孽(selbst schuldig),可是整个二分的模式并未突破。本体与现象之分,依然是西方最重要的思维模式。

　　据柏拉图说,先有床的理念,才有具体的床。后来亚里士多德再区分:床有质料部分和形式部分。兹先谈这种二分。二分的思维,就是将物事一分为二,A 与非 A;A 之中再分成 A-1、A-2,非 A 也可再分为二,一直分下去。这是整个分类学的基础，也是逻辑的起点。因为 A 与非 A，形成"矛盾律"；其间并无另一物，两者为相排斥的穷尽关系，则是"排中律"。依此二分之法，主客分了，理性与感性分了，本质与现象分了，一般与个别也分了。主体之中，又可再分为心灵与身体；客体事相，亦可分为实体与属性。凡此等等。

在两分之下，界定或描述所分的两个部分，则有本体与现象、质料与形式、主体与客体、真实与虚假等。运用这样的二分以及这类区分二者的语词，西方思想家以此思考着事物、论析着世界。

除了二分法以及两领域论述之外，希腊传统在思维上还广泛运用范畴（category）。运用范畴，主要是用以描述自然世界。据亚里士多德之见，描述事物时可用十个范畴：

> 实体(是什么?) (实词)
>
> 分量(什么大小?) (形容词)量
>
> 性质(什么性质?) (形容词)质
>
> 关系(什么关系?) (形容词)比较
>
> 场所(什么地方?) (副词)地点
>
> 时间(什么时候?) (副词)时间
>
> 位置(什么姿态?) (动词)关身态
>
> 状态(具体什么?) (动词)完成式
>
> 动作(做什么行动?) (动词)主动态
>
> 被动(接受什么行动?) (动词)被动态

这十个范畴，后来成为西方思考并描述物事时的重要方法，也有些人予以损益，发展了不少引申范畴(predicables)，形成一个陈述网络，对西方经验科学的发达极具影响，甚且被认为是人类普遍具有的内在化的"认识能力"。

可是这样的认识能力，并不是所有人类都具有的或该具有的。因为认识或表述世界的方法，正因文化不同而有所差异。在不同文化传统中或不同时代中，人可以"看"到意义不同的"世界"，因为看的方法本来就不同。

我们看上述中国在春秋时期即已具有的思维模式,大抵也是两分,例如"本—末""阴—阳""始—终"均是两分。然而两分皆不涉及价值上的真假,而是性质上的比较。较重要者为本,较不重要者为末;较偏于刚者为阳,较少刚者就是柔、是阴。因此既非真假,亦非相对立、互排斥之两端。且是相依相待相需而成:物极者必反,始卒则若环;攻乎异端,乃得中庸。这些都迥异于柏拉图、亚里士多德的思维。

亚里士多德的十范畴,倾向于对事物作确定的描述,是客观性的说明。我们讲物有本末、事有终始,则重在体会事物内部之关系。这也是中西之不同。

熟悉中国人思维的人,都晓得中国人办事时有多么讲究人际关系。其实中国人面对任何事务都是如此,着重于去体察、体会事物与事物之间的关系或事物内部的关系。

关系的认定,有许多地方,非十范畴所能奏功,须恃乎体察。因此中国人俗话说"找关系",关系确实是找出来的。一件事的本末、轻重、终始、阴阳或者与什么数相系,每个人的认定都会不同。前引《左传》庄公六年说凡事"必度于本末,而后立衷焉",度,就是仔细揣量的意思。

度,本身是计长短的单位,本应求其客观准确,但中国人说"度"却往往不然,更多的是心中的体会。例如说"审时度势""他人有心,余忖度之"之类。计量时,若说"以某某为度",指的也是一个大概的约数,到底可以比这个"度"长多少或短多少,须由人自己审酌情况。因而,对关系的揣摩度量、体会玩察,显示了一种非理智逻辑客观知识性的思维状态。这种状态本身就与二分法、十范畴或"知识量表"式的认知模式不同。

揣量衡酌、拿捏分寸,本于心中对该事之体会,来决定我们对它的认识以及应采取的态度或行动。这种审度,又着眼于我们对于事物间关系的判断,某事与另一事有无关系,找不找得出关系,或一事中某些部分与另一些部分的关系何在,都取决于我们的关系性思考。

关系性思考,是说一事通常不是孤立的,必与另一事有关,事物也应在关系、关联或脉络中才能被认识。例如要明白什么是末,得同时知道什么是本;要了解阴,得同时了解阳。同异、有无、进退、高下、短长、前后、美丑、虚实、强弱、动静、开合、荣辱、古今、清浊、曲直、多少、新旧、轻重、成败、巧拙、生死、子母、上下、先后、存亡、远近、奇正、彼此、大小、正反、主客、左右、凶吉、得失、终始、寒热、生灭、贵贱、明晦、损益、厚薄、取与等各类相对语词,弥漫在一般用语及思想性文献中。这些都是要由彼此相待的关系中去理解的。

这与西方常以定义一事的方式对一物予以定性定位非常不同,强调的是其关系与脉络。例如"彼""此",谁是彼谁是此,要看在什么场合、什么脉络、用什么东西来比较。物无非此也,亦无非彼也。正如跟天地比泰山就小了,跟细菌比蚂蚁就大了。故大小、彼此等词,不仅本身显出一种相互关系,这种关系也呈现其脉络义,让我们明白一事一物均非孤生自成,而是在关联与脉络中显其意义与价值。

关联性思考,注意彼此的关系与脉络,即必然带动"联想"与"取譬"之思维。何谓取譬?《论语·雍也》有言:"能近取譬,可谓仁之方也已。"谓能够处处以自己作比喻,可称得上实践仁德的方法。《说文解字》曰:"譬,喻也。"故取譬,就是"以什么作比喻"之意。《论语》取譬之处甚多,如:"为政以德,譬如北辰,居其所而众星拱之"(《为政》);"譬如为山……譬如平地……"(《子罕》);"色厉而内荏,譬诸小人,其犹穿窬之盗也欤"(《阳货》);"譬之宫墙……"(《子张》)。《老子》亦有"譬道之在天下"(第三十二章)、"含德之厚,比于赤子"(第五十五章)诸语。《墨子》一书更有《大取》篇和《小取》篇,取即取譬之取。可见取譬之法是先秦诸子通用之法。

而且我们看《论语》,凡涉及孔子核心思想范畴的语词如仁、孝、礼等,均以比喻作答。以仁为例,《颜渊》云"克己复礼为仁",又"樊迟问仁,子曰:'爱人'",这些是抽象地对"仁"作比喻。仁的具体化是仁者,即有仁德的人。《论语》更多地是对仁者以比喻作答:《里仁》:"唯仁者能好人,能恶人";《雍也》:"仁者先难而后获,可谓仁矣","仁者乐山……仁者静……仁者寿","仁者,己欲立而立人,己欲达而达人";《子罕》:"仁者不忧";《颜渊》:"仁者,其言也切"。由这些地方,可以发现《论语》没有一处对仁作

"属加种差"式的定义,甚至有意回避对仁下定义。此即取譬式思维方法与亚里士多德式方法的绝大差别。

据胡适说:"一个中文的命题或者辞和西方的与之相当的东西的不同在于系词。系词在西方的逻辑中具有十分重要的地位,而在中文的命题里却被省略,它的位置仅用短暂的停顿来表示。……在西方逻辑中,围绕系词发生出来的一切神秘的晕就这样被消除了。"(《先秦名学史》)因为西方自亚里士多德的《工具论》以来,就是以判断系动词来建立整个逻辑学的。

在存有论中,所谓"存在"直接关联到判断系动词"是";而且"是"是一个与其他思维世界、可感世界没有内在必然关系的独立自存世界。

在认识论方面,柏拉图举"一"和"是"两个字为例。当"一"和"是"未结合时,它们分别自成一个封闭的世界。若二者结合,即"一是"时,就产生了许多意义世界的变化。"一是"中的"一"和未经与"是"结合的"一"就有差别,在"一是"中的"一"已蕴含了部分与整体等意义世界。同时,"一是"中的"是"和未经与"一"结合的"是"亦不同,"一是"中的"是"已成为联系特定主词、揭示特定关系的"是",而非原来仅表示自身是一种存在的"是"。(见《巴门尼德斯篇》)这种思维方式的后果是:世界上万事万物及相应概念都被分成了两个世界,如"实体与属性""本质与现象"等。而这些关系的两方并不存在一一对应的关系。

亚里士多德则在《工具论》中将世界分成两类实体,即第一实体(个别的事物,如个别的人)和第二实体(一般的事物,如人这个"种"和动物这个"类")。据他的看法,在一个由"是"构成的判断句里,第一实体不能被第二实体断言。因此不能说"人是某人",只能说"某人是人",也就是第二实体被第一实体断言。另外"种差"也不依存于主体。如"陆生的""两脚的"等种差可以被断言于人这个种,但这些种差却不依存于人。"人是陆生的",不能倒过来说"陆生的是人"。所以,主词与宾词、第一实体和第二实体等,一个由"是"构成的判断句里,前后项都不是相互对等的关系。总之,"是"(或存在)这一语词世界和思维运动导致了以上哲学认识论、存有论的诸多变化。

中国的情况则完全不同。先秦文献中判断系动词已呈弱化状态。弱化意指：第一，判断句可不用判断系动词，而代之以"……者……也"等句式。第二，"是""为"等可充作判断系动词的字，其最初和基本的语义、功能都与判断系动词没有直接关系。如"是"，《说文解字》云："是，直也。从日正。"并注曰："是，籀文是从古文正。"亦即是的最初意义为直、正，或为通常用语中的"对"。后又引申出"此""这"等具有指示代词功能的含义。所以从词源学分析，"是"不是一个判断系动词。第三，在某些场合，"是""为"等如用作判断系动词，都必须有某种特定语境和句式的限定。譬如在提身份问题的语境里使用"是谁"句型，又如在比喻关系的语境里使用"为"字。

以《论语》来看，《阳货》"偃之言是也"中"是"意为正确、对；《八佾》"是可忍孰不可忍也"中"是"为指示代词。另外，如"富与贵是人之所欲也"（《里仁》），"吾无行而不与二三子者，是丘也"（《述而》），"夫颛臾，昔者先王以为东蒙主，且在城邦之中矣，是社稷之臣也，何以为伐也"（《季氏》），此三句中的"是"均非判断系动词，而是用作指示代词。

上述判断系动词的弱化状态，使得说明一物通常不采用限定判断语或种属定义的方式，而须广泛采用取譬的方法。在取譬思维方法中，任何事物都被当作不能分割的整体，任何抽象的概念都有现实具体的东西与之对应，对任何概念的说明都会先采用类比法。

这个道理，说来复杂，但简单地说，那不就是"比"跟"兴"吗？比、兴都是《诗经》中诗歌中的表现方式。比，当然就是指比喻，"桃之夭夭，灼灼其华，之子于归，宜室宜家"，桃花之美，正象喻着新娘的娇艳，以及花开即将结子的新婚景况。这就是取譬比喻之法。兴的问题较为复杂，或云为比喻之一类，或云为象征，或云为无端起兴。但无论如何，都是联类性的思考，而且所联之类乍看根本毫无关系。像"关关雎鸠，在河之洲"那般，河上沙洲的鸠，相互鸣叫着，本来跟底下要说的"窈窕淑女，君子好逑"毫无关联，可是借此起兴，想头横空而来，却构成了彼此特殊的意义关系，此即为兴。宛若儿童游戏时，一霎时兴高采烈起来，折杨柳为马鞭、堆沙土为城堡，宇宙汇会、触手牵连,绾合凑对到一块儿。此物彼物,捏合作对,若有意,似无情,又无端,又有趣。正如"孔雀东南飞,五里一徘徊",下竟接卢江小吏夫妻分离之故事,其间的审美性质、创造思维,岂理性推论、定义界属云云所能臻哉?

第十讲

抒情：气感愉悦的世界

一　风气声乐以生万物

五四运动后,对中国哲学的解释,强调理性精神。故对汉儒阴阳五行之说颇多非议,并认为经典中阴阳气化的讲法都是后起的,出于战国晚期,篡乱或伪造于早期典籍中。

这样的解释,方向弄错了。"气",才是商周时期最重要的存有学概念。当时人认为一切物类及整个宇宙,都充满着气,一切的生成变化与感应沟通也都是因气使然。气动则成风,风动才有声音。一切动植物,包括人类,其化生及感动,同声相应、同气相求,莫不由气。

为什么会这么认为呢? 一点也不奇怪,人本来就得靠呼吸才能存活,一息尚存的仍有生命,若没气了,生命也就结束了。所以生本于气,气也充塞于天地之间。如《黄帝内经·素问》论到生理病理时,即贯穿着"生气通天"的道理,谓上古"真人"能呼吸"精气",故能长生得道。而真正能从实际生活环境中养生的圣人则是:"处天地之和,从八风之理,适嗜欲,于世俗之间,无恚嗔之心"。为什么说"八风"? 因为气动则成风,人体的气与自然界"风气"的运行相通。能顺应者乃得健康快乐,乖逆则病苦。本文虽不可能真是黄帝时的文献,但这种宇宙观、生理心理观,却是古代中国音乐、诗歌、文学乃至一切思想的基本观念。

《易·说卦》说："故火水相逮，雷风不相悖，山泽通气，然后能变化，既成万物也。"又说"精气为物"。宇宙依气化而生成万物，气的变化、运动就是风。故气是就存有的性质说，风是就它的活动说。

风动则有声，声律就是风动状态的显示。动的状态不同，声律也就不同。因此，论气化又常关联于声律说，听声律，即可以知风动的状态、风的变化。气动而生风，风动有声，声律感人，人又以气相应。所以《荀子·乐论》篇说：声可感人，气应声而"成象"。所谓"成象"，应该即是形于舞蹈音乐歌诗之类，亦即风之状态借着歌诗舞踊表现出来。《吕氏春秋·音律》篇对此说得更明白："天地之气合而生风，日至则月钟其风，以生十二律。"又说："天地之风气正，则十二律定矣。"《音初》篇又说："凡音者，产乎人心者也。感于心则荡乎音，音成于外而化乎内。是故闻其声而知其风，察其风而知其志，观其志而知其德。"《礼记·乐记》论音乐的发生："凡音之起，由人心生也。人心之动，物使之然也。感于物而动，故形于声。声相应，故生变；变成方，谓之音。比音而乐之，及干戚羽旄，谓之乐。"接着更据《系辞传》而推演说："地气上齐，天气下降，阴阳相摩，天地相荡，鼓之以雷霆，奋之以风雨，动之以四时，暖之以日月，而百化兴焉。如此，则乐者，天地之和也。"天地气运，生各种风，形成各种声律。人与天地万物，因同气相感，故闻其声而知其风。《易》有云：

> 风行天上，《小畜》，君子以懿文德。
>
> 风行地上，《观》，先王以省方观民设教。
>
> 风自火出，《家人》，君子以言有物而行有恒。
>
> 天下有风，《姤》，后以施命诰四方。
>
> 随风，《巽》，君子以申命行事。

君子要观风、观乐，以知吉凶，以"察其风而知其志，观其志而知其德"（《吕氏春秋·音初》）。《易经》本身的卦爻辞就是如此的。所以观风就可以具有观风化、风动、风教的意涵，具有伦理意义。

另外，因古人相信充满天地万类的气分布于各方乡土，其风气自亦有异。这各地不同的风气，生出不同的音乐，便叫作"土风"。《左传》成公九年（前582）记载楚囚钟仪抚琴"操南音"，范文子说他："乐操土风，不忘旧也。"应用于歌诗，便叫作"国风"，如《诗经》中的各国国风。而个别作者所作的诗，也可称为"风"，如《大雅·崧高》说吉甫之诗"其风肆好"。

这些音乐、诗歌都由风气鼓动感人而生，也就可以动人、感人、教化人、讽刺人，甚至还可以"动天地，感鬼神"（《毛诗序》）。因为天人同气，故亦可以共感。这都是从气充满宇宙、天人交感、天人合一的观念发展出来的讲法。

"风"的意义，还不止于此，更与性和生殖有关。因为前文说过，宇宙因气化而生万物，气之运动变化就是风，故"风"与"生"同义相关。试看《国风》中许多诗就以恋爱和婚姻为说。其实早期所谓"风化"和"风俗"诸词，本来也就包含有这种意义。"俗"字从人从谷，前人早已有释为人欲之所趋的说法。后世所谓"有伤风化"，也于无意中保留着"风化"的初义。余如"风月""风流""风骚""风情"等后起的词汇和含义亦然。风有性诱惑的意思，更是见于很早的记载，如《易经》蛊卦辞"蛊，元亨而天下治也"，蛊就是风诱之意。《左传》僖公十五年（前645）记卜徒父对晋侯问蛊卦时就说："蛊之贞，风也。"《尚书·费誓》曰"马牛其风"，贾逵注："风，放也，牝牡相诱谓之风。"《左传》僖公四年（前656）曰"唯是风马牛不相及也"，杜预注引贾逵、服虔疏意同。《吕氏春秋·季春纪》"乃合累牛腾马，游牝于牧"注曰"累牛，父牛也；腾马，父马也。皆将群游从牝于牧之野风合之"，"风"字亦是牝牡相诱之意。后来俗语说男女"争风吃醋"，"风"字也仍是这个意思。

"风"有这种意义，因古人相信生命乃是由风来的。例如《黄帝内经·素问》第五《阴阳应象大论》篇以气与阴阳论人身的生理和病理，便说："东方生风，风生木，木生酸，酸生肝，肝生筋，筋生心。肝主目。其在天为元，在人为道，在地为化。化生五味，道生智，元生神。神在天为道，在地为木。"《气交变大论》篇里也用气之变动或"气化"来解释生理和病理，说："东方生风，风生木，其德敷和，其化生荣，其政舒启，其令风，其变振发，其灾散落。"这虽然可能已是晚周的记载，但应本于很早的传说。因为在《周易》姤卦

《象传》中就曾说："天下有风，姤。""姤"一作"遘"，当即"媾"字，姤卦辞云"女壮，勿用取女"，本来就是为婚媾而卜。又如《太平御览》卷九引《易通卦验》说："八风以时，则阴阳变化道成，万物得以育生。"《春秋考异邮》也说："风之为言萌也。"《大戴礼·易本命》引孔子曰："二九十八，八主风，风主虫，故虫八月（日）化也。"《淮南子·坠形训》略同。此虽汉人之说，犹存古义，与《尚书》《左传》风马牛之说相仿佛。《诗大序》说风，似乎不脱此义，故《国风》由正夫妇讲起。夫妇之风正，推而广之，其他各种风教风化风俗亦正，天下就太平了。

风正或不正，听音乐就可以明白，故《毛诗序》云：

> 《关雎》，后妃之德也，风之始也。所以风天下，而正夫妇也。故用之乡人焉，用之邦国焉。风，风也，教也，风以动之，教以化之。诗者，志之所之也，在心为志，发言为诗。情动于中，而形于言。言之不足，故嗟叹之。嗟叹之不足，故永歌之。永歌之不足，不知手之舞之，足之蹈之也。情发于声，声成文，谓之音。治世之音，安以乐，其政和。乱世之音，怨以怒，其政乖。亡国之音，哀以思，其民困。故正得失，动天地，感鬼神，莫近于《诗》。

二 声歌舞踊以成君子

以上是对风、气、声、乐这些观念的综合描述。另有一些应再予说明之处，以下分别讨论。

（一）精神

由风发展出，或者说与风相关联的另一些观念还有许多，例如"精""神"就是重要且对后世影响深远的。

风与神有关，早在甲骨文中便有明确的记述：

> 贞：羽癸卯，帝其令凤（风）？

羽癸卯,帝不令凤(风)？夕雾。

于帝史(使)凤(风),二犬？

贞:帝凤(风)？

辛未卜:帝凤(风)？不用。雨。

前三例中之"帝"均指天帝,为殷人信仰中之至上神,万物之生命与灵魂的赐予者。风或凤(同义字,商民族自认是鸟的后裔)作为帝之使者,负责为天帝传播生命于万物。《庄子》所说"生物之以息相吹也"亦指此意。

这是以风为神所使令的。风吹拂大地而万物以生,即如神力创育天下,神不可见,可见者是风。风生水起,万物凭之。因此,中国神话中有一种"元气剖判"创世说,即可视为风化创世观的较抽象表达。《老子》第二十一章所云"道之为物……其中有精",第三十四章所云"大道泛兮,其可左右。万物恃之以生",也均可与风化创世观相通。老子形容道之创生功能的这个"泛"字,其实正是与"风"通训的(刘熙《逸雅》说"风,泛也,其气博泛而动物也")。中国神话中风化创世故事虽不甚完整,但风化创世的观念却随处可见。《庄子·天运》中便有这样的说法:"夫白鹢之相视,眸子不运而风化。虫,雄鸣于上风,雌应于下风而风化。类自为雌雄,故风化。"

这里所说"风化"的三种形式均是无性生殖,这同"圣灵感孕"的单性生殖实质是一样的。雌与雄之间并无肉体上的结合却能受孕生殖,风之媒介作用在这里显然至关重要。可知"牝牡相诱谓之风"的古训渊源有自。汉字"风"为何从"虫",也当由此风化故事去理解。《说文》说"风"是:"风动虫生,故虫八日而化。从虫,凡声。"王充《论衡》也说:"夫虫,风气所生。仓颉知之,故'凡虫'为'风'之字。取气于风,故八日而化。""虫"是各种生物的代称。"风动虫生",就是说风动而万物化生,物皆取气于风,因风而有生气。此风由神所出,或代表着神。这是风与神的关联。后世也有结合为"风神"用以形容人的精神生命状态,如云某人风神俊朗之类。

精,则如《老子》说的"其中有精"。这个观念,是由风所代表的牝牡交合生化万物意义中转出的。牝牡交合,要能化生后裔,必须其中有精。精,就是生命的元素。后世讲"精、气、神"，教人藏精养气以葆命，都本于这一观念。《难经·第三十六难》云"命门者，诸神精之所舍，原气之所系也"，则说明命门是全身精气和神气所在之处。

（二）声教

我们至今还常用"声气相通"这个词来说人与人之间颇有关系。而声与气本来就是相通的，古人亦本于此而发展出"声教"，重视声音在沟通神人、协和百姓方面的作用。《礼记·郊特牲》曰：

> 有虞氏之祭也，尚用气。血、腥、焰祭，用气也。殷人尚声，臭味未成，涤荡其声，乐三阕，然后出迎牲。声音之号，所以诏告于天地之间也。

祭用气，其后继之以声。声为什么可以告于天地之间呢？古有伏羲氏作瑟，造《驾辩》之曲（《楚辞·大招》王逸注）的记载，有夏禹之子启从天神处带回《九辩》《九歌》（《山海经·大荒西经》）的说法，也有黄帝命伶伦定乐律，造作十二律管的传说（《吕氏春秋·仲夏纪·古乐》篇）。这些都表明音乐能够沟通圣俗二界并维系神人关系。

方玉润《诗经原始》认为《那》："全诗辞意与周之《有瞽》备举诸乐以成文者，亦复相类。第彼以作乐合祖，'永观厥成'，是乐之终；此以声音诏神，冀其来享，是乐之始。"又引陈际泰语云："商人尊鬼而尚声。声者，所以诏告于天地之间。声召风，风召气，气召神。惧其杂而集焉，则有汤孙之思矣。思者，气之精者也。鬼神非其类也，不至；心有精气而借声以召之，神无不格矣。"陈氏讲得很好。声召风，风召气，气召神，在风声神气的关联中，殷人尊鬼而尚声才显得那么自然。

到了周朝，这种情形亦无改变，仍是以声教。只不过，声教的内容，从宗教扩及教育（"教"这个字本来就兼有这两种意涵），一方面以声乐致鬼神，一方面以声乐教国子。《周礼·春官》中的大司乐之职，即掌此工作："以乐语教国子，兴、道、讽、诵、言、语。以乐舞教国子，舞《云门》《大卷》《大咸》《大磬》《大夏》《大濩》《大武》。以六律、六同、五声、八音、六舞、大合乐，以致鬼神祇,以和邦国,以谐万民……"

担任这些工作的,是一批盲人。其中,"瞽蒙"的职司是音乐与诗歌的整理及其教育。关于宗教礼仪方面的活动,由盲乐官的首长"大师"主持,其状况据《春官》所述,大抵如次:

> 大师,掌六律六同以和阴阳之声。……皆文之以五声:官、商、角、徵、羽。皆播之以八音:金、石、土、革、丝、木、匏、竹。教六诗:曰风、曰赋、曰比、曰兴、曰雅、曰颂。以六德为之本。以六律为之音。大祭祀。帅瞽登歌,令奏击拊。下管播乐器,令奏鼓朄。大飨,亦如之。大射,帅瞽而歌射节。大师执同律以听军声而诏吉凶。大丧,帅瞽而庶作柩谥。凡国之瞽蒙正焉。

另外,《礼记·文王世子》讲到国家级教育体制时也有"礼在瞽宗,书在上庠"之说。郑注:"瞽宗,殷学名。上庠,虞学名。"又《礼记·明堂位》在排比三代官学之名称时亦云:"米廪,有虞氏之庠也。序,夏后氏之序也。瞽宗,殷学也。泮宫,周学也。"郑注:"瞽宗,乐师瞽蒙之所宗也。古者有道德者使教焉,死则以为乐祖,于此祭之。"郑注依据的是《周礼·春官·大司乐》中的说法:"大司乐掌成均之法,以治建国之学政,而合国之子弟焉。凡有道者、有德者,使教焉,死则以为乐祖,祭于瞽宗。"注云:"道,多才艺者。德,能躬行者。若舜命夔典乐教胄子是也。死则以为乐之祖,神而祭之。郑司农云:'瞽,乐人,乐人所共宗也。或曰:祭于瞽宗,祭于庙中。'"

从这些追述中不难看出,我国最初的国家教育体制,是以盲乐师为中心的非文字传授的诗歌礼乐之教。这些人,不仅是宗教知识的传授者,本身亦是以音声为手段,沟通神人、调节宇宙秩序与社会秩序的圣者。他们生前是神的代言人,死后则被进一步神化,获得"瞽宗"或"神瞽"之称。这种名称在殷商时代又成了宗庙和学校的代称。周虽不用"瞽宗"称呼学校,但瞽者的地位与作用并无不同。

(三) 声歌与声训

也就是说,孔子所希望的以诗、礼、乐三方面的教养而达成的人格培育,在早期原本就是由盲瞽推动的声教。因古时候诗乐不分、礼乐亦不分,故诗、礼、乐三者原为一个统一体,即由非文字的语音符号(诗歌)、音乐符号(乐)和身体动作符号(舞→礼)综合表现出来的宗教活动和教育方式:"凡国之小事用乐者,令奏钟鼓。凡乐成,则告备。诏来瞽皋舞。及彻,帅学士而歌彻。令相。"(《周礼·春官》)

宗教与教育之外,盲人在朝政上也占有重要地位。其职能之一即主持王政礼乐,据《周礼·春官·叙官》云:"大师,下大夫二人;小师,上士四人;瞽蒙,上瞽四十人,中瞽百人,下瞽百有六十人;视瞭三百人。"郑注:"凡乐之歌,必使瞽蒙为焉。命其贤知者以为大师、小师。"自大师至下瞽皆为王朝乐官,规定人数共达三百零六人,另外有三百人之众的视瞭,也就是专为辅助盲乐师们而设的视力正常的助手,合起来总共六百零六人。人数如此众多,足以显示实际政治行为中礼乐仪制的重要性,与后世礼乐为装饰而无足轻重的情况,实有天渊之别。

正因在礼乐政治中,礼官、乐官并不是仪式性的,均有实质政治权力的功能,故《国语·周语》说:

> 故天子听政,使公卿至于列士献诗,瞽献曲,史献书,师箴,瞍赋,蒙诵,百工谏,庶人传语,近臣尽规,亲戚补察,瞽史教诲,耆艾修之,而后王斟酌焉。是以事行而不悖。

这里说的是天子听政的多种渠道。十二种信息咨询渠道之中,由盲官主持的就多达五种:瞽献曲、师箴(师亦为盲官)、瞍赋、蒙诵和瞽史教诲。瞽者近乎参谋或师傅的地位。

同类的记载很多,《国语·晋语》引范文子语:"吾闻古之王者,政德既成,又听于民。于是乎使工诵谏于朝,在列者献诗……"这里的"工"便多是乐工、瞽蒙。又《楚语》引卫武公所言在朝者"诵志而纳之,以训导我"一段后说:"……倚几有诵训之谏,居寝有亵御之箴,临事有瞽史之导,宴居有师工之诵,史不失书,蒙不失诵,以训御之。"《左传》襄公十四年也说:"自王以下,各有父兄子弟以补察其政:史为书,瞽为诗,工诵箴谏,大夫规诲,士传言,庶人谤……"《汉书·贾谊传》说"瞽史诵诗,工诵箴谏"。贾谊《新书·保傅》说:"天子有过,史必书之……于是有进膳之旌,有诽谤之木,有敢谏之鼓,瞽史诵诗,工诵箴谏……"凡此诸说,都显示了瞽者在匡辅王政时的作用。

瞽蒙作为"声教"(语出《尚书·禹贡》)的主要运作者,以有韵的或合乐的歌诗传播礼乐教化,自殷之瞽宗至汉之乐府,一千多年间不断。这对于我国诗歌普及且持久流行,实在是功不可没。中国文学从开始就侧重在抒情文学方面,而叙事性的散体文学则相对晚熟,亦与此有关。刘师培说"歌谣而外,复有史篇,大抵皆为韵语。言志者为诗,记事者为史篇。史篇起源,始于仓圣。周观之制,太史之职,掌谕书名。而宣王之世,复有史籀作《史篇》。书虽失传,然以李斯《仓颉篇》、史游《急就篇》例之,大抵韵语偶文,便于记诵,举民生日用之字,悉列其中……盖古代之时,教曰'声教',故记诵之学大行,而中国词章之体,亦从此而生。诗篇以降,有屈宋楚词,为词赋家之鼻祖",即讲此事。

声训之例,亦肇端于声教全盛之时,王先谦《释名疏证补叙》说:"流求侔贰,例启周公,乾健坤顺,说畅于孔子。仁者人也,谊者宜也,偏旁依声以起训;邢者俪也,俪者成也,展转积声以求通。此声教之大凡也。浸寻乎汉世,间见于纬书,韩婴解《诗》、班固辑论,率用斯体。宏阐经术,许郑高张之伦,弥广厥恉。逮刘成国之《释名》出,以声为书,遂为经说之归墟,实亦儒门之奥键已。"声训,就是利用声音寻找意义关联,例如:《易·序卦》曰"蒙者,蒙也;比者,比也",这是以本字释本字;《易·说卦》曰"乾,健也;坤,顺也",这是以音近字作解释;《易·象》曰"咸,感也""夬,决也""兑,说也",则是以声母与形声字互释。这都叫声训,是我国释义学中一个主要方法。

这种歌诗传统与释义方法传统,均系殷周"声教"所开,在后世文字系统越来越占优势的时代,仍持续发挥着作用。

(四) 诗教

声教希望培养出什么样的人呢? 什么声才是最好的呢?

《孔子家语》云："夫先王之制音也，奏中声以为节，流入于南，不归于北。夫南者，生育之乡；北者，杀伐之域。故君子之音温柔居中，以养生育之气。忧愁之感，不加于心也；暴厉之动，不在于体也。夫然者，乃所谓治安之风也。小人之音则不然，亢丽微末，以象杀伐之气。中和之感，不载于心；温和之动，不存于体。夫然者，乃所以为乱之风。昔者舜弹五弦之琴，造《南风》之诗，其诗曰：'南风之熏兮，可以解吾民之愠兮；南风之时兮，可以阜吾民之财兮。'唯修此化，故其兴也勃焉，德如泉流，至于今，王公大人述而弗忘。殷纣好为北鄙之声，其废也忽焉，至于今，王公大人举以为诫。夫舜起布衣，积德含和，而终以帝。纣为天子，荒淫暴乱，而终以亡，非各所修之致乎？"（《辩乐》）这段论述，主要是在说明中声价值之高及影响力之大。中声乃和谐之音。和谐之音，可以养成人温柔敦厚的气质，使人心中不存忧伤之感、行动不现暴戾之气；人民有如此修养，社会才有安和气象。

"君子之音温柔居中"，意谓气以中和为贵，君子以温柔为德。这就是好音与好人、好性情的标准。这个标准，在《礼记·经解》中曾被归入"诗教"，视为诗教的功能。而诗在那个时代是与乐分不开的。因先王制乐，奏中声以为节，故歌诗、诵诗者才会因此而产生陶冶情性的作用，逐渐温柔敦厚起来。孔子曰："入其国，其教可知也。其为人也，温柔敦厚，《诗》教也。……《诗》之失，愚……其为人也，温柔敦厚而不愚，则深于《诗》者也……"孔颖达《礼记正义》对温柔敦厚的解释是："温谓颜色温润，柔谓性情和柔。《诗》依违讽谏，不指切事情，故云温柔敦厚是《诗》教也。"

《诗》本身就经常强调柔德，如《大雅·崧高》云："申伯之德，柔惠且直。揉此万邦，闻于四国。"柔德是柔，揉也是柔。孔疏："申伯以柔直之德揉服万邦不顺之国，使之皆顺，其声誉闻达于四方，是申伯之德实美大矣。"又《大雅·烝民》云："仲山甫之德，柔嘉为则。令仪令色，小心翼翼，古训是式，威仪是力，天子是若，明命使赋。"又《小雅·桑扈》四章"兕觥其觩，旨酒思柔。彼交匪敖，万福来求"，郑笺："古之王者与群臣燕饮，上下无失礼者，其罚爵徒觩然陈设而已。其饮美酒，思得柔顺中和，与共其乐。言不忧敖自淫恣也。"这些诗句，都强调柔，以柔为君子之德。

《诗经》在这方面表现明显，读诗也更易令人濡染这种柔惠柔和之风，因为诗本身就是可使人优游善入的。但其他经典其实一样提倡柔德，如《尚书·舜典》言"文明温恭"及《无逸》言"徽柔懿恭"均是。此外如《礼记·曲礼》"君子恭敬撙节，退让以明礼"，《乐记》"恭俭而好礼"，《孝经》"若夫慈爱恭敬"，《论语·学而》"恭近于礼"，《论语·季氏》"貌思恭"，《国语·鲁语下》"陷而入于恭"（注："谦为恭。"），《国语·周语中》"夙夜恭也"，《荀子·解蔽》"仁者之思也，恭"，《论语·学而》"夫子温良恭俭让以得之"，《孟子·滕文公上》"贤君必恭俭礼下"。《荀子》一书引《诗》，仅"温温恭人""温恭朝夕"和"温其如玉"等诗句的就有《大略》《法行》《不苟》《非十二子》《君道》五篇。其《法行》篇还提出衡量君子的标准："夫玉者，君子比德焉。温润而泽，仁也。"《修身》篇亦云："人无法则伥伥然；有法而无志其义则渠渠然；依乎法而又深其类，然后温温然。"《尔雅·释训》云："晏晏、温温，柔也。"《儒行》云："温良者，仁之本也。"《礼记·文王世子》云："恭敬而温文。"《礼记·内则》云："必求其宽裕慈惠温良恭敬慎而寡言者，使为子师。"温、良、恭、谦、和、让，也都属于柔德，与"柔"字往往互文见义或联结成词。

敦厚，也是同义字结合成词。《邶风·北门》"王事敦我"，毛传："敦，厚也。"《周易·艮卦》"上九敦艮，吉。《象》曰：敦艮之吉，以厚终也"，疏："敦，厚也。上九居艮之极，极，止者也。在上能用敦厚以自止，不陷非妄，宜其吉也。"《左传》成公十六年"民生敦厖，和同以听"，注："敦，厚也。"《礼记·曲礼上》"敦善行而不怠"，注："敦，厚也。"均可见敦与厚连言，犹温柔连言，是同义词的组合。合成"敦厚"这个词，是用来指称某种人格特征的。《老子》第十五章云："古之善为士者……敦兮其若朴……"

这种温柔敦厚的人，一般就称为君子。所谓君子，一为古代统治者（天子、诸侯、卿大夫）和一般贵族男子的通称，二为有高尚道德的人。也有女子称钟情的男子，如《郑风·风雨》曰"既见君子，云胡不夷"，或诗人自称，如《小雅·四月》曰"君子作歌，维以告哀"。基本上以前二说为主，与"大人"义相近，也是指居尊位者和有道德者，如"谦谦君子""君子央央""君子以赦过宥罪""君子以非礼弗履""君子以虚受人""君子以行过乎恭"等。

《左传》一书中"君子"凡139见，其意义大致也有两类：贤者、在高位者。《国语》中"君子"凡30见，意义与《左传》略同。这些文献，都显示了周代已将君子作为圣人之下的重要人格典范。君子本指居高位者，有地位，也有知识、有教养，又体面又温文有礼。因此"君子"一词也就有了道德意涵。

称赞君子德行的词很多，但最主要的就是温柔敦厚。其他一些词汇，例如谦谦君子、其人如玉、温文尔雅、彬彬有礼等，大抵也是相同的意思。

如今一说到温柔，大家却可能有一种女性化的联想，认为是代表柔顺服从的伦理态度。其实当时说君子温柔敦厚时，往往具有尊严的意蕴，不单纯是一种驯顺服从、小心翼翼的奴性品质。因为对于"貌曰恭"（《尚书·洪范》）、"貌思恭"（《论语》），孟子就曾说："恭俭岂可以声音笑貌为哉?"（《孟子·离娄上》）恭是关联着内在敬持于礼而有的态度，其内涵是敬、是守礼。柔的内涵是对人的仁爱。因有仁爱之心，故能待人宽裕慈惠，显出柔德。这跟柔巽以媚人，完全是两回事。

而且，这些君子本身就是居上位者，对于居上位者，才会要求他们恭、谦、温、厚、俭、惠。到了战国，"君子"也可能用来要求一般士庶了，这时，就臣下而言孟子即提出了"责难于君谓之恭，陈善闭邪谓之敬"（《孟子·离娄上》）的新讲法。

再者，我们亦当注意：温柔敦厚的温柔，并不只是柔，乃是刚柔相济以后的中和状态。试看《大雅·烝民》五章云："人亦有言：柔则茹之，刚则吐之。维仲山甫，柔亦不茹，刚亦不吐。不侮矜寡，不畏强御。"君子其实是柔亦不茹，刚亦不吐，不偏于刚也不偏于柔的。正如他不偏于文也不偏于质，是文质彬彬的。这种中和，不偏刚柔、不偏文质的状态，也叫柔也叫文，例如说此人温文尔雅，讲的其实是文质彬彬，而非文胜于质。说君子温柔敦厚，也非柔而不刚。有些人搞错了，一味柔巽敦厚，变成笨头笨脑，所以说"《诗》之失，愚"。

（五）师儒

柔与儒有关。《周礼·地官·大司徒》有"师儒"之称,郑注:"师儒,乡里教以道艺者。"孙诒让《正义》以为此师儒即《周礼·天官·大宰》中之师儒。《周礼·天官·大宰》叙大宰之职云:

> 以九两系邦国之民:一曰牧,以地得民;二曰长,以贵得民;三曰师,以贤得民;四曰儒,以道得民……

郑注:"师,诸侯师氏,有德行以教民者。儒,诸侯保氏,有六艺以教民者。"刘台拱云:"师即《礼》经所谓先生,郑注云'古者年七十而致仕,老于乡里,大夫名曰父师,士名曰少师,而教学焉'是也。儒即《礼》经所谓君子,郑注云'有大德行不仕者'是也。"俞樾说:"师者,其人有贤德者也。儒者,其人有伎术者也。《说文·人部》:'儒,柔也,术士之称。'是古谓术士为儒。凡有一术可称,皆名之曰儒,故有君子儒、小人儒之别。此经所谓儒者,止是术士耳。以道得民者,道亦术也。《国语》曰:'过五日,道将不行。'韦注曰:'道,术也。'儒以道得民,谓以道术得民也。"儒为什么称为儒?儒又源于什么?源于巫、源于史、源于相、源于师、源于司徒……各有说法。但不管如何,儒的道术与柔德有关是无争议的。

有人说"儒"这个字源出于"𦟛"。《说文·𦟛部》:"𦟛,面和也。从百从肉,读若柔。"此字即"柔"字,《尔雅·释训》曰"戚施面柔也",《经典释文》曰"和颜悦色以诱人,是谓面柔也"。本指面和,引申之,则泛谓和,指和颜悦色之柔。和柔正是儒家思想的特征。或者说,在周朝的师儒们,通过诗礼教化,想要让人成为温文有礼的谦谦君子,把人原始的气性、质野不文的生命状态"揉服"一番,使之柔化,有温良敦厚之德。后来孔子及儒家后学主要即继承并发扬了这个传统。

三　君子兴诗感情成乐

总而言之,声教诗教,是以乐语乐舞让人在精神上感到和乐,以改善其才性，令其成为温厚谦和、有教养的人。

这在思想史上就有两个特点值得注意。一是整个教育之目标，是让人成为有德行的君子人。但这种成德之教，是由感入，而非理入，是以乐音声诗，令人于"兴发感讽"中潜移默化，而非通过理性的讨论、辩难、教诲。这与希腊苏格拉底、柏拉图、亚里士多德等人所采用的"言辩证成"的教育方式迥然异趣。瞽师根本不识字，其教化亦不用言语。真理不赖言语发生，反而是话语有赖于声音之启迪。必经由诗乐声教，人才懂得说话、会说话。故后来孔子说："不学诗，无以言。"

另一个特点，是成德之教与成乐是合一的，即孔子所说"兴于诗，立于礼，成于乐"。成于乐，人的德行也就成了。为什么成德与成乐是合一的？美与善的合一，是周朝礼乐文明所追求达致的最高目标，孔子所称羡的"郁郁乎文哉"之文，即显示在韶乐的洋洋乎、荡荡乎之中。可是此种美善合一之境，非由善成，乃由乐成，非由挺立道德主体、刻苦道德实践、彰发道德理性等方式来，而是由兴于诗渐至成于乐的，故是以美这一方面去达成美善合一。（当代新儒家牟宗三先生曾指出：审美判断不能开美善合一之境；唯挺立道德主体，摄美归善，才能以善统美，开出美善合一之境。这是牟先生之见，但非周朝礼乐文明兴诗成乐之道。）

（一）兴于诗

"兴"字本义训举、起，本来读作平声，后来衍生了譬喻的意思，也衍生了与譬喻相应的作去声的读音。其本义源于宗教祭祀活动中精神、情感乃至祭祀器具的上举升腾。甲骨文"兴"字即象人在宗教祭祀活动中及巫觋在通神时的那种极度兴奋、迷狂的状态。这种宗教祭祀的体验，至少有几种特征：(1)合一性。在这种神秘体验中所有界限（人我、人神、天界人界）都打破了。(2)不可言说性。神圣内在之体验难以言诠。言说，特别是分析性的语言，是以意识具备区分能力和对象具有可区分性为基础的。在神圣体验中，意识丧失了区分事物的能力，因而神圣体验的意识无法理智地言说，神圣体验中的事物也不具备可区分性，所以即使意识最终摆脱了神圣体验状态(比如说在祭祀完毕回到日常状态之后),也无法言说神圣体验。

(3)愉悦性。在这种体验中有一点是十分明白的,那就是愉悦。所有的神圣体验都会伴随着极度的兴奋、愉悦甚至崇高感。这就是兴。

兴基本是情感的感动感发,所谓兴发。后来论兴者,无论解释为何,大抵均能掌握这个含义,例如贾岛《二南密旨》云:"兴者,情也。谓外感于物,内动于情,情不可遏,故曰兴。感君臣之德政、废兴,而形于言。"王安石《诗义》卷一云:"以其所类而比之,之谓比;以其感发而况之,之为兴。"

兴既是情的感发,其起兴与感发便非完全有理路可循,因其原不由理性推求考索而得。从"关关雎鸠,在河之洲"到"窈窕淑女,君子好逑",从"南有樛木,葛藟累之"到"乐只君子,福履绥之",从"桃之夭夭,灼灼其华"到"之子于归,宜其室家"(以上三例俱见《周南》),均是感兴。若有意,似无关,其关联亦在情之联系而非理之推证。

兴最重要的表达场域,当然是声诗。整个音乐,予人之体会,即是兴发,而非告知,故孔子说"兴于诗"。但不只诗才有兴,不只诗中感兴是如此,兴其实存在于整个人文活动中,《诗》《易》《春秋》都是兴。

"《春秋》之辞多况"(《春秋繁露·楚庄王》),本来就多譬况,而从经文到传文,也是一种兴发活动。这种现象与《诗经》的兴其实性质相同。至于《易》,清朝的章学诚曾说:"《易》辞通于《春秋》之例。"《周易》卦爻辞本身也都是像《春秋》一般,是完整的句子,其中也有吉凶等价值判断。解读《周易》的人见了整句的卦爻辞之后,这些语辞所描述的事物意象即引发人对处世之道的联想与体悟。这大体上也是解读《春秋》的情形。而且,《春秋》三传中整段的文字也可借由历史教训使人奋发兴起,这种情形可以拿章学诚所说的"战国之文,深于比兴,即其深于取象者也"来相互印证。所以,如果对《诗》《易》《春秋》三教的兴发活动做个综合比较,则我们可以说《诗》的兴句以及《易》的卦象与卦名乃以具体形象为内容,而《易》的卦爻辞以及《春秋》经传的语句与文本乃以行动实践为内容。据此而言,兴于诗,其实又具有方法论之意涵,经传之构成或意义之传释与理解,主要就是以兴于诗的方法来达成的。

（二）感于情

"兴发感讽"相对于西方惯见之"言辩证成"，一为感人，一为理入，显示了中国人一般思想倾向中其实更重视情感。我们说凡事应情理法兼顾、做人要有情义、做事不能不合情理、要通情达理，情都在前。

非仅寻常处世如此。在中国哲学中，人就都被视为知情意统一的整体存在，而且在知情意之中，传统哲学最关注的是情而不是知或意。就是说，情感因素在传统哲学中占有极其重要的地位，或者说传统哲学具有强烈的情感色彩。从比较哲学的角度看，甚至可以说西方哲学是理智型哲学，而中国哲学则是情感型哲学。

西方哲学一向被界定为"爱智"之学，情感与理智两分亦由来已久，哲学主要讨论理智理性，而不太重视情感。康德在讨论道德形而上学时，才提到情感问题，乃因批判伦理学上的快乐主义和目的论而发。他所说的情，是指感性情感、道德情感、脾性等，完全是作为经验心理学的问题提出的。且他认为这样的情感，包括道德情感，都不能成为道德形而上学的基础或根据，因其缺乏客观的普遍必然性。他提出意志自律与意志自由，作为普遍必然的"基准"或"设准"，作为道德形而上学的命题。至于意志自由如何可能，是思辨理性的问题，与人的心理情感亦无关系。

但周朝师儒声教之学却是建立在情感之上的。尔后孔子所说的孝与仁、孟子的"四端"说，亦均以道德情感为人性的根源。怵惕、戒惧、不忍人之心、敬、畏、慈、恕……都是感情而非思辨的。当下即有所感，如见孺子之乍入于井，何待思辨？

宋儒所说的，寻"孔颜之乐"也是一种道德情感的体验，孔子的"求仁得仁"、颜渊的"不违仁"、孟子的"反身而诚"，就是这样的体验。为什么要"反躬""反身"呢？因为它是生命所具有的，既是生命之源，也是生命之流，并不在身心之外，因此要体之于身、体之于心。这也是后来宋明儒家经常提起的话题，用朱熹的话说，就是"在自己身上著切体验"。

体验、体会、体味都是情感的投入、性情的陶冶，同时也伴随着认识，其结果就是会得到一种"乐"。这是自我内在体验,不是一般的情绪感受。"乐"本是自家所有,正如王阳明说"乐是心之本体"时,是把情和知统一起来的,这种体验是"为己"而不是"为人"的,即为了自家"受用",正所谓"如人饮水,冷暖自知"。体验作为陶冶性情、自我实现的重要方法,必须去掉"私情"。若"自私而用智",则不能体会"万物一体之仁",亦不能享受到真正的乐。正因为中国哲学是如此把体验心中之乐作为最高追求,所以孔子说"知之者不如好之者,好之者不如乐之者",程颢说"学而至于乐则成矣"。学而至于乐,就是完成生命的体验,得到情感的升华,提高精神境界,享受到人生的乐趣。其中的道理,阐明发扬、讲说透辟,固然有待于孔孟以迄宋、明儒,如上所述,但基本原理早就表现于周朝,后世只是继续阐扬它罢了。

中国传统哲学既是体验之学,它的智慧也就是与体验相联系的人生智慧,情感问题始终是它所关注的重要课题。无论美学体验、道德体验,还是宗教体验,都离不开人情。王阳明说良知是"心之本体",但又说良知是"真诚恻怛之心"。真诚恻怛之心或本心明觉之活动及作用,不仅仅是智的活动。良知虽是一种"知",能知是非善恶,但是这种知既不是逻辑推理,也不是孤悬的"体知",而是在应事接物、酬酢应对中实现其知。这里情与理是合一的而不是二分的。因此后来宋明理学所说的"知觉""明觉""灵明",都不是单纯的知性之事,还包括情感活动、情感意识。孔子所说的仁、孝也一样是以情为主的。

中国古代最早也最突出的伦理规范就是孝。周代的婚冠丧祭养老诸礼无不贯穿着孝的原则与精神。《论语·泰伯》云:"子曰:禹,吾无间然矣。菲饮食而致孝乎鬼神,恶衣服而致美乎黻冕,卑宫室而尽力于沟洫。"可见孝不仅是子女对父母的一种特殊的伦理规范,而且可以扩展为整个晚辈对长辈的伦理规范(如孟子所说的"吾老,以及人之老")、所有人伦规范(父义、母慈、兄友、弟恭、子孝),乃至人与非人(鬼神、祖先)之伦理规范。金文"孝"字上部像戴发佝偻老人,盖即"老"之本字,"子"搀扶之,会意。孝敬是一种情感,只有物质上的供养,没有情感上的敬爱,不能算孝。所以孔子

说:"今之孝者,是谓能养。至于犬马,皆能有养。不敬,何以别乎?"(《论语·为政》)

孝以感情为内涵,仁也一样。《论语·里仁》记载:"曾子曰:'夫子之道,忠恕而已矣。'"所谓忠恕之道是"己欲立而立人,己欲达而达人"(《论语·雍也》),或者说"己所不欲,勿施于人"(《论语·颜渊》)。忠有忠心、正直、诚敬等意思。《说文·心部》曰"忠,敬也",段玉裁注:"尽心曰忠。"尽心即《中庸》所说的诚,故忠指的是内心的真实情感。恕,有仁爱、推己的意思。《说文·心部》:"恕,仁也。"所谓忠恕,即把自己内心真实的情感推及他人,此即为仁。

由情论仁孝,故孔子把真实情感看得比抽象的伦理规则还要重要。《论语·子路》记载:"叶公与孔子曰:'吾党有直躬者,其父攘羊,而子证之。'孔子曰:'吾党之直者异于是:父为子隐,子为父隐,直在其中矣。'"父亲偷了别人的羊,对做儿子的来说,总是一件不体面的事情,做儿子的不愿意父亲的坏事被张扬出去,这是做儿子的真实情感。若做儿子的根据某一项道德规则而去揭发父亲,从道德规则的角度来说,儿子做得对;但从真实情感的角度来看,儿子做得不妥。揭发父亲的儿子,看起来大公无私,似乎是一种"直";但在孔子看来,由于这不是他的真实情感,所以不是直,而是"罔"。

又《论语·公冶长》:"子曰:'孰谓微生高直? 或乞醯焉,乞诸其邻而与之。'"有人向微生高借醋,微生高没有,而到邻居那里转借。这在孔子看来也是不直的。虽然微生高尽力满足别人的愿望,也是美德,但微生高隐瞒了自己家里没有醋的实况,这种隐瞒本身就是不直的表现。可见孔子在面对真情实感与道德原则的时候,把前者看得比后者更重要。但这并不是说就不要讲道德原则,而是一项道德原则如果在具体实施时与人的真实情感相抵牾,就有变通的必要。甚至可以说,孔子希望把所有的道德原则都还原到真实情感的基础上。这一点与西方伦理思想相比,有极大的差异。西方多半强调道德原则至上,服从道德原则才是真正道德的表现。

（三）成于乐

由情来讲道德,而不是以道德来克制、压抑感情,是周文明的基本形态。因此"立于礼"是由"兴于诗"始,而至"成于乐"终。礼本身就是本乎人情也用以宣达人情的。礼不是理,而是情的适当化。适当了,就能和乐。礼乐之所以常常并言,即由于此。

"乐之务在于和心,和心在于行适"(《吕氏春秋·适音》),感觉合适了,才会感到快乐,所以"适"本身也有乐的意思。《广韵·昔韵》云:"适,乐也。"适乐,所以于心中感到"和"。和,是矛盾对立诸因素相互作用后的真正和谐,如《国语·郑语》记载史伯的话说:"夫和实生物,同则不继。以它平它谓之和,故能丰长而物归之。若以同裨同,尽乃弃矣。"还说:"声一无听,物一无文,味一无果,物一不讲。"诸音合会交错,共同组成和谐的乐曲,听起来才会令人快乐。所以和谐之中必含有矛盾、差异、不同;而诸矛盾、差异、不同又可以组合成一个和谐的境况,使人闻之深感和乐。

古人认为此种经由闻乐而得之乐,本身就是人快乐的基本状态。快乐的乐与音乐的乐,因此而同是一个字。为什么会这样认为呢?

听乐、奏乐之类审美活动不同于抽象的认识活动。抽象的认识活动可以不受具体情景的限制,比如一道数学题,不论什么时间、什么地点、什么人、以怎样的心情计算,其正确结果一致。但审美活动就不一样了。审美是主体与对象于此时此地的交往,不能从"此时此地"中抽提出来(因为审美没有确定的概念可以依附),而且审美不是为了实现某个外在的目的,其意义就在具体发生的审美过程。

在这种意义上,审美如同游戏。人们游戏并不是希望借此得到什么东西,而仅仅是参与游戏而已,游戏过程本身就是目的。故康德在《判断力批判》中称审美为"无利害的快感",是一种无缘由的愉悦、内在情感的自然流露。他说:"为了判别某一对象是美或不美,我们不是把它的表象凭借悟性联系于客体以求得知识,而是凭借想象力(或者想象力和悟性相结合)联系于主体和它的快感和不快感。鉴赏判断因此不是知识判断,从而不是逻辑的，而是审美的。"在康德看来，愉悦是审美的本质。康德说愉快有三种：生理的、审美的、道德的。"在这三种愉快里只有对于美的欣赏的愉快是唯一无利害关系的和自由的愉快；因为既没有官能方面的利害感，也没理性方面的利害感来强迫我们去赞许。"无利害关系，表明审美愉快是没有其他原因的直接而纯粹的感情；自由，表明审美愉快是纯粹的。它只是将一种纯粹的愉快呈现出来，审美体验只是体验这种纯粹的愉快。

在中国思想史上，儒、道两家尽管有许多不同的地方，但以乐作为人内在情感的自然流露却是一致的。整部《论语》，一开头就讲乐，学而时习之是乐，有朋自远方来是乐，独居而不获人赏知仍要乐。但人如何能乐？儒家强调人心最本己的状态是仁、诚，人在施仁、体诚时会有一种发自内心的愉悦，所以孔子说"仁者不忧"（《论语·子罕》），他自己就能做到"饭疏食饮水，曲肱而枕之，乐亦在其中矣"（《论语·述而》），并称赞三月不违仁的弟子颜回说："贤哉，回也！一箪食，一瓢饮，在陋巷，人不堪其忧，回也不改其乐。贤哉，回也！"（《论语·雍也》）孟子认为只要诚就可以回到本然的"天人合一"；只要诚，内心就会充满无限的喜悦，所以说："反身而诚，乐莫大焉。"（《孟子·尽心上》）道家体道时会得到一种"至乐""天乐"，如《庄子·田子方》中借老聃之口，说"游心于物之初"就会"得至美而游乎至乐"。

在这样获得乐的情况中，审美愉悦，那种发自纯粹的、最本原的情感而生的乐，既通人我，又合天人。这种合一的形态，亦是中国思想最特殊之处，与西方的人我关系、天人关系甚为不同。

人和世界有两种基本关系："天人合一"与"主客二分"。用海德格尔"在之中"的思想来说：一是指两个现成的东西，其中一个在另一个"之中"。按照这种意义来理解人和世界的关系，人就不过是一个现成的东西（人体）在另一个现成的东西（世界）之中存在。在这样的关系中，人似乎本来是独立于世界的，世界似乎是碰巧附加给人的，或者说，是碰巧与人碰在一起的。两者处于外在关系之中。海德格尔认为，西方传统哲学中主客关系就是这样的"在之中"关系：客体是现成的、外在的被认识者，主体是现成的、内在的认识者，两者彼此外在。这样的"在之中"就是主客二分式。

与这种模式相反的,是另一种"在之中"。不是一个现成的东西(主体)在另一个现成的东西(客体)之中,而是人"融身"在世界之中、"依寓"于世界之中,世界乃是由于人的"在此"而对人揭示自己、展示自己。人生在世,首先是跟万物打交道(制造、办理、使用、操作、疏远、自卫等都是打交道的方式),而不事先进行认识。换言之,世界万物不是作为外在于人的现成的东西而被人凝视、认识,而是作为与人打交道、起作用的东西而展示出来。人在认识世界万物之先,早已与世界万物融合在一起,早已沉浸在他所活动的世界万物之中。世界万物与人之关联跟它们打交道不可分,世界只是人活动于其中的世界。这样的"在之中",可称为天人合一式。大体说来,中国哲学是天人合一式的,西方传统哲学是主客二分式的。

　　可是,人与万物打交道,也仍可能具功利实用性或带有各种目的。只有在纯粹的审美愉悦中,人才能真正体会、体察在世诸物,与物和同、与物为一。因此,只有审美经验中的"情景合一"才真正是人与世界的原初交融。用中国哲学的术语来说,就是"天人合一"。所谓天,指的是世界。人与世界的交融不同于主体与客体的统一,原因在于这不是两个独立实体之间的认识论上的关系。它们双方一向就是合而为一的关系。审美意识或意境,既非单方面的境,亦非单方面的情或意,而是人与世界、天与人一气流通、交融合一的结果。达致此种结果时,礼成、乐成、仁成,德亦成矣。

第十一讲

忧患：德业政治的担当

一　天下：受命于天的帝国

上一讲说诗"可以兴，可以观"，这一讲要谈诗"可以群，可以怨"。

群，中西方在群体组织方面甚为不同，形成这些组织的历史与观念也都不一样。

古代西方，由军事首长、议事会和群众大会构成的军事民主制之氏族社会，在中国古代是见不到的。古希腊、罗马诸部落联盟没有最高首脑，中国古代部落联盟却有最高首脑。西方部落联盟会议之议事原则，乃由大家共同决议通过，中国古代的部落却主要是由最高首脑决断。因此中国古代部落联盟首脑与西方古代部落联盟之军事首长大不相同。

中国古代部落或其联盟的权力结构，基本是以首长为主的，西方古代部落联盟的军事首长却不是，其权力要受到议事会和人民大会的多方制约。因此，最高军事首长从来没有成为联盟的权力者或最高权力中心。而中国古代的"帝"以及一大堆圣君传说、明君信仰，却表明了君主才是中国部落联合体的最高权力者。

在以君为"首""领"的古代氏族部落社会中，看起来，社会乃是以血族组织为线索的分层组合，阶层和血族是完全纠缠在一起的。尧、舜时，氏族部落（或称酋邦、早期国家等）已有"百官"。夏代一些部族国又出现了"牧正""庖正"等基层官职;同时"夏有乱政,而作禹刑"(《左传》昭公六年),政刑均已形成基本规制。商代,"越在外服,侯、甸、男、卫、邦伯;越在内服,百僚、庶尹、惟亚、惟服、宗工"(《周书·酒诰》),官制更庞大。西周宗法大分封后,宗子维城,等级明秩,三典九刑,国家各级统治体系就更为完备了。这个体系,看起来就像个强化了的血族网络,人与人之间的关系,完全以与统治者血缘关系的亲疏、长幼来分等级,权力和财产也基本按此等级分配。等级和家长制统治相结合,社会阶级结构呈现宝塔形。周天子在上,底下一层一层,"天有十日,人有十等,下所以事上,上所以共神也。故王臣公,公臣大夫,大夫臣士,士臣皂,皂臣舆,舆臣隶,隶臣僚,僚臣仆,仆臣台,马有圉,牛有牧,以待百事"(《左传》昭公七年)。

相对来看,西方早期国家则大都继承了氏族军事民主制多权结构的特点,并发展出民主、共和政体。如雅典国家的主要权力机构有公民大会、五百人会议、十将军委员会、陪审法庭等,而没有总揽执行权力的最高官员。古罗马共和国时的主要权力机构包括百人团会议、平民会议、元老院和数名执政官、保民官。这些机构彼此互相制约,决策有一定的民主制的程序,具有"公共权力"的特点。

而中国古代国家始终是君主制,仿佛是族长统治传统的延续。官员相当于君王的家臣,如西周初期的中央官僚体制,是以太保和太师为主。太保就如同商代的"保衡"或"阿衡"。"保"和"阿"就是贵族家中的保育人员。贵族家中这种保育人员,是族中的长老,由此发展形成官职,仍具有长老监护的性质。师氏则是从警卫人员发展成的教养监护之官。二者都具有家臣的意涵。再加上血族组织又被强化为国家的基层组织,实行族长主管制,国家俨然只是家族统治形式的扩大而已,即所谓"家天下"。

希腊城邦的官职有市场监理、城市监护、乡区监护、公共水源管理、司库、会计、将军及法庭的陪审员、注册员、执罚员、典狱等。各类官员也不组成行政首脑统一领导之下的"政府",而是分别由公民大会或其他相应机构直接选出或抽签决定。各机构对其选出的官员有监督和审查的权利,除军务外,一切职司个人都不得连任。而且要定期汇报工作,如犯法,便要受审。

中国古代西周中央政权的卿事诸机构，分别管理政治、军事、刑法和册命、记史、祭祀、耕作等事，但却都是在家长君主制统治下从事之。中西方政府组织及性质显然极为不同。

由此不同，论者不免会推论：中国君权较大，圣君思想源远流长，君主中央专权体制其实早有脉络可寻；而且整个以君为"主""首""脑""领"的思维，又配合着氏族血缘组织与政治社会组织的叠合，使得政治组织呈现"家天下"的特性，缺乏西方公共权力的性质；君权也不像西方那样，有人民大会、元老院等足以制衡。

这样的论断，看起来言之成理。但他们忘记了：自尧舜以来，部落联盟各部落并不一定有血缘上的关系。联盟成员已不再似氏族部落般，以亲属关系为基础与原则，而是已具有超血缘联合的性质。也就是说，早在尧舜时期，甚或更早的黄帝时期，君或帝就不只是氏族部落首领，而是诸氏族部落之共主。这个共主的观念，才是君之所以为君的核心。古代被称为帝者，大抵都要具有这个特质。黄帝、炎帝以降，直到周天子，帝都是共主。因此上古帝王甚至都具有各氏族共同祖先的地位。中国人喜欢说"黄帝是我们华夏民族的始祖"等，根源正在于此。

氏族部落各有王者。这些王，是诸侯王，即帝、君、天子底下许多侯王之一的王公王侯。帝王意义的王，则是孟子所说可以"保民而王""王天下"的那种王。一种只是部落氏族主；一种却是天下共主，他所面对的，是天下，而不只是他自己的血亲部族。

在部族范围之内，论者的讲法没错，政经阶级与血族完全结合在一块，具有家长制的性质。但许多家族结合起来，这个大的国家体制却不等于哪一家。帝王是以天下共主的身份，作为政权代表人，政权本身则是"天下者天下人之天下也"，并不属于帝王自己那一家所独有。天子底下诸臣子，因此也就与诸侯王手下的家臣意义不同。

不同氏族部落为何愿意共拥一人为共主？最早可能是靠武力征服。但帝不可能天天去打仗，武力镇压也非长久之道，故帝之所以能成其为帝，中国人认为要靠德。若德业不足以服众，其底下的部族就会散离，或反叛，另立共主,此即"汤武革命"之逻辑。

因此,在部族层次,其聚众原则是血;在国家层次,其聚众原则是德。德盛则民聚,德衰则民散。血源于天,是天生的;德之源,也同样是天,是天命的。帝奉天以莅民,承天命而代表人民。制衡他的,或使他具有这个统治位置的,就是这个"天、德、民"一体的结构。帝以德承天命,才有资格代表人民;若无德,则不足以代表,天命亦将消失或转移。故"天视自我民视,天听自我民听"(《周书·泰誓中》),"民为邦本,本固邦宁"(《夏书·五子之歌》)。整个政权成立的正当性及结构原则,不在血缘,而在天(也就是民。人民群体意志合起来,无法确指,故说为天)。

群体组织上通于天,下贯于民。这样的特色,在空间处理上也可看到。以城市为例。西方城市的起源,是先出现军事意义上的要塞,进而在要塞外面出现市场,两者结合构成城市。中国古代的城市则多不位于经济和贸易的要冲,其出现源于社会对于礼仪中心的需要,视国家为宇宙中枢(pivot),故以都城把天与地、人与神通合起来。因此商代城市居民主要是王族、巫师、手工业者和卫兵。城市的主要建筑只有三类——礼仪中心、王室的宗祠和贵族的住房,周围环有农田和村庄。

周朝城市则不管属于什么等级,每一级城市都有庙坛用以行使礼仪。由城市的宇宙象征性层面看,宇宙次序、日月星辰的起落,与人的生死、生物荣枯密切关联,因此人需要通过一些礼仪活动与天地宇宙相沟通,中国城市主要的功能就在于此。越是高级的中心城市,越是强调它在祭祀礼仪方面的地位和作用,也越以祭祀礼仪关系来界定人群组织内部的关系,而非以经济或技术因素。试想孔子为什么会以分不分得到祭肉作为离不离开鲁国的判断标准,就可知道礼仪祭祀在界定人群组织内部关系时的重要性。城市,这一人群组织的生活空间,会以礼仪庙坛作为整个都市建筑的中心,也就是理所当然的了。

礼仪祭祀中心,是人平面联结其他人众,而又纵贯地上通于天的地方。世俗的城市生活,须连贯于天,乃得贞定,政治社会组织也一样如此。我们看东周乃至战国,诸家论礼,都推本于天,论帝论治,也都说天,就是这个道理。此所以称天下为"天下"。天下不是一个国家的概念,更不是家产的概念。这个词是中国特有的,非西方政治学所能知,西方无此观念。西方的君王只是君王,中国则要在天下的意义中讲"天子""王天下""帝"。中国的"帝",原本就是与天相联结的。

二 革命:应顺于民的政权

在上述这样的政治组织中,有几个重要观念,应再作些说明。首先就是人民革命权的确立。

"革命"一词,在中国起源甚早。所谓"汤武革命,顺乎天而应乎人"(《易·革卦·彖》),著于诗书,见诸典籍,其行动与观念皆早已具备。后来儒家论政权之更替,向来主张"天下者天下人之天下",非某家某姓的私有物。因此,"天子不能以天下与人"(《孟子·万章上》),其改替不能是统治者的私相授受转让,而须以天意为依据。然而天意是什么呢?依"天视自我民视"的原理,那不就是民意吗?以民意为判断,则继承、禅让、革命都是合法的,此所以孔子曰:"唐虞禅,夏后殷周继,其义一也。"(同上)

儒家之基本立场如此,后世对于革命亦皆极力肯定。《易·革卦》孔疏:"此卦明改制革命,故名革也。已日乃孚者,夫民情可与习常,难与适变,可与乐成,难与虑始。故革命之初,人未信服。所以即日不孚,已日乃孚也。"不仅言革命权为正当合理的,且主张在革命时对民众进行革命教育,使之能安于革命、支持革命。换句话说,由儒家经典及实际落实于君权政治中的表现来看,革命之义,从未失落,亦无人敢予反对。在暴政肆虐时,老百姓唱"时日曷丧,予与汝皆亡"(《商书·汤誓》)的诗,起而抗暴,此即"诗可以怨"。

反之,西方政治哲学自亚里士多德以降,基本上即有一反对革命的传统。后来由于基督教的发展及政教冲突的经验,肯定了反抗政权的合理性,才引发了革命思想。但这种革命思想一直与反对革命的势力相激相荡,双方皆越来越激烈。于是一方面形成了自宗教革命、工业革命、光荣革命、美国革命、法国革命以下泛滥了的革命文化,流波所及,几乎什么都要冠上革命的徽号,例如传播革命、性革命、艺术革命等之类。另一方面,则由反对革命的传统继续发展出保守主义、反民主思潮等;而且为了反对革命,甚至形成了对抗革命的"革命",如法西斯、纳粹主义等皆是。革命也者,渐成一意识形态,与我国固有之革命论也越来越不一样了。

西方政治哲学自柏拉图、亚里士多德以下,多不主张人民有革命权,但其理据互不相同。亚里士多德是目睹希腊各国政乱频仍、政治局势不稳,因此渴望安定,认为革命永远不是件高明的事,革命或者能带来某种利益,但同时也带来更多的罪恶与苦难,破坏了政治组织与秩序,造成社会的紊乱。

至于如何防止革命,当然也因环境不同而所采方法互异,然大体上只是一种政治上随机应变的策略或技巧。政治方面:统治者应尽量开放政权,不可使少数人把持,所以至少要把不重要的低级官吏给一般人民,高级要职仍为统治者掌握。经济方面:如在财阀政体下,发现一般商人获利甚丰,跃跃欲试地要谋取政权,便要设法使他们的财富不致膨胀。

到了霍布斯,则认为主权者的权力要极大,不受任何限制;因为若他受任何限制,那他就不是至尊者,也就没有权力以维持社会的安全了。霍布斯说:"主权者的权力之大,正如人们所能想像作到的那么大。"为什么必须如此呢?霍布斯有两种重要的理由:(一)他依人类自私的立场,认为绝对服从主权者是各个人民的最大利益。若推翻了主权者,人们就回到了自然状态,亦即战争状态,那是人间最痛苦、最可怕的状态。霍布斯说:"主权者有这样无限的权力,虽然大家可以想到种种的坏结果;但假若没有这样的权威者时,那就是每人都敌对他的邻人的那种永久的战争状态,不是更坏的多么?"他强调,人民在一个国家之中,只有两条路可走:若非绝对地服从主权者,就是回复到无政府的战争状态。(二)他认为权力可以用两种方法建立:(1)依制度而成立的权力(sovereignty by institution);(2)用征服而得的权力(sovereignty by acquisition)。前者是人民与人民之间立定的契约,这种契约并非人民与主权者订立的,所以主权者无论做任何行为,绝无违反契约之处。但人民之间必须永远遵守他们立定的契约，永远服从主权者的命令。若依后者，因为他们已经应允了要永远服从，以获得自己的生命，所以他们也必须遵守他们自己所订的契约。

与霍布斯相似，斯宾诺莎以为，因人类有理知，人人都想逃脱那种互为仇敌的可怜状态，所以自然就会同意组成社会，使大家可以得到安定的生活，享受自己的权利。这也就是当时所流行的社会契约说。

因为大家都想避免那种互为仇敌的自然状态，所以大家把自己的权力让给一位主权者。这位主权者不受任何法律的支配，人民必须绝对地服从。因为人类的理知告诉他们，两害相权取其轻，虽然主权者的命令有时荒谬，但假若不服从时，大家即又回复了互相仇敌的状态。那种恐怖与不安宁的状态，对于大家的害处要更大些。所以斯宾诺莎说，国家成立了之后，"每一个人民就不能自主了，必须靠国家生活，听从国家的命令，他们自己便无权决定什么为是非，什么为公正了。……所以无论人民觉得国家的决定多不公道，他也必须服从"。

在《关于理论与实践的俗论》一书中，康德则论证道：（一）人民的任何反抗行为都是罪恶。他声称立法权只属于人民，但他有时又说人民的统治者不是行政官，而是立法者，"国家的最高权力对于人民，仅有权力，而无义务"，因此纵使违反宪法也可以不受任何人的制裁。对此种国家的立法首长，人民没有反抗的权利。他强调服从法律为人民的义务，纵然人民觉得某种法律剥夺了他们的幸福，亦唯有服从。"一切对立法权力之反抗、任何鼓动属民不满、任何程度与任何种类的反叛或变乱，都是国家中最应惩处的罪恶。"因而，统治者倘若违犯法律时，属民只能提出控诉或异议，而不能反抗，他说："假如作为最高权统治者或摄政者，于征税、募兵等事情上……对法律有所违犯时，属民对这种不正义之举，可以提出控诉与异议，但是不能有见诸行动的反抗。"甚至于连主政者违反宪法时，也不能限制或反抗，他说："甚至于政治的宪法中不能含有一种条款，可以使国家中人民有权在最权威者违反宪法时予以反抗，甚或限制它。"并且，即使最高权力者违背原始契约时，康德仍旧认为人民没有抵抗权，他说："倘若最高权或作为其代理人的主权者违背了原始契约,在人民的判断中已失去立法的权利,但因政府已被授权,故纵然如此暴虐,也不容许人民有抵抗权,作为与国家相对敌的一方。"倘若一国之宪法有缺陷,而必须改变,这种改变亦"只能由最高权力者,用改革(reform)的方式来作,而不可由人民用革命(revolution)的方式为之"。不宁唯是,人民甚至不应该寻根究底地追问最高权的起源,无论这个权的起源为何。(二)人民不应反抗的理由:(1)服从普遍立法意志,始有法治秩序,他说:"只有服从一个普遍的立法意志,法律与秩序的情况才是可能的。"(2)倘若承认人民的革命权力,则立法权力便不再是至高无上的了。如果一国的最高权力可以受到人民的反抗,则必导致在一个"最高权"之外,另有一个"最高权"。果然如此,则是一种矛盾,而且,"在实际存在的宪法中,人民已不再享有以他自己的判断决定如何治理它的权利。盖倘他们拥有那种权利,而又与国家首长之判断直接相反对,有谁来决定权在他们的哪一方呢?显然,他们任何一方都不能作判断。所以必须在主权的首长上,另有一个主权的首长,以决定它与人民之间的问题;但这乃是一个矛盾"。(3)倘若允许人民反抗,则必致动摇国本而摧毁国家基础。他说:"那样的反抗所依据的规律,如使之成为普遍的,则将摧毁一切立宪主义,并且将把仅有的国家毁灭无余。但只有在国家之中,人们才可以在实际握有权利的情形下过生活。"

诸如此类,都可视为反对人民有革命权的说法。中国没有这类奇奇怪怪的讲法,强调的是主政者若获罪于天或获咎于民,人民就会推翻他,老天也会否弃他。周朝本身取得天下,就本于这个观念,当然也会不断强调这一点。主政者也因此一直处在"责任的忧惕"中,担心什么时候失了德、悖了民心,就会被推翻。事实上,西周灭亡,也就是人民革命权的再一次发挥。周幽王无道被逐,由周昭"共和"。这类革命力量的发挥,虽然在后世实践起来并不容易,但汤武革命或驱逐幽王这类例子,就像"禅让"一样,永远在后世发挥着观念的作用。

三　国家：参错于家族的邦

在天下的观念中，国家不是"国家"而是"国""家"。家是家，国是国。家可以扩张结合其他家或氏族而逐渐变成国，也可以自己发展为国，但至周朝，后者大抵已不存在。一国之内，总有许多家。他们合作，奉一共主，自己担任大夫，各自拥有家臣及家、氏的权力。他们不想合作了，就去争夺共主的权力，形成《春秋》所谓"权移于私家"的状况；或者干脆夺位（弑篡）；要不则拆伙，各立为王，三家分晋就是此类例证。

造成这种现象的原因，在于家、氏族、社群、国根本不是同一种共同体，它们彼此交错争衡，不能把它们想象成同一桩事。

先说家。家共同体并不如一般人所以为的那么自然原始。其前提也不是我们今日所谓的家庭，而是某种程度上有计划的农耕收获。在纯粹掠取式的觅食条件下，固然已有家庭组织，却不见得有家共同体存在。而且，即使农耕技术已有高度发展，家共同体也往往只是一种次发性的组合。

不过，虽然如此，家共同体仍是最常见的经济共同体，并且涵摄了许多共同体行为。它是恭顺与权威的原始基础，也是其他许多人类共同体的基础。权威掌握于身强力壮者及经验丰富者之手，如：男人对女人与小孩的权威、有战斗力与劳动力者对无此能力者的权威、成年人对未成年人的权威、年长者对年少者的权威。"恭顺"是指权威承受者对权威拥有者，以及他们彼此之间的恭顺。由于对祖先的恭顺，家共同体遂有了宗教的关系；由于家产制官吏、扈从、封臣的恭顺，家共同体又转化出家产制与封建制。就经济与人际关系而言，家共同体是奠基于严格的人际恭顺关系上的牢不可破的统一体，对外团结一致，对内则是日用财货之共产主义式消费共同体。

在家共同体里，个人依存于家，个人有生死，家共同体却是不朽的。假若有成员因死亡、放逐、过继到另一个共同体（收养）或自愿退出而离开共同体时，家共同体并不因此而瓦解，离开者也不能再要求对家之权力"持分"。活着离开的，即因其离去而放弃其持分；若有人死了，仍活着的家共产经济也依然会持续下去。

家共同体虽具以上这些特点，足以作为人类各式共同体之基础，可是我们别忘了：它不是最早或最基本的，又与其他共同体有交错或分立的现象。例如，在家共同体未形成前，父母、子女、子孙和兄弟姊妹的共同体，对氏族和邻人团体其实更具包容性，个人也有较大的自由度。此外，即使男女婚媾，也未必能建立家共同体。在许多社会中，男性与女性的财货与营求活动常会分开来，男女背对背甚或完全分开来进食。在政治团体里，女性首领的独立女性组织与男性组织也会分立。军事活动，男性兵役期间必须离家在外，由女性管理家计。如斯巴达的家族结构里，财货就是男女分离的。后世家庭中男女分居分财者，其实也屡见不鲜。

此外，我们应注意：家共同体之外，还同时存在着另外一些共同体，其重要性不下于家共同体，且亦与家庭共同体互动互存。其一即邻人共同体。在早期自给自足的农业经济里，典型的邻人共同体是村落，亦即一群紧密地比邻而居的家共同体。他们是典型的急难救助者，因此，邻人关系便成为兄弟爱（包括感情性、经济伦理意味的兄弟爱）的担纲者。你如何待我，我也如何待你，这是俗民伦理的基本原则。

再说氏族共同体。一个氏，发展成族，看起来是最原始最自然的。但其实氏族并不像家共同体和邻人团体那么原始。氏族成员即使彼此并不认识，光是想制止某事（例如性交），就可以有共同体的行动存在。"同性不婚"这个禁忌，就是氏族共同体的行动之一。借这个行动，就界定了氏族共同体及其成员。

氏族通常也是先前的家成员分割或结婚而离开家共同体后，由他们及其子孙所组成的财产继承共同体。其作用有可能仅限于禁止成员之间通婚（氏族外婚制）。为了此一目的，氏族伙伴们或许就有了共同的辨识表征，并且相信彼此都是此一表征作用的自然物（多半是动物）的后裔，而氏族伙伴通常不准食用之（此即图腾信仰）。同时氏族内禁止彼此斗争，相互间也负有血仇义务和血仇责任（有时候仅限于特定的近亲）。

对家，氏族成员也往往拥有非常明确的权利，诸如对于家财让售的否决权、女儿出嫁的参与权和出嫁金额的分润权、担当监护人的权利等。靠实际或虚拟地建立起来的血统世系，氏族中衍生出人与人之间的义务关系与恭顺伦理，这些人有时不只是分属于不同的家，也可能分属于不同的政治单位和不同的语言共同体。因此，氏族得以独立自主地与政治团体（例如国）处于既竞争又交迭的对峙状态。

家、邻人团体和政治共同体，相互也会呈现出交错情形，如家和村落成员属于不同的氏族，氏族成员属于不同的政治共同体甚至不同的语言共同体。因此，邻人、政治伙伴甚至家共同体成员间，有时也不免彼此血仇相向。直到政治共同体逐渐垄断了暴力行使之权力后，它们的直接冲突方才递减。

共同体内部的权力关系也是交错而复杂的。有能力付钱购买（纳聘）妇女为妻的男人，将女子带离她原属的家和氏族，纳入自己的家与氏族中。此时，这名妇女及其子女便完全成为夫家的共同体成员。反之，无此种能力的男子，则须永久或暂时进入女方的家共同体，以偿付娶妻的代价（入赘或劳役婚），妻家的共同体仍保有对其妻及子女的权力。因此，有的家共同体首领，既可从较无资财的其他共同体中为自己及子弟买入妻子（抵价婚），也可令追求其女儿的无产者加入自己家中（宾纳婚）。如此，父系制（归属于父亲的家与氏族）与母系制（归属于母亲的家与氏族）、父家长制（Vaterhausgewalt，夫家的权力）与母家长制（Mutterhausgewalt，妻家共同体的权力），便可能因人而异地并存于家共同体里。同样地，一个父系氏族或父家长制家庭中，掌权者也可能是母亲或母系。中国许多朝代发生的外戚、女主、后妃干政夺权冲突（如《诗·大雅·瞻卬》曰"人有土田，女反有之。人有民人，女覆夺之"），即肇因于这种复杂的权力结构。

所以，我们不能只用"家天下""家父长权力""父系家庭政治类拟""家共同体恭顺伦理"这些观念去理解政治社会现实，尤其不能以此去描述中国的政治社会特征。

在中国人的政治生活中，"齐家"诚为其中重要的一环，但家共同体的权力问题已甚复杂，家与氏族、邻人、政治团体参错互动之关系更是纷纭纠缭，不是齐了"家"就能平"天下"的。中国人从来也不认为家就等同或类似天下，"天下非一'家'一'姓'之私"，思想史中扣人心弦之处，不在家国一体，而在"家""氏""邻人社群"跟"国"的合作与冲突关系。

四 治国：异于家政的国务

还有不少人把中国跟西方的不同，描绘成农耕文明与商业文明的差异。此亦谬见。古代中国和古希腊、古罗马思想家都一样重视农业。在希腊，色诺芬的《经济论》是第一本专讲农业经营管理的著作。在罗马，老加图、瓦罗、科鲁梅拉也都著有《农业论》，西赛罗则译了色诺芬的《经济论》。他们都极言农业的高尚、农业生产的重要。以后奥古斯丁的《忏悔录》，也仍把农业看作高于一切的经济部门。更不用说后来的重农学派了。故可以说重农才是西方的传统思想。

在此思想下，工商实受贬抑。色诺芬就很鄙视手工业者，说手工业者是鄙俗技艺，不能与农业相比。柏拉图也鄙视工商业奴隶主，反对他们参与政治。亚里士多德更认为货殖是违反自然的。古罗马的上述思想家也都反对以营利为目的的商业，特别是大商业。只有西赛罗赞扬大商业而鄙视小商业，认为罗国帝国需要大商业，地主应从事这种事业。

与之相比，中国倒并不鄙视工商。据说伏羲以来，已"日中为市，致天下之民，聚天下之货，交易而退，各得其所"（《易·系辞下》），足证商贸起源之早。《洪范》九畴，论八政，以食货居先，食指农业，货指商业；又以富为五福之一，与《周易》说"富家大吉"（家人卦辞）相似。《酒诰》则说"肇牵车牛，远服贾用，孝养厥父母"，可见殷商以来乘牛车去远方做买卖已很盛行，也被视为养亲之正途。至周则《瞻卬》说"如贾三倍"，其获利之厚，想必会刺激更多的人投入商贸事业。也因此，《周礼》描述了许多设官管理商业的事，其中有商贾一职，司通财贿事，掌于司市，以管理市场，以次叙分地而经市、以陈肆辨物而平市、以政令禁物靡而均市、以商贾阜货而行市。其官，分质人（掌质剂，调剂各种货物以供求）、廛人（掌敛布，监视商人交易之手续）、胥人（掌禁伪，以刑法禁商民之作伪）、贾司（掌平价，管辖物品市价之高下)、司虣(掌治安,以维持市场之秩序)。管理的重点,在于运用公权力建立公平竞争的商业秩序,而非抑商。抑商重农,其实是汉朝以后的政策,非殷周时代的思想。这是我们应特别注意的。

古希腊、古罗马上述这种轻商重农思想是怎么来的呢?就是出身于贵族的思想家为维护大地主制利益而生的呀!

古希腊、古罗马思想家论述的农业经济,其实只是奴隶经济,他们是为奴隶经济辩护的。色诺芬在《经济论》中曾就管理财产的问题说:奴隶主的主要任务,即是组织和监督奴隶劳动。他认为奴隶与牲畜没有什么区别:"对于奴隶来说,适用于训练野兽的办法也同样是训练他们驯顺的很有效的方法,因为你只要用他们所渴望的食物填满他们的肚子,就能收很大效果。"柏拉图在《理想国》卷二中也说:有些人是天生能担任统治者的人,有些则是天生做体力劳动、做奴隶的。亚里士多德《政治学》则说:"有些人天赋有自由的本性,另一些人则自然地成为奴隶,对于后者,奴役既属有益,而且也是正当的。"老加图的《农业论》中讲到管理大农庄时,也认为要把"老而病的奴隶卖掉。凡是过多的、陈旧的东西,都应卖掉"。

与此对比,中国先秦思想家则不见有这些言论。因为他们所论,主要是奴隶主对大农庄的管理,也涉及奴隶主对家务的管理,如教导妻子安排好家中财物,以增大其使用价值。其"经济"一词,常是家务管理法的意思。而他们所说的家务管理法,主要又是大农庄管理法,重点是提高农庄的农业生产。与此相较,中国古代思想家若讲重农,讲的也是国家应发展农业,而非私人农庄的生产。

由于中西方在此截然异趣,故西哲所论,在中国辄成罕见之奇谈。例如色诺芬在《经济论》中说:"人们耕种同样的土地,有些人弄得挺穷,说是种地害了他们;另一些人却种得挺好,衣食丰足。这是不是财产管理的一部分?当然是的:使他们按时按季为你生产大量谷物;要知道土壤的性能,能种什么作物、如何耕地、如何播种、如何翻土休耕、如何栽种果树等。"以后古罗马老加图的《农业论》也讲农庄管理法。他和色诺芬一样,讲农庄主视察农庄时,要查问:管理人工作完成的情形如何,还有哪些未完成,这一季的工作进行得如何,酿酒和谷物种植的情形如何,各种农工的劳动情况如何;有风暴时,要考虑下雨时应做的工作,如把罐子洗干净和安放好,把谷子收藏好,把粪肥移在适当的地方做成粪堆,等等。

以上这些农庄管理术,都表明了古希腊、古罗马思想家所论农业主要是从奴隶主大农庄的利益出发,与古代中国思想家主要从治国角度提出明显不同。

此外,亚里士多德把经济学分为两类:一为货币增殖术,以储积金钱为主,他并不赞成。另一种则是关于生产的经济,以农业和小工商业为主,属于家务管理法范围。他认为这种经济才是合乎自然的,也是正当的。其管理法也适用于政治家对于城邦的管理。"农庄主和政治家应该各自熟悉获得财产的这种自然技术。"换言之,其城邦管理术乃是家务管理法的推拓。

中国人论治国富国可不会如此,都是谈治国,却极罕言及家政(家务管理法)。孔子才说家政也是政,其意似说可以国政之法施用于家,与亚里士多德之见刚好相反。

当时公卿与农民的关系,也非奴隶主对奴隶的管理形态。《小雅·甫田》曰:"倬彼甫田,岁取十千。我取其陈,食我农人。自古有年。今适南亩,或耘或籽,黍稷薿薿。攸介攸止,烝我髦士。""以我齐明,与我牺羊,以社以方。我田既臧,农夫之庆。琴瑟击鼓,以御田祖,以祈甘雨,以介我稷黍,以穀我士女。""曾孙来止,以其妇子,馌彼南亩。田畯至喜,攘其左右,尝其旨否。""农夫之庆。报以介福,万寿无疆。"公卿与农人是合作式的,合力农事,奉祭方社田祖,进用农人中的髦秀之士,祝农夫之庆。

当然不是任何时候公卿与农人的关系都这么好,但假若彼此不再能相互体恤尊重,居上位者只晓得剥削下民,歌诗就要批判他了。《小雅·节南山》曰"彼有旨酒,又有嘉肴。洽比其邻,婚姻孔云。念我独兮,忧心殷殷","佌佌彼有屋,蔌蔌方有穀。民今之无禄,天天是椓。哿矣富人,哀此惸独",有钱人住大房子、喝美酒、食佳肴,穷人却丧乱无以为生,因此歌诗说此乃"国之为虐"。

碰到这种情况,诗可以怨。人民或如寺人孟子般,"寺人孟子,作为此诗。凡百君子,敬而听之"（《小雅·巷伯》）；或警告君王"荡荡上帝,下民之辟。……虽无老成人,尚有典刑。曾是莫听,大命以倾。……殷鉴不远,在夏后之世"（《大雅》）,这是提出革命论来了。

以下,我想以《周易》卦爻辞论"群"义,对上述事理作一综合说明。

《周易》论"群",主要是涣卦。涣既是散,又是聚。卦辞说："涣,亨,王假有庙,利涉大川,利贞。"祖考过世后,精神就涣散了。要立个庙,王到庙中去致祭,鬼神已散之气才能再度凝聚。推而广之,人群涣散了,也要以诚感格,使之聚合了,聚合才吉。所以六四卦辞说："涣其群,元吉。"

另外,师卦亦有聚众之意,卦辞："师,贞。"《彖》曰："师,众也。贞,正也。能以众正,可以王矣。"又,上六："大君有命,开国承家。小人勿用。"二者皆聚众之法。有命,指有天命,有天命才能开国承家。凡开国承家者,皆当正众、远小人。此与王者须立宗庙,以诚致感,才能聚合精魂、凝结人气相同。

二卦所论"群"皆指国家。但此处是合论,家与国有时也会分论。如家人卦即专论家。卦辞："家人,利女贞。"家以女人为主。女人在家不生事、好好做饭即吉,故"六二,无攸遂,在中馈,贞吉"；若"妇子嘻嘻,终吝"。所以家要正,仍须有些规矩,此即齐家之道。其次则为富家,"六四,富家,大吉"。家庭既富裕又有规矩,那当然就太好了,"九五,王假有家,勿恤,吉"。"勿恤,吉",就是无忧吉祥之意。

但家道也不尽是和乐的,因此家人卦之后接着就是睽卦,睽指家道穷则乖,睽而离。在家人睽离时,必须要重新提倡宗庙聚合之义,方能无咎："六五,厥宗噬肤,往,何咎。"在宗庙里聚餐噬食大胬,宗人乃得重新凝聚。

论家之卦如此,显示《周易》并不忽视家的作用,也希望家人合聚。但《周易》论"群"更重视超越家这个范畴的价值。

例如大畜卦辞："大畜,利贞,不家食,吉。"家中虽有主妇主中馈,但人应与贤人共食以养贤,而不应在家吃饭,故《彖》曰："不家食,吉,养贤也。"

损卦上九则说："弗损益之,无咎,贞吉。利有攸往,得臣无家。"《汉书·五行志》解释道："易称得臣无家,言王者臣天下,无私家也。"一位君王,要想无咎贞吉,就必须明白他要治理的是天下,而非他自己那一家。顾炎武《日知录》卷一说此卦是教王者"以天下为一家、中国为一人",意义相同,都是超越一家一姓的说法。

与此相似者为同人卦。"同人"亦"群"之意。卦辞分别说同人于门、同人于宗、同人于郊、同人于野。"同人于门,无咎",是因同人以义相合故无咎。可是同人于宗就不好了,"六二,同人于宗,吝"。吝不是咎,只是不太好,因同人若只找同宗的人,同人之义便不广了,所以不甚好。那怎么样才好呢?要同人于门,或同人于郊野:"同人于野,亨,利涉大川,利君子贞。"邑外是郊,郊外是野。同人于野,与泰卦九二"包荒,用冯河,不遐遗;朋亡,得尚于中行"相似。都是说同人取友,应包括遐远。荒服是五服(侯、甸、绥、要、荒)中距京畿最远之处,荒服中的贤者都不应遗弃,正可见同人之广。《淮南子·缪称训》"黄帝曰:'芒芒昧昧,从天之道,与元同气。'故至德者,言同略,事同指,上下一心,无歧道旁见者。遏障之于邪,开道之于善,而民乡方矣。故易曰:'同人于野,利涉大川'",释此卦最好。王者论同人,须超越一宗一家,讲得再清楚不过了。

亦因如此,"王假有庙"就须进一步解释。"王假有庙"故能聚众,一是指王者在宗庙致诚感格,才可以聚鬼神、聚宗人。推而广之,用此诚格之心,也可以聚合其他人。因此"王假有庙"是个起点。其次,"王假有庙"也是个象征。在宗庙制度下,天子为天下之大宗,凡拥天子为天下之共主者,均有宗庙助祭之义务,故"王假有庙",即象天子在此凝聚天下诸侯。此与观卦说"观,盥而不荐,有孚颙若"相同。王者致祭,中心孚诚是最盛美可观之事,天下观仰之。《周颂·臣雍》说"相维辟公,天子穆穆",也是这个道理。并不是说天子只要同人于宗就可以了。

天子奉天命、开国承家、不用小人、不遗遐远、大养贤、不家食、得臣无家、同人于野,这所有的行为,都建立在天子对于他自己的职事须谨慎行事上。以一种恭谨戒慎之心去做,才能超越对自己一家一姓的私心,廓尔无家。这种戒慎之心,就是忧患的意识。

《易·系辞下》:"作易者,其有忧患乎!"就卦爻辞看,确实也是如此,处处提醒人君应存忧惧之心。乾卦"九三，君子终日乾乾，夕惕若厉，无咎"。临卦"六三，甘临，无攸利。既忧之，无咎"，甘悦恬嬉，无忧惧之心，才会有祸。震卦，《象传》"洊雷震，君子以恐惧修省"。这些都是以忧惧教人的。居上者，为什么要如此戒慎恐惧呢？大有卦说得好："上九，自天佑之，吉无不利。"人要修德要惕厉，才能获得老天的眷顾，否则天命就会转移。故张承绪《周易象理证》云："惟德动天，无远弗届。成汤顾厥天命，用绥万方，而庆于太甲。是故伊尹曰：'皇天眷佑有商，俾嗣王克终厥德'，又曰：'非天私我有商，惟佑于有德'，其上九之义乎！"

《周易》也因此特别推荐谦德："谦，亨，君子有终。初六，谦谦君子，用涉大川，吉。六二，鸣谦，贞吉。九三，劳谦，君子有终，吉。六四，无不利，捴谦。六五，不富以其邻，利用侵伐，无不利。上六，鸣谦，利用行师，征邑国。"谦卦整个卦都是吉。

其中讲"不富以其邻"，又见泰卦六四。君子可以富家，但不能靠征伐苛削邻人来富家。而富家富国之法，也仍是与修德戒慎相关的。《易·系辞下》"天地之大德曰生，圣人之大宝曰位。何以守位？曰仁。何以聚人？曰财。理财正辞、禁民为非曰义"，所指即此。

第十二讲

周公:文化实践的圣王

一　思想史上的周公

　　立封建,以形成"国家";定礼度、设王官,以成就一理性法制社会;再依王官,以传世学;且奉圣王德治以为典型、赖风诗声教以成君子;举两用中,以致中和;而以忧患惕厉之情,承担德业政治的责任。以上几章所描述的这幅周文明之景象及其思想、内容,乃尧舜禹汤以迄商周长期的积累与发展。

　　我们今天看历史,上古茫昧,多半存而弗论。讲思想史,从春秋战国讲起,亦自以为得计。其实是因为大家都搞不懂古代的东西,所以便想象那时朴鄙原始,无甚可说。实则孔子迄今,只两千五百余年;孔子以前,北京人约在二十万至七十万年前,仰韶、龙山文化在四五千至七千年前,夏商两朝合起来亦有一千余年之久。也就是说,周朝以前,中华文明的发展已有很长很长的历史了。纵使只说周人所尊崇的尧舜禹汤,也是长达千年的酝酿涵育。周文明,就是在这个基础上斟酌损益而成就其"郁郁乎文哉"的盛业。孔子说"周监于二代""所损益可知也"(《论语·八佾》),就是这个意思。

　　损益上古文明,予以综合,而成就周文之盛者,起于周文王、成于周公。文王主要在精神上,点出一个方向:畏天命,尊德性。周公则是创设制度,把德治社会的理想全面体现于典章制度之中,成就了文王所提点的精神。

　　今人论思想史,只知抽象的概念思辨,不重架构性的制度思维,亦不谈思想之实践性质，故于"创制"一事，甚少着墨。但古人却是极注重这一点的。周公并无什么理论言说可供稽述。然而孔子以迄诸子百家，对之无不佩服，那就是他制度创辟的力量。荀子心目中的圣王或"后王"，就是以他为模型的。汉人把孔子形容为"为汉制法"的素王，亦是比拟周公。

可是周公制礼作乐的这种"创作"，却又是因袭而来的，是依夏商之旧而斟酌损益以成。所以它既是一种集大成的形态，又是一种创作。"作"即在"述"之中，且以"述"为"作"。这种两面性，也就成为后来诸子百家立议造论、创立新制时的基本模式。

孔子是最崇拜周公的人，思想、行事皆学周公，且时时梦见他。其以"述"为"作"亦极似周公。孔子以后，固然也有许多孔子的崇拜者推尊孔子，说"自有生民以来，未有如孔子也"（《孟子·公孙丑上》）——例如孟子即如此主张，但周公的地位一直不衰。唐朝以前，且以周公为"先圣"、孔子为"先师"；学校释菜、释奠之礼，也一直并祀周孔。宋朝以后，周公之地位才下降，孔子渐渐变成至圣先师，兼"圣"与"师"之号。可是论者仍不无异议。唐朝韩愈《原道》即说学术以周公为古今变迁之一大关键："由周公而上，上而为君，故其事行。由周公而下，下而为臣，故其说长。"清朝章学诚更于此发挥之，说："自有天地，而至唐、虞、夏、商，皆圣人而得天子之位，经纶治化，一出于道体之适然。周公成文、武之德，适当帝全王备，殷因夏监，至于无可复加之际，故得藉为制作典章，而以周道集古圣之成，斯乃所谓集大成也。孔子有德无位，即无从得制作之权，不得列于一成，安有大成可集乎？"（《文史通义·原道上》）

我们不一定要像他们那般尊周公而抑孔子，但由他们的话，却不难让我们发现周公这个人在思想史上其实具丰富的意蕴，也有具体的影响。

如前所说，他是一位创制者。创制者依其架构性思维，成就典章制度，与学者哲人，依其抽象性思考探赜钩玄，颇为不同。后世一直争论不断的事功实践与理论言说之辨，即肇启于此。中国后来在思想倾向上，一直强调思想应作用于经世方面，就与周公作为人物之典范有关。

何况，周公之制度，非徒存传说而已，他还有《周礼》一书可供后人摩挲追想，以慕仿其意。许多想把经世理想落实于平治大业的人，即往往依仿《周礼》以说均田共产、王制太平。从新莽、北周、王安石、张载、颜元到孙中山、熊十力，都有其影响之迹。《周礼》一书，有人信奉，有人斥其为伪书，吵了几千年，亦即与思想应否经世、如何经世，以及对周代井田封建制度之评价，大家见解不同有关。

创制的另一个问题，是创作与"述""集大成"的区分。依古人之见，创作是圣人的事，具有创造性能力的，才叫圣人。中国古代那些圣人，都与创造神话有关，黄帝作车、仓颉造字、大挠作甲子，斯即所谓"作者之谓圣"（《礼记·乐记》）。周公创制或说周公制礼作乐，就是推崇他的创造之功。但创造是无中生有、前无所承的。若说周公之事功乃集大成而来，那就不是创而是述，是"善继人之志"（《礼记·中庸》），以绍述、传承为主，把前人的东西予以发扬光大，使其昌明于天下。此可称为"明"，是"述者之谓明"（《礼记·乐记》），但不是圣。周公到底是述者还是作者？这不但涉及周制度的性质、殷与周的关系，更牵联到后人以周公为人格典范时的角色认知问题。汉唐以前，以周公为"圣"、孔子为"师"，就是以周公为作者、孔子为述者。韩愈、章学诚以周公为集大成者，则是以他为述者。

作与述，还关联着另一个经与史的争论。圣人创作的是经典，述者整理、传述的则是历史。所以像章学诚说周公为集大成者，就要同时说"六经皆史"（《文史通义》）。汉人今古文之争，今文家推尊孔子为汉制作，以孔子为圣人，故曰六经皆孔子所作。古文家则说周公旧法、史官旧例，孔子不过依其成例以修《春秋》等书而已。创制者可立大经大法，删述旧籍以传后世的则是史家。

周公之圣，还有一个特点，那就是韩愈他们说的，周公跟上古尧舜禹汤文武一样，都属于圣王，"皆圣人而得天子之位"。周公以后，纵或还有圣人，均只是圣，不再是王。因此，周公是最后一位圣王的典型（为了成就这个典型，经学上还存在一个"周公称王践阼"（魏源《书古微》）的争论。有一派人认为周公不只是摄政辅佐，拥有实权，他还确曾践阼称王）。连孔子也只是有德而无位，故被称为"素王"，不是真已为王。

圣王，非但是中国人的理想，也是希腊柏拉图的理想，或译为"哲人王""哲学家皇帝"，代表德位合一之典型。但这样的理想，其实也带来争议。争议之一，是福、德是否可以一致？为何不一？若福、德不一定能一，修德者所为何来？其德又如何施用，以造福社会？争议之二，是道德与政治权位可否结合？合一必定比不合好吗？不合，可能是政治压迫道德，也可能是道德制衡着政治。合，可能成就为圣王，但也可能是王者自居为圣人。其中是非优劣，大堪推勘。争议之三，是圣王"上而为君，其事行"，学术与治事施政可以结合。不能王，只能圣，学术便仅能徒托空言，无法实践。但学术与政治可以合一吗？政治是势，是治统；学术是道，是学统。二者应合一，抑或应以学辅治，或者应道尊于势，以学抑政，都存争论。

"周公/孔子""作/述""圣/师""经/史""经世/垂教""立功/立言""圣王/圣人""德位合/德位分""福德一/福德不一""治统/学统""势/道"等各种区分与争端，正是周公这个人在思想史上的意义。其意义在其后历史的发展中会逐渐显明，逐渐议题化。

二 "轴心期"之谜

回到周公当时的历史情境看，周公之创制，应该如我所说，乃是以述为作的，既是创制，又是集大成的形态。黄帝以来的文明创造，到此得一综合、得一整理，损益以成就为周文明。

但对于周公以及周文明重视不足，却是民国以来论述中国思想史、哲学史的特色。胡适的史述，以"截断众流"的方式，从老子、孔子讲起；新儒家牟宗三先生由"周文疲弊"讲起，都属此类。余英时先生则介绍雅斯贝尔斯（Jaspers）的观点，强调春秋战国"轴心期"（Axial Period）在精神化哲学突破上的作用。这都是把思想史真正的起点定在春秋战国时期的。

不论"源"而截之断之，以说流变，或不说周文，仅说疲弊，其误显然。至于轴心期理论，近来虽日益流行，但恐怕更不合情实。

所谓轴心期，在拉索尔克斯（Lasaulx）和史陶斯（Strauss）的著作中已讨论到。雅斯贝尔斯更予以发挥,他认为:世界各大文明在战国同一时期内共同经历了一场哲学的突破。在中国,孔子、老子、墨子、庄子、列子等诸子百家都出现了。印度出现了《奥义书》(*Upanishads*)和佛陀(Buddha),探究了怀疑主义、唯物主义、诡辩派、虚无主义等哲学之可能性。伊朗有琐罗亚斯德,巴勒斯坦有以利亚(Elijah)、以赛亚(Isaiah)、耶利米(Jeremiah)、以赛亚第二(Deutero-Isaiah),先知们纷纷涌现。希腊贤哲如云,其中有荷马、巴门尼德斯、赫拉克利特和柏拉图及许多悲剧作者。在这数个世纪内,这些名字所包含的一切,几乎同时在中国、印度和西方这三个互不知晓的地区发展起来。

除了跨地域共同出现大批哲人外,轴心期还有如下几个特点:(一)轴心期结束了几千年的古代文明。前轴心期文化,像巴比伦文化、埃及文化、印度河流域文化和中国土著文化,其本身规模可能十分宏大,但却没有显示出某种觉醒的意识。与轴心期相比,古老的文化似乎罩上了面纱,人仿佛仍未真正苏醒过来。(二)任何未同轴心期获得联系的民族仍保持"原始"状态,继续过着已达几十万年的非历史生活。(三)直至今日,人类一直靠轴心期所产生、思考和创造的一切而生存。每一次新的飞跃都回顾这一时期,并被它重燃火花,如欧洲的文艺复兴时期。故这个时代产生了至今仍在我们思考范围的基本范畴,创立了人类仍赖以存活的世界宗教之源。

为什么轴心时期能有如此宏大之影响呢?雅斯贝尔斯说,这个时代的特点是:三个地区的人全都开始意识到整体的存在、自身和自身的限度。人类体验到世界的恐怖和自身的软弱。他们探询根本性的问题。面对空无,他们力求解放和拯救。通过在意识上认识自己的限度,他们为自己树立了最高目标。这一人性的全盘改变,可称为"精神化"。人不再封闭在自身之中。他们变得不能确定自己,因此向新的无限进行探索。"哲学家"首次出现了。人敢于依靠个人自身。中国的隐士和云游哲人、印度的苦行者、希腊的哲学家和以色列的先知,尽管其信仰、思想内容和内在气质迥然不同,但统统属于哲学家之列。人证明自己有能力,从精神上将自己和整个宇宙进行对比。他们在自身内部发现了将他们提高到自身和世界之上的本原。这些信念和教义虽然途径不同，但有一点是共同的，即人能够在整体内不断地意识到自己而超越自己。

首先，这个历史解释看起来有趣，但到底说明了什么呢？三大文明，除了时间上相近外，有什么相似或相同的性质吗？而所谓时间的相近，不恰好就是把孔子以前划为原始神话时代所致吗？假若我们认为殷周文明并不能视为原始蒙昧时期，春秋战国时期就不能描绘成一个精神飞跃的时代。换言之，轴心时期云云，根本是为符合结论而制造出来的。因为之前是不自觉的蒙昧时期，所以春秋战国才有一精神性的飞跃；因为春秋战国有一场哲学的突破，故前此又必须是蒙昧原始时期。这不是自我循环论证吗？

其次，所谓精神性的飞跃或哲学的突破，指的是人的意识自觉。但人的意识自觉，这个观念根本就是西方的，具有希腊式或现代性之特征，能用以解释中国或印度的情况吗？

而且，介绍者往往不晓得雅斯贝尔斯描述轴心时期的用意何在。他可不是要谈古代史，而是要利用一个"世界历史的结构"来指明人类未来应循之道路。这个道路是什么？就是西方现在的路子。

雅斯贝尔斯认为，人类在轴心时期，其实就已在大同中存了小异。西方一些特殊的文化质素，即是后来可以产生现代文明的种子。现代科学技术不产生于中国印度，而产生于欧洲，即证明了："那最终在科学中显现自己的东西，在轴心期已经作为胚胎存在了。"所以，"科学技术的根源，与日耳曼、罗马民族一起奠定。由于科学技术，这些民族完成了历史的突变，他们开始了真正世界性的、全球的人类历史。只有这些民族，才仍然能在决定人类命运方面发挥积极的作用"。（详见 Karl Jaspers, *The Origin and Goal of History*, New Haren：Yale University Press, 1953）也就是说，轴心期只是第一度的世界历史同一结构，未参与轴心期哲学突破的民族都落伍了，永远停留在原始阶段。而参与轴心期突破的民族，现在又皆耗尽了轴心期以来创辟的资源，如中国、印度俱已衰颓。只有欧洲，因具有"西方的特殊性"，所以才能一枝独秀。这样的文明，才能成为世界史真正的方向，为全人类发挥作用，成为普遍的。于是，世界都走向西方式，就成为再一度的世界历史同一结构了。

此等论调,岂不荒谬?雅斯贝尔斯还有其他诸般荒谬,例如他说"与西方相比,中国和印度没有正史"。就不必再谈了。论者徒撷拾其轴心期之说,却未审其立说之底蕴,竟持此以描述吾国思想史,殊欠考虑哉!

而轴心期这类说法,之所以会被接受,跟"截断众流""周文疲弊"诸说会流行一样,又都是现代性社会历史观的一种表现。

现代社会的自我定位,本来就是依历史断裂观,把现代社会形容成是由传统社会变革而成的,所以与传统有着断裂的关系。传统代表蒙昧,现代则是理性、民主、科学、工业化的。所谓轴心期或截断众流云云,其实也就是这样的关系在古代的再现:文明在变革以前,甚为平庸,甚且停留在人的自我意识尚蒙昧不清的阶段;变革以后,精神自我醒觉了,遂产生了飞跃的进步。

历史当然不会是这样的。我们讲历史的人,要"通古今之变"。通变,就是不能只知变而不能通其变,若知变而不知常,即不能通矣!何况,在雅斯贝尔斯所说的轴心期以前,周文王、周武王、周公所开之文明,早已"郁郁乎文哉",或如孔子所赞叹,是"尽善尽美"了。吾人能用截断众流之法去抽刀断水乎?

三 集大成的创制者

对春秋战国时期的人来说,周公所代表的周文化即为其拥有之传统。他们的变,乃是在这个传统的基础上变。同理,周公也是本于夏商之传统而予以斟酌损益之。有因有革,革本于因,因出于革,又遂以革为因,因革损益,是整体滚在一块儿的。

这时,传统、现在、未来,也是合在一起的。"殷因于夏礼,所损益可知也;周因于殷礼,所损益可知也"(《论语·为政》),所谓传统,既指所因之夏礼殷礼,也指商周依本身当时之价值判断而作的损益抉择所形成之殷礼周礼。殷礼周礼在商周被当成时代之典制,而同时也具有传统之性质。其作用则又非只用以缅怀既往,乃是用以示人以一条可往前走下去的路。

于是,传统以过去为导向,过去被用来对现在施加重大影响。早已约定俗成的东西(礼俗)被当作集体决策和个人行为的重要标准。在这个意义上,传统乃是一种途径。通过它,过去在现在中生活着,从而塑造着未来。

传统不只是风俗,也不是任何信仰与实践的特定制度,而是使信仰和实践能够被组织起来的一种惯例。它内在地充满了意义,因为它含有规范的、道德的或情感的内容,因而具有约束性和控制性的特征。它所体现的,不仅是一个社会做了什么,而且包括这个社会"应当"做什么。传统的这种道德性,为坚持它的人提供了一种安全感和方向性。传统同时也可以区别彼此,知礼守礼的人是"自己人",不知礼的是异文化的"他者"。对于内部人而言,传统是维系个人身份并与更广泛社会身份相联系的基本要素。

这样一种传统,完全可以"礼"这个字来概括,这是因为典章制度乃至仪式,是传统中强制性的内容,它所注入的是一套庄严的神圣性实践,其功能不仅在于维系过去、现在与未来的连续性,而且也为个体生存提供了安慰机制,为区域内的人际关系提供了信任机制。故若整体说夏文化、殷文化、周文化,就说夏礼、殷礼、周礼。

当然,若细说,周礼之因革于夏商者,也是可以辨识出来的。例如《逸周书·世俘解》说"文考修商人典",讲文王修商人之典籍或学着商人修典籍。《周书·多士》载周公说"惟尔知惟殷先人有册有典,殷革夏命",强调殷革夏命,载于其典册。殷的典册之多,确实是周所羡慕的。因为周人初始本无文字,当然不会有典册。故周人在文王以前之历史,皆为传说,今出周原甲骨,纪事亦不出文王以前。后来周开始使用文字了,用的即为殷人之文字。周人采用了殷人文字后,随即也吸收了殷人作典作册的文化,且发扬光大之。周公强调殷人册典之语,适可印证这一点。

文字的使用、记载,以及典册化、历史化(把殷革夏命的"史实"系于典册有征的"史载"),表明周人的历史意识继承于殷而又有所增强。靠着这种历史意识,商周之革命便被解释成沿续而非替代。周之代兴,不再是异族消灭殄覆了殷商。商与周,被解释成同一族的两兄弟。

商人以契为始祖,周人以稷为始祖。但在周文王时,已祭成汤、太甲等商人先祖,周原甲骨中多有证据。为什么周人竟祀商人祖先呢?《国语·鲁语上》有个记载说:"商人禘舜而祖契,郊冥而宗汤。周人禘喾而郊稷,祖文王而宗武王。"鲁为周公之后,故此语应即代表周人正统观点,亦即把周人的族属关系放在一个更大更长远的历史脉络中去看,于是商与周均非孤立的两个族,乃是可以上接舜与帝喾之胤的血统。舜与帝喾,按《鲁语》又都可以再往上追溯到黄帝。这样与殷商攀亲戚,起初也许是不得已的,但自文王时已如此做了,后来索性将它攀个彻底。于是从黄帝以下,喾舜夏商周遂串成一个整体的历史,周也成为这个久远传统的继承者。

不但在世系上牵联于商之先祖,周公行事也颇仿商王。例如《商书·汤诰》中谈到商有天灾,汤以自己作牺牲奉祭,向上天祷告"尔有善,朕弗敢蔽;罪当朕躬,弗敢自赦:惟简在上帝之心",意思是说若老天要降罪,就罚我一个人好了。周人在克商之后第二年,武王生病不愈,周公去祝祷,也一样,说请由我代死好了:"惟尔元孙某,遘厉疟疾。若尔三王,是有丕子之责于天,以旦代某之身。"这篇祷辞,还曾封起来,藏在金缄的柜子里,那就是收入《周书》的《金縢》篇。这样的举措与祝辞,显示周公并不像后人所以为的那么人文性,其奉天翦商之际,同时也继承了商人"率民以事鬼"的传统。

周公与文王一样,都强调天、天命的德性义,说人须以德奉天。但这也只是发扬商人的看法,《商书·咸有一德》就曾说:"惟天降灾祥,在德。"此虽伪篇,其语固不伪也。试看《汤誓》,汤对自己起兵革命的解释是:"非台小子,敢行称乱。有夏多罪,天命殛之。"此与《商颂》说"天命玄鸟,降而生商",都可证明天命观本是商人的观念,上天降命,有德者获佑、无德者获咎。后来周人革命,当然据此而更强调之。所以像周公《多士》说"惟帝降格,向于时夏。弗克庸帝,大淫泆有辞。惟时天罔念闻,厥惟废元命,降致罚,乃命尔先祖成汤革夏……在今后嗣王,诞罔显于天,矧曰其有听念于先生勤家?诞淫厥泆,罔顾于天显民祗。惟时上帝不保,降若兹大丧",不就像《汤誓》的续篇吗?

另外,《洛诰》云:"王肇称殷礼,祀于新邑。"这个王,是成王。成王即位,建新邑,却仍用殷礼。且据郑玄注说:"伐纣以来,皆用殷之礼乐,非始成王用之也。"周公制礼作乐之后，也未立刻改变，"仍令用殷礼者，欲待明年即政，告神受职，然后班行周礼"。可见周朝对殷礼一直保持着相当的尊重。

在上述种种情况下，立基于殷礼而建立起来的新制（周礼），才可能迅速被人接受。周的"革命"也才成为一种非断裂式的继承性创新。因与革、损与益同时存在，成了中国后来文化变迁的主要模式。

四　中国观的确定者

武王革命，主要是政治意义的，周公制礼作乐，才使得这次变革具有丰富的文化意涵。而这次文化变革，既因又革，既创又述，在历史观上奠定了一种特殊的模式，周公本人也因此而成为"集大成的创制者"，成了一个人物典范。

他还有一个值得重视之处，那就是：他是"中国"概念的确定者。

前面谈历史因革主要是在时间之流中的问题，"中国"涉及的则是空间问题。《周书·梓材》载周公进谏武王时，即提及"中国"："皇天既付中国民越厥疆土于先王，肆王惟德用，和怿先后迷民，用怿先王受命。"在此之前，《大雅·荡之什》中也用文王的口吻说："咨汝殷商，汝炰然于中国，敛怨以为德。……如蜩如螗，如沸如羹，小大近丧，人尚由乎行。内奰于中国，覃及鬼方。"

在他们之前，与此相关的另一概念"四方"，早已出现于《禹贡》："九州攸同，四隩既宅……四海会同"，"迄于四海"。"四海"，是说禹所规划的整个区域，到达四边海隅；"隩"，就是水涯。这个讲法，与《皋陶谟》说"光天之下，至于海隅苍生，万邦黎献"恰相符应，代表古人早期的天下观。整个天宇苍穹盖覆之下的大地，四边为海水所包围，王者治理之地即为此天下。四海之内，所有土地均含在内。《小雅·北山》说"溥天之下，莫非王土"，即指此义。其实这是很早就有的观念。天下广有四海，包涉万邦，因此，它本身不是民族国家的讲法，而是由天、由上帝的角度说，大气磅礴，总摄四方。如

《大雅·文王之什》所说："皇矣上帝,临下有赫,监视四方,求民之莫。"所有四方万邦,都在上帝的眷顾与监察之下,故《召诰》云:"呜呼!天亦哀于四方民。"在天的注视下,所有邦国都是一样的,四方之民都是天所哀矜的。虽是小邦,也可能格外获得天眷,如周那样:"天休于宁王,兴我小邦周。"(《大诰》)大邦也可能遭天谴,如殷那般:"皇天改大邦殷之命。"(《康王之诰》)

"天下""万邦"这些观念下的国,也就是邦国之义。或邦等于国,如《酒诰》说"乃穆考文王,肇国在西土",这个国就是周邦。或邦中又分若干国,如《商颂·殷武》说"命于下国,封建厥福",这个国就是殷邦内部的诸国。

文王周公所说的"中国",却是相对于这些观念而说的,与它们不同。在万邦诸国之中,"中国"跟一般邦国不同,是特殊的国。中国与四方相对,所以《大雅·生民之什》说:"民亦劳止,汔可小康。惠此中国,以绥四方。"从前讲四方,是天底下直抵海隅的四方各地;现在,则是中央有一国,其余才是其四方各国。

"中国"作为一个相对于"四方"的概念,不只是空间上一在中央,一分列四方,更在于它具有价值判断。中国所代表的文化价值意义,甚且超越了空间上的意义。这在文王、周公的用法中就已明确可见。因为文王崛起于西岐,若以空间疆域说,他只是西伯,其国只能是西土西方,岂宜说中国如何如何?周公说"皇天既付中国民越厥疆土于先王,肆王惟德用……"云云,则表明"中国"之具体内涵在天命与德治的应和关系上。因此,"中国"乃是有德之地。

相对来说,四方就是德义较逊之邦了。后来乃以此而形成了华夷之辨,"中国/四方""华夏/四夷"等区分,皆本于此。如《左传》僖公二十五年载周王赐晋侯以阳樊之地,阳樊不服,围之。仓葛呼曰:"德以柔中国,刑以威四夷,宜吾不敢服也。"《大学》载:"唯仁人放流之,迸诸四夷,不与同中国。"孟子说:"当尧之时,天下犹未平,洪水横流,泛滥于天下,草木畅茂,禽兽繁殖,五谷不登,禽兽逼人,兽蹄鸟迹之道交于中国。禹疏九河……然后中国得而食也。……教以人伦……吾闻用夏变夷者,未闻变于夷者也。陈良,楚产也,悦周公仲尼之道,北学于中国。"(《滕文公上》)中国与四夷相对,都用以代表文明昌盛之地、礼义之邦。而这个概念及夷夏之分,孟子也很清楚地将之推本于周公。

"中国"这个概念,在中国思想史上的重要性,是不待多说的。中国人以此指明并辨识自我,中国以此为国号,中国自认为是礼义之邦,中国人在文化意义上强调华夷之辨、对四裔邦国有文化自豪感,而且向来倾向以文化而非以政治体统治辖区来界定中国等,都与周公确定中国这个概念有关。

四方,这时已成了四夷,其地位与中国不可相提并论,是以殷商时代仍祭奉的方神也不再有作用了。殷时崇祀,是要向方神献祭祈求的,例如:"壬辰卜,其宁疾于四方,三羌又九犬"(《合集》,30178),指以三羌人、九条犬献祭四方神,以宁息疾病;"甲子卜,其求而于东方"(同上),向东方神祈雨;"南方受耳"(《屯南》,2377),南方神授予丰年。这是关联着四方而有的神。可是到周初,四方就不再有神义,只指方位。要到战国时期,才再结合中央,形成东西南北中五方帝的新讲法,或说东西南北中之上还有一个上帝,五帝则为其佐。《周礼·春官·小宗伯》说"兆五帝于四郊"就明显是战国以后的说法,非周公时的观念。至于郑玄注"苍曰灵威仰,太昊食焉。赤曰赤熛怒,炎帝食焉。黄曰含枢纽,黄帝食焉。白曰白招拒,少昊食焉。黑曰汁光纪,颛顼食焉",把五方帝神跟上古五帝结合起来,更是受汉代纬书的影响而然,也不是周公时能有的观念。

五　礼乐文德的教化

把自己民族及其所在地视为宇宙中心,是世界上许多民族或国家常有的观念。但许多人都没弄清楚,文王、周公所提的中国观实与之不同:其一,这个观念并不起于民族中心主义。其二,这个观念反而是后起的,我国早期并没有其他民族常有的民族中心意识。"天下意识"本来就是超越我族中心的,故后来天下与中国两个观念仍可相结合。其三,自居中国,充满文化自豪感,认为自己的文化高于周边邦国,这种态度仍不脱我族中心心态。但中国观并不只是这种感情态度,更包含着实质的文化内涵。亦即中国之所以能为中国，须有德、须是礼义之邦。其四，这些实质文化内涵，亦非就本民族本邦国已具备者说，不是以自己为标准的论断，而是说须达致这些实质文化内涵方足以称为中国。非"我即中国"，乃"我成为中国"。中国观，亦因此而是一文化实践活动。

这个活动，具体表现于文王的修德和周公的制礼作乐。文王之德，成于克殷之前，使周朝的建立具有天命的正当性。周朝建立之后，周公的制礼作乐则让周真正成为中国。

克殷后，武王去世。成王初立之时，周贵族中管叔、蔡叔发动了武装叛乱，周公统兵平叛后，便规划了以礼治国的大政方针。《书大传》说："周公摄政，一年救乱，二年克殷，三年践奄，四年建侯卫，五年营成周，六年制礼作乐，七年致政于成王。"《逸周书·明堂解》又载：周公于成王六年建明堂。史料上记载周公制礼作乐者，类似之文句甚多。唯因记载简略，许多典制并不清楚。例如"明堂"究竟为何，历来就有不少争论。但其礼乐之内容，若以《周礼》为基本材料予以勾勒，则大抵可简述如下：

（一）吉礼。《周礼·地官·司徒》：以吉礼事邦国之鬼神（祭祀之礼曰吉，因有受福之义）。其别十有二：（1）以禋祀祀昊天上帝；（2）以实柴（实牲于柴而燔之）祀日月星辰；（3）以槱（读酉，积木燎之）燎祀司中、司命（文星第四、五星）、风师、雨师；（4）以血祭祭社稷五祀（五行之神）五岳；（5）以狸沈祭山林川泽（祭山林曰狸、祭川泽曰沈）；（6）以疈辜祭四方百物（披牲胸曰疈，磔牲体曰辜）；（7）以肆献祼享先王（肆谓荐熟，献谓荐肢，祼是灌郁鬯之酒）；（8）以馈食享先王（馈食荐黍稷）；（9）以祠春享先王（春物初生，未有以享，故曰祠）；（10）以禴享先王（夏物未成，用薄物以祭，故曰禴）；（11）以尝秋享先王（秋物既成，以尝新为之，故曰尝）；（12）以烝冬享先王（冬物大备，可进者众，曰烝）。

（二）凶礼。《周礼·春官·大宗伯》：以凶礼哀邦国之忧。其别有五：（1）以丧礼哀死亡，归以赗赠；（2）以荒礼哀凶札（民饥曰凶、民病曰札，馈以财粟）；（3）以吊礼哀祸灾（遣使慰问）；（4）以襘礼哀围败（国被围败，丧失财物，会财货以补之）；（5）以恤礼哀寇败（兵作于外为寇、兴于内为乱，出师旅以救之)。

(三)宾礼。《周礼·春官·大宗伯》:以宾礼亲邦国。凡八:(1)春夏曰朝;(2)夏见曰宗;(3)秋见曰觐;(4)冬见曰遇;(5)时见曰会;(6)殷见曰同(殷,众也。二岁王不巡狩,则六服尽朝,王为坛以命政;其来必同,故谓之同);(7)时聘曰问;(8)殷頫曰视(王室有故,庆喜吊忧,而六服皆使人专视)。

(四)军礼。《周礼·春官·大宗伯》:以军礼同邦国。凡五:(1)大师之礼用众(师礼有师旅卒两之制,有坐作进退之节,所以用之征伐);(2)大均之礼恤众(均礼,谓赋之轻重,视地肥硗,役之多少,视家上下,所以优恤其民);(3)大田之礼简众(田礼习兵教战,所以简核其材);(4)大役之礼任众(役礼、筑城、修邑,所以任使其力);(5)大封之礼合众(封礼正其封疆沟堑,所以合聚其民)。

(五)嘉礼。《周礼·春官·大宗伯》:以嘉礼亲万民(嘉,善也,因人心所善而为之礼)。凡六:(1)以饮食之礼亲宗族兄弟;(2)以昏冠之礼亲成男女;(3)以宾射之礼故旧朋友;(4)以飨燕之礼亲四方之宾客;(5)以赈(赈)脤之礼亲兄弟之国(社稷之胙曰赈,宗庙之胙曰脤);(6)以贺庆之礼亲异姓之国。

《周礼》号称周公之书,但此书并非周初所作,多采战国制度,故此处所载,应非周公制礼的原貌。但以上五礼,仍大抵可以与春秋战国时描述周公之礼的文献相参证。所以上述礼制,仍可让人追想其时制礼作乐之情状。

但所谓制礼作乐,并不只有这些。以上各礼,也不只是一些仪制,而是跟整个政治社会体制结合起来的。《周礼》记载诸官教民养民,均与此有关。例如,地官大司徒职司十二教:以祀礼教敬,以阳礼教让,以阴礼教亲,以乐礼教和,以仪辨等,以俗教安,以刑教中,以誓教恤,以度教节,以世事教能,以贤制爵,以庸制禄。可见官掌礼,且以礼教、以礼制,一切都成就为礼。司徒这种官,实质上便成为礼官。它除了以十二吉礼教之外,且以"六德""六行""六艺"之乡三物教万民而宾兴之,以"乡八刑"纠万民,以"五礼"防民之伪,以"六乐"防民之情,亦显然是以礼进行民众教育:教敬、教让、教亲、教和、教辨等、教安、教中、教恤、教节、教慎德、教兴功。

司徒底下，州、党、族、闾、保、比也一样要推行礼乐教养于邦国都鄙，使以登万民：一曰稼穑，二曰树艺，三曰作材，四曰阜蕃，五曰饬材，六曰通材，七曰化材，八曰敛材，九曰生材，十曰学艺，十一曰世事，十二曰服事。凡此，皆养之事。然后以乡三物教万民而宾兴之。乡三物，即是乡三事：一曰六德，知、仁、圣、义、中、和；二曰六行，孝、友、睦、姻、任、恤；三曰六艺，礼、乐、射、御、书、数。

地官以外，天官之官也是如此。例如冢宰，以九两系邦国之民："三曰师，以贤得民；四曰儒，以道得民。"注："师，诸侯师氏，有德行以教民者；儒，诸侯保氏，有六艺以教民者。"又天官宫正："会其什伍而教之道艺。"五人为伍、二伍为什，此谓会合其民人而教之道艺。郑众注："教，谓先王所以教道民者；艺，谓礼乐射御书数。"

师以贤得名，儒以道得名。贤，是指他本身应具备贤德。道，是指儒应负责教导人民，教之以道艺，使之由礼乐射御书数六艺的学习中获得对道的体认。

艺，本不限于六艺，据《周礼·地官·保氏》曰"见于事为艺"，所颁职事十有二，就是广义的艺：稼穑，谓三农先九谷；树艺，谓园圃毓草木；作材，谓虞衡作山泽之材；阜蕃，谓薮牧养蕃鸟兽；饬材，谓百工饬化八材；通材，谓商贾阜通货贿；化材，谓嫔妇化治丝枲；敛材，谓臣妾聚敛疏材；生材，谓闲民无常职，转移职事者；学艺，谓学道艺；世事，谓以世事教能，则民不失职；服事，谓为公家服事。广义的艺事之下，保氏掌"养国子以道，乃教之六艺"，则是狭义的艺。教养人民，本不限于此，而是广及稼穑、阜蕃、通材、疏敛、服事诸行为上的。

六德、六行、六艺、十二职事等，都是在陶养人民的实践理性，要让人从生命总体的提升来体现其礼乐教养。也就是说，周公的制礼作乐，并非如王国维《殷周制度论》之类论析那般，只是典章制度方面的事，而更是推动着一种社会文化运动，让国家成为一个文化实体，而非只是一政治实体。"中国"的含义，即在此文化实践中才足以表现出来。

周朝享祚八百年，是我国史上最长的。因此史学上一个热门的论题就是探究周何以能享国如此之久。许多人把答案诉诸制度，认为周因封建井田而长久，恰与秦因中央集权而遽亡，成为强烈的对比。所以论封建与郡县孰优孰劣、封建可不可恢复，是历代争议不休的题目。可是，封建再好，后世各朝不也都仍有封建藩国嘛，为什么不能像周一样，起着"封建亲戚，以屏藩周"的作用，反而常成为内部分裂的乱源？周之所以为周，不只是它的封建井田等制度，更是它的文德礼乐。这套周礼周文，凝合了克殷以后的四裔万邦，也让几百年后王室业已衰微时，孔子孟子仍对之钦迟向往不已，这就是文化的力量。中国人自诩礼乐文明之邦、自觉文化高超、相信文化力优于政治力，都是在这段时间确定的。周公之所以能成为我国思想文化上的人物典型，即形成于此一意义中。

第十三讲

画歪的脸谱：孟德斯鸠的中国观

一 想象远方的"异类"

1602 年耶稣会传教士鄂本笃由印度启程来中国，1607 年抵肃州而病卒，利玛窦据其遗留之日记，撰成《鄂本笃访契丹记》。鄂本笃这次旅行最大的意义，在于确认"契丹"即"中国"。在此之前，欧洲人大抵视契丹与中国为两国。稍早，更有不少人以为中国是信奉基督教的。经过利玛窦及鄂本笃等人的实际考察，对中国的理解，才渐渐准确了些。

但在一百多年以后，流行于欧洲学界的中国图像，其实仍如哈哈镜一般，看起来有些滑稽。以 1748 年出版的孟德斯鸠《论法的精神》为例，其中便有许多值得商榷之处。

孟德斯鸠这本名著是讨论法律与地理、气候、人种、风格、习惯、政治、宗教等的关系，说明法律在各民族各文化中之地位与作用，具有比较法律社会学的视野。但它对于各民族文化及社会的知识毕竟不甚充分，故时有河汉其谈的毛病。例如他根据"旅行家们的记述"，推断：

> 我得到的结论是：正确地说，亚细亚是没有温带的。和严寒的地区紧接着的就是炎热的地区，如土耳其、波斯、莫卧儿、中国、朝鲜和日本等是。

> 欧洲正相反，温带是广阔的，虽然它的四周的气候彼此极相悬殊。

西班牙、意大利的气候和挪威、瑞典的气候便迥然不同。但是当我们由南方走向北方，气候几乎是依照各国的纬度的比例，在不知不觉之中逐渐转冷。因此相毗连的国家的气候几乎相类似，没有显著的差别。

…………

因此，在亚洲，强国和弱国是面对着面的。好战、勇敢、活泼的民族和女人气的、懒惰的、怯懦的民族是紧紧地相毗连着的。所以一个民族势必为被征服者，另一个民族势必为征服者。欧洲的情形正相反。强国和强国面对着面，毗邻的民族都差不多一样地勇敢。这就是亚洲之所以弱而欧洲之所以强的重要原因；这就是欧洲之所以有自由而亚洲之所以受奴役的重要原因。……由于这个原因，在亚洲，自由没有增加过；而在欧洲，自由则随着情况或增或减。（第三卷第十七章第三节）

这就是他论述的基本风格。先依据某些文献，说明亚洲之状况，然后持以与欧洲相对比。而欧洲好、亚洲差则为其结论。"亚洲与欧洲"，有时也用"东方与西方"来代称。

在亚洲，代表性的国家就是中国。因为中国人的政制及精神曾影响到北方的鞑靼民族等，"所以，哲特或鞑靼民族的气质常常同亚洲各帝国的人民的气质相类似。亚洲的这些帝国的人民，是用短棒统治的，鞑靼的人民是用长鞭统治的。欧洲的精神同这种习气则永远水火不相容。在任何时代里，亚洲人民叫作刑罚的，欧洲人民则叫作暴行"（同上第五节）。孟德斯鸠认为，欧洲因此而显示了它的自由，中华帝国则是帝制、专制主义、奴隶制的组合。

有关专制与自由的判断，且留待后文讨论，我们可以先看看孟德斯鸠所理解的中国（包括自然景观与社会风俗）究竟为何。因为这部分的认识，乃是他推展出各种相关结论的依据。

据孟德斯鸠说，亚洲实无温带，只有炎热与严寒。其次，"在亚洲，人们时常看到一些大帝国；这种帝国在欧洲是绝对不能存在的。这是因为我们所知道的亚洲有较大的平原；海洋所划分出来的区域广阔得多；而且它的位置偏南,水泉比较容易涸竭;山岳积雪较少;河流不那么宽,给人的障碍较少"(同上第六节。相信亚洲河川不宽,河水在汇集前后往往流失或蒸发,可能是他读了旅行者对沙漠地区河流状况描述后的印象)。而这样的气候与土地性质也非常不好,"由于中国的气候,人们自然地倾向于奴隶性的服从"(同上第十八章第六节),"由于气候和土壤性质的关系,中国人生活的不稳定,使他们具有一种不可想象的活动力和异乎寻常的贪得欲,所以没有一个经营贸易的国家敢于信任他们。这种众所公认的不忠实使他们得以保持对日本的贸易"(同上第十九章第十节。对中国人性格贪婪、喜欢诈欺之批评,又见第三卷第十九章第二十节。这也是对中国人国民性研究的滥觞。不过,艾田蒲[Rene Etiemble]曾引用让尼娜·柯恩·艾梯昂伯尔的注解说:"看来,孟德斯鸠只不过复述了几个欧洲商人的流言蜚语,这些商人因无法让中国商人上当受骗而大失所望。"见《中国之欧洲》,许钧、钱林森译,下卷第一部第三章,河南人民出版社1994年版)。对自然环境之认识,荒谬至此。

孟德斯鸠在人文景观方面,其理解亦多可笑。他首先注意到中国人多,但他判断中国女人远多于男人,并认为这是因为中国人吃鱼及宗教上的原因:"滨海港口的男人,常常身历万险,远涉天涯海角和穷乡僻壤,生死是无定的,所以在那里,女子多于男子。但是那里的儿童,却比什么地方都要多。这是因为生活容易的缘故。这也许又因为鱼类机体中油质的部分是较好的、促进生殖的物质。日本和中国人口繁密,不可胜数,其原因之一,恐怕就在此。在这两个国家里,人们几乎只是吃鱼过日子"(第四卷第二十三章第十三节);"宗教的教义曾经对人性的繁衍产生极大的影响;在鼓励增殖方面是如此,在抑制生殖方面也是如此。……中国人等的繁殖就受到了宗教的鼓励"(同上第二十一节)。

中国人并不都吃鱼,北方各省尤其罕有鱼吃。宗教方面,儒家固然鼓励生育,道教却只讲个人养生,仅将男女性交视为房中术,并不鼓励繁殖。宫观道士甚至模仿佛教,建立出家教团。因此孟德斯鸠之说均不准确。

孟德斯鸠认为,因人口众多、土地贫瘠,所以中国必须节俭。"要知道一个国家应该鼓励或是应该禁止奢侈,首先就要考量那里人口的数目和谋生的状况二者间的关系。在英国,土地出产的粮食可以供给农民和衣物制造者们食用而绰有余裕,所以它可以有些无关紧要的工艺,因而也可以奢侈。法国生产的小麦也足以维持农民和工人们的生活。加之,对外贸易可以输入许多必需品来和它的无关紧要的东西交换,所以用不着惧怕奢侈。中国正相反。妇女生育力强,人口繁衍迅速,所以土地无论怎样垦植,只可勉强维持居民的生活。因此,在中国奢侈是有害的,并且和任何共和国一样,必须有勤劳和俭约的精神。”(第一卷第七章第六节)

孟德斯鸠当然明白中国人擅长国际贸易,更从杜赫德《中华帝国志》中知道中国境内之贸易量甚至比整个欧洲还要庞大(第四卷第二十一章第二十一节),却仍将中国定义为一个农耕国,拿来和法国之进行对外贸易相对比。因为他相信,“非农业人民几乎不可能形成一个大国家”(第三卷第十八章第十节),而中国之所以能形成这么大一个帝国,即与它是农业国家息息相关的。理念先行,遂致罔顾事实,竟有如是者。

孟德斯鸠以节俭为中国人的生活方式,并进而认为基于人口及地理因素,这种方式是不可改变的。同理,中国人基于人种学的原因,其相关风俗将持久不变:“器官的纤弱使东方的人民从外界接受最为强烈的印象。身体的懒惰自然地产生精神上的懒惰。身体的懒惰使精神不能有任何行动、任何努力、任何斗争。如果在器官的纤弱上面再加上精神的懒惰,你便容易知道,这个心灵一旦接受了某种印象,就不再能加以改变了。所以,东方今天的法律、风俗、习惯,甚至那些看来无关紧要的习惯,如衣服的样式,和一千年前的相同。”(第三卷第十四章第四节)

对于中国的风俗,孟德斯鸠论述甚多,也往往与上述例证相同,都是跟自然条件关联起来说,例如“欧洲生男多于生女。亚洲和非洲则相反。关于这两洲的游记、著述告诉我们那里生的女子比男子多得多。因此,欧洲的法律采取一妻制,而亚洲、非洲准许多妻制,是和气候有一定的关系的”(第三卷第十六章第四节)。亦因气候的关系,中国人必须尽量将男女隔离开来:“有的地方因气候关系,自然的冲动极强,道德几乎是无能为力的。倘若让一个男人和一个女人单独在一起,诱惑将带来堕落,必然会有进攻而不会有抵抗。这些国家,不需要箴言诰诫,而需要铁窗门闩。中国一本古典的书认为一个男人在偏僻冷落的房屋内遇到单身的妇女而不对她逞暴行的话,便是了不起的德行。"(同上第八节)反之,"在我们北方各国,风俗天然就是好的;人们的一切情感都是平静的,不太活泼,不太风雅,爱情很秩序地统治着人们的心灵。所以只要最少的行政力量,就可以领导他们。在这些国家里,把妇女们幽闭起来,有什么用处呢?"(同上第十六节)

严复认为孟德斯鸠论东西方之差异,仅从天时气候立说,未考虑地理及人为等因素(严译,第十七卷第三章)。其实不尽然。孟德斯鸠除了气候之外,也考量了人口、地理、人种、制度等条件。只不过他对气候因素的说法太强烈,所以常令人形成他是气候决定论者的印象。

孟德斯鸠强调欧洲的妇女无须隔离,中国妇女却须如此。但幽闭妇女正是专制政治的一种特质,他说:"在一个共和国里,公民的生活条件是有限制的,是平等的、温和的、适中的。一切都蒙受公共自由的利益。在那里,要向妇女行使威权是不那么容易行得通的。在气候需要这种威权的地方,单人统治的政体一向是最适宜的政体。在东方要建立平民政治,总是那样困难,其原因之一即在此。反之,对妇女的奴役是极符合于专制政体的特质的。专制政体所欢喜的就是滥用一切权力。因此,在亚洲,无论什么时代,我们都看到家庭的奴役和专制的统治总是相辅而行的。如果一个政体,它的首要要求就是安宁,又把绝对的服从叫做'太平'的话,那么就应该把妇女都幽闭起来。"(同上第九节)

家政与国政具有类比的相似性。幽闭妇女,要求她们在家庭中进行道德实践,体现对家的依恋。这种"东方的道德原则",固然使得风俗纯洁了,但事实上乃是强化了政治的奴役。因此他说:"什么都是密切联系着的:君主的专制主义和妇女的奴役自然地相结合;妇女的自由和君主政体的精神也是相结合的。"(第三卷第十九章第十五节)

中国妇女被幽闭、欧洲妇女社交自由,是孟德斯鸠的基本看法。但中国妇女怎么被幽闭呢? 男女如何被隔离呢? 包括《诗经》在内,有些时代或地区甚至到达"淫奔者不禁"的地步。汉代以后，妇女或采桑或参与农劳，如乐府诗所云"上山采蘼芜，下山逢故夫"，怎能都关在家里？男女交往，则有秦罗敷之类故事，岂能说已隔离？如张籍诗所谓"还君明珠双泪垂，恨不相逢未嫁时"（《节妇吟》），男女赠答，已婚尚多来往，未婚又怎么会隔离不通交际？对于男女交往而生之各种流弊，古人有许多反省，提出过许多"严男女之防"的主张，并著书告诫之。欧洲传教士陆续介绍翻译了不少这类文献，孟德斯鸠遂因此而据以建构其欧亚不同论，殊不知此与中国社会实际状况颇有差异。何况，依罗马之法律，小孩与妇女是要受到男人"监护"的，其禁制、歧视妇女，远甚于汉魏南北朝。孟德斯鸠推崇罗马法，对此却无一语讥议其非，反而责中国禁锢奴役妇女，真是奇哉怪也。

孟德斯鸠对于中国之妇女地位及婚制实不尽了解，所以他说："妻子嫁到夫家去，这几乎是各地的通例。台湾的习惯正相反，即丈夫入赘妻子，成为它的一个成员。"（第四卷第二十三章第四节）又说："有些国家，一个合法的妻子在家里所享受的地位几乎和欧洲的一妻制的妻子差不多。在这些国家里，妾所生的子女就被看作正妻的子女。中国的制度就是这样。孝敬之礼和严肃的丧仪不用于生母，而是用于法定的母亲的。根据这个拟制，他们就无所谓私生子了。（妻有大老婆、小老婆之分，也就是说合法与不合法之分，但是子女就没有这种区别。杜赫德神父所译的一本中国关于道德的著作里说：'这是帝国的重要训条。'见《中华帝国志》，第140页。）如果没有这么一种拟制，而用法律使妾的子女合法化的话，这显然是不适宜的，因为这项法律对大多数国民将是一种羞辱。在这些国家里，也没有奸生子女的问题。那里妇女受到隔离，幽闭深闺，又有太监和门闩，这种事情根本就很难发生，所以法律就认为这是不可能的事了。"（同上第五节）

孟德斯鸠一方面赞扬欧洲的气候好，所以男女可以自由交往："在这些气候之下，人们彼此交往，娇媚的女性仿佛是社会的美饰。结了婚的妇女，虽只承一人之欢，但仍然可以给与大家交际的快乐。在这种气候之下，生活是幸福的。"（第三卷第十六章第十一节）另一方面，他又提倡贞操，说："一切民族对妇女的淫乱都是鄙视的。这是大自然给一切民族的训示。……所以，如果说淫乱是遵循自然的规律的话，那是不对的。相反，淫乱正是违背了自然规律。遵循这些规律的，是贞洁与节制"（同上第十二节），"妇女们失掉了品德，便会有许多的缺点继之而来，她们的整个灵魂将会极端堕落。而且在这个主要之点失掉以后，许多其他方面也会随之堕落。所以在平民政治的国家，淫乱之风就是这种国家最后的灾祸，它预示该国的政制必将变更。所以共和国良好的立法者总是要求妇女有一定程度的庄重的美德。这些立法者在他们的国家里不但摈斥了邪恶，而且连邪恶的外表也在摈斥之列。风流情场中的交际产生怠情，使妇女甚至在自己未堕落之先就成为使人堕落之人；这种交际把一切无聊的东西当作有价值的东西，对重要的东西反而加以贬抑；最后，这种交际使人完全依照揶揄戏弄的处世法则行事。妇女们在揶揄戏弄的处世法则上是非常高明的。良好的立法者是连这种风流情场中的交际也全都加以摈斥的"（第一卷第七章第八节）。这，与为他讥评之"东方道德原则"其实相去不远，非常接近宋明理学家的妇女贞节观，也反对男女交际。

孟德斯鸠的上述描述都是错的。但他却据此推论中国的风俗较为稳定少变化："在专制的国家，每一个人都是既居人上又居人下、既以专制权力压迫人又受着专制权力的压迫。那里人们的交往就少于那些社会上各阶层都有自由的国家。因此专制国家的礼仪和风俗就较少改变。风俗较为固定，所以就近似法律。因此，在这样一个国家，君主或立法者比世界上的任何国家都应当少去更动风俗和礼仪。这样的国家的妇女，通常是幽闭在深闺里，对社会影响绝少。在其他的国家，男女互相交往；妇女要取悦于人的愿望和男子要讨妇女欢心的愿望，便引起风俗不断的变更。"（第三卷第十九章第十二节）他所说的这个专制国家，指的就是中国。（艾田浦《中国之欧洲》曾考察过这句话，说它的原意是指中国的刑法包括了笞刑，孟德斯鸠却引用来作为中国属于专制统治之证据。艾田浦对他这种引证方式非常不满，认为那就像法国曾经有过禁书之举，我们就说法国政体"只有靠禁书才能维持"那样，十分偏颇不公平。）孟德斯鸠又说："中国的妇女和男人是绝对分开的。除此之外，中国人的礼仪，和他们的风俗一样，都是教育的内容。

一个文人可以从他行礼时那样从容自若的态度看得出来。这些东西一旦经严厉的教师用来当作箴规施教后，便成为固定的东西，像道德的原则一样，永远不能改变。"（同上第十三节）

造成中国风俗如此稳定的另一个原因，孟德斯鸠认为是国家之统治者、立法者，把支配着人类的各种原则混淆了。因为风俗不是法律，"风俗以人民一般的精神为渊源，法律则来自特殊的制度"；礼仪也不等于风俗，"风俗主要是关于内心的动作，礼仪主要是关系外表的动作"。（同上第十二节）然而，"这些东西有时候被人混淆了。莱喀古士把法律、风俗和礼仪混合在同一个法典里，中国的立法者们所做的也是一样。中国和拉栖代孟的立法者们把法律、风俗和礼仪混淆在一起，我们不应当感到惊奇。因为他们的风俗代表他们的法律，而他们的礼仪代表他们的风俗。中国的立法者们主要的目标，是要使他们的人民能够平静地过生活。他们要人人互相尊重，要每个人时时刻刻都感到对他人负有许多义务；要每个公民在某个方面都依赖其他公民。因此，他们制定了最广泛的'礼'的规则"（同上第六节），"他们把宗教、法律、风俗、礼仪都混在一起。所有这些东西都是道德。所有这些东西都是品德。这四者的箴规，就是所谓礼教。中国统治者就是因为严格遵守这种礼教而获得了成功。中国人把整个青年时代用在学习这种礼教上，并把整个一生用在实践这种礼教上。文人用之以施教，官吏用之以宣传；生活上的一切细微的行动都包罗在这些礼教之内，所以当人们找到使它们获得严格遵守的方法的时候，中国便治理得很好了"（同上第十七节）。

为什么中国的统治者要如此混淆法律与风俗，创造出这套宗教、法律、风俗、礼仪结合为一体的礼教来呢？孟德斯鸠认为这是与统治者追求"太平"，而要求人民绝对服从有关的：

> 中国的立法者们认为政府的主要目的是帝国的太平。在他们看来，服从是维持太平最适宜的方法。从这种思想出发，他们认为应该激励人们孝敬父母；他们并且集中一切力量，使人恪遵孝道。他们制定了无数的礼节和仪式，使人在双亲生前和死后，都能克尽人子的孝道。要

是在父母生前不知尽孝,就不可能在父母死后以应有的仪式来敬奉他们。敬奉亡亲的仪式,和宗教的关系较为密切;侍奉在世的双亲的礼节,则与法律、风俗、礼仪的关系较为密切。不过,这些只是同一个法典的不同部分而已;这个法典的范围是很宽广的。

尊敬父亲就必然和尊敬一切可以视同父亲的人物,如老人、师傅、官吏、皇帝等联系着。对父亲的这种尊敬,就要父亲以爱还报其子女。由此推论,老人也要以爱还报青年人;官吏要以爱还报其治下的老百姓;皇帝要以爱还报其子民。所有这些都构成了礼教,而礼教构成了国家的一般精神。

我们现在可以看到,在表面上似乎是最无关紧要的东西却可能和中国的基本政制有关系。这个帝国的构成,是以治家的思想为基础的。如果你削减亲权,甚至只是删除对亲权表示尊重的礼仪的话,那么就等于削灭人们对于视同父母的官吏的尊敬了。因此,官吏也就不能爱护老百姓了,而官吏本来是应该把老百姓看作像子女一样的;这样一来,君主和臣民之间所存在的爱的关系也将逐渐消失。只要削减掉这些习惯的一种,你便动摇了国家。一个儿媳妇是否每天早晨为婆婆尽这个或那个义务,这事的本身是无关紧要的。但是如果我们想到,这些日常的习惯不断地唤起一种必须铭刻在人们心中的感情,而且正是因为人人都具有这种感情才构成了这一帝国的统治精神,那么我们便将了解,这一个或那一个特殊的义务是有履行的必要的。(同上第十九节)

二 贬损"异类"的道德

孟德斯鸠对中国的理解,荒腔走板之处当然不止于上述,例如他据《创建东印度公司历次航行辑览》第五卷第一篇第182、188页的记载,说:台湾岛的宗教不许妇女在三十五岁以前生育子女,若怀孕,便由巫婆压腹堕胎(第四卷第二十三章第十六节)。又说:"台湾人相信有一种地狱;但是这种地狱是要惩罚那些在某些季节没有赤身裸体的人、那些该穿丝衣时却穿布衣的人、那些寻找牡蛎的人、那些没有先问卜于小鸟的歌唱而采取行动的人。正因这样，他们反而不把酗酒和荒淫当作罪恶了；他们甚至认为子女们的放荡堕落是他们的神明所喜欢的。"（第五卷第二十四章第十四节）

甚至，他还以为中国所有官吏都是太监，说："有一些国家，把一切官职都给与太监们。唐比埃说：'在东京，所有文武官吏都是太监'（过去在中国也一样。9世纪时两个阿拉伯伊斯兰教徒曾到那儿去游历，当他们说到一个城市的长官时，他们就是用太监这个词），他们没有家庭；虽然他们是贪婪成性的，但是他们的主人或君主却从他们的贪婪中得到了利益。"（第三卷第十五章第十九节）

造成他讲这些荒唐话的，主要是时代的限制。他所论每一件事，都有根据，并非信口开河。所依据的资料，主要是《耶稣会士书简集》《北方旅行记》《中华帝国志》《鞑靼史》等书。尤其是杜赫德的书对他影响极大。"统治中国的就是棍子"，即是杜赫德的介绍。另外，他曾于1913年侨居巴黎，住了十年，遇到在皇家图书馆工作的福建兴化基督徒黄嘉略，他们做过长谈，孟德斯鸠更做了详细的笔记。因此，孟德斯鸠谈论中国的态度是严谨的。无奈，在那个时代，整个西方对中国的认识仍极有限；他所遇到的一些中国人，给他的讯息与印象也未必准确（黄嘉略对孟德斯鸠的中国观有决定性的影响。但此人在国内所追随之法国传教士，属于域外传道会，对中国之见解，本与耶稣会不同；而其本人又为乡曲之士，对中国政经法律等所知有限。他告诉孟德斯鸠的东西，大抵强不知以为知，而且态度偏激，对中国之优点语焉不详，一些缺点却津津乐道，错误又极多。孟德斯鸠以为他既是中国人，所说一定比耶稣会传教士的报导更可信，实在是上了他的大当。另详许明龙《孟德斯鸠与中国》，第四章，国际文化出版公司1989年版）。

前面曾谈过，在利玛窦那个时代，欧洲人甚至尚不能分辨"契丹"与"支那"。这个认识，是牺牲了一位旅行家传教士才获得的。而并非所有旅行者都如此尽责，1403年西班牙使者克拉维约《奉使东方记》信誓旦旦地说他曾经过契丹国境内一个臣属的女儿国（详见张星烺编注《中西交通史料汇编》第二册第一六三——一六四节,世界书局1983年版)。1480年意大利人巴巴罗《奉使波斯记》则记契丹人皆奉基督教,且因天气寒冷,故不产葡萄酒(同上第一四一节)。1560年荷兰人白斯拜克记述某位曾游中国之土耳其人所见,更谓中国人礼节近于犹太教,而印书之纸则均为蚕丝所制(同上第一四四节)。这类记载,类如海客谈瀛,恢诡难凭,但对欧洲人的东方观却已具有先入为主的作用,使得欧洲人对于东方世界很早就习惯了从"异文化"的角度去掌握。

《左传》有云:"非我族类,其心必异。"远方的异族,必然有奇山异水、奇风异俗,与"我们"截然不同。这种观察东方或中国的态度,基本上主宰着孟德斯鸠那个时代的欧洲人。孟德斯鸠晚于鄂本笃百余年,中欧交通状况自非昔日可比,但猎异搜奇之心,仍然使得孟德斯鸠轻易地采信了许多早期旅行家的奇谈怪论(如云中国女多于男、中国之官吏均为太监、中国无私生子、中国河川不宽且在汇集前或后便已流失或蒸发、中国人几乎只吃鱼过日子等),并依照这些奇谈怪论努力地把中国建构成一个足以与欧洲相对比的"邪恶帝国"(同上第一五七节。艾田蒲《中国之欧洲》上卷第三部第一章"传教士不懂汉语的某些后果或公然传播的谬误"对于那个时代欧洲中国观之整体水准,有详细的分析。他并且认为孟德斯鸠即受限于这样的理解情境,故所言多谬:"杜赫德神父在法国可谓是大权威了,但他从未见到过中国,他所做的只限于编纂、删改、歪曲。……然而,孟德斯鸠正是向他探询到了最明确的信息","让我们对伏尔泰、孟德斯鸠采取宽容态度吧。他们几乎身不由己,被他们自身的偏见,被耶稣会士的巨大企图所左右,再说,他们没有课本,又没有拼音表,没有语法,也没有字典")。

造成这种结果,当然也同时是由于孟德斯鸠的观点有了问题,因为在他之前或他自己那个时代,对于非我族类之异族,也不乏视之为"圣善天堂"的资料。而孟德斯鸠并不如此看,这就是他的观点的问题。

1353年马黎诺里自东方归,著《波希米亚史》,1768年刊布,书中描述中国为"灿烂光荣之世界,非笔所能书、口所能言。而余得饱眼福,岂非人生之大幸乎?"但这仍非天堂,该书曾叙述他到过天堂,说天堂就在印度科伦白姆对岸,与锡兰山相峙。此为当时有关天堂之一说。当时人有主张天堂"在恒河畔者、在锡兰岛者、在中国者、在鞑靼境"等等甚多(张星烺《中西交通史料汇编》第三册第一一七节),马黎诺里虽未以中国为天堂,但对中国的敬慕之意仍是非常明显的。而这种敬慕的态度,实普遍弥漫于当时各类文献中,如1560年白斯拜克所记录的土耳其人言语,便说"契丹人精于各种技艺,开化文明,深知礼让"。

17、18世纪的欧洲也正弥漫着中国风。仅荷兰东印度公司输入欧洲各国的中国瓷器,自1602年至1682年便达1600万件以上。路易十四、十五时代,中国式家具、壁纸、丝织品、折扇、服饰、化妆等也都成为欧洲的时尚,中国绘画与建筑园林更被群起模仿。孟德斯鸠倚为主要资料书的杜赫德《中华帝国志》,1734年出版后,1736年立刻出现英译本,1747年出现德译本,1774年又有了俄译本,可见其风行。伏尔泰因读其书见有赵氏孤儿故事,乃"根据孔子的教导,改编成五幕剧",并认为此一故事"是个巨大的明证,体现了理性和才智最终必然凌驾于愚昧和野蛮"。歌德也因读到此书而感叹:"中国人有千万部好小说,他们开始创作的时候,我们的祖先还在树林里生活哩!""在他们那儿,一切都比我们显得更明理、纯洁和道德。"(详见沈福伟《中西文化交流史》,第十八章第四、五节,上海人民出版社1985年版。许明龙《孟德斯鸠与中国》第三章"历史上的中法交流和十八世纪法国的中国热",对此更有生动的描述。)

也就是说,在孟德斯鸠那个时代,推崇中国者大有人在。可是,孟德斯鸠虽与伏尔泰、歌德一样看《中华帝国志》,却看出了不一样的意味。他对中国人毫无好感,曾说:

> 中国人的生活完全以礼为指南,但他们却是地球上最会骗人的民族。这特别表现在他们从事贸易的时候。虽然贸易会很自然地激起人们信实的感情,但它却从未激起中国人的信实。向他们买东西的人要自己带秤。每个商人有三种秤,一种是买进用的重秤,一种是卖出用的轻秤,一种是准确的秤,这是和那些对他有戒备的人们交易时用

的。……由于需要或者也由于气候性质的关系,中国人贪利之心是不可想象的,但法律并没想去加以限制。一切用暴行获得的东西都是禁止的;一切用术数或狡诈取得的东西都是许可的。因此,让我们不要把中国的道德和欧洲的道德相比较吧! 在中国,每一个人都要注意什么对自己有利;如果骗子经常关心着自己的利益的话,那么,容易受骗的人也就应该注意自己的利益了。在拉栖代孟,偷窃是准许的;在中国,欺骗是准许的。(第三卷第十九章第二十节)

显然孟德斯鸠对当时称扬中国人道德高尚之风气是不甚满意的。他认为欧洲人之道德高于中国,不仅中国人最会骗人,更因中国人所服膺的"东方的道德原则"乃是建立在恐惧和服从上的。所以他反驳当时有关中国政治清明、风俗良善的记录,谓:

> 我们的传教士们告诉我们,那个幅员广阔的中华帝国的政体是可称赞的,它的政体的原则是畏惧、荣誉和品德兼而有之。那么,我所建立的三种政体的原则的区别便毫无意义了。

> 但是我不晓得,一个国家唯有使用棍棒才能让人民做些事情,还能有什么荣誉可说呢? 加之,我们的商人从没有告诉我们教士们所谈的这种品德;我们可以参考一下商人们所说的关于那里的官吏们的掠夺行为。此外,巴多明神父的书简,叙述皇帝惩办了几个亲王,因为他们皈依基督教,惹起皇帝的不快。这些书简使我们看到那里经常施行的暴政,和依据常例——也就是无情地——对人性进行残害的大略情形。我们还有德麦兰和巴多明神父关于谈论中国政府的书简。……

> 是不是我们的教士们被秩序的外表所迷惑了呢? 是不是因为在那里,不断地行使单一的个人意志,使他们受到了感动呢? 教士们自己就是在受着(教皇)单一的个人意志的统治,所以在印度诸王的朝廷里,他们也极愿意看到同样的统治。因为,他们到那里去的使命只是要提倡巨大的变革。那么,要说服君主们使君主相信自己什么能够做,总比说服人民使人民相信自己什么都能忍受要容易些。(第一卷第八章第

二十一节）

由这一大段，可知孟德斯鸠对于中国人品德的印象可能有一大部分来自商人，所以对传教士之称许中国颇不以为然。据艾田蒲之研究，孟德斯鸠对中国人恶劣之印象，来自一位前耶稣会士富凯。此公因被耶稣会所憎恶，故竭力诋毁耶稣会对中国的描述。此外，孟德斯鸠读过 1715 年出版的《罗朗·朗吉中国纪行》，"这位瑞典工程师说尽了他所能想象的一切有关中国商人的坏话"。孟德斯鸠还读到《一七四〇——一七四七年环球航行》一书，此书是由一位英国神父所写，他曾在一次旅行中被迫在中国停泊，与中国商人有些接触，这些接触使他对中国印象恶劣（见艾田蒲《中国之欧洲》下卷第一部第三章）。

但更重要的，是他对政体的见解使他无法称赞中国。

三　中国国情特殊论

孟德斯鸠把政体分成共和、君主、专制三种，各有其原则与动力：共和政体的原则是品德，君主政体的原则是荣誉，专制政体的原则是恐惧。立法工作须与政体的原则相适应，法律才能发挥其效用。

所谓共和政体，是指全体人民或部分人民握有最高权力的政体，例如民主或贵族政体。君主政体，是由君主一人执政，但一切依法律规定办理。专制政体既无法律又无规章，由君主依其个人意志与反复无常的性情领导一切。

因此，在专制政体中，其实无所谓法的问题："因为土地都属于君主，所以几乎没有任何关于土地所有权的民事法规。因为君主有继承一切财产的权利，所以也没有关于遗产的民事法规。……人们通常和女奴结婚，所以几乎没有关于室产或关于妻子利益的民事法规。又由于奴隶众多，所以几乎没有有个人意志的人，因此也没有应该对自己行为负责而对簿公庭的人。他们道德上的行动，大半只是父亲、丈夫或主人的意志而已。……

因此,在专制国家里是完全没有发生纠纷和诉讼之机会的。"(第一卷第六章第一节)

同理,孟德斯鸠认为共和及君主制均有自由可论,专制政体则无自由可言。欧洲各国中,英格兰情况最好,意大利等国就差了,但纵使是意大利等国,也只是"企图实行专制",与"东方专制主义"仍是不同的。(第二卷第十一章第六节)

亚洲,乃因此而是孟德斯鸠用来与他所揭扬的民主自由价值相对比之物,代表着专制政体与精神。对所有亚洲国家,孟德斯鸠都无赞辞。事实上欧洲人此刻也正在进行大规模的亚洲殖民运动,对于中亚、西亚、南亚乃至东亚诸邦国,确实也较难激生什么敬意(对欧洲殖民大业踌躇满志,可见孟德斯鸠书第四卷第二十一章第二十一节)。但中国显然不同,这个大帝国、古文明,与亚洲其他国家不能一概而论。何况,历来欧洲人对中国政体、文化、风俗的颂扬已多,径要将之贬为专制主义之代表,是得花一番气力的。

在某些地方,孟德斯鸠也很称赞中国,认为中国比亚洲其他地方好,间或也有值得欧洲政府效法之处,如:

> 亚洲的帝王几乎没有一年不下诏谕宽免他们帝国中某个省份的税(这是中国皇帝的习惯)。他们表现赐给人民恩典的心意。但是欧洲则不然,君主的诏谕在人们还没看到之前就已使人们发愁,因为君主的诏谕通常谈的都是君主的需要,而从来不谈我们人民的需要。(第二卷第十三章第十五节)

> 有关中国的记述,谈到了中国皇帝每年有一次亲耕的仪式。这种公开而隆重的仪式的目的是要鼓励人民从事耕耘。不但如此,中国皇帝每年都要知道谁是耕种上最优秀的农民,并且给他八品官做。(第三卷第十四章第八节)

> 佛的教义是由气候上的懒惰产生的,却反而助长了懒惰,这就产生了无数的弊害。中国的立法者是比较明智的,他们不是从人类将来可能享受的和平状态去考虑人类,而是从适宜于履行生活义务的行动去

考虑人类,所以他们使他们的宗教、哲学和法律全都合乎实际。（同上第五节）

这显示了他对中国的态度与对印度、暹罗等都不相同。甚至于他有时亦认为中国的政体也是或曾是宽和的,可以与欧洲并称,如卷三第十六章第六节说:

> 有的地方需要人类的勤劳才可以居住,并且需要同样的勤劳才得以生存。这类国家需要宽和的政体。主要有三个地方是属于这一类的,就是中国的江南和浙江这两个美丽的省份、埃及和荷兰。
>
> 中国的古代帝王并不是征服者。他们为增强自己的权势就首先做一件事情,这件事情最有力地证明他们的智慧。他们平治了洪水,帝国版图上便出现了这两个最美丽的省份。这两个省份的建立是完全出于人力的劳动的。这两个省份土地肥沃异常,因此给欧洲人一个印象,仿佛这个大国到处都是幸福的。但是要使帝国这样大的一块土地不至受到毁坏,就要不断地用人加以必要的防护与保持。这种防护与保持所需要的是一个智慧的民族的风俗,而不是一个淫佚的民族的风俗;是一个君主的合法权力,而不是一个暴君的专制统治。政权就必须是宽和的,像过去的埃及一样。政治就必须是宽和的,像今天的荷兰一样。大自然给荷兰那样不便的地势就是要它关心自己,而不是要它懒怠或是任性而使土地荒废。
>
> 因此,虽然由于中国的气候,人们自然地倾向于奴隶性的服从,虽然由于帝国幅员辽阔而会发生各种恐怖,但是中国最初的立法者们不能不制定极良好的法律,而政府往往不能不遵守这些法律。

这是很重要的一段文字。因为它表明了孟德斯鸠立说时必须要与欧洲人对中国已有的美好印象搏斗。他是以中国为专制主义之代表的,但某些时候他也不能不妥协说:基于某种原因,中国专制之害尚不甚严重。

为什么中国虽属于专制主义却仍能定法并守法,君主也能进行合法性统制呢?他归功于早期那些立法君主具有非凡的智慧。这样的辩解当然也是充满"智慧"的。因为此种说法虽承认中国可能具有较宽和的政权、极好的法律,却认为其因气候与土地广阔,不得不实施专制统治;而且后来的君主也不像早期那样宽和睿智,以致中国终究仍是专制主义的典型。这就又回到他原有的主张上来了:

> 由于特殊的情况,或是绝无仅有的情况,中国的政府可能没有达到它所应有的腐败程度。在这个国家里,主要来自气候的物理原因曾经对道德发生了有力的影响,并做出了各种奇迹。

> 中国的气候异样地适宜于人口的繁殖。那里的妇女生育力之强是世界上任何地方所没有的。最野蛮的暴政也不能使繁殖的进程停止。在那里,君主不能像法老一样地说:"让我们明智地压迫他们吧!"他只好归结到尼禄的愿望:希望全人类只有一个首领。中国虽然有暴政,但是由于气候的原因,中国的人口将永远地繁殖下去,并战胜暴政。……

> 在中国,腐败的统治很快便受到惩罚。这是事物的性质自然的结果。人口这样众多,如果生计困乏便会突然发生纷乱。在别的国家,改革弊政所以那么困难,是因为弊政的影响不那么明显。不像在中国那样,君主受到急遽且显著的警告。

> 中国的皇帝所感悟到的和我们的君主不同。我们的君主感到,如果他统治得不好的话,则来世的幸福少,今生的权力和财富也要少。但是中国的皇帝知道,如果他统治得不好的话,就要丧失他的帝国和生命。

> 中国虽然有弃婴的事情,但是它的人口却天天在增加,所以需要有辛勤的劳动,使土地的生产足以维持人民的生活。这需要有政府的极大的注意。政府要时时刻刻关心,使每一个人都能够劳动而不必害怕别人夺取他的劳苦所得。所以这个政府与其说是管理民政,毋宁说是管理家政。

> 这就是人们时常谈论的中国的那些典章制度之所由来。人们曾经想使法律和专制主义并行,但是任何东西和专制主义联系起来,便失掉

了自己的力量。中国的专制主义，在祸患无穷的压力之下，虽然曾经愿意给自己带上锁链，但都徒劳无益；它用自己的锁链武装了自己，而变得更为凶暴。

因此，中国是一个专制的国家，它的原则是恐怖。在最初的那些朝代，疆域没有这么辽阔，政府的专制的精神也许稍微差些；但是今天的情况却正相反。（第一卷第八章第二十一节）

在这一大段中，他再次认定中国是专制政治。但它是专制中的特例、奇迹。据孟德斯鸠此处的分析，出现此种奇迹之原因，与它形成专制的原因，都是不可抗拒的自然条件：因土地太广以及气候关系，中国不得不成为专制大帝国，人民自然地倾向服从；但又由于人口太多，这自然之物理原因又战胜了暴政，使得人民要辛勤、政府要关怀人民。不过，虽然如此，中国也只是不太坏而已，专制政体最终仍然胜利了。中国在早期纵或尚称宽和，后来却越来越严厉，成就为一专制国家。因为专制政体的原则正是不断腐化：

专制政体的原则是不断在腐化的，因为这个原则在性质上就是腐化的东西。别的政体之所以灭亡是因为某些特殊的偶然变故，破坏了它们的原则。专制政体的灭亡则是由于自己内在的缺点。某些偶然的原因是不能够防止它的原则腐化的。所以专制政体，只有气候、宗教、形势或是人民的才智等等所形成的环境强迫它遵守一定秩序，承认一定规则的时候，才能够维持。这些东西可能对专制政体的性质发生强有力的影响，但是不能改变专制政体的性质，专制政体的凶残性格仍然存在；这种性格只能暂时地被制服。（第一卷第八章第十节）

倚赖这一类解释，孟德斯鸠企图平抚"中国现象"与其理论之间的扞隔，扭转欧洲人对中国的观感，以便安然将中国视为东方专制主义之代表，用意是非常明显的。（艾田蒲《中国之欧洲》下卷第一部第三章"孟德斯鸠的中国"主要是针对孟德斯鸠对中国时而贬抑时而褒扬之矛盾进行的分析。他认为这是由于《论法的精神》乃"是由支离破碎、自相矛盾的片章构成的"，所以其中既有早期对中国政体好印象时的见解，也有遇到富凯之后,"由于过分轻信了富凯别有用心的挑动,又未经仔细鉴别,就听取了安逊的胡言乱语,孟德斯鸠最终陷入了困境,难以将耶稣会士们的颂扬之辞与商人们的诅咒之语统一起来"。他的分析,不能说没道理,但忽略了孟德斯鸠将中国视为专制政体的意义,也简化了相关的问题,我不取此种看法。)

但中国似乎仍不断在孟德斯鸠的论述中伸脚探头,干扰着他所订下的"规律",使得他必须不断做些补充说明。例如第一卷第五章结尾说:"专制政府不应该有监察官是显而易见的。但中国的事例,似乎破坏了这条规律。在本书后面,我们将看到中国设立监察制度的特殊理由。"这与第八章结尾处特立一节辩护道,"对于我在上面所说的一切,人们可能有所非难,所以我在未结束本章前,必须加以回答"(孟德斯鸠在后文中其实并未说出中国设立监察制度的特殊理由,也没有回答为何设有监察官的中国仍然是专制的),可以说都是这样的说明。

同样地,第七章说"君主政体的政制,财富的分配很不平均,所以奢侈是很必要的。……在专制国家也是必要的"(第四节),但中国事例又违背了这个规律,所以第六节又要补充云:"有些国家,由于特殊理由,需要节俭的法律。"这些辩护,旨在维护其理论、保障其规律之普遍性;而对中国之所以如此不符合其规律,则一概诿诸"中国国情特殊论"。

就像他原本区分了风俗、法律、礼仪的不同,但中国事例一出现,又打乱了他的区分,使得他只好说中国是个特例:"只有特殊的法制才这样把法律、风俗和礼仪混合起来。这些东西在性质上本来是应当分开的。"(第三卷第十九章第二十一节)

四　亚洲社会停滞论

中国不但是特例,更是或应是凝固的状态。

依孟德斯鸠之见,专制国家的风俗礼仪原本就较少变化,中国尤其没有变化。原因很多,地理因素、人种状况、持续的专制,以及下列两种因素都是:"有两种原因使这种礼教得以那么容易地铭刻在中国人的心灵和精神里。第一是，中国的文字的写法极端复杂，学文字就必须读书，而书里写的就是礼教，结果中国人一生的极大部分时间，都把精神完全贯注在这些礼教上了；第二是，礼教里面没有什么精神性的东西，而只是一些通常实行的规则而已，所以比智力上的东西容易理解、容易打动人心。"（第三卷第十九章第十七节）礼本来就是精神性的东西，所以《白虎通·情性》云"礼者，履也，履道成文也"，《礼记·仲尼燕居》云"礼也者，理也"。它本质上是人对人类社会应有之条理秩序的一套理解与看法，而表现于视听言动之间。在表现时，亦要求须有"敬"之类精神。孔子说"礼云礼云，玉帛云乎哉"（《论语·阳货》）就是这个道理，孟德斯鸠恰好弄颠倒了。

孟德斯鸠认为这些因素加起来，使得中国几乎不可能有什么改变："中国并不因为被征服而丧失它的法律。在那里，习惯、风俗、法律和宗教就是一个东西。人们不能够一下子把这些东西都给改变了。改变是必然的，不是征服者改变，就是被征服者改变。不过在中国，改变的一向是征服者。因为征服者的风俗并不是他们的习惯，他们的习惯并不是他们的法律，他们的法律并不是他们的宗教；所以他们逐渐地被被征服的人民所同化，要比被征服的人民被他们所同化容易一些。从这里还产生一个很不幸的后果，就是要在中国建立基督教，几乎是不可能的事。"（同上第十八节）

话虽如此，孟德斯鸠真觉得中国不能成为基督教国家是不幸的事吗？可能未必。他对其他国家，是同意风俗习惯乃至法律均可改变的，唯独对专制国家不然。依其理论，政体既有共和、君主及专制之分，前两者较宽和自由，后者则否。那么，作为一种实践性的思想，自应鼓励采用专制政体之国家起而改变之，让它逐渐走向共和或君主制才是。无奈孟德斯鸠对于专制政体之形成与性质的解释，有着命定论的色彩，专制国家之所以为专制国家，是因其地理条件、人口因素、气候、幅员等而不得不然的。既如是，在这些条件未能改变之前，专制政体事实上并不能改变。而这些条件，基本上也不太可能改变，故专制政体即不得不成为一凝固之物。

而孟德斯鸠却又鼓励这种凝固状态，建议人们勿轻易去尝试改变它。他说道："专制国家的风俗和礼仪，绝不应该加以改变，这是一条重要的准则。没有比这样做更能迅速地引起革命。因为这些国家几乎没有法律,它们只有风俗和礼仪。如果推翻风俗和礼仪,就是推翻了一切。"(第三卷第十九章第十二节)

这样的论调,是难以令我们心服的。纵使我们不质疑它决定论式的专制政体论在学理上有多么粗糙,一种教导人们安于专制、勿企图改变之的理论,本身就是不正义的。

然而,若孟德斯鸠真如此想,他又何必写这样一部大书?这部书出版后又何至于被攻击并被巴黎大学和主教会议列为禁书?这样缺乏革命力量的书,又怎能被译介到中国,成为晚清改变中国社会的重要武器?原因就在于它并不真正主张法律风俗等皆不可改变。

就他的理论来说,他并非纯然采命定论,故认为立法之精神不在随顺地理气候,而在于针对其弱点对治之,所以说:"不和气候的弱点抗争的,是坏的立法者。"(第三卷第十四章第五节节名)同理,他也反对风俗习惯或法律全然不变,曾针对"改变一个国家的风俗和习惯有什么自然的方法"(第三卷第十九章第十四节节名)、"要接受最好的法律,人民的思想准备是如何的必要"(同上第二节节名)提了许多建议,更对如何立法来鼓励繁殖、改革奢靡、纠正宗教谬误讲了不少具体措施。可见他的理论本身不应该是教人服顺于恶劣状况的。

既然如此,那为什么他竟觉得专制国家毋庸改变呢?

这个问题的解答,恐怕仍应关联着"特殊的中国"来理解。

孟德斯鸠所说可以改变的,是指欧洲。例如俄国彼得大帝变法之所以成功,是"因为彼得大帝不过把欧洲的风俗习惯给予一个欧洲国家,所以他感到的轻而易举,是他自己也未曾预料到的"(第三卷第十九章第十四节)。中国则不需要这样的改变,也不可能改变。所以,他残酷地认为,中国人民若生活在专制政体中,那就继续做着"亚洲的奴役"吧。只要我们欧洲人能享受着"欧洲的自由"就好了。(这两个专门术语,见第三卷第十七章第六节)这种态度,在他论奴隶制时也非常明显。

奴隶制,本来就是欧洲古老的传统,亚里士多德就曾论证有天生的奴隶存在,罗马法也确定了这种制度,地理大发现及欧洲殖民运动又将非洲人、美洲人都用为奴隶。但孟德斯鸠反对这种制度,他认为这种制度违背自然法也不符民法,"因为一切人生来就是平等的,所以应该说奴隶制是违反自然的"（同上第七节）。除了这种人道主义式的呼吁之外,他更从风俗、宗教、经济、安全等各方面论证"奴隶制对我们是无益的"（同上第八节）,进而主张废除奴隶制、释放奴隶。

这些论辩当然甚为精彩,令人动容。但是,这些都是针对欧洲说的。亚洲及非洲,"在专制政体之下,奢侈和专横的权力支配了一切,所以是不可能这样做的","东方的太监,似乎是一种不可能避免的祸患"（同上第十九节）,"'天然的奴役',就应该局限在地球某些部分的国家"（同上第八节）。

欧洲人应接受最好的法律,对亚洲人则任他们依旧承担奴役。这样的亚洲便不只是凝固的,也是停滞的。以至于"欧洲的自由"与"亚洲的奴役"既为描述语,也为祈使句,两者成了永恒的对比。

形成这种对比,当然与孟德斯鸠对于自己作为一位欧洲人的荣耀感有关。他活在大殖民时代,深感:

> 欧洲的权势已达到了极高的程度,它消费浩大、事业显赫,经常维持着庞大的部队,甚至维持那些仅供炫耀而无实际用途的军队。人们只要看看这些情况,就可了解欧洲的权势已是历史上无可伦比的了。（第四卷第二十一章第二十一节）

这种站在历史高峰上、活在世界权势之中心的感觉,使他生出了无比的优越感,对于那个曾被仰慕、推崇、赞美的古老中华帝国之声望,异常地不服气。将之贬为专制主义之代表,视为特例与异类,乃至于主张各行其是、分道扬镳,正是出于这种特殊的心理状态。

五 中国观的新典范

孟德斯鸠的专制中国论,在当时是颇有反对者的。例如伏尔泰就认为专制政治与中国政治并不相同。专制政治是君主不守法律,任意剥夺人民生命财产的政治,中国则因以下四个原因,不能称为专制政治:(一)人民将君主或官吏看作家长一般,为之尽力。(二)政府注意人民福祉,经常修桥造路,保护学术与工业之研究,人民也自觉地表示敬意,养成顺从的美德。而这种顺从却并非由于专制。(三)中国行政组织完善,官吏均经严格考试甄拔,皇帝虽高居上位,却不能擅行专制,加上中国有谏议制度,故不能以专制国家称之。(四)中国的法律,充满着仁爱的精神,而且已存在四千年。

另一位重农学派的魁奈则认为中国固然属于专制政体,但却是一种"合法专制"(legal despotism)。他著有《中国专制政治论》(*Despotisme de la China*),专论中国之政治。这是一本与《论法的精神》足相对比的书,共分八章:

(一)序说:(1)序,(2)中华帝国的起源,(3)中华帝国的领土与繁荣,(4)市民阶级,(5)军事势力;

(二)中国之基础法:(1)自然法,(2)经典与第一阶级之寺院法,(3)第二阶级之寺院法,(4)中国人之科学,(5)教育,(6)学者的研究,(7)农业,(8)附属于农业的商业;

(三)中国之实定法;

(四)租税法;

(五)君主权;

(六)行政制度:(1)行政,(2)刑法,(3)官吏;

(七)中国政治制度的缺点;

(八)中国宪法与造成繁荣政体的自然法之比较。

魁奈此书第七章第一节"孟德斯鸠的主张",专批孟氏(参阅 Quesnay:"Despotism in China", translated by L. A. Maverick, *China a Model for Europe*, p. 239, Vol. 2, San Antonio:Paul Anderson Company, 1946)。他判断"自然法"是中国伦理道德的基础,也是中国政治制度与社会制度的基础。他也极称赞中国的专制政治,以为"despotie"一语实有两种含义,一种是依于国法行使主权的合法专制,一种是非法的压制人民。前者可以中国为例子,后者则与 monarque、roi、emperour 即专制君主同义。中国的文化制度，均以自然法为依据，即便皇帝自身，亦须严守此确乎不动之大法，所以中国专制政治绝非压制政治。中国人的最高信仰，是所谓"上帝"、所谓"天"。上帝创造万物，同时即为万物父母，皇帝则为上帝在地上之代理人。以统治国家言，叫作君主；以教化人民言，尊称师表；以祭祀上帝言，则不过司祭而已。因此，形式上中国皇帝虽为专制君主，事实上皇帝亦须受天理的支配与束缚。这就是所谓"合法的专制政治"，也是世界上最好的政治形式。

不论对中国政体之评价如何，魁奈与孟德斯鸠都认为中国是专制政制，只不过一属于合法专制或开明专制、一属于极权独裁罢了。另一种对中国政体的描述则迥异，例如意大利神父金尼阁认为：中国政府形式上虽然是君主制，但一定程度上却是贵族政体。因为"虽然所有由大臣制拟的法规必须经皇帝在呈交给他的奏折上加以书面批准，但是如没有与大臣磋商或考虑他们的意见，皇帝本人对国家大事就不能做出最后的决定。如果一个平民偶然有事呈奏皇帝，如果皇帝愿意亲自考虑这个请求，他就在奏折上做如下批示：着该部详核此项请求，并呈覆最好的措施。我已做过彻底的调查研究，可以肯定下述情况是确凿无疑的，那就是：皇帝无权封任何人的官，或增加对任何人的赏赐，或增大其权力，除非根据某个大臣提出的要求这样做。然而，不应由此得出结论说，皇帝凭自己的权威就不能对他家族有关的人进行赏赐"。也就是说：皇帝的权力，是受法律、官僚行政体系之制衡的。皇帝批准公布并实施法律，但此法律实非由皇帝一人任意订定，而是由大臣们研拟的；皇帝在执行其权力时，亦须受法律之规范。他所形容的这种含有"贵族政体"意味之君主制，其实已很接近魁奈的讲法。

但是，不论如何，孟德斯鸠对中国政体的理解，已形成了新的典范。孟德斯鸠式的中国观逐渐取得优势，成为欧洲人对中国政治状况及社会民情的基本看法。金尼阁、伏尔泰、魁奈等人之见，并未能动摇孟德斯鸠的影响力。

之所以会出现这样的结果，不是因孟德斯鸠所见较为准确、论述较具说服力，而是与整个大环境有关。

艾田蒲《中国之欧洲》曾讨论到在孟德斯鸠之前即已逐渐酝酿发酵的贬抑中国风气。这种风气,是对欧洲"中国热"的反弹。许多人对于"中国如此炫耀的优势"开始怀疑、开始批评了,也为因越来越高的远东热潮而被忽略的古希腊光辉不平。像费奈隆就把孔子理解为一位只是替社会提供了几条美德格言的人,远不如苏格拉底能追溯至形上之本原,又说整个中国"民族的道德准则就是撒谎,就是谎言以自夸",认为中国"尽管文明",却仍陷于"最粗俗、最可笑的迷信之中"。(详见该书上卷第二十二章)

另外,据史景迁的研究,到18世纪,西方世界反中国的气氛已占上风。一本著名的小说《鲁滨逊漂流记续集》就是明显的例子。此书描写鲁滨逊漂流到中国,书中对中国字、中国学术、中国建筑、食品、文化及中国人的仪态,都有严厉的批评。为何该书作者选择以批判的态度撰写他的小说?这与市场需求有极大的关系。自1715年起,英国的出版商判断反中国的基调会是畅销书,同时,法国也出现反中国的历史小说。而造成西方社会对中国产生负面印象的因素则是:英法当时积极推动和中国的商务关系,但是仍打不开中国的门户,外交官及商人均备感挫折(见1999年1月8日《联合报》,史景迁与余英时的对谈)。

这种风气,相对于歌颂中国的论调来说,是一种时代的新潮,其作用不可忽视。孟德斯鸠本人可能也受到这种风气的感染,因此说中国的礼教只是一些生活上的规则而已,并没有什么精神性的东西,又说中国人最会骗人,这些都与费奈隆类似。

而这种风气之得以蔚为巨澜,关键性的因素是罗马教廷的态度。欧洲的"中国热",主要得力于耶稣会教士的报导,这些报导塑造了欧洲人的中国观。但由于"礼仪之争",耶稣会主张宽容中国人敬天祭祖等礼仪的立场,受到攻击。教廷且于1773年裁决取缔耶稣会,致使耶稣会所代表的中国观声望一落千丈——从足以与欧洲相对,甚或更胜一筹的非基督教文明,转而成为一黑暗帝国,有待上帝拯救。

1793年,英国派遣马戛尔尼出使中国,被认为遭到羞辱,欧洲对中国印象更为恶劣。接着就是鸦片战争,以及一连串不平等条约,中国几乎沦为欧洲列强的殖民地,欧洲人对中国还会有什么敬意?

放在这个历史脉络中看,就不难理解出版于 1748 年的《论法的精神》为什么恰好会成为欧洲中国观的一个转折点,成为 18 世纪后欧洲人论述中国的典范。

六　精神发展的谱系

要了解孟德斯鸠的中国论如何成为欧洲新的东方论述典范,最好的办法,就是拿 18 世纪末 19 世纪初的黑格尔之说与之对勘。黑格尔对中国的评论,若删除那些哲学性的讲法,我们就不难看出其基本理解,都本诸孟德斯鸠。或者说,黑格尔乃是将孟德斯鸠法学性的解释改换为哲学性的论证罢了。例如他说:

> 自从欧洲人认识到儒家及孔子的著作以来,"中国道德"的优点就受到最崇高的表扬和最推许的赞赏,有些还是来自信赖"基督教道德"的人。……然而,这两个国家(按:指中国与印度)都缺乏了对"自由概念"在本质上的"自我意识",而且是彻底的缺乏。(N144-145,H175-176。本文所摘录之黑格尔言论,出处书名代号,以李荣添《历史的理性:黑格尔历史哲学导论述析》[学生书局 1993 年版]为据。)
>
> 中国人把他们的道德律则当成为自然的律法、外在的明文规条、强制的权利和强制的义务,或者是互相保持礼貌的律则。至于那要通由实体性的"理性规定"才可达致的伦理态度,这种"自由"在中国是找不到的。在中国来说,"道德"乃成为国家事务,而且是通由政府官员和衙门来把持控制的。他们的著述并不是客观的国家法典,而是理所当然地要由读者之主观意愿和主观态度来自行决定,就像那斯多噶学派的道德著作一样,那是一连串的规条戒律。(N145,H176)

这种讲法,根据孟德斯鸠对中国礼教的批评而来,甚为明显。但亚洲缺乏自由,在孟德斯鸠,主要是从外部解释;黑格尔则从"精神"上说,认为中国人

民因缺乏自我意识,所以只能服从官员的规定,故这种道德,便只能成为奴役的道德。而这种情况,在政治形态上就显示为专制独裁:

> 中国人的帝国……属于"神权式的专制政治",这是以家长制为基础的。一位父亲身居领导之位而同时掌握着一切,连我们认为是良知这方面的事情也要受其管辖。这"家长的法则"在中国乃被用以组成一个国家……那居于领导地位的人是个独裁者。他领导着一个多方面的庞大官僚层,故其下属成员,就算是宗教上的事情及家庭上的事务也要通通由朝廷来规定,个体在道德上并无自我可言。(N200,H246-247)

把中国之专制关联于神权而说,乃孟德斯鸠所未论及者。但判定中国属于专制政治,且以家长制为其基础,却是顺着孟德斯鸠之说发展来的。据黑格尔的看法,家庭中父亲的独裁,与国家中皇帝的独裁,在中国具有同一性。因为东方世界的个体与群体的关系是家长式的。个体没有自己明确的主张,只能信赖和服从国家的意志,国君就是国家意志之代表,听命于国君就等如听命于国家。个体们没有意识到他们可以有自己的发言权,而且也应该去争取自己的发言权,以致大家都沉醉于一个"直接的实体性精神世界"里,被束缚在一种君主专制的状况中:

> 在只有"实体性自由"之情况下,那些戒律和法律就会成为一种"在其自己而又为其自己"的束缚,那主体自己会采取一种彻底服从的态度,这些法律不需符合主体所特有之意志,于是乎主体便会像儿童一样,要在没有其个人所独有的意志和判断之情况下去服从父母。(N197,H243-244)

> 在家庭里,"个体"就是一个"全体",而它也同时是这个"全体"之一份子;那里有着一个共同目的。由于家庭是大家的,因此那里同时有着每一个人所独有之存在,以至于成为个体们之意识对象。这些意识乃体现在那"一家之主"的身上,他就是全家之意志,他要为了那共同目的而去张罗筹措,他要照顾个体们的生活,他要调教他们的活动以指

向那共同目的,要教导他们,并且要确保他们跟那普遍目的维持一致。他们个体的知识和愿望都不能乖离这共同目的,也不得违悖那代表其地位的"一家之主"及其意志,此乃一个民族底意识所必然会呈现之第一种方式。(N198,H244)

此其时也,国家也开始出现了。在那里,主体还未曾有着其应有的权利,而仅仅弥漫着一种直接的、没有客观法律的伦理生活,此乃历史之儿童期是也。这形式自己有着两方面之表现:第一面是国家在空间的连续性,就像它是建基在家庭的关系那样。一个国家乃是由父权来监管的,是要靠告诫和惩罚来维系其整体性的,是一个平凡无生趣的国度,因为在这里仍然未曾开展出"理想性"。与此同时,它却是一个持久而有韧力的国度,因为它不能够凭借自己的力量来改变自己。这就是远东的形式,特别是以中国的情况为典型。(N198-199,H244-245)

这些说法很纠缠,实则理论很简单。盖谓人最初是自然生命,其后则逐步发展其精神生命。故人在儿童时期,仍处在自然状态中,自我意识尚未独立出来,只被隶属于其家长。要到青年时期,人才能与自然分离,逐渐成为其自己,也因此才有了自由。再到了成年以后,个体生命已彻底自由,主观精神与客观精神乃再度调和统一,达到圆熟之境。此乃人生"正、反、合"三阶段辩证发展之历程,亦即精神上升之历程、自由得以实现之历程。把人生这三阶段,类比于民族,也同样适用。但不是每个民族都能经历这三个阶段,像东方民族就只停留在第一阶段。

黑格尔在此进行了几个思维的跳跃,从"个人"直接类比于"民族",再由"民族"跳接到"国家",然后由国家跳接到"世界史"。个人精神史之发展,一转而成为世界诸民族精神史的发展问题。东方社会即处于历史的儿童期,个体尚未醒觉(这里再细分为两类:一是远东的中国与印度,属于神权专制政治,是束缚最深、最幼稚的时期。二是中东的波斯,属于神权式的君主政治,可作为东方到西方的过渡,略等于人的青少年时期)。希腊的城邦政治,则属于青年期,个体性冒出,自由意志业已发轫。罗马帝国,又代表历史的成年期,以法律来安顿个体性。而基督教所带来的真正主体性,则让欧洲步上了历史的成熟期,正反已合、矛盾获得调解,遂成为世界史之高峰。因此他说:

> 民族作为"精神的形态"……我们会在那古老的世界里看到三个主要的形式:那远东世界的法则,也是世界上最早出现的法则(蒙古人的、中国人的、印度人的);那伊斯兰教世界的法则,是"抽象精神"底法则,那是个现存的"一神教"法则,但却有着无所节制的意欲,跟外界相互对立;至于西方的世界、基督教的世界则早已树立起最高的法则,那是"精神"对自己之认识,以及"精神"对它底深处密处之认识。(N128-129,H154)

> 东方世界无疑有着我们现存的国家体制,但在这些东方国家本身里面却没有一种我们所称之为"国家目的"者。我们无疑会在这种政治生活本身里发现那"实体性的自由"。它那实在的、理性的"自由"有着自己初步之发展,但就是没有在自己那里去得到"主观自由"之地步。本来,国家在形式上乃为"实体性的、为其自己的思想",在内容上则为所有成员之普遍的、实体性的目的。但在东方世界这里,国家乃为一个"抽象体"。那是没有"为其自己"本身之普遍目的者。构成国家实体者并非那为全体成员之普遍目的,而是那"国家首脑"。正如前述,人们乃可以把这种政治形态比喻为儿童期。(N202,H248-249)

把民族视为"精神的形态",才可以将个人精神史类推于民族。但个人的成长史却非对照于一个民族的精神发展历程,而是用以比较诸民族的自由程度。在这种毫无道理的比较方式之下,东方社会被他判定为只有国家实体而无个人主体,且其国家实体又以一个人(即统治者,家长皇帝共同体)为代表,全体即一体:

> 因此之故,那民族底精神、那国家底实体就以一个具体的"人"之方式而出现在个体之面前。因为"人性"永远都是最崇高的而又最有

价值的"造像方式"。尤其是当那国家主体被塑造成为一个具体的"人"时，其民族就会视他为"精神的统一性"，视这主体性的形式为"全体"、为"一体"。这就是东方世界的法则。个体们仍未曾在自己身上争取到他们"主观的自由"，而只是成为那国家实体之偶然属性。但这并不是一个"抽象的实体"，就像史宾诺莎所讲的那样，而是以一个"国家元首"的方式出现于人们底"自然意识"之中，以致所有的事物看来都只是属于他的。（N199-200，H246）

　　东方的"精神"在其规定上是较为接近"直觉"的，以致它跟其对象构成了一种直接的关系。但纵然它是如此的去规定自己，其主体依然沉醉在那"实体性"之中而未有让自己从那纯粹性、统一性里脱身出来去为其"主观的自由"而奋斗。因此之故，主体仍然未从自己身上产生出那普遍的对象，以致那普遍的对象仍未由主体那处再生。它底"精神的方式"仍未落在思想的表象中。反而，它仍旧停留在"直接世界"底关系里，而有着一种"直接世界"底方式。因此它的对象同样是个"主体"，而且那是以一种直接的方式来被确定者。那是一个自然太阳的方式。像那自然的太阳一样，它是个感性想象的产物而不是精神的产物。正好因着这个缘故，那"主体"同时就成为一个自然的、个别的"人"。（N199，H245-246）

"国家实体"为何又变成了"一人独裁者"，他的解释便如上述引文。一是说把国家塑造为具体的人的形象，有助于精神的统一性。二是说东方精神接近直觉，所以倾向于与世界有直接的关系，其对象遂亦为一主体，而此主体乃同时即为一自然的个别的人。

　　这两种解说都问题重重：将国家造像为人，为何国家实体即等于统治者个人？若谓此造像系普遍之方式，为何又独见于东方民族？如此造像，为何就可以推断个体仍只是国家实体的偶然属性？东方精神是否即接近直觉？直觉之对象即为主体？此主体即为个别之人？此个别之人即国家元首？其中，每一步推理都含着跳跃与独断，每一句都有问题。但黑格尔企图用这套辩证法及精神现象学来说明东方专制主义之性质,其用心是非常明显的。

我认为黑格尔此说与孟德斯鸠有关。除了黑格尔对中国属于东方专制政治之代表的判定与孟德斯鸠相同外,他以欧洲为世界史的巅峰,将东方专制关联于家庭父权宰制状态、讥讽耶稣会教士对中国道德的宣传,也都类似孟德斯鸠。不只如此,孟德斯鸠把中国视为凝固体的观点,更对黑格尔深具启发。前文所引黑格尔之说,已经谈到中国乃"是一个持久而有韧力的国度,因此它不能凭借自己的力量来改变自己。这就是远东的形式,特别是以中国的情况为典型"。在其他地方,他也不断提到这个观念:

> 这种对"实体性"之规定,同样会分裂成为两方面,只因为它未能在其自己内里容纳得下矛盾,以至未能克服此中之矛盾,如果矛盾没有在其自己内里发展起来的话,则它会落在其外部而爆发。我们在一方面看到东方社会的持续性、稳定性,而在另一方面,我们同时看到那自我毁灭的专横性。(N201,H248)

> 在一方面,这惊人无餍的专横意欲就存在于那政治的华厦里面,就存在于那"实体性"本身的世俗权力里面。在另一方面,在镇压内部之余,它同时会在国家以外四处追逐那毫无建设性的功业。(N201-202,H248)

> 这样的历史本身仍然是毫无历史性的,因为它不过是同样一个伟大没落之重复。为了要取代昔日的光辉,那用勇气、力量、豪迈的牺牲所换取回来的新局面同样要经历解体和没落之循环。这些虽非"真正的没落",唯因通由这些动荡的转变也产生不出任何的进步,不管有甚么新局面取代了那已经没落者,它自己同样注定要没落的。此中没有任何进步可言,所有这些风波都不过是一种"非历史的历史"。(N199,H245)

所谓未能在中国内部容纳矛盾并克服矛盾,是说中国仍处在与自然状态合一的情况中,只是"正",尚未"反",以形成正反矛盾。所谓中国历史无历史性,是说中国之历史不具有进展之意义,故中国只有空间的连续性(spatial continuity），而无真正的历史性。此即社会停滞之谓。这当然是对孟德斯鸠认定中国无变化的哲学式解说，也可用以说明为何东方民族一直不能进入青年期。但自我毁灭的专横性既存在于持续性与稳定性之中，东方社会仍能称为持续与稳定的吗？自我毁灭的专横性，固然可见诸蒙古征西、匈奴屡犯中原等事件上，中国却未尝"在国家之外四处追逐那毫无建设性的功业"，以致遭人同化。然则，又如何能以贪得无厌的专横意欲来描述中国呢？再说，若东方社会真具有此自我毁灭之专横性，为什么又不构成"真正的没落"呢？由昔日之光辉到解体与没落，没落史为何又不能是历史性的？黑格尔这套说辞显然破绽或疑问甚多。我们可以看到，在这套言辞背后存在的，乃是憎恨与鄙夷。憎恨蒙古西征所显示的专横，鄙夷中国在 19 世纪初的没落。所以他认为依中国本身的力量无法改变自己（除非欧洲国家来协助它改变，促成其进步。一旦转出这个结论，殖民主义对中国的侵略就成为"正义"的行动了）。

黑格尔与孟德斯鸠的关系，还表现在对法律的理解上。黑格尔对文明形态三种类型的区分，实际上即援引自孟德斯鸠，所以他说：

> "国家宪法"之区分乃涉及民族底政治生活全体自己所要展现之"形式"。第一种形式乃为这个"全体性"所笼罩，至于其特殊的领域则仍旧未曾有着独立性；第二种形式乃其特殊的领域以及个体具有着较大的自由度；在第三种形式（也是最后的一种）之下，它们这些特殊领域及个体俱有其独立性，而且其功能作用更是要去成就那具体的普遍。（N122-123，H146）

上述三种宪法形式，事实上就是"世界精神"在人类历史所发展出来的不同阶段。第一种形式是东方世界的君主专制，国家以一个"全体"的姿态包揽一切，而由君主来做全权的主宰，个体在这里全无独立性可言。第二种形式可包括希腊人的城邦制和罗马人的共和制度，这里的成员有着较大的自由度。第三种形式当然就是近代欧洲日耳曼民族的政治体制，精神法则在它们身上基本已得到充分的实现，是个体及群体基本上已共同得到自由的政治体制。

专制政治中,与之发生"意志底连系"的,是对君主的惧怕。在君主政体底下,则"私己性会臣服于一个力量之下,而这个力量乃绝无别的可能,而是要那些特殊的领域仍然有其本身的独立性才臣服。这就是君主政体的宪法形式了"(N123,H146-147)。至于最好的第三种政体之宪法"乃出于理性状况之建立。……于是国家乃为理性的自由"(N123,H147)。

这里,均可看出黑格尔如何以孟德斯鸠对专政、君主、共和三种政体之分析,以及孟德斯鸠所说专制政体的原则是恐惧、君主政体的原则是荣誉、共和政体的原则是品德云云为基础,来建构他的世界精神史图谱。

七 孟德斯鸠在中国

史景迁曾说:"孟德斯鸠的思想显然影响了马戛尔尼对中国的观感,从而影响他对中国及中国统治者的看法。它们还影响亚当·斯密斯对国家财富起源与成长或受限原因的看法。也许更具体的是,它们深深影响了黑格尔。"(史景迁《中学西渐:远距看中国对西方的启示》,1999 年 1 月 8 日《联合报》)孟德斯鸠是否曾影响马戛尔尼,不可确考,然而他影响了黑格尔却如我在上文之分析,乃是确凿无疑的。孟德斯鸠式的中国观在近代史上的典范意义亦可由此得以确认。

可以说,自 18 世纪中叶以后,欧洲对中国的理解,即是以孟德斯鸠之说为基本模型的。一直到今天,谈起古代中国,大抵仍不脱专制、父权、业农、勤俭、禁闭妇女、家国一体、宗教法律风俗礼仪相混而法律尚未独立、贪婪、虚伪、不自由、不民主、长期停滞等几个基本概念之运用。孟德斯鸠倡之于前,黑格尔等人继于其后,承流接响者,则广泛可见诸欧洲美洲之学界乃至一般社会认知中。

这样的认知,最有趣的地方,不止于此,而更在于它还变成了近代中国人自己对于中国的认知。

孟德斯鸠的学说第一次被介绍进到中国,是 1899 年梁启超《蒙的斯鸠之学说》一文。1901 年梁氏又发表《立宪法议》，一方面介绍孟德斯鸠三权分立之观念，批判专制政治，一方面也借机提倡君主立宪。在这样的论述情境中，梁启超几乎完全接受了孟德斯鸠对中国专制政治的批评，认为："泰西政治之优于中国者不一端，而求其本原，则立法部早发达，实为最著要矣。"

1913 年严复译《法意》出版，附有按语 330 则，是他所有译著中按语最多的。严复对孟德斯鸠之学说并不尽数赞同，例如两人的宗教观即差异甚大，严复根本视宗教为迷信，更担心洋教会扰乱中国的社会，所以说："孟德斯鸠生于法民革命之前，故言宗教之重如此。假使当一千七百八九十年之间，亲见其俗，弁髦国教，吾不知其言又何若也。然至今西士，尚有云东洲教化必不可以企及西人者，坐不信景教，则不能守死善道，不知何者为真公理。此其言固极可笑"（严译，第十九卷第十八章），"景教之力，其在欧美已世衰矣。顾失于西者将生于东。特虽至盛，犹不久耳。他日乱吾国者，其公教乎！"（第二十五卷第一章）他又批评孟德斯鸠根本不懂佛教："孟氏以此攻佛，可谓不知而作者矣。佛道修行之辛苦，其所以期其徒之强立者，他教殆无与比伦也。"（第十四卷第五章）推此意，严复也必不会同意孟德斯鸠基督教精神与自由最能相合的议论。

而孟德斯鸠又不仅不懂佛教而已，对中国社会礼俗之理解也颇有错误，故严复云："孟氏此书，其及吾俗也，固较同时他书为精审，以其识足以择言故也。虽然，犹有疏者，而多见于其意所推度者。如右之所言，其有合于吾国情事与否，读者当能自察也。"（第二十三卷第五章）这是指孟德斯鸠说中国因男女防间极严，所以不可能有私生子的错误。孟德斯鸠云中国人善欺诈，严复也不同意，说他"诚不识其何所见而云然。至于近世，甲午未战以前，所闻欧商之阅历，乃正与此言相反。彼谓吾国贪黩之风，至于官吏而极，上自政府爵贵，下至丞尉隶胥，几于无一免者。至于商贾，则信义卓著，皭然不欺。往往他国契约券符所为之而不足者，在吾国则片言相诺而有余。且或其人已死，在彼成不可收之逋矣，而其人子孙，一一代其还纳，此尤他国之所罕觏者也"（第十九卷第十章）。此外，对于孟德斯鸠说中国礼俗久而不变，严复亦反对，谓宋以后即与唐以前大异（第十九卷第十三章）。至于孟德斯鸠以风土论断民性之论证方式，严复批评尤多：

> 如右所云云，其所以致然之原因多矣，孟氏徒以其地之南北寒热当之，其例必易破也。今夫义大利美术之国也，而英吉利实业之民也，以二者而同为选舞征歌之事，不待问而知其赏会之不同矣。又况宗教之通介不齐，风俗之和峻异等，凡此皆使相差，不必尽由风土。不然吾国燕吴分处南北，其地气寒燠较然不同，而不睹所云云之效者，独何欤？（第十四卷第二章）

> 欧亚虽强分二洲，以地势论，实同一洲，非若非美诸洲之断然不得合一者也。顾东西风气民德之异，后世学者每推原于地利。谓其一破碎以生交通，其一完全以生统摄。交通则智慧易开，统摄则保守斯固。自舟车利用，竞争之局宏开，于是二土之优劣短长见矣。而孟氏之论，则一切求其故于天时。至谓二洲之自繇多寡、强弱攸殊，以一无温带，一皆温带之故。取其言以较今人，未见其说之已密也。总之，论二种之强弱，天地、地利、人为三者皆有一因之用，不宜置而漏之也。顾孟氏之说其不圆易见，即近世学者地利之说，亦未为坚。何则？果如所言，则亚之南洋群岛、美之中枢诸小国，其宜开化而为世界先进久矣，何四千余年寂寂无颂声作耶？是知人为有关系矣！（第十七卷第三章）

对于礼的问题，严复更与孟德斯鸠不同。严译十九卷，谈到古代法律往往礼、俗、法三者混而不辨，中国之治尤其如此时，严复曾说："中国政家不独于礼法二者不知辨也，且举宗教学术而混之矣。吾闻，凡物之天演深者，其分殊繁，则别异晰，而浅者反是。此吾国之事，又可取为例之证者矣。"（第十九卷第十七章）表面上看似乎他是赞成孟德斯鸠之见，认为法律应与风俗、宗教、礼仪分开的，实有不然。严复是强调礼的，故在本章另有一按语，举曾国藩为说，云：

> 往者湘乡曾相国有言："古之学者，无所谓经世之术也，学礼焉而已。《周礼》一经，自体国经野，以至酒浆巫卜、虫鱼夭鸟，各有专官，察

其纤悉。杜氏《春秋释例》叹邱明之发凡，仲尼之权术万变，大率秉周旧典。故曰周礼尽在鲁矣。唐杜佑《通典》言礼居其大半，得先王经世遗意。宋张子朱子，益崇阐之。清代巨儒辈出，顾氏以扶植礼教为己任。江慎修纂《礼书纲目》，洪纤毕举，而秦氏修《五礼通考》，自天文地理军政官制，都萃其中，旁综九流，细破无内。惜其食货稍缺。尝欲集盐漕赋税别为一编，附于秦书之后。非广己于不可畔岸之域，先圣制礼之体，其无所不赅，固如是也。"其为言如此。然则吾国之礼，所混同者，不仅宗教、法典、仪文、习俗而已，实且举今所谓科学、历史者而兼综之矣。礼之为事，顾不大耶？然吾独怪孟德斯鸠生康乾之间，其时海道未大通也。其所见中国载籍，要不外航海传教诸人所译者，顾其言吾治，所见之明、所论之通，乃与近世儒宗忻合如是。然则西哲考论事实、觇国观化，不亦大可惊叹也耶？

这段按语，大力称赞孟德斯鸠，是认为其说与曾国藩相合。而曾氏之说显然是主礼不主法，且仍以礼兼综宗教法典习俗历史等的。（许明龙《孟德斯鸠与中国》第九章，认为严复同意孟德斯鸠之见，主张礼与法应分开，误。）这种重礼的态度，又可见于第二十四卷第二十六章之按语："欧洲之所谓教，中国之所谓礼。礼之立也由人，亦曰必如是而后上下安、人物生，遂得最大幸福焉耳。夫非无所为而为是以相苦，亦明矣。圣人制礼者也，贤者乐礼者也。二者皆知其所以然而弗畔。虽然，弗畔矣，然亦可以为其达节。此君子之所以时中，而礼法不累于进化。孔子绝四，东晋通人亦曰'礼法不为吾辈设'，皆此义矣。至于愚不肖不然，或束于礼而失其所以为和，或畔于礼而丧其所以为安。由前将无进化之可言，由后将秩序丧亡而适以得乱化。不进者，久之则腐；乱化者，拂戾抵突势且不足以求存。凡此皆不足自宜于天演，而将为天择之所弃者矣。"这种重礼的言论，绝非孟德斯鸠所能认同。正因为如此，孟德斯鸠大力抨击东方专制主义起于家庭内部之奴役，而家庭内的奴役又以幽闭妇女为其特征时，严复却大力主张严男女之防，谓：

今夫中国之大坊，莫重于男女矣。顾揣古人所以制为此礼之意，亦岂徒拂其慕悦之情,而以刻苦自厉为得理欤? 则亦曰:夫妇者生民之原也,夫使无别,将字乳之劳莫谁任也。且其效于女子最不利,唯其保之,欲其无陷于不利也,故其为礼,于女子尤严。此诚非无所为而设者矣。(第二十四卷第二十六章)

中国多妇之制,其说原于《周易》,一阳二阴,由来旧矣。顾其制之果为家门之福与否? 男子五十以后,皆能言之。大抵如是之十家,其以为苦境者殆九。……窃谓多妇之制,其累于男子者为深,而病于女子者较浅。使中国旧俗未改,宗法犹存,未见一夫众妻之制之能遂革也!(第十六卷第六章)

十数载以还,西人之说,渐行于神州。年少者乐其去束缚而得自主也,遂往往荡决藩篱,自放于一往而不可收拾之域。揣其所为,但凡与古舛驰而自出己意者,皆号为西法。然考之事实,西之人固无此,特汝曹自为法耳。观于此章之所言,则西之处子,其礼防自持何如! 自繇云乎哉? 吾闻欧之常言曰:"女必贞、男必勇。"必守此二者,而后自繇庶有豸乎! (第二十三卷第九章)

前两则,一是为古人严男女之防辩护,称此制旨在保护女性;二是说一夫多妻(其实是一夫一妻众妾制,详见下文之解释)对男性造成的痛苦更大于女性。此皆用以破孟德斯鸠奴役女性之说者也。第三则,便正面借孟德斯鸠提倡女性贞操之言,主张守贞才能真正自由。

守贞才能自由,这种说法显示了严复的自由观非常特殊,起码不同于孟德斯鸠,所以他又说:

西士计其民幸福,莫不以自繇为惟一无二之宗旨。试读欧洲历史,观数百年百余年暴君之压制、贵族之侵陵,诚非力争自繇不可。特观吾国今处之形,则小己自繇尚非所急,而所以祛异族之侵横、求有立于天地之间,斯真刻不容缓之事。故所急者,乃国群自繇,非小己自繇也。求国群之自繇,非合通国之群策群力不可;欲合群策群力,又非人人爱国,人人于国家皆有一部分之义务不能。(第十七卷第八章)

认为国群自由重于小己自由，而自由又关联于义务，是他与孟德斯鸠迥异之处。两人还有其他许多不同之处，不及一一。然无论严复与孟德斯鸠如何不同，孟德斯鸠对中国属于专制政体的批评，严复基本上是接受的。他曾说："中国自秦以来，无所谓天下也，无所谓国也，皆家而已。一姓之兴，则亿兆为之臣妾。其兴也，此一家之兴也；其亡也，此一家之亡也。天子之一身，兼宪法、国家、王者三大物。……中国数千年间，贤圣之君无论矣，若其叔季，则多与此书所以论专制者合。然中国之治，舍专制又安与归？"又说："吾国固无真自由，而约略皆奴隶。"（第二十一卷第三章）可见他对中国专制之论断，甚有会心，不但颇以之为契合，更因所处时局之故，发言不免较孟德斯鸠还要激切，例如：

> 国民权利，载在盟府，此列邦立宪之大义始基也。而吾国亦有之乎？曰："有之。"春秋昭十八年晋为伯主，韩起聘郑请环，而子产告之曰："先君桓公，与商人皆出自周。庸次比耦，以艾杀此地。斩之蓬蒿藜藋，而共处之，世有盟誓，以相信也，曰：尔无我叛，我无强贾，毋或匄夺，尔有利市宝贿，我勿与知。恃此盟誓，故能相保以至于今。今吾子以好来辱，而谓敝邑强夺商人，是教敝邑背盟誓也，毋乃不可乎？"云云。兹非其证欤？再不佞尝谓：春秋圣哲固多，而思想最似十九世纪人者，莫如国大夫。如不毁乡校、拒请环、不从神灶之言而用宝、拒晋人问驷乞之立、不为国人荣龙斗铸刑书，皆彰彰尤著明者。至其词令之美，虽在今日之外交家，犹当雄视一世。呜呼！使吾国今有一国大夫，胜于得管仲矣。（第二十一卷第二十章）

> 夫西方之君民，真君民也，君与民皆有权者也。东方之君民，世隆则为父子，世污则为主奴，君有权而民无权者也。皆有权，故其势相拟而可争，方为诏令。其君方自恤之不暇，何能为其抗己者计乎？至于东方，则其君处至尊无对、不谇之地，民之苦乐杀生由之。使不之恤，其势不能自恤也，故有蠲除之诏令焉。此东西治制之至异也。闻之西哲曰："西之言伦理也，先义而后仁，各有其所应得也。东之言伦理也，先仁

而后义，一予之而后一得也。"（第十三卷第十五章）

　　孟氏之言如此。向使游于吾都，亲见刑部之所以虐其囚者，与夫州县法官之刑讯，一切牢狱之黑暗无人理，将其说何如？更使孟氏来游，及于明代，睹当时之廷杖与家属发配象奴诸无道，将其说更何如？呜呼！中国黄人，其亭法用刑之无人理，而得罪于天久矣。虽从此而蒙甚酷之罚，亦其所也。况夫犹沿用之，而未革耶？噫！使天道而犹有可信者存，此种固不宜兴。吾请为同胞重涕泣而道之！（第十七卷第五章）

　　或曰中国之民犹奴隶耳，或曰中国之民非奴隶也。虽然，自孟氏之说而观之，于奴隶为近。且斯巴达之奴隶，而非雅典之奴隶也。何以言之？使中国之民而非奴隶乎？则其受侵欺于外人，当必有其责言者。今中国之民，内之则在上海牛庄各租界之近、外之则在美斐诸洲之殖民地，其见侵欺杀害者，亦屡告矣。而未闻吾国家有责言之事，是非五洲公共之奴，乌得有此乎？（第十五卷第十六章）

第一段是说中国本来也有君主立宪的精神，举子产为例证。但这种精神到秦以后就丧失了，人民基本上只是奴隶，所以与西方之君主制不同。注意：这里采用的"东方专制"与"西方君主制"之对比格局，正是孟德斯鸠的用法。第三、四段则引申孟德斯鸠之意，揭发中国专制的残酷面，且关联着当时中国沦为半殖民地的"五洲公共之奴"情境来立论，言辞带着感慨痛愤之情，足以令人想见他引荐孟德斯鸠此书到中国，是具有强烈的现实性的。其批判专制，亦即欲以此开启民智，建立君主立宪之政。

　　梁启超、严复都是主张君主立宪的，在他们的对立面，是革命者的议论。这些人对孟德斯鸠虽少具体之译述与研究，但醉心于民主自由、向往法国大革命、主张推翻君主专制政体，只会比梁、严等人更甚。孟德斯鸠以中国为东方专制主义之代表的论述，当然也就顺理成章地成为中国人诠释中国古代及清末民初当时存在的社会的典范。

　　而且近代中国政体变造的过程又极长，并不因辛亥革命成功就结束了。辛亥革命废除帝制之后，因袁世凯准备称帝及北洋军阀割据，而有护法等役,此后一直到召开国民大会、制定宪法等等,都属于由帝制转换到民主政体的过程。在这个过程中,中国的过去均处于必须扬弃的境遇,批判并扬弃它才能顺利完成宪政改革,成为社会普遍的认知。同时,帝王专制时期虽形式上已被改变了,但专制政体的精神,亦即"恐怖——服从"的逻辑,大家认为可能还没有打破,所以民主宪政的建立才会如此困难。五四新文化运动以降,一连串反省国民性、企图改变中国人之奴性的思想文化活动,也都呼应着孟德斯鸠对中国政治、国民性的论点。这些情形综合起来,就形成了孟德斯鸠式中国观典范长存的结果了。

近代中国之改革,又与留学欧美之知识分子有绝对之关系。他们有着与孟德斯鸠、黑格尔以降一脉相承的东方观,也是丝毫不足为奇的事。其中,本诸欧西民主宪政学说,对中国传统政治进行彻底批判,以促进民国宪政之建立,宪法起草人张君劢的《中国专制君主政制之评议》一巨册尤可视为代表。此书旁征博引,反驳钱穆中国君主制未必即为专制之说,证成孟德斯鸠以中国为专制政体之论案,可说是孟氏最雄辩的阐释者。(与张君劢见解类似,反对钱穆之说者,尚有徐复观。)

八 由历史发现历史

这当然不是说张君劢之说即为孟德斯鸠之说——张氏之见解不尽同于孟德斯鸠,一如梁启超、严复之不尽同于孟德斯鸠——而是说一种学说的接受史往往与接受情境有关。孟德斯鸠的东方观,由于其时代因素,逐渐在各种论述中脱颖而出,占据典范地位而发挥其影响力,影响了西方的东方论。这种影响关系,并不是一个个体对另一个个体所产生的影响,而更是一个历史脉络、认知情境与人所发生的意义关联。一种讲法,是因为镶嵌到这个脉络中而被理解的,其理解也与这个整体脉络有关。

无论孟德斯鸠的理论在纯粹法学意义上有何价值,或在法兰西当时政治环境之改善方面有何作用,它关于东方专制而欧洲自由的论述,放在18、19世纪欧洲殖民主义扩张的情境中看,当然具有那个历史脉络的意义。正是这个脉络，使得欧洲人不再采纳"圣善天堂"的东方观，而逐步将远东的中国视为"邪恶帝国"，继而再视为落后的"黑暗大地"：阳光虽曾照耀过，但沉滞而无进步，永远停留在童稚时期，以至启蒙工作终不可少。

晚清民初的启蒙运动，乃因此而必须是引进西方理性之光、敲响自由之钟、建立民主之制。也就是在这个脉络中，中国人又遇见了孟德斯鸠，并接受了他对中国的贬抑之词，诚恳地以忏罪悔改之方式，发现自己原来只是奴隶。

在这个脉络中，孟德斯鸠所提供的，只是一幅基本图像，略具山川形势之大貌而已，许多地方是烟云模糊或逸笔草草的，接受者各以其感受于时代者穿插点染补足之，终于成为一组混声大合唱。

要针对这样的大合唱来指明其基本旋律已然失误，并不容易。仍处在民主政制改革进程之中的知识分子，极少人能跳脱出自己身处的认知情境，反省自己对东方、对中国的观念究竟从何而来，并以知识还原的方法，重新思考我们理解自我的历程。正因为如此，像本章这样，追溯近代东方观之起源与发展，检讨孟德斯鸠的论点与论据，反而显得别具意义。

在孟德斯鸠的论述中，法制的西方，与那将礼仪、风俗、宗教、习惯混为一谈的中国，是一种明显的对比，而且中国这种情况还被他当成特殊形态来说。可是真正考察西欧法律史，就会发现：法律与宗教、道德、习惯等等区分开来的特征，虽可见诸罗马法，却并不普遍。11 世纪前通行于西欧日耳曼民族中的法律秩序，并没有表现出这些特征。据伯尔曼《法律与革命：西方法律传统的形成》(中国大百科全书出版社 1993 年版)的研究，11 世纪左右，法兰西、英格兰及欧洲其他地区也都没有这样的区分，要到 1080 年罗马法被发现、1087 年欧洲大学中建立法学院后，才逐渐依罗马法而发展出各国法律与宗教、道德、习惯区分开来的体系(见其书导论)。也就是说，罗马法所显示的这种特征，可能才真是特殊的。孟德斯鸠处在西方近代法律传统构建已成的时代，又以罗马法为典范，把中国跟其他民族大抵类似的情况视为特例，大加讥评，以特例为普遍，反谓普遍者为特例，实在不恰当之至。

孟德斯鸠将东方专制社会形成之原因，归诸地理气候等，自然也是不能成立的。他对于中国历史及法律状况之理解更是颇多可商。因为整个论述是"立理以限事"的，亦即先立三种政体之分，再分别拣摭摘选史事例证以填塞之。严复说他"其为说也，每有先成乎心之失，而犯名学内籀术妄概之严禁。……往往乍闻其说，惊人可喜，而于历史事实，不尽相合"（第九卷第四章），实是一点也不错。

例如第一卷第七章第十五节论不同政制下妆奁和婚姻上的财产利益，谓君主国妆奁应多，共和国妆奁适中，"在专制国里，应该差不多没有妆奁，因为那里的妇女差不多都是奴隶"。君主国家，采夫妻财产共有制。在共和国，这种制度便不合适。"在专制国家，这种制度就是荒谬的，因为在这种国家里，妇女本身就是主人财产的一部分。"可是，事实上，被他称为专制政制的中国，历来妇女都有妆奁，也都实施夫妻财产共有制。且早在汉律中即已规定：妻子离异时妆奁资产可以全部带走。后世除元明之外，均沿其制。家庭分财产时，妻家之财也不在分限。所以妇女在婚后除夫妻共同财产之外，其实还有部分私有财产，这是比西方罗马法以来更为进步、更能照顾妇女利益的法律。孟德斯鸠那套虚立一理以妄概事例之办法，在此是完全说不通的。

第一卷第六章讨论各政体中民、刑法之繁简及判决之形式等，孟德斯鸠又说专制国家中因为所有土地与财产都属君王，所以几乎没有关于土地所有权、遗产的民事法规，也"完全没有发生纠纷和诉讼的机会"。可是汉律之中，"户律"便是谈婚姻、家庭、财产继承、所有权、钱债等等的。唐律"户律"，以迄清朝"户部则例"也都对此有所规范。如此，又如何能说中国乃一专制国家？

第三卷第十六章讲家庭奴隶制，指的是妇女，将一妻制的欧洲和多妻制的东方对比着说。东方因为多妻，"妻子是时常更换的，所以她们不能掌理家政。人们把家政交给了阉人，所有锁匙都交给他们，家务事由他们处理"（第十四节）。这样的描述，用在中国也完全不适切。他不晓得中国一般家庭均无阉人。而且在法律上，中国也一直是一夫一妻制的。秦汉至明清，法律均禁止有妻再娶。唐律规定：有妻再娶者徒一年，若欺妄而娶者徒一年半。明清律则规定:有妻更娶者杖九十,离异。妻之外,所娶者均为妾。妻妾的法律地位是不同的。而且娶妾之俗虽普遍见于民间,但在法律上,娶妾原只准施行于贵族大臣,一直到明律中才正式规定:庶人于年四十以上无子者,许选娶一妾。至于妻的职责就是掌理家政,这是每个中国人都明白的事。

在政治方面,孟德斯鸠已对专制政体不应有监察制度而中国居然有之深感困惑,但他若对中国政制知道得更多些,他的困惑一定会更多。

以唐制言之,号称独裁专制、权力集于一身、可以不必依法行事的帝王,其诰命不但须经中书省门下省审查,门下省的给事中、尚书省的尚书丞更皆有权封驳、退还制诰。此制,宋明以降皆沿用之,《宋史·职官志一》说给事中“若政令有失当,除授非其人,则论奏而驳正之”,即指此事。这对王权当然会形成制衡。此外,唐代制度,中书省又设右散骑常侍,掌规讽皇帝之过失;设右谏议大夫,掌谏谕皇帝之得失;设右补阙、右拾遗,则掌供奉讽谏。大事廷议,小则上封事。门下省也设有左散骑常侍、左谏议大夫、左补阙、左拾遗,功能相同,都是专门职司监督纠正天子过失的制度性设计。它们与监察机关职司监督百官者不同,对制衡君王,有比孟德斯鸠所重视的监察制度更强且更直接的作用。这样的设计,以现在民主政治的原则来说,是否仍可称为专制,固然还可有许多争论,但依孟德斯鸠对专制政体的界定来看,是绝对称不上专制的。(因为受到东方专制论的影响,整个东方法学研究,都不断强调它与专制政治的关联。以王立民《古代东方法研究》[学林出版社1996年版]一书为例。此书将东方法之起源归为三种类型:属于宗教型者为希伯来法、印度法、伊斯兰法;属于习惯型者为俄罗斯法、楔形文字法;中国法则属于伦理型。所谓伦理型之判定,无疑与孟德斯鸠对中国法律混糅于风俗礼仪之说有关。其次,该书第四章即是“古代东方法与专制制度”,下分三节:专制制度是古代东方的基本政治制度、古代东方法对专制制度的维护、专制制度对古代东方法的影响。这样的叙述,很显然是完全立基于东方专制论之上的。所以该书甚至说中国的专制制度已有四千年之历史[见第61页]。此书是中国大陆研究东方法最重要的著作,而其所见如此,不难想见此一领域正如何被东方专制论所盘踞占领。故重新理解中国法制之精神，实深有待于后来贤哲）。

再者，在中国的所谓专制政制的实际运作状况中，帝王专制事实上就是法治。顾炎武《日知录》卷九《守令》说得很清楚："尽天下一切之权而收之在上，而万几之广，固非一人之所能操也，而权乃移于法。于是多为之法以禁防之。"故所谓尽一切之权收之于上，就是一切之权皆归之于法。叶适曾形容宋朝政治是："吾祖宗之治天下也，事无大小，一听于法，虽杰异之能不得自有所为，徒借其人之重以行吾法耳。"（《叶适集·水心别集》卷三《官法上》）因一切归之于法，遂致"因一言一事，辄立一法"（《宋史·刑法志》），使得所有相关人员"摇手举足，辄有法禁"（《叶适集·水心别集》卷十二《外稿·法度总论二》）。此即专制政治之弊也。顾炎武《日知录》论法制，又屡引叶氏之言，强调法治之弊曰："宋叶适言：'国家因唐五代之极弊，收敛藩镇之权尽归于上。一兵之籍、一财之源、一地之守，皆人主自为之也。欲专大利，而无受其大害，遂废人而用法、废官而用吏。禁防纤悉，特与古异，而威柄最为不分。虽然，岂有是哉？故人材衰乏，外削中弱。以天下之大而畏人，是一代之法度又有以使之矣。'又曰：'今内外上下，一事之小、一罪之微，皆先有法以待之。极一世之人志虑之所周浃，忽得一智，自以为甚奇，而法固已备之矣。是法之密也。然而人之才不获尽、人之志不获伸，昏然俯首，一听于法度。而事功日堕，风俗日坏……'"这是传统中国政治理论不信任法治、批判法治的原因之一，在宋明清学者反省政治弊端时随时可以看到，非近日由西方政治哲学传统来思考问题，一味宣称中国应打破人治、建立法治一类学者所能知也。故在中国，传统的政治见解，基本上都认为帝王越专制，法治越严密；若要松动专制统治，即必须从简省法律、重人治而不重法治等处着手。这种思路与孟德斯鸠把"帝王专制"和"以法治理"对比起来看，恰好是相反的。以孟德斯鸠式的想法来观察中国传统政治，当然就无法如实地理解了。

此外，讨论中国政体是否属于专制，也不能如孟德斯鸠一般，缺乏历史性之认知。中国皇帝之称为天子，早在周朝已然。但周天子仅为各部族封国之共主，怎能称为专制帝王？魏晋南北朝时期，则是门阀贵族政治，帝王即使想专制，又怎专制得来？孟德斯鸠将中国想象为凝固的社会，才会以专制来概括几千年的政治状况，而不知其间是变化甚大的。

诸如此类商榷辨析，要细谈，还多的是，可是仅此即足以说明孟德斯鸠之说无论在方法和论据上都不能成立了，故亦毋庸赘述。像这么样一个建构在错误方法及论据上的东方观，生于历史的因缘中，又因历史之因缘而成为近二百年来欧洲人与中国人认识中国的基本图像，有什么道理吗？历史发展本身，似乎就是它之所以如此的道理，此外，我们还能说什么呢？呜呼！

第十四讲

由法律看西方对中国文化的认知

一　西方的中国法律观

西方人对中国司法现象的评述，开始得很早。葡萄牙商人盖洛特·佩雷拉（Galeote Pereira）对中国司法即有描述，这源自他自己的亲身经历，1549—1552 年他在中国南部沿海逗留期间，大都在监牢度过。葡萄牙人弗里尔·加斯帕·达·克鲁兹（Friar Gaspar da Cruz）对中国监狱及司法程序的描述，材料大部分来自佩雷拉之见闻，但他本人于 1556 年也同样在广东有过短期的亲身体验。上述二人的描述，虽然简短，但却生动、真实。英文译本见 C. R. 博克舍（C. R. Boxer）《十六世纪中国南部纪行》（*South China in the Sixteenth Century*，London：Hakluyt Society，1953）第 17—25 页及第 175—185 页。

此类旅行者见闻，细致地介绍了监狱及司法实施状况。例如克鲁兹说人犯会遭到"粗如人腿"的竹棍杖打，且棍子在水里泡过，以增加扑打时的痛楚。又说行刑后，执事者把犯人像羊一样拖回狱内，四周人群围观者"毫无怜恤，互相交谈，不断吃喝并剔牙"。这些都很生动，令西方人感到中国之司法颇为严苛。

但 16—18 世纪，中国在欧洲人心目中，基本上是美好的大帝国，富足之外，文明程度亦令人称许。即使是克鲁兹《中国志》也对中国的科技、中国人的生活、中国人之劳动方式甚为推崇。故纵使某些刑罚看来较为苛酷,他们对中国的法律体系及法治整体状况仍是称扬的。如法国蒙田(M. Montaigne)在其《随笔集》第三卷里就说道:"在社会治理和工艺发展方面,我们拥有某些优于他人之处。中国对此并不了解,更不曾与我们进行交流,但在这些方面却超过了我们。中国的历史使我懂得:世界远比我们所知的更大、更丰富多彩。我还从中国的历史中获知:君主派往各省巡视的官员如何惩罚不称职的人员,如何慷慨地奖励恪尽职守、有所建树的人员。"此虽指吏治,却也意味着中国的行政法是很健全的。此外,莱布尼茨于1699年出版的《中国新论》更说:

> 倘若说我们在工业艺术方面与他们旗鼓相当,在思辨科学方面领先于他们,那么他们在实践哲学方面肯定胜过我们(虽然承认这一点不甚体面)。也就是说,在适应现存生活可以为人所用的伦理学和政治学的戒规方面领先我们。确实,与其他民族的法律相比,中国人的法律之精妙,殊难用言语表达,它们旨在实现社会的安宁、建立社会秩序。

1716年,莱布尼茨又写了《论中国人的自然神学》,认为:

> 我们称作人之理性,他们称作天意。我们服从公理,不敢稍加违背,并称其为自足,中国人则视其为(我们也一样)上天赋予的良心。违反天意就是违反理性,请求上天原谅,就是自我改造,在言语及行为上回归原点,向理性表示臣服。对我而言,这一切都完美无缺,并与自然神学不谋而合。这一切都清晰明白。我相信,之所以有人会妄加批评,完全是因错误诠释及篡改引起。只要能够持续更新我们心中的自然律法,就是真正的基督教。

这两段都非常重要,代表了启蒙时代思想家对中国法律的赞叹,而且这种赞叹是放在东西文化对比架构中展开的。前者说我国法律体系完备精美,后者涉及自然法的问题,认为中国人所说的"天理""良心"合乎自然法的原则。这两个观点,后来都不乏继承者(例如李约瑟《中国的科学与文明》第二册即谈到：在人文领域，儒家的"礼"构成一个与西方"自然法"概念对应，且具有理性色彩的相对物），而赞美中国法律者也颇有嗣声。

这个时期，欧洲派往中国的传教士，也常在著作中推崇中国经济繁荣、政治清明、道德优美。可是这些论点逐渐激起了反弹。1748年孟德斯鸠《论法之精神》努力论证这样一个新观点：中国与欧洲不同，欧洲是精神自由，而有民主法治的地方；中国则是专制帝国，行使恐怖统治。故中国并无法治，仅有政府用以压制人民之刑律及礼教观念而已。刑法混合着礼教、道德、古风俗习惯，即构成了中国的法律，远不及罗马法能保障人民财产与个人权利。

这个新观点，随着欧洲资本主义的发展、向世界殖民扩张之成功及中国之衰弱，越来越占优势，如曾影响极大的魏复古《东方专制政治》（*Oriental Despotism*, 1957），副题就是"极权的比较研究"（*A Comparitve Study of Total Power*）。而且他明言其主张直接相通于孟德斯鸠。因为孟德斯鸠首先指出，在一个只允许一个人有自由的世界里，中国皇帝就是那个人。此外，孟德斯鸠还指出了中国许多毛病，如体罚的滥用，私人财产皆为皇帝的家业，风俗、习惯、法律之间的混淆，缺乏独立的宗教及司法机构，等等。且他认为，中国的专制不同于其他地方的君主制度，因为它是以恐惧而非荣誉作为领导指标的。

这类东方专制主义的论调，在西方绵延了几世纪，所以类似孟德斯鸠之说，如今可谓洋洋乎盈耳，而实对中国法治皆甚为隔阂。当然，在此类新观点笼罩之下，对中国法治状况较务实的研究也仍有不少。19世纪初，斯当东（George Thomas Staunton）翻译了《大清律例》（"Ta Tsing Leu Lee：Being the Fundamental Laws，and a Selection from the Supplementary Statutes，of the Penal Code of China"，载《爱丁堡评论》[*Edinburgh Review*] 1810年第16期）；其后约翰·亨利·格雷（John Henry Gray）的《中国：法律史，人们的风俗与习惯》（*China: A History of the Laws，Manners and Customs of the People*）一书关于司法程序及刑罚的描述也很受称许。其他旅行者见闻及具体研究质量亦均远胜往昔。

但总体说来,对中国法律的关切情形甚为不足。许多讨论中国的著作,根本不涉及法律问题,如哈罗德·罗伯特·伊萨克斯(Harold Robert Isaacs)《美国的中国形象》(1958)、马森(Mary Gertrude Mason)《西方的中华帝国观》(1938)、卫礼贤(Richard Wilhelm)《中国心灵》(1926)等都是如此。

1967年德克·布迪(Derk Bodde)、克拉伦斯·莫里斯(Clarence Morris)合编的《中华帝国的法律》序文中第一句就说"西方学者关于中国传统法律的著述为数较少",其后正文第一章第一句也说:"直到最近,绝大多数研究中国的西方学者都未对中国法律产生大的兴趣。"之所以如此,他们认为原因在于:(一)西方汉学界绝少人有法律方面的素养,既不懂相关文献,又只以法律为实用文书,罕能进行理论探究;(二)西方普遍认为中国法律体系偏于刑法而非民法,故一般人民大部分民事行为均与法律无关,因而法律在中国社会里并不重要。

对中国法律既不懂又觉得它不重要,久而久之,便形成了一种典型的东西社会文化对比论述:中国文化重人治,西方文化重法治;中国文化强调道德伦理,西方文化重视法律规范;中国文化偏于内在主观修养,西方文化长于客观法规制度;中国文化以其礼俗维系,西方文化则仰赖其契约的精神;中国是农村礼俗社会,属于长老统治形态的差序格局,西方则是法理社会的团体格局;等等。西方对中国文化的描述,大体也仅在哲人语录、道德训诫、宗教思想、伦理行为这些方面着墨。

而在为数有限的论述中国法律的文献中,即使是学院里的专门研究论著,误解与偏见仍然不少。这些误解与偏见,大多流传已久,早已成为西方人对中国社会与文化理解的预存知识基础或印象,要一一辨析,其实甚为复杂,也甚为困难。以下只能选择一些典型论述,夹叙夹议,略辨一二。对孟德斯鸠所涉及诸法律见解之讨论,详见本书第十三讲。

二　总评:中国法律之性质

（一）法律在古代中国的地位

密迪乐《关于中国政府和人民及关于中国语言等的杂录》（Thomas Taylor Meadows, *Desultory Notes on the Government and People of China, and on the Chinese Language: Illustrated with a Sketch of the Province of Kwang-thung, Showing Its Diuision into Departments and Districts*, 1847）第170—171页说:

> 三个缺点无疑是中国政治最致命之处:如果官吏犯了法真能受到惩处,而且比目前的惩处更为严厉;如果他们的薪俸能够合理地提升,年老时保证他们有个舒适的生活环境;如果他们受教育及选任旨在让他们只承担一种职责。我坚信,作为一种令全民幸福的政府体制,中国以其独具的某些优点,用不着法官或议会也能证明它足可与英格兰和法兰西的政制相媲美,而且优于奥地利及其他一些基督教国家。

此文对中国政治制度显然极为称道,但在实际行政运作上,密迪乐认为俸禄太少,致使官吏贪惰,而处罚不确实,也减损了政府效能。此即表明了他认为法治尚待加强。但从制度上说,他又觉得中国其实不太需要法官或职司立法的机构。

对中国法治实况的看法,留待下文再说。先论他所说中国不太需要法官及立法机构之观点。这其实是西方很普遍的看法。柯乐洪《转变中的中国》（Archibald R. Colquhoun, *China in Transformation*, 1898）第286页即说:

> 中国人与政府之间是人民享有几乎无与伦比的自由,而政府在国民生活中微不足道,这是最大的事实。强调这一点非常必要,因为不了解中国的人常常会有一种相反的看法。中国人有完全的工商业自由、迁徙自由、娱乐自由、信教自由。而且各种限制和保护并非由议会以立法的形式来实施,政府也完全不介入。他们靠的是完全的自愿联合;政

府不受理这些事,尽管有时会与他们发生冲突——但从来不会牺牲民间机构的利益。

西方对中国,另有一流行之观点,即视中国为专制统治国家,人民受政府严刑峻法的统治(如前述)。此文反对这种看法,它呼应了中国人所说"天高皇帝远"之说,认为一般民事都不太受政府限制或保护,靠的主要是民间自愿组合的行会、会社之类民间机构来运作。这当然较符合中国社会之实况,但也因如此,1967 年德克·布迪(Derk Bodde)、克拉伦斯·莫里斯(Clarence Morris)合编的《中华帝国的法律》(江苏人民出版社 1995 年版)一书却认为,正是这个观点"使得西方学界普遍对中国的法律不甚重视"。

一方面,传统中国社会确如柯乐洪所言,并非完全依法律及政府控管调节之社会,"中国一般人对伦理规范的认识及接受,主要不是通过正式制定的法律制度,而是通过习惯和礼仪的普遍作用来完成的。这种情形比在大多数其他文明国家里要更突出一些。宗族、行会以及由年长绅士掌握非正式管理权的乡村共同体等等,这些和其他法律之外的团体,通过对其成员们反复灌输道德信条、调解纠纷,或在必要时施行强制性惩罚,来化解中国社会中不可避免的各种矛盾,在相当程度上独立于正式的法律制度之外。古代中国人为了寻找指导和认可,通常是求助于这种法律之外的团体和程序,而不是求诸正式的司法制度本身"。另一方面,法律本身也对民众行为甚少规范,主要内容只是刑法。"中国法之注重刑法,表现在比如对于民事行为的处理不作任何规定(例如契约行为),或只以刑法加以调整(例如对于财产权、继承、婚姻)。保护个人或团体的利益,尤其是经济方面的利益,免受其他个人或团体的损害,并不是法律的主要任务,而对受到国家损害的个人或团体利益,法律则根本不予保护。真正与法律有关系的,只是那些道德上或典礼仪式中的不当行为。或者,是那些在中国人看来对整个社会秩序具有破坏作用的犯罪行为。"

早在 1922 年,古德诺(Frank J. Goodnow)《解析中国》中即有类似的话:"中国的商人普遍都加入了行会组织,而行会又是一种秘密团体,是不被官方正式承认的。这些行会组织决定商业的行规,调解商业纠纷。……那些不遵守行规的人之所以会落到如此境地,一方面是由于政府在经济领域内的放任自流政策,另一方面是由于政府认为家庭关系、商业关系属于民间事务,不属于政府的管辖范围。"(蔡向阳等译,第81页,国际文化公司1998年版)

对于这类见解,我们该怎么看待呢? 中国社会无疑非某些西方学者所热心宣传的,是个专制恐怖帝国。中国社会上存在着独立于正式法律制度之外的民间社会力量,是毋庸置疑的,但有这样一个力量,官吏亦并非即可不管民事问题。

（二）中国法律的性质

1890 年在《中国人的性格》第二十三章中,阿瑟·史密斯(Arthur H. Smith)就谈道:"一个县官至少要处理六大方面的事务,他既是民事、刑事司法官,又是行政司法官、验尸官、财政长官和税务官。"(乐爱国等译,学苑出版社1998年版)更早的1872年沃尔特·H. 麦华陀(Walter H. Medhurst)《在远东中国的外国人》(*The Foreigner in Far Cathay*, 1872)第80页也谈及:"由于其独特的行政制度,在我们西方人看来,各种职责应分别由一些官吏和部门来执行。而在中国则集于一人,不但审理民事还要审理刑事案件,掌金融、治安、交通、军需及其他一大堆杂事。"

这些观察报告,都证明了19世纪西方人亲眼见到中国官吏须审理或处理民事问题。中国俗语谓"清官难断家务事",正表明家务事令官吏头疼者不在少数。故柯乐洪说政府不受理工商业迁移、娱乐、信仰等事务,并不正确。一般情况下,民间可以自治者,政府放由民间自行裁断;民间自己不能解决者,则仍待官府仲裁。而行会、士绅的某些权力之行使,其实也等于受政府之委托,所以有不少法条就是规范宗族、行会、士绅阶层的。民间组织不全然自由自主,也不尽是受政府控管,其性质甚为特殊,后面我们还会谈到。

正因为如此,我国法律体系其实亦非"刑法"一词所能备述,而应称为民刑不分的编纂形式。有关人、物、债、婚姻、家庭、继承等民法的法律规定，有关钱债、田土、户婚等的民事法律规范，分散在法典的某些篇章，与刑法、行政法、商法、诉讼法混合在一起。例如，汉九律中《户律》主要是指婚姻家庭、财产继承、所有权、钱债等民法内容的。唐律十二篇中《户律》亦具有民法性质。1368 年颁布的《大明律》计三十卷，四百六十条，其中《户律》七卷、《户役》篇十五条、《田宅》篇十一条、《婚姻》篇十八条、《仓库》篇二十四条、《课程》篇十九条、《钱债》篇三条、《市廛》篇五条，无疑也是民法。清代的《户部则例》更具有民法单行法规的性质，但仍与行政法混合在一起。直到 20 世纪初沈家本主持变法修律，仿照法、德、日的法律体系，分别起草了独立的刑法典、民法典、诉讼法典，才改变了传统诸法合体、民刑不分的法典编纂形式。因此，以西方罗马法及其衍生之法律体系为标准，判定中国法律仅仅是刑法，并不恰当。

由于上述缘故，故传统上掌司法的官吏中即有专司民事者。以唐代制度为例，当时州有司户参军和司法参军(上中州二人，下州一人)，府有户曹参军与法曹参军(人数同上)。户曹和司户参军掌"剖断人之诉竞，凡男女婚姻之合，必辨其族姓，以举其违；凡井田利害之宜，必止其争讼，以从其顺"。法曹和司法参军"掌律令格式、鞫狱定刑、督捕盗贼，纠逖奸非之事，以究其情伪，而制其文法"。前者主管民事问题，后者主管刑事问题，分工如此明确，而云中国法律仅是刑法，岂不谬哉！

(三) 罗马法与中国法的比较

从罗马法来看中国法，毕竟是西方人理解中国法律制度的基本线索。

斯当东译《大清律例》即曾高度赞扬中国的法典说：

> 我们承认，与我们的法典相比，这部法典的最伟大之处是其高度的条理性、清晰性和逻辑一贯性。行文简洁，像商业用语，各种条款直截了当，语言通俗易懂而有分寸。大多数其他亚洲国家法典的冗长且迷信的谵语、前后不一、大量荒谬的推论、喋喋不休的玄词迷句，绝不存在于中国法典。甚至没有其他东方专制国家的阿谀奉承、夸大其辞、堆砌

华丽的辞藻和令人厌恶的自吹自擂。有的只是一系列平直、简明而又概念明确的法律条文,颇为实用,又不乏欧洲优秀法律的味道。即便不是总能合乎我们在这个国家利益扩展的要求,整体来讲,也比大多数其他国家的法律更能令我们满意。从《阿维斯陀注释》(按:*Zendavesta*,波斯文,意为智识、经典、谕令,古代伊朗的宗教经典。最早用东波斯语的古阿维斯陀文写成,主要记述琐罗亚斯德的生平和教义)或《往世书》(按:*Puranas*,梵文,亦称《古事记》,古代印度神话传说的汇集,印度教主要经典之一)的怒狂,到中国法典的理性化和商业化,我们似乎是在从黑暗走向光明。……尽管这些法律冗长烦琐之处颇多,但我们还没看到过任何一部欧洲法典的内容那么丰富,逻辑性那么强那么简洁明快。不死守教条,没有想当然耳的推论。在政治自由和个人独立性方面,确实非常糟糕;但对于弹压叛乱、对芸芸众生轻徭薄赋,我们认为,总的来讲,还是相当宽大相当有效的。

他用以比较的,除了波斯、印度的法典之外,当然以欧洲的法典为主。在他之前,固然孟德斯鸠曾依据罗马法来大肆批评中国的法律,认为中国可视为东方专制政治的代表,但斯当东以译文来具体说明了中国法典不仅不逊于欧洲,也非印度波斯诸文明所能及,并因此而将中国拉出了"东方专制国家"的行列。

欧内斯特·阿拉巴德(Ernest Alabaster)《关于中国刑法和同类性论题的评注:与主要案例的特别关系,关于财产法的简要附论,主要基于已故查洛纳爵士的论著》(*Notes and Commentaries on Chinese Criminal Law and Cognate Topics: With Special Relation to Ruling Cases, together With a Brief Excursus on the Law of Property, Chiefly Founded on the Writings of the Late sir Chaloner K. C. M. G.*,1899)则专就罗马法与中国法做讨论,谓:

许多人会惊异于罗马法与中国法之间有那么多相似之处,尤其在法律的完备性方面。

首先,现行中国法典的缘起与查士丁尼法典的组成方式有相同之处,都是急切的皇帝由学问渊博的学者来辅佐。其他的相同之处还有:限制法典之外的出版物的发行(政府除外),罗马亦是如此;中国的《礼》与查士丁尼法典的礼条款有共同之处;两者都各自以公告、律令和诏书形式立法。其次是公法。……关于中国父母与子女……夫妻、主人与仆人及自由人、师生等的关系与现状,还有诸如过继、家庭财产共同占有关系等都有相同之处。在诉讼程序行政管理方面也有共同点,行政管理方面相同之处在于中国的县官与罗马的法官,以及为防止不公而设立的补救措施;就诉讼程序来看,最高上诉权都在于皇帝,都由一套班子负责(在中国是都察院,在罗马是监督官)。

这里面,当然也不乏误解。例如他说中国跟罗马一样,限制法典之外的出版物发行。这可能是因《大清律例》中礼律类有"收藏禁书""造妖书妖言"之禁,故令他有此误解。其实殊为不然。其次,中国的县官与罗马的法官也是不同的。虽然如此,以罗马法为架构来理解中国法(或广义的中华法系),仍如阿拉巴德所为,乃西方世界最普遍的方法。影响所及,中国人研究中国法制史,亦往往采此进路。中国政法大学甚至成立了罗马法研究中心,与意大利罗马第二大学合作,参加意大利罗马法传播研究组,进行罗马法与中国法之比较研究。

但罗马法以私法为主,当然显示了较强的保障个人利益色彩,我国法典则以公法为多,两者性质本不相同。以罗马法为标准来衡量中国法,自然会得出"在政治自由和个人独立性方面,确实非常糟糕"之结论。早在孟德斯鸠时代即不乏如是云云者,而在西方观点影响下,近代中国学者也常这么说,如林剑鸣就从"与欧美法系宏观上比较"角度,认为中国法系之特点为君主集权、礼法合一、对个人地位及权利缺乏应有规定、刑法残酷,且此种法律亦应为中国之长期发展停滞负责(《法与中国社会》第十六章,吉林文史出版社 1988 年版)。

(四) 法律与礼、俗的关系

说中国法律是礼法合一,亦是西方普遍的看法。孟德斯鸠即已批评中国法律混合着礼俗与习惯,此后论中国法者亦无不论及此一特点。1947 年瞿同祖《中国法律与社会》一书重新整理了这个观点,提出"法律儒家化"之说,谓儒家所倡导的礼的精神、礼的具体规范,被直接写入法律之中,与法律融合为一,乃中国法律最显著之特点。其书 1961 年又在巴黎及海牙出版,对西方研究中国法律者影响甚大,如布迪、莫里斯等,均依循其说。但推源溯始,此一观点仍然是以罗马法来看中国法使然。

伯尔曼《法律与革命:西方法律传统的形成》导论曾申论西方由罗马法而来的四个法律传统是:(1)在法律制度(包括诸如立法过程、裁判过程和由这些过程所产生的法律规则和观念)与其他类型制度之间有鲜明的区分。虽然法律受到宗教、政治、道德和习惯的强烈影响,但通过分析,立刻可以将法律与它们区别开来。(2)在西方法律传统中,法律的施行被委托给一群特别的人们,他们或多或少在专职基础上从事法律活动。(3)法律职业者,无论是在英国还是在美国,都在一高级学术独立机构中,接受专门的培训。这种机构有自己的职业文献作品,有自己的职业学校或其他培训场所。(4)培训法律专家的法律学术机构,与法律制度有着复杂的和辩证的关系。因为一方面这种学术描述该种制度;另一方面,法律制度通过学术专著、文章和教室里的阐述,变得概念化和系统化,并由此得到改造。

批评中国法律未能与宗教、道德习惯区分开来,或批评中国无专业法官、律师、辩护人,其实都基于罗马法以来的这些法律传统。但伯尔曼说,这仅是由罗马法发展来的特征而已,当代许多非西方的文化都不具有这些特征,11 世纪前通行于西欧日耳曼民族中的法律秩序也没有表现出这些特征。在法兰克帝国或英格兰以及那个时候欧洲别的地方,亦都没有以下这两种明确的区分:一是法律规范与诉讼程序的区分,二是法律规范与宗教的、道德的、经济的、政治的或其他准则和惯例的区分。12 世纪罗马法未复兴之前,欧洲许多地方也不设专职的律师和法官。在教会方面亦是如此,教会法一向与神学合为一体。

这类批评乃西方非常普遍的看法,而距中国之实况却最远。法律之学,在传统读书人的养成以及仕宦上,都是极重要的。以宋代为例,法律一门,进士要考,选人要考,流外补选也要考。再则,宋的铨选制度下,凡是科举中试的人,第一次派遣职务(入官)也都是派到府县衙门做处理狱讼的幕职官。故以这些理由或观点来诟病中国法律,或把罗马法及其以后之传统视为普遍者,而把中国礼法不分、官员兼任法官的情况描述成一种例外或特色,反而是因所见不广,缺乏真正比较法学的眼光所致。

三 分论:法律的实施状况

以上所论,为中国法律之性质,以下则续论法律之施用。

(一) 中国人守法的精神

阿瑟·史密斯《中国人的性格》曾对中国人的守法精神大为赞扬,云:"中国人有许多令人赞叹的品质,其中有一种是天生的尊重法律。我们不知道是社会制度造就了这一品质,还是它造就了社会制度。但是,我们知道,中国人无论从先天的本性,还是从后天接受的教育上说,都是一个尊重法律的民族。……中国人很怕进官府、打官司。它也能说明中国人对法律的尊重。尤其是文人,他们一被召到官府,就吓得胆战心惊,噤若寒蝉。"这种守法的态度,他认为与基督教国家恰好成一对比:"在基督教国家,无论目不识丁的人,还是举止文雅、有教养的人都有意无意地轻视法律,仿佛不需要法律维护公众的利益,并且违抗法律要比遵守法更能体现法律的尊严,这难道很光彩吗?"

他对中国人守法的看法,重在三方面:(1)中国人怕进衙门打官司;(2)他认为法律旨在维护公共利益,而西方因强调个人自由与人权,故常与法律起冲突,中国人则否;(3)中国人重视集体,人不只为自己负责,也要为别人(他所从属的团体)负责,所以非常有责任感,法律也因此而有株连之罪。

这几点,是他赞美中国人及法律的理由。当然,它们同样也可以成为批评中国法律、社会、文化的口实。因为,另有许多人也主张法律应以人权、自由、个人利益为内涵。罗伯茨《十九世纪西方人眼中的中国》第二章即以 1784 年某案件为例,说:"中国立法的理性化能与古罗马的法律相媲美。但是,中国人对法律实践过程中的责任和处罚吓坏了他们,反对集体承担责任的原则可以追溯到一七八四年的'休斯女士号'(Lady Hughes)案件。一位英国船上的枪手在甲板上鸣枪致礼时不慎打死了两个中国人。他被交给中国政府后被绞死。从此以后,西方就拒绝将被指控的外国人交给中国政府审理。"(蒋重跃等译,时事出版社 1999 年版)

对于这样的争论,此处暂不讨论。仍从法律实践的层面说。诚如史密斯所云,古代中国社会一般人基本是畏官守法的。畏官守法,不愿进衙门,抽象的原因或许如史密斯所称,或许如罗伯茨所述,但实际的原因可能是由于刑罚太严酷。一入衙门,有理无理,一顿板子;要招不招,夹棍伺候。谁愿上衙门? 前引林剑鸣之说,谓中国刑法残酷,对个人地位及权力缺乏保障,即指此。

(二) 刑罚的残酷性

(1) 狱政

柯克(George Wingrove Cooke)《中国:1857—1858〈泰晤士报〉驻中国特派记者》(*China: Being The Time Special Correspondence From China in the Years 1857-1858*, 1858)第 372 页即曾描绘广州一座监狱:"恶臭冲天,像动物园里圈动物的牢笼。……再也没有如此令人毛骨悚然的景象了。……屋内恶臭令人几乎无法忍受,而那情状则让人无法再看第二眼。……(犯人)是骷髅,而不是人。"

(2) 刑讯

狱政不佳之外,外国人印象深刻的是刑讯逼供。亨利·M. 菲尔德(Henry M. Field)《从埃及到日本》(*From Egypt to Japan*, sixteenth edition, New York, 1890)第 378 页记载了"过程无疑异常残酷"的逼供过程:

如果不招,法庭便用残酷的方法迫使他们招认,这二位亦不例外。折磨的方式如下:大厅里有两个圆柱。这两个人都跪在地上,两只脚缚在一起,动弹不得。先把他们的背部靠到一根柱子上,用小绳扎紧脚大拇指和手大拇指,然后用力拉向后面的柱子,绑在上面。这立刻让他们痛苦万分,胸部高高突起,前额上青筋暴跳,真是痛不欲生……

此外,就是花样繁多且令人感觉非常残忍的刑法,如砍头、站笼、绞刑、戴枷、囚笼、钉刑、凌迟等。1909年麦高温《中国人生活的明与暗》(朱涛等译,时事出版社1998年版)第十二章详述了这些刑罚。他也与菲尔德一样,对中国"法庭"审讯时以杖击代替严密的盘问、辩护律师的恳求、法官的裁断感到惊奇,对砍头、囚笼、戴枷、站笼等刑罚也都感到残忍,于凌迟尤感残酷,认为"比印第安人曾经用来惩治俘虏的刑囚还要残忍"。

刑囚的实际状况当然并不如此。据徐道邻先生考证,用刑逼供(术语曰"拷讯")固然是可以的,但是有种种先决条件和限制。《唐律》四七六条上半段说:"诸应讯囚者,必先以情审察辞理,反覆参验,犹未能决,事须讯问者立案,同判然后拷讯,违者杖六十。"所谓"同判拷讯"者,此条疏文说:"事须讯问者立案,取见在长官同判,然后拷讯。若充使推勘,及无官同判者,得自别拷。"可见当时用刑取供,不但要问刑官立案说明,同时还须得到他的长官的许可,和约请另外的官员来一同讯问。宋太宗在雍熙三年(986)下令:"诸州讯囚,不须众官共视,申长吏得判乃讯囚。"可见在此以前是必在"众官共视"之下,才可以刑讯的。此法至元亦然,故元史《刑法志》说:"诸鞫问囚徒,重事须加拷讯者,长贰僚佐会议立案,然后行之,违者重加其罪。"此外,刑讯有一定的限度,就是拷讯只许用杖,不许用任何其他的工具,而且"不得过三度,数总不得过二百,杖罪以下不得过所犯之数。……若拷过三度,及杖外以他法拷掠者,杖一百。数过者,反坐所剩"(见《唐律》四七七"拷问不得过三度"条)。所谓"三度"者,狱官令规定:"每讯相去二十日,若讯未毕,更移他司,仍须拷鞫,即通计前讯以充三度。"(《唐律》同条疏引)但是若被拷者棒疮未愈,虽过了二十日,仍不得拷,否则"即有疮病,不待差而拷者,亦杖一百"(同上)。(俱详徐氏《宋律中的审判制度》,收入《中国法制史论集》,志文出版社1975年版)

（3）斩首与凌迟

更早前,密迪乐《中国人及其叛乱》(*The Chinese and Their Rebellions*)也如此描绘过凌迟的情况,他说他根本不敢靠近去看被凌迟者:

> 即便是意志再坚强的好奇者都不太敢跳过那些死尸、跨过血污亲耳聆听这位不幸的人胸腔里发出的呻吟,目睹其四肢抽搐不已。(第665—666页)

他所描写的这场凌迟,乃是在继砍掉三十几个人头之后实施的,整个过程仅四五分钟,所以应非正式的凌迟刑。凌迟刑有多达 120 刀者,甚或如明代刘瑾,据说被割了 4700 刀。若真见到如此千刀万剐的场面,密迪乐恐怕更要吓昏了。

对中国刑法的详细讨论,当然不限于密迪乐这类旅行者的见闻,阿拉巴德《中国刑法评注》(*Notes and Commentaries on Chinese Criminal Law*, 1899)、里远·劳勃鲁(Nida Noboru)《刑法》(*Criminal Law*),乃至前引布迪、莫里斯之书等均论之甚详。可见,中国刑法之酷对西方人来说确实易令彼等印象深刻。

（4）对刑罚施用状况的说明

然而,立刻下断语谓西方人都认为中国刑罚太严、狱政太坏,亦不妥当。因为西方人对中国这些法律实践层面亦颇有称道或辩护之语。

杜赫德(Du Halde)在《中国帝国及中国的鞑靼、朝鲜王国、西藏:历史和地理》(*A Description of the Empire of China and Chinese-Tartary Together With the Kingdoms of Korea, and Tibet: Containing the Geography and History of Those Countries*, 2 vols:1738、1741)一书中写道:"这里的监狱,没有欧洲监狱的恐怖与污秽,相反,条件很便利,也很宽敞。"布迪与莫里斯则引用 1860 年帕克斯在北京监狱被囚禁的自述,并评论道:"对于读过狄更斯作品的人来说,这一段监狱生活的记述并不会使他们感到震惊。"言下之意,中国监狱大概跟欧洲差不多,不见得特别残酷、不人道。各类刑罚也是如此。即使是凌迟,据阿拉巴德说:"虽然凌迟刑很残忍,也令人作呕,但它与在英格兰不久以前还实施的半吊绞死（half-hanging）、剖腹、四肢裂解等死刑相比，并没有给受刑者带来更多的痛苦。"

事实上，凌迟刑极罕使用。宋以前无之，宋代才偶尔采用过几次，元明始合法化，清则规定叛逆及极少数重大犯罪才会施刑，故一般人难得见着此刑。

即使杀头也是罕见的。依唐律明律，每年仅有两个月允许行刑，有时甚至不超过一个月。至清朝，虽大幅改变，每年也还有三个月左右不能行刑。这是时间的限制。此外，程序上也有限制。在清朝，死刑犯必须经由州县侦查，转报至府，府送按察使司审判，由总督或巡抚批示，再送刑部复审，审后再送三法司终审判决，程序上极为烦琐谨慎。经改判或撤销者亦甚多，每年由刑部撤销判决者都在百件以上。可见要判一个人斩头并不太容易。而即使终审判决了，死刑犯仍都要报请皇帝批示，此时亦有转圜。皇帝也经常举行大赦、特赦。死刑犯更须待"秋审"之后方能提交执行。而"斩监候"被减刑免死者亦不在少数。于此即可知凌迟与斩头都不是常见的。这跟平时我们从小说或电影电视中得到的印象极为不同。

死刑判得少，主要是制度保障着犯人。照《唐律》的规定，审判官在宣读判决书时，只要被告表示不服，案子就自动地要重审，称为"移司别勘"。凡徒流以上的案件，在各州县断结后，全都要在上级机关所派的判官面前再录问一次。如囚人接受判决，即将原案转上级机关去核定；如囚人不服，判官就把案件移送另外一个机关去重行推问。此一精神在宋代称为"覆察"。利用若干不同的机关，或一个机关里若干不同的官员来处理同一个案子，包括同僚覆察、逐层覆察等，以求反复详尽，以达至公。且目的不在苛察吹求，以入人罪，而在赦宥。故汪应辰曰："……国家累圣相授，民之犯于有司者，常恐不得其情，故特致详于听断之初；罚之施于有罪者，常恐未当于理，故复加察于赦宥之际。是以参酌古义，并建官师，上下相维，内外相制，所以防闲考核者，纤悉委曲，无所不至也。盖在京之狱曰开封、曰御史，又置纠察司以纪其失。断其刑者曰大理、曰刑部，又置察刑院以决其平。鞫之与谳者，各司其局，初不相关。是非可否，有以相济，无偏听独任之失。此臣所谓特致详于听断之初也。至于赦命之行，其有罪者，或叙复，或内徙，或纵释之。其

非辜者,则为之湔洗,内则命侍从馆阁之臣,置司详定,而昔之鞫与讞者,皆无预焉。"(《历代名臣奏议》卷二百一十七)

正因其罕见,故杀头时大家都把它当一件稀奇的事,挤着去参观。西方的观察者,偶然见到杀头的场面,也很容易因此而惊其残怖;更容易被围观群众热切聚观,甚且拿着馒头去沾血的情景所惊,以为野蛮。而其实斩头与凌迟均非刑罚之代表。

较普遍的刑罚,一是罚金,二是监禁,三是笞刑或杖刑(清朝时笞杖均减半,应笞十者改笞五),四是徒刑(亦即派去服劳役),五是流徙。这些正式的刑都谈不上太残酷。某些酷吏法外施残,如《老残游记》所载玉刚之类事,固然不会没有,但就《大清律例》所规范,且对一般施用者来说,应只是如此。其中流刑是死刑之外最严厉的刑罚,可是从西方人的观点看,却大为称道,如麦高温《中国人生活的明与暗》即是如此(见其书第166页)。揆度其意,殆谓此刑不摧残肉体,又有效又不残酷。可是从久已安土重迁,不轻去其父母之邦,又舍不得家庭宗族关联的中国人心理看,流徙或充军才是残酷可怕的。

此即可见西方人对我国刑罚实施之情况也颇有误解。许多地方,限于观察角度与能力,更易推测错误。

(三) 判案的任意性

(1)法官自由心证

麦高温说:"中国的法官,仅仅是凭着自己的自由意志来断案的。这使他们常草率地对案件做裁判,但有时他们也会发挥睿智,运用一些计谋,为复杂的案件查出真相。"并举了一位官员用巧计破案的案例。

这类事例,其实恰如我国民间所传述的包公断案之类公案故事。这些故事,均夸张断案者之机巧,以及审理时之明快,重点在于"立刻获得正义得直的快感"。可是若拿它来说明实际的法案审理状况,岂非贻笑大方?中国的审案者,当然也如现代法官一样,依其判断来判决,但判断除了靠自己的理性与良知之外,得靠证据及法条,哪能"仅仅凭着自己的自由意志来断案"?

何况,依中国法律规定来说,由于"律义清晰、适用准确"(布迪与莫里斯语,见其书第三篇第二章),事实上也不容易凭着自己的自由意志来断案。布迪、莫里斯举了个实例:皇帝要求重议一案,刑部据律反对,皇帝只好批示"既无成案,只可照覆"。可见受法律之限制,连皇帝也很难遂行其自由意志。

再者,我国刑事审判制度,有两项最高原则:一是"鞫谳分司",即法官不许自审自判;问案子的是一个人,判案子的又是一个人。二是"翻异别勘",即犯人不须自己上诉,只要在结案时翻供,或者在行刑前喊冤,官厅就要把案子重新问起。故一位法官任情臆断也没有用。

此外,我国制度上课法官以断狱之责任,乱判是会使自己获罪的。《唐律》规定:"诸官司入人罪者(或虚立证据,或妄构异端,舍法用情,锻炼成罪),若入全罪,以全罪论。从轻入重,以所剩论。……其出罪者,各如之。即断罪失于入者,各减三等;失于出者,各减五等。"这比某些法官断案断得不好也毫无责任的情形,实在是好得太多了。

麦高温又说:"中国的司法部门通常不承担对谋杀罪的审理权,这是中国司法制度的一个显著特点。这类型的犯罪几乎不会引起当局的注意。……'杀人者偿命'这一思想,人们从来就没有想到过。"这当然也是误解。清朝《刑案汇览》上所列案例,数量排名第一的就是"杀死奸夫",第二是"威逼人致死",第五是"斗殴及故杀人",底下尚有"杀一家三人""戏杀、误杀、过失杀伤人"等,此均为官府受理之刑案记录,焉能说司法部门不承担对谋杀罪的审理?《大清律例·刑律·谋杀人》更明定:"谋杀人,主谋者,斩监候;为从而下手者,绞监候;为从而不下手者,杖一百,流三千里;谋杀人主谋者,虽不下手,仍以首犯论。"又何尝无"杀人者偿命"之思想?麦高温谓杀人通常都以私下给家属一笔赔偿金了事,且"此种处罚方式得到人们的广泛接受",显非事实。

(2)私刑泛滥

麦高温另一项误解,是所谓的"私刑"。他专门辟了一章(第十三章)来

讨论之:

> 大体上讲,它具有对叛国罪以外所有错误行径的制裁权,并根据政府对这些权力的要求,自行做出调整。而且,人们不难发现,在大批因法庭费用昂贵、手续繁冗而无法审理完整的案件中,私刑却可以不受任何官员的限制,逢案即审,并可以做出一个基本公正的裁决。……窃盗是私刑必须受理的最普遍的犯罪行为之一。……在由私刑审判团审判的案子中,最重大的一类犯罪行为要数凶杀案。但是这类犯人所受的惩罚,也仅仅是一种金钱上的赔偿,很少有以命抵命的。在中国,这类犯罪不算是最重大的犯法行为。同时,法律也认为没有必要把这类犯罪行为上升到法律的高度。

他以为凶杀案可以不报官,径自以"私刑"方式赔偿了事,且与抓到小偷后民众把偷儿痛打一顿的情形相提并论。这是把民事协调误为私刑,又将凶杀与泄愤混为一谈。

在我国民间,宗族、行会等团体都具有部分替代民法之功能,其性质实近于现代之调解委员会,调解不成才会打官司。可是调解不能视为私刑,凶杀刑案也通常不能进行民事调解便了。传统社会中的宗族协调,以私产处分为最普遍,宗族法对族人间的债权债务关系常有规范,财产转让买卖亦常附有一些条件。此外,对婚姻、家庭、继承关系也多有规定。

对于这类公开的宗族、行会及其他民间团体进行协调处分的现象,麦高温谓为私刑,乃是将其与英国、美国的情形相类拟之故,所以他说:"在中国,私刑也并不是一种现代制度,这与英国的私刑是一致的。它不是在半夜,由蒙面男子,风驰电掣般急驶到某个偏僻的预定地来行刑,并在完事后又迅速分散,以保证不暴露自己的真实身份。恰恰相反,它是一件公开的、得到承认的权力,不仅仅限于处理盗马之类的事件。这与它在美国诞生时的中心思想是一致的。"

他由这种类比而做的一些推断,其实都是错的。族里或行会里,固然依其族规或行规处理,然而倘有过火之处,例如把人打死了,依然会被官府定罪的。

（3）集体严厉惩罚罪犯

麦高温还形容了中国人对刑犯残酷的一面：

> 在日常生活中,他们给你的印象总是温厚、随和的。和英国人在许
> 多方面极为相似。他们拥有广博的知识;温和、快活;充满了对自己和
> 自己国家的自负。此外,中国人还有着强烈的正义感,和对人类行为的
> 崇高理想。然而,当他们开始为对付犯罪而立法,并着手执行这些法律
> 时,他们也就不再像自己的英国原型了。他们和善的性情立刻会掩藏
> 起来,表现得像个要把猎物撕成碎片,以满足其野蛮欲望的野兽一般残
> 忍好杀的人。

这种残酷,包括围殴小偷、抓到凶手或奸夫淫妇时聚众高喊着"打死他"、
聚观砍头行刑的场面甚或抢着用馒头去沾尸首断颈处的鲜血等。这些场
面,不只麦高温这类外国人看着会害怕,五四文化运动时,鲁迅亦曾借以
刻绘中国人之精神落后面。然而,这些行为就是野蛮或落后吗? 它们是
与中国人之法律意识有关的,要了解它们,得深入了解中国人的法律及法
律精神。

徐道邻《中国法律制度》一文曾申论道:中国法律的主要精神之一,即
是维护社会集体安全。为了建立一套社会防罪体系,法律规定,在犯罪发生
时,人民(非当事人)均有行动之义务。以《唐律》为例,足以表征此一精神
者至少有:"邻里被强盗"条"诸邻里(五家为邻,五邻为里)被强盗及杀人,
告而不救助者,杖一百。闻而不救者,减一等。力势不能赴救者(谓贼强人
少,或老小羸弱),速告随近官司。若不告者,亦以不救助论。其官司不即
救助者,徒一年。窃盗者各减二等";"道路行人捕罪人"条"诸追捕罪人,而
力不能制,告道路行人。其行人力能助之而不助者,杖八十。势不得助者勿
论(谓隔川谷垣篱堑栅栏之类,不可逾越者。官有急事,及私家救疾赴哀,
情事急速,亦各无罪)";"强盗杀人"条"诸强盗及杀人,贼发,被害之家及同
伍(共相保伍者)即告其主司。若家人、同伍单弱,比伍为告(每伍家之外即

有此伍）。当告而不告，一日杖六十"；"监临知犯法"条"即同伍保内，在家有犯知而不纠者，死罪徒一年，流罪杖一百，徒罪杖七十。其家唯有妇女及男年十五以下者，皆勿论"；《杂律》"见火起不告救"条"诸见火起，应告不告（须告见在及邻近之人共救）、应救不救，减失火罪二等"；"被殴击奸盗捕法"条"诸被人殴击，折伤以上，若盗及强奸，虽旁人（虽非被伤盗被奸家人及所亲）皆得捕系，以送官司"；"密告谋反大逆"条"诸知谋反及大逆者，密告随近官司，不告者绞。知谋大逆、谋叛不告者，流二千里。知指斥乘舆及妖言不告者，各减本罪五等"；等等。

这些规定，均课当事人之外人员相关联之责任，从西方观点看，此乃是"株连"。对株连的评价，并不一致。有些人评价很高，如阿瑟·史密斯就很推崇中国人"株连守法"之精神；有些人则反对"集体担责"原则（罗伯茨语，见前引书）。可是徐道邻认为此正乃中国法律与罗马法不同之处："在礼教的法律观中，人与人的关系重，所以以社会为本位，而刑法为中心，而行政法官吏法次之。在权利的法律观中（罗马法系），人与物的关系重，所以以个人为本位，而债权法为中心，而继承法诉讼法次之，而自然走向形式主义。"（同前引书）

从社会防罪的角度看，社会公益即法律所欲保护之对象，而且保护社会公益的责任就在这个社会本身。法律的执行者，乃因此而不仅只是法官及专业司法人员。缉捕盗匪等等，并非警察捕快之职而已，每个人都有责任，失责了便要处罚，所以，"同伍保内，在家有犯知而不纠者，死罪徒一年，流罪杖一百，徒罪杖七十"（《斗讼律》），"见火起，应告不告、应救不救，减失火罪二等"（《杂律》），"被人殴击，折伤以上，若盗及强奸，虽旁人皆得捕系，以送官司"（《捕亡律》）。在这种法律观念之下，民众守望相助，什伍共保。跟现代社会中人们往往只顾自己，邻人路人遭抢遭劫遭盗遭水火灾厄，都与我漠不相干亦毫无法律责任的情形，可谓大相径庭。而也正因为如此，民众逮捕盗匪并对之施以惩处，其实是符合法律精神的，并不能以"私刑"一词概括。民众挤着去看斩首行刑，也非"残酷"一词可以描述，因为处罚罪犯正是舒缓或消解了社会安全的威胁，又共同满足了集体执行法律之义务,因此,大家都感到快慰。

在法律哲学中,此类刑罚观属于应报论(retributive)。应报也者,本来就有报仇报复之意,认为罪犯对社会有一种"应偿付之债"(debt to pay),社会则因罪犯的恶行而向其"回索"(pays back)。刑法事实上就是一套制度化的报复行为,罪犯被视为社会公敌,而"刑法则调整、制裁,并为报复之欲望提供一种合法的满足;刑法支持报仇欲望,正如婚姻与性欲的关系一样。但是复仇的目的(aims)仅在于个人的满足,刑法则至少部分地,甚至全部表现为道德义愤(moral indignation),亦即非当事人之其他社会人士,都觉得应该还受害者一个公道的那种道德感情"。

此一论点,在西方也是源远流长的,康德即主张此说,认为不仅罪行本身应受到惩罚,而且社会还有着对那些有过失的人施以惩罚的责任(duty)。

其次,根据康德的理论,每个人都被迫服从法律,每个人也都有服从法律的义务。这被康德看作"欠了他人的债"。法律保障自由,但我的自由受到限制是为了你的自由的缘故,而你的自由受到限制则是出于我的自由的缘故。所以这种义务或债务是相互的。人们相互都有自己的权利,同时也互相都负有服从法律的义务。

对罪犯施以惩处也是大家共同的责任,若不参与惩处,"他们就可能被看作公开违反合法正义行为的同谋"。而且这种处罚,亦不应只是象征性的(symbolic condemnation),而应是严厉处罚(hard treatment),因为"严厉处置是一表示痛斥的惯常(conventional)做法。……越是凶残的犯罪,其处罚形式就要越引人注目、越带耻辱性"。(戈尔丁[Marton P. Golding]《法律哲学》第五章,结构群书店1991年版)

要从这个脉络去掌握,才能解释西方批评中国法律课人以连带责任,行刑又显得残酷的现象。我们说过,主张如此的应报论并不只在中国有,在西方也是源远流长的。只不过从柏拉图以降,威慑论(doterrent)和改造论(reformation)渐盛。威慑论总认为刑罚并非对过去的报复,只是用以改革其犯罪之旧习。故若秉此观念,对中国人的法律态度便不容易理解了。

四　超越偏见与误解

对一个人的行为,可以从好的一方面去解释,也可以从恶意的角度去批评。对一件事,更可以由不同的方向去认识。一人一事即已如此,何况面对一个文明?

认为中国是父权专制社会的人,随手便可举出"夫为妻纲,妇者,顺也,服也,事人者也"(《白虎通·嫁娶》篇)、"夫有再娶之义,女无二适之文"(《女诫》)、"妇有七去:不顺父母,去。无子,去。淫,去。悍,去。有恶疾,去。多言,去。盗窃,去"(《大戴礼记·本命》篇)等文献来支持其说。但由法律规定上,同样不难反驳道:以上那些都只是一些主张、一些理想,社会实际法律规范则不然。如《睡虎地秦墓竹简·法律问答》规定:即使妻悍,夫也不能随便打她,打了就要治罪;夫犯罪,妻子去告发,可免罪;夫有淫行,杀之无罪。《九朝律考》卷四引董仲舒《春秋决狱》还说:"夫死无男,有更嫁之道也。"此外,女儿也分财产,妻子亦有自己的财产可自由保管使用。故不少女人便胁迫或媚惑丈夫"以妻名置产",把财产全登记到自己名下,一旦改嫁即全部携走。

也就是说:(一)引用不同的文献、注意到不同的层面与状况,对一个社会、一种文明的观感与理解就截然不同。(二)能注意到法律问题,和仅从思想言论方面去掌握社会与文化,结果也甚不相同。

1958年雷蒙·道森(Raymond Dawson)来华后,回英国写了一册《中国变色龙:对于欧洲中国文明观的分析》,其中就谈到:欧洲人看中国,中国就像条变色龙一样,一下被形容为富强康乐之国,一下又被形容成落后不自由的领域。观察者各执一端,瞎子摸象,当然诠解各异。此书正呼应了前述所说。

然而,道森所云尚不止此,他还说,欧洲看中国,之所以看出不同的形象,不仅与中国的变化有关,也与欧洲的发展有关,显示了欧洲的知识史。早期欧洲把中国形容成天堂,是希望能找到"东方的智慧"来拯救、改善欧洲;后来批判中国为专制统治,是为了提倡民主与自由。因此,研究欧洲的中国观,亦是研究欧洲社会史、欧洲思想史。

的确,12 世纪以前,西方流行的法律依然保有血亲复仇、决斗、水火裁判以及宣誓断讼等陋习。此时,无论王室还是教会,都没有专业法官、职业律师和法律书籍。到处都是习惯:部族习惯、地方习惯和封建习惯。教会教导人们:婚姻乃圣事,不能没有配偶的同意。然而由于缺乏有效的法律制度,对于到处盛行的童婚、抢婚,教会也无可奈何。

11 世纪末 12 世纪初,西方世界发生了一场重大的革命,其结果是,出现了自成一体的、实体性的、有其自身教阶系统的教会。这个教会独立于皇帝国王和封建领主之外,只服从罗马主教绝对专制权威的法律实体。

1148 年以后,教皇颁布了上百道新的法律之后,又产生了教皇格里高利九世 1234 年的教令集。迄 1917 年为止,这个教令集一直是罗马教会的基本法律。在此之前,也存在着各种杂乱而分散的决议、教令、训诫等等,且多半具有宗教性质。它们由不同教会会议和个别主教们宣布,偶尔也被依编年顺序汇编成册。教会法庭也有其传统的程序。故中世纪晚期的教会法,乃是西方最早的现代法律制度,它通行于欧洲各国,事实上支配着教会内部大批教士和僧侣生活的各个方面,也用以调整俗世生活的大多数领域。

大约在 1100 年,在西方被遗忘了五个世纪之久的查士丁尼的罗马法重新被发现。这一重新发现,大大推进了教会法的发展,但也为抵制教会力量的世俗君主们所利用。于是,为了与教会法竞胜,国王和大领主们创造出各式各样的世俗法,并且在那些 12、13 世纪出现于欧洲的市和市镇里,或在从事大型国际贸易的商人当中,也逐渐出现了各种世俗法律。教会法的成功,则更促使世俗当局建立它们自己的专职法院,出版专业法律文献,改造部族的、地方的和封建的习惯,建立它们自己相应的法律制度,以调整封建财产关系、暴力犯罪、商业交易和许多其他事务(参见伯尔曼《法律与宗教》第二章"基督教对西方法律发展的影响",梁治平译,生活·读书·新知三联书店 1991 年版)。

此后,随着政教分离、欧洲工业革命,教会逐渐失势,受罗马法影响而建立之新世俗法律体系才逐渐发展到现在西方这个样子。因此,伯尔曼《法律与革命:西方法律传统的形成》一书才会强调:西方法律传统不是由古希腊古罗马一脉相承下来的,"主要不是通过保存或继承的过程,而是通过有选择地采纳方式,在不同时期采纳了不同部分"。

了解这一西方法律发展的历史,才能明白为何 16 世纪欧洲人看中国法典,会觉得它精妙完善难以言表。我国的成文法,可溯自《吕刑》,至迟则为春秋时期子产之铸刑书。汉代已有律学、律博士,法学早成专门学问,有教育机构、专业人才。行政法、官吏法之发达,更非西方官僚制度尚未建立之社会所能望其项背。

但中国政策上重农抑商,法律体系根本不从保障财产、商事债权去考虑,并不符合欧洲资本主义发展之需。孟德斯鸠批评中国法之类举动,正显示了欧洲在商业发达、政体变更之际一种新的思考方向:宗教法、习俗法的部分,完全被扬弃,且以此指责中国法律中尚含有礼教精神,与道德习俗混淆。

其后中国越来越衰弱,欧洲人越来越自负文明,认为其自由、法治精神均非中国所能及。鸦片战争以后,欧美在中国拥有治外法权,对中国法律更不了解也不必了解,所论遂益隔膜。

以古德诺这位袁世凯聘为宪法顾问的"帝师"来说,他就误以为商业行会"是一种秘密团体,是不被官方正式承认的",而且"由于中国社会结构的特点,一人如果不是某个家族的成员,一个商人如果不是某个行会的成员,那么他在社会上会几乎没有立锥之地。在中国,个人的权利是几乎不存在的"(前引书)。这真是缺乏基本常识性质的失误。中国的会社,有些是民间自治组织,官府完全不管,如至今仍盛行于民间的标会,属于经济互助性质。许多宗教结社、游戏技艺会,如奉佛共修、七宝供斋、诗文唱赚、弹棋刺青之会,政府也不管。这些会社,纯然自治,亦可能发展为秘密会社,但不能说它们本身就是秘密会社。

至于职业行会,情况又有所不同。行业之称为行,源于行坊制度,此为北魏以来的制度。居民类聚群分,根据职业,在都市中依同业聚居的形式,形成行与坊。因此"行业"本来就是政府所管,市亦为官立。中唐以后,坊市制度渐弛,行会逐步自治,由"行头"统理代表行务,与政府联系协调,保障同业利益(详见龚鹏程《诗史本色与妙悟》第三章第一节"何谓当行本色",学生书局1986年版)。到清朝,行会内部固然完全自主自治,行会与官府的关联可并未切断,故宣统三年(1911)《湖南商事习惯报告书》一开头就说"会馆所以联络团体,有由官商组织者,有由商工设立者。……各处习惯,会馆有禀官立案者,有自由组织者",《中国经济全书·会馆及公所》第七章第二节第一项也名为"受官之保护",明言:"同业有不利之事,由会馆董事禀请官衙,得其保护。"(收入彭泽益编《中国工商行会史料集》,中华书局1995年版)此而谓为秘密会社,宁非笑话?谓其不受法律管理,宁非妄谈?

同样的误解,亦可见于韦伯的论著。韦伯认为世上其他的文明都不能形成近代资本主义,只有欧洲才行,因为"唯一能促进近代资本主义发展的合理国家,是以专门的官僚阶级与合理的法律为基础的"。可是中国绝非此种国家。他说:

> 合理的国家仅只西方有之。古代的中国,在氏族团体与行会的牢不可破的势力上,有少数的"士大夫"(mandarin)。士大夫是受过古典人文教育的文人,他们接受俸禄,但没有任何行政与法律的知识,只能吟诗挥毫,诠释经典文献。有无政治业绩,对他们而言并不重要。他们不亲自治事,行政工作是掌握在幕僚(师爷、胥吏)之手……故此无法与民众接触。有这种官吏的国家,与西方的国家是不同的。实际上,在中国,一切都是基于这样的一种巫术性理念:只要(慈禧)太后与官员能有德行(也就是完备的文学教养)即可使事物各安其所。……官吏平常并不统治,只有发生骚动或不妥当时,才出面干涉。

韦伯相信"合理的国家"只西方有之,我们不便置喙,但他对中国的描述,却实在是无一语不误。

文人士大夫只会吟诗撰文而无行政与法律知识吗？说这样话的人很多。但文人士大夫通过科举任官，始于唐朝，而唐代科举即规定：凡在礼部考中进士者，均须在吏部再考一次。考什么呢？考"身、言、书、判"，其中判就是判案要文理优长，才能派充官职。光会吟诗作文，如大文豪韩愈，中了进士十年，仍未通过吏部考试，就仍不能任官。而在考诗文的进士科之外，其实还设有其他许多科，其中即有"明法"科，专门用以选拔法律人才。太宗时亦曾一度增设"律学进士"科。德宗时则诏"明经"科习律以代《尔雅》。"明法"科及"书判拔萃"科，宋代亦均沿续。这是选人任官方面。

在行政制度方面，宋代专司法的机关，在京城有开封府、御史台，只管审问，而判刑则属大理寺和刑部。在各州又有"州院"，即录事参军的衙门，原先只管民事，后来也兼管刑事。府的录事参军，叫作司录参军。以京、朝官充录事或司录的，叫作知录或知司录。这些司法机关及司法人员，岂仅会吟诗作对者即能担任？其中御史、大理、提刑司（即提点刑狱）、知州、判官、推官、录事参军、司理参军、知县和被调派去审案之官员，固多能文之士，然若不会审判，则断断不能任官。何况，司法人员中最重要的是各州司理参军，此官自开始设置时起，就只管鞫狱，不兼他职。南渡以后更规定：派充司理参军，一定要"试中刑法"或者曾经担任过这种职务。其他司法人员之职务，亦不苟且。莫说不娴法律知识者不能任司法官，就算都是司法人员，也还有专长的限制。如宋高宗于绍兴十二年（1142），派大理寺丞叶廷珪为大理正，马上引起了臣僚们的反对。《宋会要·职官二四》载，反对者上书道："廷珪前日为丞，乃治狱之丞，今日为正，实断刑之正。断刑职事与治狱异，祖宗旧制，必以试中人为之。廷珪资历颇深，初无他过，徒以不闲三尺，于格有碍。"于是高宗下诏"别与差遣"。司法机关及司法人员之专业化如此明确，韦伯乃谓中国士大夫官吏均无行政与法律知识，岂非天方夜谭？

再从法律知识的传统及法律人才的培育方面说。程树德《九朝律考》对此言之已详：

秦焚诗书百家之言,法令以吏为师,汉代承之,此禁稍弛。南齐崔祖思谓汉来治律有家,子孙并世其业,聚徒讲授,至数百人。其可考者,《文苑英华》引沈约授蔡法度廷尉制,谓汉之律书,出于小杜,故当时有所谓小杜律,见《汉书·郭躬传》。《晋志》亦言汉时律令,错糅无常,后人生意,各为章句。叔孙宣、郭令卿、马融、郑玄诸儒章句,十有余家,家数十万言。凡断罪所当由用者,合二万六千二百七十二条、七百七十三万二千二百余言,言数益繁,览者益难,汉时律学之盛如此。马郑皆一代经学大儒,犹为律章句。文翁守蜀,选开敏有材者张叔等十余人,遣诣京师,学律令,是汉人之视律学,其重之也又如此。董卓之乱,海内鼎沸,律学浸微。于是卫觊有设律博士之请。据《魏志·卫觊传》,觊奏曰"九章之律,自古所传,断定刑罪,其意微妙,百里长吏,皆宜知律,请置博士,转相教授",事遂施行。沿六朝隋唐,讫于赵宋,代有此官。

汉代律学已盛,历世皆有大儒名家,也有家学。魏明帝太和元年(227)更设律博士。此后律博士均在大理寺任职,后移国学,专职教育司法人员:"教八品以下及庶人子为生者。律令为专业,兼习格式法例。"学生在学须有六年。在律博士之外,北齐又添设了"明法掾"24人、"明法"10人。这些人大概也都是谙习法令的专门人才。隋朝尚书刑部曹也设了"明法"若干人。……由这些史事来看,我国官吏无法律知识,仅是一堆文人吗?熟知这类史实与文献的人,若再来看韦伯底下这样的论述,恐怕只能哭笑不得了:

在受过人文教养的官吏支配下的中国,君主并无法学家可用。各种哲学派别不断竞争,皆以能培养最优秀的政治家自命,论争不休,一直到正统学派的儒家获胜为止。印度也是有书吏而无专门法学家的。反之,西方则有形式完整的法律(由罗马的天才智慧所创出来的)可供使用。受过这种法律训练的官员,其行政技术较其他一切官吏为优。国家与形式法学的结合,间接有利于资本主义的发展,故从经济史而言,此一事实具有重大意义。(《经济与历史:韦伯选集[Ⅳ]》,第165—170页,远流出版公司1998年版)

不幸的是，这些在传统中国属于基本常识的东西，对西方人或现代中国人来说，或许反而最难理解，而我们要解释起来也很费劲。这是文化差异所造成的无奈，解决之道，大概唯有继续加强沟通，或请大家再回家多读点书吧。

第十五讲

华夏文明的异化与再生

一 演化、变化、异化：文明转变与发展的模式

人类的社会总是变动的。无论是小变积为大变，还是骤经震荡、幡然改途，变动其实正是历史之常态。可是历史中也不可能没有经常性的因素，不论变革如何剧烈，仍有许多文化是延续的、相同的。中国社会，不论如何变，也都与一个非洲国家不一样。故常中有变、变中有常。这种变与常的关系，在各个社会中都有。但每个社会、每个时期，所显现的常与变之关系并不相同，人们处理常与变之方法也颇有差异。

研究历史，目的在于探讨这种常与变的关系，所以太史公说他"欲通古今之变"，《文心雕龙》也有《通变》篇。通变乃史家之职责，而欲通古今之变，即需观察比较不同的历史变迁时期，析论其变迁状况及处变之方法，以了解变迁之轨迹并抽绎出应付变迁的模式。

社会为何会变迁？社会组织、结构、生活方式之改变，与文化变迁之关系为何？社会变迁等不等于文化变迁？社会又如何变迁？变迁的社会将如何处理它与其文化传统之关系？新社会中，文化传统之存续状况如何？这类问题都是极为复杂的。研究历史的人对此均不能不问。但史学毕竟不同于货郎儿细数破铜烂铁旧家当，虽知古今之事变，而不能通变。它固然不像科学那样，可以找到"通则"，然若不能从一些具体的个别事例中，抽提出一

些具有理论意涵之总体意见，史学亦不能发挥其照明历史之作用。

历史上文化变迁的通则，盖难言也。略而言之，可从演化、变化、异化三种形态说。

（一）演化

较容易明白，此说之基本模型是生物学，是把生物的演化史挪用来解释人类社会与文化的变动史。例如人是由猴子演化来的，鸟是由始祖鸟演化来的。后出者，即以前一生存形态为基础而发展成形，不断演进变化。

这个讲法中，包含了两个相反相成的观点。一是进步观，一是存留观。进步观，是说一物在演化的过程中，会逐步完善其自身，越来越好、越来越进步，所以人就比猴子聪明得多，现代人又比北京人能干得多。但另一方面，人固然在各方面都逐渐进化进步，终究仍是猴性不改，许多地方仍然像猴子一样。这就是存留观。

不过，这两个观念也常被分开来强调或使用。近代西方孔德、斯宾塞以后的社会达尔文主义（Social Darwinism），所强调的就是进化观。在中国，则自严复译介赫胥黎《天演论》（T. H. Huxley, *Evolution and Ethics and Other Essays*）之后，更是风行草偃，沛然蔚为风气，胡适的"适"字，即取义于此。依进化的观点看来，一切社会，既然都是不断进化的，则历史的演变，必有一必然的趋势，且后出转精，后必胜前。这个观念，在中文语汇中，也常用"发展"来表示，刘大杰《中国文学发展史》之立名即是如此。

但刘大杰论发展，又加上了一个生物学的概念：死亡。他认为一个文体逐渐发展演化，将如一生物般，逐渐进化，但亦逐渐老死。这是吸收了斯宾格勒的意见。斯宾格勒在《西方的没落》一书中，要我们相信：一切文化之发展历程，也像有机体生物一样，诞生、苗长、成熟、死亡，一如春夏秋冬四季，不可改变。这是历史的自然规律，文学或文明亦不例外，一个文明不会开两次花。在西方，如布吕纳蒂耶（Brunetiere）、辛门兹（Symonds）都曾借用过这套观念，畅论文学类型（文体）一旦发展到完全的阶段，就会衰退、凋零而后消失。刘大杰的看法，也与他们几乎完全一样。故他论散文兴起的原因是"文体本身发展的必然性";论汉赋、唐诗、宋词兴起,原因也都是"诗歌本身进化的历史性""文体本身发展的历史性"。总之,"每一段文学的产生,都是必然的,而不是偶然的"。文体进化的历史性,即是"文学的生物性"。而且"文学的本身也正如一种有机体的生物,它的发展也可以看出由形成至于全盛、衰老以及僵化的过程。……四言诗衰于秦汉,后代虽偶有作者,即使费尽心力,终无法挽回那已成的衰颓,辞赋的命运也是如此。……七言古诗及律绝的新体诗……经过了(唐)那三百多年许多天才的努力,诗又到了衰老僵化的晚期,词体逐渐形成,于是到了五代宋朝,诗的地位就不能不让给词了。"

以上是进化观的部分。存留观之发扬光大,则可推当代两性关系之研究。例如过去对男性比较喜欢在外边拈花惹草、女性比较注重家庭,男性比较主动、女性比较被动等,都可从社会面、文化面、政治面来解释。但现在则有许多人从生物演化的观点来说明,认为人类之行为与动物择偶之行为有诸多吻合之处,现代社会中的男女,其实仍保留了他们生物学上的许多特性。在文化研究上,迩来常见的"历史积淀说"或谓"传统的积淀"云云亦是如此,指已进化到现代的中国人,仍在灵魂深处存留着野蛮、原始之动物性或传统性。

但它与用生物演化理论来"解释"男女性态度者不同,采这种讲法的很大一部分原因是要刨根,把那仍存留在身体里的传统因素挖出来,以便于扬弃。

(二) 变化

变化与演化的不同,在于它不是一个延续的过程,而代表着断裂,是革命式的大人虎变、君子豹变。文化上这种革命的变化也并不罕见。俄国彼得大帝之变法、日本之明治维新或我国历史上都不乏先例,如唐宋变革期即是其中之一。据日本京都学派内藤湖南的分析,唐宋之变化由下列各方面都可看出来:

(1)贵族政治衰微,君主独裁代兴,国家权力及政治责任皆归于君主一人。

(2)君主由贵族阶级之共有物,变成全体臣民之共有物,君主地位较贵族政治时代稳定。

(3)君主权力的确定与加强。唐朝以前,政治乃是君主与贵族的协议体。

(4)人民地位之变化。贵族时期,人民辖于贵族;隋唐之际,人民从贵族手中解放而直辖于国家,成为国家之佃客。唐中叶后,代以两税法,人民居住权在制度上获得自由,地租亦改以钱纳,此是人民从奴隶佃客的地位获得释放。北宋王安石新法,更确立人民土地私有制、低利贷款及自由处分其土地收获物的权利,又将差役改成雇役。此皆可见人民与君主之关系,已变得直接、相对了。

(5)官吏任用,已由贵族左右的九品中正,开放成为科举制度。

(6)朋党性质之变化。唐代朋党是贵族的权力斗争,宋以后则为政治上主张之不同而互争。

(7)经济上的变化。唐是实物经济的时代,物价多用绢布来表示。宋改用铜钱与纸币,货币经济兴盛。

(8)文化性质的变化。经学自中唐以后,一变汉晋师法,专以己意说经。文学亦力改六朝以来风气,贵族式文学变而为庶民式文学,其他艺术等亦皆如此。

其他论唐宋变革的很多,立论也各有不同。但整体说来,正如内藤湖南所述唐代与宋代之所谓变革,是指社会结构、政治体制、经济形态、文化性质、权力关系、政府组织的全面改变。这样的改变,在我国历史上,至少发生过四次:一是在殷周之际,即古代传说中的周公制礼作乐或王国维《殷周制度论》所描述的那种变革;二是在周末,经春秋战国而变至秦汉,贵族陵夷,封建邦国统一成为郡县制帝国;三是唐宋之际,结束了南北朝隋唐之门第社会,形成了如内藤湖南所说的那种变动;四是晚清民国这一段时期的改变。郡县制帝国瓦解为民主宪政体制,然后再革命成立人民民主专政体制,又迭经改革,变化仍在持续之中。

但变化虽然显示了非演化的历史断裂状态，历史却从来就不可能真正断裂。抽刀断水水更流，变化的时代，其前之传统及其后之变貌，二者之间其实有着极复杂的动态关系。

以唐宋的变革来说，自中唐以后，整个宋文化的创新活动，是从一种自觉的反省精神发展而来。通过自觉的反省，进行了对传统的批判与价值的选择。例如，文学上批判六朝隋唐之骈文，而选择了秦汉古文，作为新时代的美感与价值新典范。古文这种文体，体制古思想意识也古，且载负着被他们重新发掘选取出来的古人之道（所谓文以载道）。儒学上，批判汉魏以迄隋唐之经学，建立新的理学道统，并选撷表章"四书"，以代"五经"。诗歌方面，争辩何者方为"本色"，以黜伪显正。对于应走李白、杜甫、韩愈还是晚唐贾岛许浑之风格路向，也颇有争论，而逐渐建立了与唐诗风格分庭抗礼的宋诗。

这样的新文化创建历程，至少有四点很值得注意：

（1）创新的同时，也有着对传统的重新解释与选择性继承。新变与传统的关系并不是断裂的，而是一种动态的辩证关系。新变者固然批判现存之传统，就如同写古文者痛斥六朝隋唐俪体那样。但六朝骈俪相对于秦汉散体古文，却是新声；秦汉古文是更古的传统，或是同时也存在于六朝的另一个"笔"的传统。故反传统者，可能更深入了传统，亦可能是以传统来反传统。此时所谓的传统，其内部便充满了异质的因素。传统内部非主流之部分，也可能成为新文化创建时的资粮。

（2）在对传统进行批判时，姿态是创新的；但对传统重做诠释及选取拥护时，其态度却是复古的。历来对于宋诗的理解，往往只看到了他们学古的一面，如钱锺书批评宋朝诗的"大判断"，即风格意境或整个艺术的大方向，仍在杜甫、韩愈、白居易等人身上或落入唐人势力范围，以致把学习古人诗错认为就是"学诗"。近人渐知此乃极大之误解，故极力强调宋诗之新变。而事实上两者是一体的，以复古求开新者，遂以开新为复古。

（3）宋人之复古，由于是通过对古之重新解释而来的，所以充满了诠释学的趣味。其古，乃价值选取之古，而非历史事实之古。凡伊洛之渊源、江西之宗派、道统之传承，都是用诠释方法"建构"出来的。

（4）文化上的释古与创新，则与当时的社会组织结构相关联。例如当时论道统传承、江西宗派、伊洛渊源，都不约而同使用了"宗族"的概念，并以宗族的组织去建构诗人的谱系、儒者的血统。宗族，在唐代中叶曾经发生变化，到宋代已成为一种新的形态。在贵族门第社会瓦解之后，宗族有何作用、应如何巩固，是宋代知识分子社会性思考的一个重要面向。而此一思考又关联于其文化关怀，故建立新的族谱体系，比附古宗子法，并将宗族孝悌之义推广及于社会，作为普遍的人伦规范与道德要求。同时，又用宗族这种社会基本组织单元来描述诗人、画家、儒者等小社群内部的关系。换言之，文化思考是与社会结构连贯在一起的，非抽象地、概念地谈道德与价值。

（三）异化

这是马克思提出的观念。对这个观念的讨论，汗牛充栋，甚且曾因对异化论之理解不同而形成政治事件。但此处不拟涉及那些争论，此处所谓之异化，只是说在历史上，不论演化或变化，都有可能出现变成原有物之对反者。这种状况，看来诡谲，实极常见。如老子主张绝圣去智、小国寡民，至汉乃以之为君人南面之术。又如儒家本讲道尊于势、天下者应由有德者居之，后世乃以有天下者为有德，儒学转为帝王控驭天下之术。在文化或观念变迁方面亦复如是。

观念之异化，可以汉人的性情观为例。依汉初《礼记》或董仲舒等人的看法，人生本静，此为天生之性，属阳，又称为天理。但这个性若感物而动，即成为情，属阴；如不能克制，就会湮没天理。所以《毛诗·烝民》引《孝经援神契》说"性生于阳以理执，情生于阴以系念"，《白虎通》卷八说"性者阳之施，情者阴之化""阳气者仁，阴气者贪，故情有利欲，性有仁也"……但到了刘向，却因性静情动，而发展出"情接外物，发而为动，动为阳；性在内不发，为阴"（《论衡·本性》篇引）的说法。这是因"性，生而然者，在于身而不发；情，接于物而然者"，所以他根据阳动而阴凝的观点，直指情应为阳。但情若为阳动，则亦未必为恶鄙贪利。这是与早期说法完全相反的见解。

此即为异化,由董仲舒式的讲法,走到它的反面去了。

刘向言性情阴阳本于董仲舒,但以性为阴情为阳,则与董说相反,这是很清楚的。然而,思想的诡谲处就在于:由性阳情阴说是可以发展到性阴情阳说的。理由有二:一是阴静阳动,情既为性之发动,自应为阳。二是性情一暝,二者同质,情即由性出,岂能说性独善而情独恶?清苏季舆说:"《阳尊阴卑》篇云:'善之属尽为阳,恶之属尽为阴。'固以阴阳分善恶矣。此篇(指《深察名号》篇)以天禁阴与人祖情欲对举,是亦以阴喻情。然又云:'身亦两有仁贪之性。'又云:'性情一暝,情亦性也。'则是谓性与情同出于质,情有贪欲,即性有仁不能无贪之证。犹天之有阳即有阴,似非以情截然属阴属恶,性截然属阳属善。"(《春秋繁露义证》卷十)荀悦《申鉴》引刘向"性情相应,性不独善,情不独恶",其实正是董仲舒理论推衍的必然结果。

文化上的异化,则可以五四运动为例。许多人都指出过康有为《孔子改制考》本意是在尊孔,希望君主立宪,建立孔教,不料却曲折地促成了"五四"以后的反传统疑古风潮,出现了他做梦也想不到的反面效果:"打倒孔家店"。从整个大趋势上看,其实这并不是康有为一个人的遭遇,而是整个时代的走向。

早期无论革命派还是维新派,采取的策略大抵都和唐宋变革期差不多,即上溯更古的文化世代,以推倒存在于当时的传统势力。如常州学派及康有为等讲公羊学,上溯西汉,批判宋明理学及乾嘉朴学家之所谓汉学经学;文章上溯六朝骈俪,批判"古文八大家"及桐城文风;书法亦倡北碑,批判唐宋代以后的帖学……如此等等都是。

在这个过程之中,改革者超越了自身所处时代及那个时代中主要的文化势力,溯寻古代文化因素。这些因素,在他们身处的那个时代,亦非毫无遗存,只不过跟当时主要的势力相比,显得微弱或非主流所在而已。例如古文运动以后,骈文就死亡了吗?当然不!在宋朝,它仍以实用官文书公牍等形式存在着,为宋代之"时文";随着"唐宋八大家"势力日益巩固强大,骈文虽日蹙日销,然亦终未死绝,只是不复为文章之主流罢了。明末张溥等人,在反对"唐宋八大家"所代表的文风时,清末从李兆洛、阮元到章太炎、刘师培,在反对桐城派时,都曾把这非主流因素找出来,特予标举,俾使促进改革。换句话说,溯求前一文化世代的行动,同时也可以理解为:在传统的主流之外,寻找旁支、非主流因素,来批判主流,而达成文化变迁。

晚清维新派或革命派均常采用这种方式。如谭嗣同把两千年来的文化,全部批判为荀学、为秦政,表现了浓厚的尊儒色彩,要把一切非儒的因素全部扫除,以恢复三代真儒的精神,即是溯求往古的模式。但在这同时,他的《仁学》又并非纯宗周孔,而是孔墨并举的。据《仁学》自序云:"墨有两派,一曰'任侠',吾所谓仁也……一曰'格致',吾所谓学也。"墨家精神在他学说中的地位可想而知。所以这是在事实上吸收了非主流因素来批判两千年的传统主流。

章太炎之"尊荀",与谭嗣同迥异,但其针对时代问题的改革模式,实际上并无不同。自宋明以来儒家已为中国文化的主流,儒家之中,又以孔孟为主流。章太炎却说"历览前史,独于荀卿韩非所说谓不可易"(《菿汉微言》),"归宿则在孙卿韩非"(《自编年谱》)。在儒家中抬高荀子,批评孟子的性善论(见《五无论》)、子思与孟子的五行说(见《子思孟轲五行说》),并通过荀子连接到法家的传统,写《儒法》《商鞅》等文,"以不忘经国,寻求政术"。在哲学上,则标举老庄与佛家,用以压抑当时仍居主流地位的儒家,出现《儒道》《订孔》及《诸子学略说》等激烈非儒反孔的文章。这跟康有为在儒家传统内部,寻找那久已"不绝者如缕"的"公羊学",批判中国两千年来皆属"新学""伪经"与"莽政",有什么两样?

章太炎推崇法家、道家以及儒家中的荀子,抬高非主流因素以抗贬主流而启新变的作风,对胡适深具启发。而整个五四新文学运动,也即是一场以"语"代"文"的活动。因为在中国文化里,本来一直有主文的传统,"语"仅用以辅助文。胡适等则凸显了语及一切口传文学,以白话来涵摄一切文学,名为活文学,批判"桐城谬种""选学妖孽"。依《白话文学史》来看,一方面他跨越了唐宋与六朝,更往上追到"二千五百年前的白话文学——《国风》"与"春秋战国时代的文学是白话的吗";一方面在六朝以下,找出原先不居主流地位的民间文学、口传文学,予以标举推扬,用来打倒几千年来主文的、文人的"文言文"，并把唐宋古文从桐城派手中抢过来，解释成白话文。

由这些事例看，与唐宋变革期的文化变迁模式差异并不太大。然而在中国历史中，溯求往古及援采非主流因素来达成文化变革，虽是最常见的模式，但那都是在中国文化内部这一个封闭而自足的体系中运作的，西学东渐以后，形势即顿尔改观。此时改革者常汲引西学，视为传统的非主流因素之一部分，以强化其变革文化之说。然非主流因素既然有时无法提供继续开展的资源，则势不能不加深西学的成分，因为西学所展示的是另外一个丰富而完整的系统，足供采撷。所以，原先是为了改革现有的传统，以强化民族文化生命，才去吸收西学；最后却异化了，变成为了吸收西学，即必须放弃民族文化。

例如胡适提出的白话文运动，是要以《水浒》《西游》《红楼》的白话为主，再参酌今日的白话加以割舍、补充。这仍是援溯往古，并辅以现存之非正统因素而已。然钱玄同、黎锦熙皆谓其所采撷之时代太古，且亦不敷使用，无法处理新事理、新事物。这即是对以白话作为未来开展之资源时内在不足的疑虑。傅斯年则发表了《怎样做白话文》，提出写白话散文的凭借，一是留心说话，二是直用西洋词法。这个说法，前者仍属于吸收非主流因素的模式，后者却开始异化了。然胡适当时并未察觉，仍以为这是"国语的文学，文学的国语"最重要的修正案。其实呢？这个修正案，最后乃是要将白话文成就为"与西洋文同流的白话文"。故主张"直用西洋文的款式、文法、词法、句法、章法、词枝……一切修辞上的方法"，以使白话文彻底欧化；要写作者"心里不要忘欧化文学的主义。务必使我们做出的文章，和西文近似，有西文的趣味"。据此，他并且断言："中国语受欧化，本是件免不了的事情。十年以后，定有欧化的国语文学。"

然而，既已欧化，何言"国语"？国语的文学，竟发展到"何不爽快把中国字完全去了"（朱有昀语）；然后再到"仅废中国文字乎？抑并废中国言语乎？"（陈独秀语）的考虑；最后则强烈主张废汉语，改用世界语。这便既无所谓"国语的文学"，也根本无国语了。

这种例子，不仅存在于语文及文学的讨论上，也存在于思想内涵的研究里:全盘西化论的提出,以及整个知识界思维方式、思维内容的逐步西化。连《国粹学报》都说:"夫欧化者,固吾人所祷祈以求者也。"可见早期的改革者,无论康有为、谭嗣同、章太炎还是胡适,思想的底子,都仍是中国的传统,且以传统反传统;后来则逐渐出现了"传统外"的知识分子,以传统之外的东西来反传统。

二　变动中的文化:当代中国的文化处境

在陈独秀论五四文学革命时,即曾认为:"今日庄严灿烂之欧洲",系拜革命之赐。中国进行文学革命、民主政体革命,也是为了将中国建设成一个"今日之欧洲"。(见《独秀文存》卷一)其说充分显示了当时知识分子以欧洲为典范的心态。

但在这共同心态底下,却逐渐产生了许多分歧。以欧洲为典范的西化,在第一次大战之后,随着国际形势的发展,逐渐分化成两个次级系统,一是"英美—资本主义—民主议会",一是"苏联—社会共产主义—无产阶级专政"。这两系统之间也存在着难以化解的冲突。其冲突不仅是历史现实的、权力结构的,也是理念的。即使到现在,社会主义在许多地方,仍是批判资本主义的主要武器。

另一个结构性的分歧则是问:"今日庄严灿烂的欧洲"如果是学习的楷模,那么如何始能如欧洲呢? 今日之欧洲,据说也是从"传统"社会脱胎换骨而成"现代"社会,因此我们也应充分现代化。这一点大家逐渐有了共识。可是,现代化要如何进行呢? 陈独秀提到的文学革命、伦理道德革命,属于思想文化方面的改变;他说的民主政体革命,则系政权结构的变更。

但欧洲社会之变革,显然还有它由传统农业社会转型为工业社会、出现资本主义等方面。相应于这些,中国若欲现代化,当然也必须改变原有的产业结构和社会组织,走向工业化。

从欧洲史来看,产业革命、宗教革命和民主革命乃是共同缔造欧洲现代文明的要件。因此,我们要学欧洲,按理也应是综摄这几个方面,一同发展,才有可能。然而,到底应先从思想文化上改造传统国民性,还是从政权结构的变更上着手,抑或提倡国富,由"物质理财救国"? 这三者竟形成了三种不同的思路与策略。

例如康有为早期只主张思想文化救国,用心只在保教尊孔,并不希望变更政权结构,更未触及经济改革方面。后期则撰《物质理财救国论》,强调产业改变以富国裕民。五四运动,主要也是表现在思想文化救国方面。五四运动后期马克思主义之势力逐渐壮大,则是因为马克思提供了政权结构变更、经济体制改革以及思想文化总体改造的模型,故能吸引当时的知识分子。国民党在晚清成功地改变了政权结构,建立民主政体;其后又能提出三民主义,揭示思想文化改革及民生经济理想,所以在对抗北洋军阀时期也能鼓舞青年,示人以希望。但马克思主义者在政权结构之变更和经济体制方面,都更"激进",使人相信它更能彻底解决中国的问题,因此后来被更多人所选择,也不是偶然的。

也就是说,在向西方学习以强大自我时,对于该学什么、如何学,歧异甚大,多方争论。不但有思想上的冲突,更形成过政治上的斗争。而实验,均是以亿万中国人及庞大的中国社会为对象的。

除了这些争论与分歧外,向西方学习以壮大自我时,这个"我"究竟是我抑或非我,也引起不少人疑惑。以欧洲为典范的文化态度和救国主张,经常引起民族主义和传统文化论者的对抗,世界和本土性之间,形成了极为紧张的关系。因此,新文化运动之后不久,便有"十教授文化本位宣言"(《中国本位的文化建设宣言》),此后中西文化之论争也从未停过。而且这种本土性与世界性的关系,非两端对抗那么简单,而是错综纠结式的。

在争论中,现实的状况则是:在器用及技术层次,大概除了部分饮食习惯仍具中国文化特点外,衣、食、住、行、物用均已与欧美无甚差异。在制度层次,对欧美的制度也有借鉴。

以教育来说,中国本有悠久之教育传统,但清末教育改革的主要学习对象,乃是德国与日本。罗振玉即主张教育应仿效日本,"全国一切学校,悉本之学校令,即《法规大全》所载小学校令、中学校令、高等学校令、师范学校令、大学校令是也。凡设备、教科、管理、教员等事,悉括其中,以便全国遵守。此中国亟当法效者"(《日本教育大旨》)。这个主张,后来得到具体实现。由国家制定学校法,规定学校之组织、设备、人员编制、科系设置、教学年限、课程内容等。直到今天,仍由国家管理、推动并负责教育事务,形成教育国家化的现象。

当时另一个学习对象,则是在中国的外国教会学校。清朝光绪末年废科举、办学堂,就是中国传统教育结构与体制向此类西式学校模仿转型的过程。主持教育体制改革的张之洞,在湖北兴学之初,即派梁鼎芬去文华书院了解学堂之体制与教法。另一位倡议废除科举的健将袁世凯,亦请后来的齐鲁大学校长赫士去济南办山东大学堂。外国教会大学所引进的西方教育制度、课程与教学法,几乎全部被新学堂所吸收。例如以一周、几个钟点来计算学习单位,以班级授课,有上下课制度,用教科书教学,建立实验室及实验教学,分科教学,年级制等,均与传统之私塾及书院教育不同。男女教育平等、加入体育及音乐课程,亦为所有新式学校所依循。

这里所列的一些名目,看起来似乎都是小事,但却包含整个学校实际运作上的各个层面。例如以一周来计算上课单位,学生上课六日,休息一天,称"礼拜天",都不是中国人原有的观念。中国本无"礼拜天"的观念,也不会以七天为计算时间的单位。正因为教会所办学校采用了这种礼拜记日法,而后来又为所有学校所沿用,所以才迅速影响普及于中国各阶层,以至后来不论公私行号、各业人等都采用礼拜日,而不再取中国传统的旬日记日法了。

又如上下课制度固然是中国所没有的,上下课敲钟,且以小时为计算单位,也一样是新东西。因为西方学校沿袭其教会传统,不但校园中多有教堂及钟楼,亦以钟声为号令,所以各科目教学均以几个钟点为计量单位。我国既仿效西方教育体制,当然也就沿用了这些习惯。早在光绪二十六年(1900),罗振玉《学制私议》即主张小学八个科目"每日教授时间四点钟",高等小学十个科目"每日教授时间五点钟"……同年七月公布的《钦定京师大学堂章程》甚至还规定了每一星期的各科目时间表,如政科第一年每周伦理学一点钟、算学三点钟之类。至今大学中计算教师工作量及薪资，都还是以钟点计，实即导源于此。

法律体系的变动也是如此。中国法律源远流长，一般认为战国时魏之李悝纂辑《法经》六篇，即为我国成文法典之始。其后历代增修，越趋完备，成为世界一大法系。在全世界五大法系（中华法系、罗马法系、英美法系、印度法系、伊斯兰法系）中，印度、伊斯兰两法系皆出自教典，与其宗教共生，罕为教外国家所采用。罗马法系施行于欧洲大陆意法德奥比荷卢诸国。南美非洲法语诸国、日本、爱尔兰等国亦采用罗马法系。英美法系施行于英美及自治领各国，其他英语系国家亦多采用。中华法系历史最久，除在本国行之数千年、一脉相承外，并能同化北方各族，如五胡、北朝、辽、金、元、清等。且东亚诸国，如高丽、琉球、越南、暹罗、缅甸，均曾深受中华法系的影响。尤其日本在明治维新之前，其典章制度多采自中国，其法制则渊源于唐律及明律。日本史学界通称其推古朝飞鸟文化至平安朝为"律令国家"，指的就是日本吸收中国法律制度而建构国家体制的历程。日本学者仁井田陞曾说："耶凌谓罗马曾三次征服世界。中国于东方古代之亚细亚，亦曾一度以武力支配之，一度以儒教支配之，一度以法律支配之。"可见中华法系在世界上是有其地位的。

然而，自光绪三十三年（1907），沈家本参酌罗马法系修订大清新刑律以来，法律体系一改再改，至今无论是在法律规定还是法制教育各方面，都已成为罗马法系或英美法系的附庸。中华法系，只在少数法律史的课程中草草叙及。其地位，殆如杨鸿烈《中国法律思想史》所说，清末之法律改革，"虽然还不能说是极彻底的法律革命，但已经是能够根本推翻几千年来'藏污纳垢'伪善的旧礼教所护持的名分、亲属关系、宗法观念"。近些年，另有一些学者如陈顾远《中国法制史概要》、郝铁川《中华法系研究》，对中华法系评价较高，认为现行法制虽已完全依仿西方，但中华法系在吸收了西方法制之后，仍然保存着自己的一些特色。诚然，现行法制确实是在依循、模仿、套用西方法系时保存了若干传统性因素，但那并不能说中华法系仍然存在且有实质作用。在我们现实社会中，人们所遵循的法律体系，事实上是一套新的东西。

何况，我们谈起中国之进步发展、现代化，又几乎众口一词地批评中国人缺乏民主法治之素养，认为法治教育、法治精神必须再加以强调。在讲这些话时，我们观念中是以"人治、道德、礼教、传统的中国"来与"法治、民主、现代的西方"相对比的，根本不认为中国古代亦为"法治社会"。讨论这些问题的先生，对中国法律体系，大抵均是既不了解又不屑的。

几乎每个领域都可以开列出这样的清单，说明制度如何扬弃中国而趋向于西方。是故时至今日，老实说，中国在感情上诚然仍是中国人的家园，但在理解上甚或精神旨趣上，当代中国人，尤其是知识分子，其心灵的故乡，更有可能不在中国而在欧洲、在美国。除了技术器用层次、制度层次之外，在精神、信仰、知识层面，也早已离开了中国。

以文学来说，目前很多人往往都只能采用西方或科学的思考方式、观念系统、术语、概念来讨论中国的东西。碰到这个新"典范"所无法丈量的地方，便诟病中国文学及文学评论定义不精确、系统不明晰、结构不严谨、思想不深刻等等。

这样的研究，看起来有"新意"，论者亦多沾沾自喜，但实质上是甚隔阂、甚不相应的。例如朱光潜《诗论》中《诗的隐与显——关于王静安的〈人间词话〉的几点意见》一文，谓严羽之"兴趣"、渔洋之"神韵"、静安之"境界"都病在笼统，又说王氏论隔与不隔之分不很妥当、论有我之境无我之境亦欠妥：

> 有我之境与无我之境的分别……从近代美学观点看，他所用的名词有些欠妥。他所谓"以我观物，故物皆着我之色彩"，就是近代美学所谓"移情作用"。移情作用的发生是由于我在凝神观照事物时，霎时间由物我两忘而至物我同一，于是以在我的情趣移注于物；换句话说，移情作用就是"死物的生命化"，或是"无情事物的有情化"。这种现象在注意力专注到物我两忘时才发生，从此可知王先生所说的"有我之境"实在是"无我之境"。他的"无我之境"的实例为"采菊东篱下，悠

然见南山","寒波澹澹起,白鸟悠悠下",都是诗人在冷静中所回味出来的妙境,都没有经过移情作用,所以其实都是"有我之境"。……在"同物之境"中物我两忘,我设身于物而分享其生命,人情和物理相渗透而我不觉其渗透。在"超物之境"中,物我对峙,人情和物理卒然相遇,默然相契,骨子里它们虽是忻合,而表面上却乃是两回事。

他把王国维的"有我之境""无我之境"颠倒过来,认为以我观物即是移情作用,如此才可由物我两忘而至物我同一。其实德国美学家里普斯(T. Lipps)的移情说,在本质上异于中国传统主客合一、物我混同的说法。

里普斯在《移情、内模仿与身体感觉》一文中所论的移情说,乃是建立在西方知识论上的"直觉",是指感官对外在现象的直接知觉。可是中国人论物我合一,刚好是要否定感官之知觉,其直觉不由外境对象之感觉而来,只能通过主体的修养,遣荡一切知识作用,以虚静的心灵观万物的自在相,如庄子所说的"官知止而神欲行"(《养生主》)。故两者根本不同。

其次,里普斯认为审美享受虽有事物对象,但其原因是自我的"内部活动"(inter activities)。这内部活动包含企求、欢乐、意愿、活力、忧郁、失望、沮丧、兴奋、骄傲等心理情绪。而这些则又正好是中国论物我两忘时所要消解或超越的,故二者心灵状态亦迥然互异。换言之,朱光潜对于中国传统艺术创造活动中观照对象的意义与方法、主体精神的修养,以及艺术境界表现的形态,蒙无所知,所以才会把移情作用等同于物我合一,把无我之境看成是物我对峙的有我之境,而说出以上看似井井有条实则错谬的议论,类似陈寅恪所说:"其言论愈有条理系统,则去古人学说之真相愈远。"(冯友兰《中国哲学史》附录一《审查报告一》)

这类错误自不仅朱先生一人如此,几乎人人而然。撰其所以,殆即由于近代人对中国传统"典范"的隔阂,所以本来明确可解者变成了不可解,或解得一团错乱。

在哲学界大抵也是如此。故友傅伟勋先生曾推崇李泽厚、刘纲纪《中国美学史》一书,谓其中处处闪现着诠释的洞见,脱离历史唯物主义观点,在马克思的框架中力保中国哲学地位。但据我看，不管《淮南子》怎么说，该书似乎都把它解释成唯物主义，如《原道》篇说"音之数不过五，而五音之变不可胜听也。味之和不过五，而五味之化不可胜尝也。色之数不过五，而五色之变不可胜观也。故音者，宫立而五音形矣；味者，甘立而五味亭矣；色者，白立而五色成矣；道者，一立而万物生矣。是故……万物之总，皆阅一孔；百事之根，皆出一门"，强调无形无声无臭的那个"一"，该书却引来证明"美的世界，是个有形的物质世界，一个给人以声、色、味的感官愉悦的无比多样的世界"，简直不知所云。

这样说完全误解或蓄意曲解了《淮南子》的理论脉络和文义，把《淮南子》装扮成"具有鲜明的唯物论倾向""意识到了自然的规律性是人的合目的的活动的前提和基础"的思想著作。言《淮南子》所谓的美，即是诉之于人们耳目口舌等感官的物质对象；淮南与先秦道家不同的地方，就在于引导人向外在的现实物质世界去发现美。并说这样的发现，代表中国古代审美意识上重大的发展；归结此一重大发现产生之原因，则系统治阶级重视生产与汉代自然科学之进步云云。

所以该书引《泰族》篇禹凿龙门、稷垦草树谷那一大段，说："整部《淮南鸿烈》，处处显示出人对征服自然的强大信心。"然而，勘之原文，才知《淮南子》说的是"因"，谓圣人治天下只能因民之性，如禹疏凿要因水之流，如稷种植要因地之势，民好色，故有婚姻之礼，民好吃，则有大飨之谊。哪里是什么征服自然？"因"居然能讲成征服，也实在是匪夷所思。

又如该书说汉代统治阶级由于经历了社会变革，又积极地发展生产，有超越前代的自然科学知识，故眼界开阔，能通观天地万物，知世界之复杂多样，引《泰族》篇"观六艺之广崇，穷道德之渊深，远乎无上，至乎无下……天地之间无所系累，其所以监观，岂不大哉"为证。但《淮南子》是说聋者有耳形而不能听，盲人有目形而不能见，不仅形体有暗聋，心志也是如此，"心之塞也，莫知务通"，故应观六艺穷道德，以开广心志。这跟科学知识有什么相干？观六艺更不是观天地万物。凡此等等，俱皆可商。

像朱光潜、李泽厚这样的高手，谈起中国哲学、中国文评观念，尚且不免如此河汉其言，其余不难概见。这是整个时代的问题，台湾政治大学项退结教授在其所著《七十浮迹——生活体验与思考》中便自承："五四运动的影响，加上我个人所受的哲学与神学训练，都使我一面倒向理性思考方式。正因如此，中国哲学对我就格格不入。……找博士论文题目时，我最不想做的就是选中国哲学为题材"（第 80 页），"我自幼受五四运动崇尚理性证据之影响，既醉心亚里士多德与亚奎那的哲学，思想的发展可说是西方理性哲学的产物"（第 92 页），"即使是现在，我还是不能不承认，自己对某些中国文化产品虽曾花过许多时间与心力，但骨子里仍是更喜欢西方的东西。……即使在本行园地中，我也是熟谙于西洋哲学的人物与思想，而对中国哲学则仅于先秦儒学比较熟练"（自序）。项先生的自白很有代表性。近代中国知识分子在特殊的时代环境中成长，无论是留学还是由国内的教育体制培养成才，哲学训练都是西方的，待养成思维能力与习惯后，再回头治中国哲学。此种经历，自然会使其仍持西方哲学之模型来观看中国。脱离了西方的术语、概念、观念系统，事实上往往无法说话或说自己的话，邯郸学步，终至于失其故步。

近年比较文学界对知识分子患了这种"失语症"的现象多所阐发，故以上所陈，想来亦非我个人之偏见，应可充分说明当代中国的文化处境。

三　流动的传统与再生的文明

情况亦并非全然是悲观的，某些情况并不如我们在知识界所看到的那样。以儒家来说。五四新文化运动以来，知识界或批判其提倡吃人的礼教，或指摘它拥护了帝王专制，或讪笑它迂拙不通世务，或讥讽它言论早已落伍，总之，儒家该为中国之落后、封闭、保守、不民主、不科学、不尊重女性、不发达经济等等一切毛病负责。总体看来，我们实在看不出儒家在我们这个社会还有什么地位、还有什么影响。

可是，说也奇怪。在台湾，我参加过许多文化讲座、座谈、新书发表会、文化明星签名会之类活动，主办单位花了许多气力做宣传、发消息，设定的主题更是煞费心思,希望能够紧扣时代脉动、掌握趋势话题。满以为必能吸引许多关心文化的朋友来参加,可是往往事与愿违,场面难得热络。尤其是学术研讨会。我曾在台湾图书馆庞大宏伟的会议厅里坐着,数了一下,有一场讨论哲学与企业管理思想这热门题目时,连我在内,仅有六个人。但同样这个会议厅,每次办当代儒学研讨会,却会座无虚席,甚至要动用另外几个会议厅?怎么会这样?不是说儒家早已名声败坏了吗?不是说儒家思想早成了古董吗?不是说儒家的神主牌虽然仍被供着,但只是"尸居余气",或早成了余英时先生所说的"游魂",在这个现实世界起不了什么作用了吗?为什么仍有那么多人在关心它、讲述它、讨论它?

而且,我还观察到不少宗教团体、社会教育团体在推展儒学上皆卓具绩效。如王财贵先生提倡儿童读经运动,即获华山讲堂之大力支持,目前已在无数所中小学推广成功。不复被知识分子研读的"四书""五经",又琅琅讽诵于全台湾各乡镇童孺之口矣(据王先生估计,在台湾已无一所小学不推行读经,读经人数约一百万。另在大陆、东南亚、美加各地还有三四百万人)。

虚矫、脱离了传统也脱离了民间的知识人社群,自有一套知识系统与价值观,他们不再需要儒家。可是,也许这个社会并不这么认为。在学院里我绝少遇到读过《尚书》《礼记》的朋友,但在台湾的小学里,我却见过不少通读了《史记》《资治通鉴》《易经》《道德经》的小孩,所以说中华文化之生机仍在民间(近年大陆社会上的"国学热",更不乏这类例子,而且比台湾有过之而无不及)。

儒家,在现代社会中缺乏组织化实体,尚且可以看到这样的现象,佛教、道教中这种现象自然更是明显。它们在技术器用及制度层面,仍然保存着古代的仪制规矩,但为了适应新时代,也不乏因应变通。可是整体说来,它们毕竟传承着佛教、道教的整个传统。在佛教、道教中,不但"失传""失语"的状况不多,现在甚至发展得比古代还要好。而又因佛教、道教等宗教团体本身是依其精神价值系统建立的,其信仰中的观念与思想占主导性地位,而这一部分,又比器用及仪制更为传统。它主要就是依着这个传统在讲经、说法、做仪式、办活动。

在早期,知识分子热衷科学与民主时,这些宗教均被斥为迷信,被归入打倒之列,被视为现代化之障碍。但现在,佛、道教不但未被消灭,反而在维系传统且予以发扬方面大有表现;在民间的普及情况,更非书斋学院中之知识精英所能想见。也就是说,从民间的角度看,儒、道、释可说仍是生机畅旺的,未出现异化的危机,仍保存着中国文化的基本样貌和价值系统。

但情形还不能看得如此简单,因为儒、道、释现在都不只是传统的保存或沿续状态。第一,它们在具体的现代人生活中起着具体的作用,而非博物馆式的存在,不仅是可以把玩的古董。第二,它们在制度及价值系统上都有不少因革损益,与现代社会有动态的关系,因此,它们所发扬的传统其实是一种新的创造。

在佛教方面,太虚大师在民国二年(1912)即曾揭举"组织革命、财产革命、学理革命"之说。其中,学理之革命,欧阳竟无的支那内学院企图以回归印度佛教来改革中国佛教,反对中国心性论以及如来藏真常心系的讲法。太虚则着眼于复兴中华佛教,更不认为佛教徒即不能参与世事政务。所以他说:"理论的说明上,自然在唯识学。但……中华佛教,如能复兴,必不在真言密咒或法相唯识,而仍在乎禅。"(见《读梁漱溟君唯识学与哲学》)

在台湾,佛教学者在学理上可以印顺长老为代表,他由《阿含经》中发现"诸佛皆出人间,终不在天上成佛也"的文句,证明了佛陀教人并不以出世离俗为主,因此同意太虚的人生佛教路向。但对于太虚与支那内学院在佛教义理上的争执,印顺基本上倾向支那内学院,认为影响中国较为深远的如来藏真常心系思想其实融入了印度教的"梵我论",不及印度原来所传纯粹。

但这种教理上的讨论,事实上与各教团实际的发展并不相同。各教团讲人间佛教,或由行入而不由理入,如慈济功德会;或溯源于《维摩诘经》,讲心净则佛土净,如法鼓山;或进行佛教现代化,如佛光山。这些都已呈现了超越当年争论的新格局。

特别是佛教之现代化,主张:在技术层面要佛法现代语文化、传播现代科技化、修行现代生活化、寺院现代学校化；在目标方面，要建设佛教成为生活乐趣的人间佛教、财富丰足的人间佛教、现世净土的人间佛教。可见人间佛教运动是有目标、有方法的，方法及目标又均以现代化为其主轴。因此它本身会形成一个"新佛教"的形态，与约略同时出现的"当代新儒家"一样，共同标帜着我们这个现代化转型时代的特征。

这种新佛教，不只是寺庙建筑较为新颖、人员较年轻有朝气、宣教手法较活泼、较能参与社会服务而已，而是基本上拥有现代社会的价值观及运作逻辑，例如民主、法治、理性、财富、进取以及现代社会的理性化科层官僚组织等等。

他们所建立的教团，依仁法师认为是中国丛林制度的革新。例如经选举产生的宗务委员会及宗长，代表民主精神；强调"依法不依人""法制而非人制"，显现了法治精神；行政和弘法上，又运用了现代化的行政管理与科技知识。这些无不体现了现代社会的现代性行为（modernity）。同样地，法师们说要"建设财富丰足的人间佛教""要有人间进取的精神。在这个世界上，物竞天择、适者生存，每个人不是靠别人给我们财富、给我们救济，都得靠自己去努力才能生存，所以人要有进取的精神""现代化的佛教是合理的，不是邪见的，不是迷信的"等等，也充满了现代性。

须知现代社会之所以不同于传统，并不在于科技及生活方式的不同，而是因为有了这些价值观和运作的逻辑。工业革命之后，政治形态走向自由、民主，法理社会逐步建立，经济高度发展，运用科层化体制，重构了许多人群组织，要求效率、追求财富，才逐渐形成我们今天这样的社会。佛教发展到20世纪，遭遇到空前的社会剧变，许多人都意识到要改变，也体认到佛教不能再出世离俗，要在人间生存下去，即须讲人间佛教，但不是所有人都理解这个人间已成为什么样的人间。人间社会的形态，千差万别，封建的、帝制的、资本主义的、社会主义的、无政府主义的、城邦的、部落的，在什么样的人间去建设什么人间佛教？现代的某些佛教人士却敏锐地抓住了这一点，了解到我们是在一个"现代化情境"中来建设现代的人间佛教，所以要将佛教建设成现代佛教。这种现代佛教，拥有与现代社会相同的价值观和运作方式,当然令人觉得新、觉得它代表了进步,且其本身便是社会现代化的成就之一。

这样的例子,显示了现代社会中最具传统性的佛教团体可能同时也体现着现代性。可是,在佛教的现代化中,因其仍具有传统性,所以也同时还具有许多超越现代的部分,形成了一种"即现代而转化之"的形态。

例如现代社会是推崇财富积累的,和尚们便也说要"建设财富丰足的人间佛教"、讲"佛教发财的方法"。但其说法,乃是先讲有钱不是罪过,"黄金非毒蛇,净财作道粮",然后接着讲"外财固然好,内财更微妙""求财要有道,莫取非分财""财富对每一个人,并不都是最好的东西""怎样处理财富"。就其前一部分讲聚收金钱者观之,实与佛教之传统不尽相同,是以佛教来迎合现代观念的;但后面这种讲法,却又从现代观念翻上去一层,仍然站在佛家的立场,对现代观念做了一番转化,超越了现代,不被资本主义社会的财富观所囿。

同理,他们论欲望也是如此。古来修行者,都叫人禁欲、断欲、节欲,现代僧人却说"人间有欲乐,世人所需求",不把欲望遽贬为邪恶,且认为这正是每个人正当的需求。但接着立刻转上一层,说"这种欲乐并不是最彻底的,因为这不是佛教中真正的快乐。佛法所提倡的生活乐趣是法乐而不是欲乐",故"我有妙法乐,不欲世间乐"。

此类说法显示的共同态度,正是承认现代性。但要求善于运用现代性,并从佛教的角度,提出超越之道。由其结合现代观念、承认现代观念的部分看,是反传统的、现代的;由其转化现代观念的部分看,则又是超越现代的。在许多地方,可与西方许多反省现代社会文明的后现代思潮比观。这种情况,令人想到当代新儒家的形态,仿佛也是如此。

当代新儒家也是将儒家学说予以现代化,不但用西方哲学之观念、术语表述传统的心性论,亦批判中国未发展出民主与科学。据林镇国的分析,新儒家牟宗三先生当时对于现代化问题的反省是顺着两条路线进行:一是从西方逻辑系统与知识论的反省而极成康德"纯粹理性之自我展现"一义,此见于 1949 年完稿的《认识心之批判》一书;另一路线则是从历史哲学的视角,取径黑格尔,通盘考察中国文化的历史发展形态,归结为"综合的尽理精神"与"综合的尽气精神"之表现,对比地彰显"理性的架构表现"之不足,指出何以在中国历史中未发展出民主与科学。通过这两条线索,牟氏始具体而全面地掌握西方"现代性"意涵。此可见牟氏对现代性持积极肯定的立场。然其肯定却是批判的肯定。换言之,牟氏是从儒家道德主体的根本立场去融摄康德的理性与黑格尔的绝对精神,然后辩证地添补儒家在"理性的架构表现"上的不足,其目的则在于企求中国文化能够完整地体现此积极的现代性。

此外,徐复观则认为现代的文化有危机,这个危机其实就存在于其现代性之中,儒家或中国文化传统则能拯救这个危机。所以他在《复性与复古》一文中说:"现在世界文化的危机、人类的危机,是因为一径向外追求,得到了知识,得到了自然,得到了权力,却失掉了自己,失掉了自己的性,即所谓'人失其性'的结果。……所以现在文化的反省,首先要表现在'复性'上面,使'爱'能在人的本身生根。""中国文化是一种以仁为中心的'复性'的文化。提升中国文化的真精神,是一种'复性'、'归仁'的运动。这不仅是中国文化自己的再生,也是中国人在苦难的世界中对于整个人类文化的反省所作的贡献。"

这样的文化态度,当然会引起两方面的訾议。着眼于传统者,觉得它太现代了(例如说现代台湾的佛教道场缺乏古代萧森凝肃之感、僧人太过入世,不再有脱尘出世之概;讨厌当代新儒家动辄言康德、黑格尔);着眼于现代者,又觉得它过分拥抱传统,而尤其不能忍受它说传统可以发展出民主科学。

这类批评可能均未注意到它整个形态所显示的意义。此话怎讲?首先,由上述诸事例可以看到:传统不是一整块的。在中国文化中有儒,有道,有佛,有侠……可以分别观之。它们彼此有关,但基本上各有各的体系,面对时代,有共同的课题,也有不同的应对状况。其次,传统是可以被选择的。在儒学内部,某些人讲的传统是宋明理学,某些人则以另一些东西为其传统。佛教中,某些人以唯识为传统,某些人以真常唯心为传统。再次,传统既可拆解成若干元素，也可重新随人、随机、随意组合，例如融佛入儒、援道入佛，以唯识学讲诗、用禅法论画之类。

把这些状况综合起来看，则我们应可获得一种新的认识论视野，重新体会到人存在的意识，其本身其实也是一种历史意识。因为我们对存在的理解和感受，即来自对生活之世界或处境的一种过去、现在、未来的"史的了解"。

通过这种历史意识，我们可以断定：人是在历史中活动的。如果我们借用诠释学的说法来说，那就是：任何存在都必然是时间、空间的"定在"，故一切存在物皆不能不有时空条件，都具有历史性。人能通过他的理性去认识历史、理解传统；但人的理解，却是在历史和传统中形成的，非超越历史而有之。所以，"不是历史属于我们，而是我们属于历史"。

所谓"我们属于历史"，有两层意义：一是说我们不但不可摆脱传统，而且恰好相反，我们永远在传统之中，一切传统都不是客观化非我的、异己的东西。对历史的理解，不是主体去接近一个独立自存的客体，而实际上即是一个理解自己的活动。二是说人的理解之所以可能，乃是由于真理在过去的传续使我们有一立足点；故历史传统，是吾人所以能立足世界，并向这个世界开放的唯一依据。而且，由于传统内部的变化在时间流程中展开，传统内部的复杂多样在空间布列中展现，也令我们得以依据不同的立足点，拓衍出各种不同的对未来之展望，寻找到各个辩证的基点，以对真理有更深刻的理解。

故超越或创新，都不能在传统之外完成。唯有依据传统，真正深入理解传统，才不致以鲁莽灭裂为创新，以无知为超越，而真正养成内在批判的能力，逐渐达到思索自身存在之意义的目的。古所云"温故而知新""多识前言往行以畜其德"，大概就是此意。

不过，正因为理解历史就是理解自己，所以我们应在诠释学说法上，再进一解。依诠释学所说，任何存在都受到它所在时空历史条件的限制。这些历史条件，决定性地影响了我们对历史传统本身的意识，包括历史批判的意识。因此，对我们来说，理性只能是具体的、历史的。它并不是自己的主人,因其总依赖一定的条件,总在这样的条件下活动。这就变成历史决定论了。在历史决定论中,诠释学家当然可以说历史的淘汰与保存即是一种理性的行动,但我们若再深入追究,便应发现历史的保存和积累并不是自身具备的,其间须有人的理性运作才能达成。故历史的理性,最根源处,仍在于人的理性,历史只是人的理性的实践罢了。由人的理性上说,我们才能发觉历史中具有价值意识:不但具有价值之选择与批判,也因这一价值理性而使我们具有超越历史条件和传统的可能。

因此,我们不但要说人在历史中活动,更要进一步说人是与历史互动:人固然在历史里,却也同时创造了历史。《易经》之所谓"参赞",就是说宇宙及历史乃因人之参与、投入而彰显其意义。

这种彰显说明了:历史虽是过去的遗迹,但人面对历史的经验,却永远是现存的、直接的经验,故历史可以是客观的,可是一旦涉及历史的理解活动,便一定是人与历史的互动互溶,客观进入主观之中,主观涵融于客观之内,即传统即现在。

即传统即现在,传统因此乃是流动的,不断新生于我们当下的实践活动中。在儒、道、释具体存在且活动于现代社会的实践状态中,我们也不妨说华夏文明正在生长、发展中。

四 大陆、台湾、海外:全球化与华夏文明的新动向

以上的分析,旨在说明中华文化在现今社会中仍是可起具体作用的,传承与创造同时显示在它的实践活动中。

但现在谈这个问题,显然还不能只停留在这个地方,因为这个中华文化存处的社会已经是个很不一样的社会了。一方面中国人散处世界各地,中华文化的疆界性与民族或国族的联系都越来越与从前不同;另一方面,中国在政治上分踞海峡两岸,致使同一文化体出现了两种历史进程与文化的社会实践,中华文化与区域文化间亦形成辩证的发展。上述这两点都与整个世界之全球化有关,因此,我们也有必要再就全球化的问题再加讨论。

全球化的概念争论甚多,对于世界何时开始全球化,论者也有不同的看法。华勒斯坦认为始于16世纪殖民主义开始并建立资本主义世界体系之际,另有些人则主张始于跨国集团兴起时,或起于固定汇率废止时、东欧集团瓦解时等等。

但无论怎么说,全球化云云,都是针对"民族国家"而说的,表明现今社会已不再是一个以民族为主要行动者的场域与时代了,它强调跨国行动者、跨国认同、跨国社会空间、跨国形势、跨国过程中的冲突与交错等等。

在全球化这个趋势被学界普遍重视之际,文化全球化的说法也甚嚣尘上。所谓文化全球化,又称麦当劳化,意味着生活风格、文化象征和跨国行为方式之统一化与普遍化。不论是在德国巴伐利亚的乡村,或是在印度加尔各答、新加坡,还是里约热内卢,都有人在"消费"《星际大战》、穿蓝色牛仔装、抽着象征"自由、未开发的自然"的万宝路(Marlboro)香烟。所以欧洲迪斯尼乐园总裁才会说:"迪斯尼的特色有普遍的适用性。您若想要使一个意大利小孩相信:polino('米老鼠'的意大利称呼)是美国的,您一定会失败。"似乎一个文化的单一世界已隐然成形。

但罗兰·罗伯森(Roland Robertson)却认为并非如此,他说全球化并不即是单面向的全球化,而单面向的全球化才是全球化论争中误解的来源。因为从经济的考量可以知道:全球化不只意味着"解地方化",而是需要以"再地方化"为先决条件。"全球",从字面上而言,是无人能制造出来的。而且正因为公司"在全球范围"生产和行销其产品,才必须发展地方的条件。一方面,它们的产品是形成、立基于地方的基础上;另一方面,能在全球范围内行销的文化象征,必须汲取地方文化的原材料,如此才能生动、具爆发力和多样化地发展。"全球"意指"同时在多个地方",亦即跨地方(translocal)。因此,在大企业集团的考量中,这种地方和全球的关系扮演着重要的角色,并不值得惊讶。可口可乐将其策略描述成"全球地方化"。其主管和经理均强调,全球化并不是指在世界上各个地方建造工厂,而是指成为各个文化的一部分。这种认识、这种企业策略,被称为"地方主义"。随着全球化的实现,地方主义也越来越重要。

可是，"再地方化"也不一定就表示地方的复兴。因为在地方色彩的复苏中，也同时隐含着"解地方化"。或者说，"再地方化"是经由无止尽的"解地方化"来进行的，不能等同于单方向的"继续这样"的传统主义。那种古老的、狭隘的乡土主义，现在已不再具有实践力。这是因为表现地方意义的相关架构改变了。故地方文化不再能直接通过对世界的防御来证明自己的正确性，决定自己的方向和自我更新。

这个讲法瓦解了旧有的民族文化想象。过去我们总觉得每一个社会或是社会团体都具有"一个""自己的"、与其他文化有区隔的文化。此种想象可追溯到 19 世纪的浪漫主义，并且在 20 世纪经由人类学继续发展，特别是将文化理解成整体、形态或结构的文化相对主义。可是，现在我们注意到：这"一个"文化是在全球的关系网络中，参与到许多文化中，不断辩证地发展。不但可口可乐在中国，中国也在世界各个地方。

马尔腾·海耶尔（Maarten Hajer）曾描述过"地方的跨国化"："跨国化在文化、人和地方之间产生了新的连接，而且因此改变了我们的日常生活环境。它不仅将至今少有人知的产品带进了超级市场（例如 Darians、Ciabattas 或 Pide）、将符号和象征带进了我们的城市（例如中国和日本的文字或是伊斯兰音乐），而且还有许多新团体和新人类出现在城市中，他们塑造了许多当代公民对大城市的认知。这些人包括了非洲人、波斯尼亚人、克罗西亚人、波兰人和俄国人，还有日本人和美国人。"全球的地方化，事实上同时也就是这种地方的跨国化。在这种新情势中，"一个""自己的"文化实际上并不存在。

贝克（Ulrich Beck）《全球化危机：全球化的形成、风险与机会》中曾引艾利·戴特模斯（Patricia Allay-Dettmers）《琐碎艺术》一书的论证，说明：在跨国社会空间中，非洲不是地理上固定大小的一块地方，不是地球上可界定的一个区域，而是一跨国概念及其演出。此一非洲概念在世界上许多地方（在加勒比海、在曼哈顿的贫民区、在美国南方各州、在巴西的嘉年华会，甚至在伦敦举行的欧洲最大的街头化装舞会中）上演。在伦敦的化装舞会中，面具、音乐、服装及舞蹈的选择都依据一个主题课本来计划和设计。在主题的选择上,有两个原则:一是这些主题吸收了具有世界普遍性的文化"非洲"概念;二是这些主题同时也配合了伦敦市郊黑人亚文化的特色。可是,整个非洲大陆并没有一件事物能符合在伦敦街头上演的非洲。而且,在疆界业已消失的世界社会中,非洲在哪里出现?位于哪里?在殖民地者于非洲遗留下的废墟中?在正处于现代化中途的非洲大城市面貌中?在非洲的四星级饭店中?在有组织的非洲旅行团中?在美国黑人的寻根希望和幻影中?在西方大学撰写的非洲书籍里?或者在加勒比海区域以及文化的五光十色中?或者,甚至在英国黑人次文化对于民族认同的争取中?

本此,贝克也在问:"什么是欧洲?"答案是"欧洲不是一个地理空间,而是一个'想象的空间'"。对于中国,同样也可以做这样的类拟思考。中国在哪里?在北京中南海、在台北介寿馆、在苗疆瑶族的歌舞里、在南投县集集镇大地震的灾区中、在慈济功德会、在东南亚各宗乡会馆、在北美各地的唐人街……它无所不在。它也不是一个地区,而是一个概念,而且这个概念还正在与各所在地文化融合抟塑中,形成了在大陆的中华文化、在台湾的中华文化、在东南亚的中华文化、在北美的中华文化、在纽澳的中华文化等等。这是华夏文化的一个新局面、新社会空间。因此,华夏文明全球化、全球地方化,未来必然还有许多题目好做,且让我们期待,且让我们努力吧。

第一版后记

近四十年前，初读柳诒徵的《中国文化史》《国史要义》，便萌发了也要写本中国文化史的念头，即或写不成，也准备以文化史为此后治学之领域。这当然是年少轻狂时的呆想，但未尝没有些侠义心肠。古诗《独漉篇》云："雄剑挂壁，时时龙鸣。不断犀象，绣涩苔生。"在我看，中国文化现今就仿佛这柄原是神兵利器，可以斩犀断象的宝剑，无端遭了冷落，瑟缩在墙角里生苔长藓。美人落难、明珠蒙尘，皆是世上大不堪之事，非由我出来搭救不可。

怀此呆想，游于上庠者亦数十载矣。解人颇不易得，而我自己对文化史的创获竟也有限，年光飘忽，不免神伤。曾于1983年试讲此课于台湾淡江大学，并动手写了一部讲稿。对于文化史之范畴与研究方法，粗有厘析；对于中国文化之分期与变迁，略有衡定。后却不能终篇，残稿辑入业强版《思想与文化》中。当时主要气力，用于探讨文化变迁。专就周秦之际、汉魏之际、唐宋之际、明清之际、晚清民初等几个关键的变革期抉微阐幽，欲通古今之变，并为五四运动以来之文化变迁找到些对比勘照的模型，以经世济民。所以文化史虽未写成，对那几个变革期的研究，却令我办了不少会议，写了不少相关论文。近年逐渐辑刊的《汉代思潮》《唐代思潮》《晚明思潮》《清代思潮》，大抵就代表了这一阶段的产物。

1991年以后，我涉世历事越来越杂，又是公职，又是办学，又是社会活动，文化史的写作遂越来越不可能了。但任公职、办学校等经历，对我的文化认知却也不无助益。因为我早期所论，其实只是思想文化之史，于文化之制度与器用层面,研究不免粗略。正因为有此一段涉世历事的经验,才能深入了解典章制度及人伦日用是怎么回事。1997 年我出版的《文化美学综论》,即可以显示这个新的方向,欲由生活世界重开礼乐文明。

可惜办学实在太忙了,办了南华大学之后又办佛光。到 2003 年,我校长任期届满。为了选新校长,董事会的行事引起了一些非议。我在争闹中开始写《中国思想史》。事情闹了几个月,我也就草成了几十万字。在胡适、冯友兰、劳思光、牟宗三诸前辈之外,另辟蹊径,由上古黄帝开始讲起,写到了周公。此下因为要写老子、孔子,有些畏难,才暂时先搁下了。

适巧当时北京大学汤一介先生主办蔡元培、汤用彤两讲座,邀我赴讲。于是就把稿子的前四章(言、象、教、字)拿来讲了。合并旧作论文化符号学者数篇,辑为《文化符号学导论》,由北京大学出版社出版。

北大的讲会,听讲者甚为热切,不觉竟感染了我的情绪,所以就趁势请了长假,住到北大,以避嚣尘。温儒敏先生怕我太闲了,即邀我为学生讲中国文化史一课。一切都是如此当机、如此顺缘,实出乎意料,所以就把其余的稿子略做修整,一一宣讲之。如此讲了两过,并在珠海联合国际学院也讲了一次。学生反应甚佳,以为前所未闻。温先生说:那就出书吧。本拟以学生录音整理为之。因我事忙,一直无暇核校,所以最终还是用了旧稿。原稿本是思想史,改名文化史,不尽妥切,故仅称为"中国传统文化十五讲"。

为什么本来是思想史而居然可称为"传统文化十五讲"呢?

我有一妄见,谓迩来讲中国哲学的先生们,重点只在心性论与形而上学,其余各种思想多不注意。论思想,又只注重一些关于道、气、性、理、仁、心等的抽象概念,对这些观念是在什么样的人文生活场域中浮显出来,却欠缺具体的了解,也不明白这些观念和具体的人文活动有何关联。以致哲学研究常只是抹去时空的概念编织,用没有时空性的知识框架去讨论活生生的历史人文思想活动。而且他们往往是概念太多而常识太少,对整个文化的基本性格捉摸不住,只能孤立而抽象地谈天道性命等观念,所以这种危险就更为显著。我写思想史,前面本来就为了力矫此弊,所以做了许多类似文化导读的铺垫,希望读者能明白中国哲学是在一种什么样的文化中生长起来的。这一部分，抽出改称为"传统文化十五讲"，岂不是因缘巧合吗？

以上是说缘起，具体谈到此书的内容，则另详序论。本书在写作时，综摄了许多前辈与时贤的见解，但因起草时已处在风波纷扰之中，此后数年又浪迹禹域各地，无法检书核查，故亦不及——注明。而综摄之后形成的我的见解，又不免有许多疏漏。这些，都是要请读者见谅的。从前《碧岩录》曾说道："大凡扶持宗教，须是英灵底汉。有杀人不眨眼的手脚，方可立地成佛。所以照用同时，卷舒齐唱，理事不二，权实并行，放过一着，建立第二义门，直下截断葛藤。"我确有"杀人不眨眼的手脚"，此书却未能"立地成佛"，并且只是权说，意在接引，故未极理趣，识者鉴之。最后，要谢谢温儒敏先生和艾英，他们通读数过，且提示了许多修改意见。

2006 年处暑
于北京小西天如来藏

第二版后记

做学问,各有门道。例如钱锺书先生是讲"东海西海,心理攸同"的,所以努力找证据去说不同文化之间的通性。我相反,主要在辨明不同文化之间的差异,也就是特性。

通性其实不用说,猫有通性,人当然也有。但这些通性,人尽皆知,不需说,说了也没有文化研究的意义。

文化研究是要从人与人、国与国、群与群不同处说的。人群当然会交流,器物也常会被别的民族喜欢或取用;可就像日本,它学了中国多少东西去,但是一种日本味,自然洋溢于其间。研究日本文化,要探究的,就是这种日本味,而不是讲"东海西海,心理攸同"这样的话。

讲中国文化,该注意的,也是这种中国性。

百年来学者们都热衷谈中外交流史,可惜方向却都错了。整天在谈域外哪些人、哪些族群、哪些宗教、哪些器物、哪些技术、哪些学说或学派流入并影响了中国。这和说中国如何如何影响了日本一样,固然可供谈助,但层次甚浅,且也不应只限于此。

例如商周的青铜文明,那么灿烂。可是从时间上,比西亚晚了一两千年;技术,如红铜冶炼、范铸法、失蜡法、砷青铜、锡青铜、铅青铜、锡铅青铜,也几乎都是从西方传进来的。

学者该不该阐明这一点呢?该。但光说这个有何意义?传进来的技术,到我们手上有没有大放异彩,才是关键。有与西方不同之处,才有文化价值,才具有中国性(就像西方人吃饭,中国人也吃饭,但吃什么、怎么吃,差别甚大。就是把西方人吃的麦子引进来,蒸包子煮面条,也绝不同于西方之制饼烤面包,而西方至今也无蒸饺子煮面条的技艺)。

青铜方面,在器物上铸造文字,形成铭文,就是我们鲜明的特色,别处是没有的。铭文规模极大,中国社科院考古所《殷周金文集成》收录 1988 年之前发现的铭文就有将近 12000 件,加上近年台北艺文印书馆《新收殷周青铜器铭文暨器影汇编》、中华书局《近出殷周金文集录》、上海古籍出版社《商周青铜器铭文暨图像集成》等等,更是洋洋大观,无论史学还是艺术价值都极高。

这就是青铜文化深具中国性的地方。事实上,青铜器没有铭文,再精美,也只是工艺品;有铭文,则是文物文献,价值不可同日而语。这也是自古以来中国人的共识。

铭文功能,一是标示所有权,二是纪事,三是旌德,四是劝诫,交叉为用。劝诫有时只对自己子孙,如"子子孙孙永宝用"之类。有时就具有普遍的道德意涵,如汤之盘铭"苟日新,又日新,日日新"、金人铭"无多言,多言多败。无多事,多事多患。安乐必戒,无行所悔"等等,对国人思想影响深远。而凡有铭文者,皆是重器,铸刻精良,更是书法史上最常被拿来摩习的典范。

西方青铜无此庞大的铭文文化,甚且根本没有由此发展出来的书法艺术。所以直到现在,其考古仍然只重器物、工艺而不重视文献;其收藏、拍卖,仍以器物工艺品为主,中国绘画的价格远低于金银铜铁工艺品,书法更在绘画之下。这在传统中国人看来,就只是笑话。

无奈西学东渐以来,以西方眼目看世界、看中国、看人生,成了主流,中国传统文化不但现代人已看不懂了,更成为被鄙夷被打倒的对象。

我这本《中国传统文化十五讲》即为此而作,想为已不熟悉传统文化的中国人补补课。

其方法,则是上文说的这种比较文化法。当年这样讲传统文化,其实非常冒险,因为过去讲中国文化都不是这么讲的。但蹊径别开反而才走对了路,还比较受欢迎,迄今已数十刷,被许多学校选为课本,获评2020年山东省普通高等教育一流教材;又被列入国家社科基金中华学术外译项目,正在译为英文、韩文、泰文、阿拉伯文。

正因如此,书也应该修订再版。当年编印时,温儒敏先生、艾英女士对书做了很多贡献,这次也协助我修校了一些讹误,并把所有征引文献也都核查了一遍,我要特别谢谢他们。参与校订的张月、赵瑞萱、贺潇莹、文桃戈,也一并致谢。

龚鹏程

2021 年 7 月